고객의 마음을 사로잡는
DM & 편지

고객의 마음을 사로잡는 DM & 편지

지은이 ┃ 조지혜
펴낸이 ┃ 김성실
편집기획 ┃ 최인수 · 김성은 · 김선미
마케팅 ┃ 곽홍규 · 김남숙
인쇄 ┃ 중앙 P&L(주)
제책 ┃ 대흥제책
펴낸곳 ┃ 시대의창
출판등록 ┃ 제10-1756호(1999. 5. 11)

초판 1쇄 인쇄 ┃ 2003년 10월 4일
초판 7쇄 발행 ┃ 2007년 3월 15일
 2판 1쇄 발행 ┃ 2008년 1월 11일
 2판 5쇄 발행 ┃ 2013년 1월 21일

주소 ┃ 121-816 서울시 마포구 연희로 19-1, 4층(동교동 113-81)
전화 ┃ 편집부 (02) 335-6125, 영업부 (02) 335-6121
팩스 ┃ (02) 325-5607
이메일 ┃ sidaebooks@hanmail.net

ISBN 978-89-5940-091-1 (03320)
값 19,800원

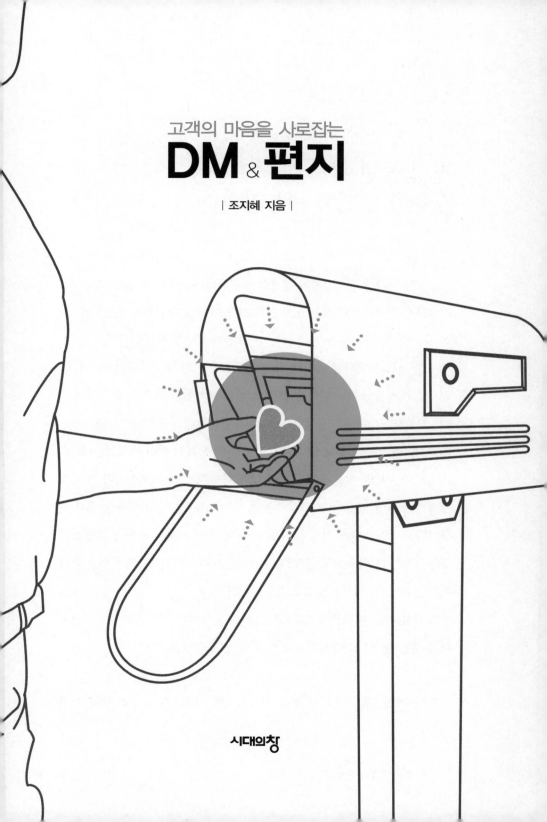

고객의 마음을 사로잡는

DM & 편지

| 조지혜 지음 |

시대의창

정성 들인 편지 한 통은
감동을 주기에 충분합니다

　　요즈음 경쟁이 점점더 치열해져가는 세일즈 현장에서 영업
사원들은 저마다 차별화된 고객만족 전략 마련에 고심하고 있습니다. 그
런 가운데 '편지를 통한 고객 감동' 이 새롭게 주목받고 있습니다.

　　사실 전화가 귀하던 예전엔 편지를 주고받는 일이 일상이었습니다. 그
런데도 편지를 쓰거나 받아든 날은 늘 설레고 기뻤던 그 기분을 누구나 추
억으로 간직하고 있을 것입니다. 그런데 언제부턴가 첨단 통신 수단이 편
지를 대신하면서 우리는 편지의 즐거움을 영영 잃어 버리게 되었습니다.

　　그러나 우리들 마음속에 편지에 대한 향수와 반가움은 여전히 더 깊고
간절하게 살아 있습니다. 그렇다면 화려한 팸플릿이나 그럴듯한 홍보 전
단보다도 서툴게나마 정성 들여 쓴 편지 한 통이 고객의 마음을 열게 하고
감동시키는 데 더욱 훌륭한 역할을 할 것입니다. 편지는 고객의 마음을 움
직이는 최상의 무기가 될 것으로 믿습니다.

　　그래서 저는 여러분께 '고객의 마음을 움직이는 편지' 를 쓰는 노하우
와 풍부한 사례를 전해드리고자 이 책을 쓰게 되었습니다.

　　지난 95년 3월 ≪누구나 활용 가능한 DM 사례집≫을 출간한 후 많은

기업체에 출강하면서 또한 지난 수년간 여러 방문판매회사를 대상으로 판매 컨설팅에 참여하면서 영업 현장에서 정성스럽게 쓴 편지를 활용해 큰 효과를 보았습니다.

이 책은 ≪누구나 활용 가능한 DM 사례집≫ 중에서 여러 사례와 각 기업체 출강시 또한 컨설팅하던 회사에서 실습했던 사례 중에서 인간관계를 좋게 하는 여러 상황의 편지 문구만을 따로 뽑아 엮은 것입니다. 그리고 거기에 새로운 내용을 적잖이 추가하였습니다. 판매활동을 하는 모든 영업사원들이 각 사례를 모델로 참고하며 자신의 고객 유형과 상황에 맞게 적용해 편지를 빠르고 쉽게 쓰는 데 도움을 주었으면 하는 바람입니다.

지난 한 해 무력함을 느낄 때마다 나를 이끌어 주시고 도와주신 많은 분들과 이 책을 쓰는 데 아낌없는 조언을 해 주신 김재술 소장님, 사례를 제공해 주신 분들, 그리고 어려운 환경에서도 출판을 맡아 주신 도서출판 시대의창 여러분께도 깊이 감사드립니다.

지은이 조지혜

차 례

Chapter 4 각종 축하 편지

Chapte 5   기타 문구

(소개 부탁 · 권유 · 요청 · 촉구 · 사과 · 거절 · 격려 · 병문안)

Chapter 6 계절 인사

1. 봄철 문안 • 542

Part 1
DM과 편지에 관하여

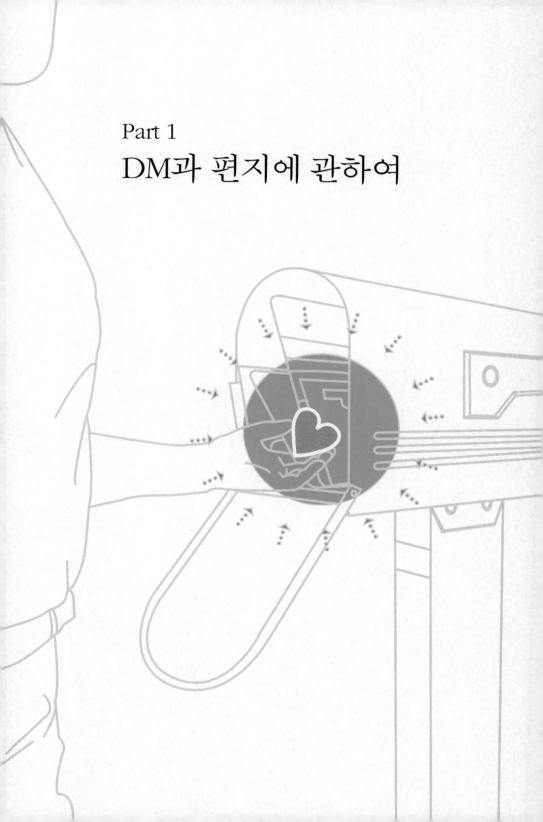

CHAPTER 1

DM과 세일즈 레터

　사람들에게 가장 큰 영향력을 미치는 것이 감정이라고 한다. 그래서 많은 회사에서는 고객만족이나 고객감동을 강조하며 최대한의 서비스를 제공하려고 한다. 감정을 움직여야 쉽게 팔 수 있기 때문이다. "사람들은 상품을 사는 게 아니라 감정을 산다"는 말이 있을 정도로 판매에서는 논리보다도 감정이 더 큰 영향을 끼친다. 사람들은 필요한 것(논리)보다도 사고 싶은 것(감정)을 먼저 산다. 즉, 판매는 파는 것이 아니라 소비자의 감정을 움직여 사고 싶도록 만드는 것이다.

DM이란 'Direct Mail Advertising'의 약자로 우편물을 통한 PR 활동을 뜻한다. 엽서, 편지, 카드, 카탈로그, PR지 등 우송이 가능한 모든 인쇄물을 세일즈맨, 점포, 기업 등에서 선택한 잠재고객이나 가능고객, 가망고객, 고객, 고정고객, 엘리트 고객, 협력자들에게 우편 또는 E-MAIL로 전달하는 직접 광고를 말한다.

우리가 흔히 접할 수 있는 홈쇼핑의 카탈로그나 각종 안내문, 은행 등에서 고객에게 매월 정기적으로 보내는 뉴스레터, 안경점 등에서 고객에게 보내는 사후관리를 위한 엽서, 병원에서 퇴원한 환자에게 안부편지를 보내는 것도 DM이다.

그리고 세일즈맨이 가능고객이나 가망고객, 고객에게 보내는 계절 문안편지, 계약 감사편지, 설문지 작성에 대한 감사편지, 클레임에 대한 사과편지, 소개에 대한 감사편지, 위로편지 등 각종 편지와 생일, 결혼, 진급, 출산, 새집 이사, 자녀 대학 합격 등을 축하해주기 위한 각종 축하 카드나 크리스마드 카드, 연하장, 또는 정보지 발송, 신제품 샘플 발송, 각종 판매 이벤트에 초대하는 초청장의 발송 또는 사보 발송 등도 모두 DM에 속한다.

●● 어느 안경점의 엽서를 통한 고객관리 사례 ●●

일본에서 DM상을 수상한 안경 체인점의 고객관리 사례를 들어보자. 그 안경점은 고객이 안경을 구입하면 일주일 후에 "안경이 얼굴에 잘 맞는지, 불편한 곳은 없는지, 만약 그런 게 있다면 가게를 다시 방문해달라"고 쓴 뛰어난 디자인의 엽서를 고객에게 보낸다. 그리고 6개월 후에 불편한 점이 있느냐고 묻는 엽서를 보내고 다시 1년 후에 "이제 1년이 지났으니, 안경테 조정과 시력 검사가 필요하다"는 내용의 엽서를 보낸다. 그러면 그 엽서를 받은 사람 중 많은 사람들이 "시간 나면 한번 들러볼까?" 하는 생각을 갖게 되며, 실제로 안경 체인점을 다시 찾는 사람이 많아진다고 한다. 안경을 구입한 지 2년 후에는 다시 한번 엽서를 보내 "이제 안경을 교체할 때가 되었습니다"라는 내용의 엽서를 보내면 많은 기존 고객들이 그 안경점을 다시 찾는다고 한다.(김재술 저 『원하는 대로 다 팔 수 있는 방문판매 기술』에서)

DM의 특성

01_ 효율성이 높다

DM은 불특정 다수인 모든 사람을 대상으로 하는 것이 아니라 특정한 개인을 상대로 하기 때문에 투자 비용의 측면에서 보면 다른 광고보다 효과가 크다.

우체통 가득 수없이 쏟아져 들어오는 DM들이 봉투가 개봉되지 않은 채 곧바로 쓰레기통으로 들어가므로 'DM은 낭비'에 불과하다는 일반적인 의견은 실제 조사 결과 사실이 아니라는 것으로 나타났다. 조사된 바에 의하면, DM의 개봉률은 사람들이 생각하는 것보다 훨씬 높다. 즉, 개봉률은 90%에 이르며 실제 읽어보는 비율도 약 70%다. 그러나 주의 깊게 자세히 읽어보는 비율은 뚝 떨어져서 50% 이하다.

여러분 자신을 생각해보라. 여러분은 자신에게 온 우편물을 뜯어보지도 않고 과연 버리는가? 생각해보면 자신의 이름으로 온 우편물을 뜯어보지 않고 버리는 경우는 극히 드물다는 사실을 인정할 수밖에 없을 것이다. 즉, 일단은 뜯어보지만 단 3초 이내로 그 내용을 파악하여 불필요하고 무가치한 내용으로 판단하면 즉시 쓰레기통으로 집어던진다. 그러나 발송자가 상대방이 흥미를 느낄 수 있도록 DM을 만들어 보낸다면 어떤 경우에는 직접 방문이나 전화방문보다도 더 효율적인 방문이 될 수 있다.

02_ 주목도가 높다

신문이나 잡지는 주위에 또 다른 광고가 많아 시선이 분산되고 주목을 끌지 못해 가독성이 떨어진다. 그러나 DM은 받는 사람을 특별히 지명하는 개인적인 커뮤니케이션이라 비교적 개인적이고 친숙한 메시지로 받아들이며, 단독 광고이므로 일반 대중매체에 비해 주목도가 높아 대중광고보다 읽힐 확률이 그만큼 높다. DM은 다른 광고 메시지와 다툴 일도 없고, 경쟁사 광고가 전혀 끼어들 수도 없어 메시지 전달의 집중도가 높다. 즉, DM은 경쟁 없는 매체라고 할 수 있다. 실제로 TV 홈쇼핑과 백화점의 경우 매달 정기적으로 상품 카탈로그를 보내고 고객의 생일이나 기념일에 축하카드를 보내는 등의 방법으로 관심 마케팅을 시도하고 있다.

03_ 시간적 탄력성이 크다

일반 대중매체는 발행 기일이나 발송 시간 등이 그 매체의 발행 일정을 따라야 하므로 가장 적합한 시기, 즉 효과적인 시기에 메시지를 전달할 수 없는 경우가 있다. 그러나 DM은 보내는 사람이 원하는 시기에 언제든지 발송할 수 있다.

예를 들어 DM의 도착 시기를 고객의 특별한 날, 즉 입학, 졸업, 회갑, 생일, 결혼기념일, 승진 등에 맞추어 발송일자를 자유롭게 조정할 수 있다. 또한 계절별 성수기나 보너스 시기에 맞추어 DM을 보낼 수도 있고, 발송 횟수나 간격도 조정이 가능하다. 이처럼 DM은 가독률을 높이기 위해 받아볼 수 있도록 날짜를 조절할 수도 있다.

04_ 제작과 비용에 융통성이 있다

일정한 형태의 일반적인 광고매체에 비해 DM은 봉투나 내용물의 인쇄 방법, 지질紙質, 형태, 색깔, 내용의 길이나 양에 제한이 없다. 또한 표현이 자유롭기 때문에 효과적인 메시지 전달을 위한 창의성을 폭넓게 발휘할 수 있다.

그리고 기간, 종류, 디자인, 규격, 대상자 수, 발송 지역, 빈도수 등을 파악, 조정하는 것은 물론 시작과 중지, 재개再開까지도 조정할 수 있어 여하의 광고매체에 비해 소재나 제작과정에 상당한 유연성을 가질 수 있다.

05_ 즉시성이 있다

교통매체의 발달은 전국 일일 생활권을 가능하게 했으며, 이에 따라 DM의 전달 속도도 매우 빨라졌다. 특히 빠른우편제도는 전국 어디서나 당일 전달이 가능하여 신문 광고와 같은 빠른 반응을 볼 수 있다. 또한 E-MAIL을 이용하면 즉시 전달되는 효과가 있다.

06_ 효과가 지속적이다

텔레비전이나 라디오 광고는 영상 또는 음성이기 때문에 거의 일회성—

回性이라 할 수 있다. 그러나 DM은 인쇄물이므로 내용에 관심 있는 소비자는 보관하고 또 다시 볼 수 있어 텔레비전이나 라디오보다 광고 효과가 오래 지속된다.

07_ 비밀이 보장되며 개별적이다

DM은 개인의 이름을 명시해 그 사람만을 위해 직접 전달되는 매체이기 때문에 타인이 그 내용을 볼 수 없어 비밀이 유지된다는 장점이 있다. 그래서 DM은 "물속 깊이 조용하게 잠행潛行하는 광고"라는 표현처럼 라이벌을 자극하지 않고 은밀한 판매 활동을 할 수 있다.

그러나 신문이나 라디오, 텔레비전, 전단 광고 등은 알리고 싶지 않은 경쟁사나 경쟁자에게 자사自社나 자점自店에서 하는 활동을 공고하는 것이나 다름없다.

특히 편지는 통상 반갑고 기다려지는 특성을 가지고 있다. 따라서 모르는 사람에게서 편지나 우편물을 받는 경우에도, 비록 그것이 상업적인 목적을 띠고 있다 할지라도, 수신자의 입장에서는 자신의 존재를 인식해주고 고객으로서의 가치나 중요성을 인정받는 것이기 때문에 기분 나쁠 이유가 없다.

08_ 인간적이다

DM은 보내는 쪽과 받는 쪽이 일대 일 관계이므로 다른 광고매체와는 달리 인간적인 커뮤니케이션이 가능하다. 수취인의 이름과 주소로 직접 전달되기 때문에 "바로 나에게 왔다"는 선택 의식, 엘리트 의식을 갖게 함으로써 친밀감과 호감을 준다. 특히 개인적인 편지 형식을 취하면 감성이 배어 있어 반갑게 느껴지며, 다른 어떤 판매방법보다 인간적인 체취가 느껴져 더욱 호감이 생긴다.

09_ 대상 선택이 자유롭다

DM은 누구를 대상으로 발송할 것인지 자유롭게 선택할 수 있다. 즉, DM은 다른 어떤 매체들보다 더한 정밀성을 갖고 어느 특정 개인들 또는 집단들 중에서 미리 선택한 소비자를 정해 조준할 수 있다. 그리고 대상에 가장 적합한 PR 및 광고 메시지를 구성해 보낼 수 있다.

10_ 충실한 영업활동이다

영업사원의 활동에는 직접 방문, 전화방문, DM 방문이 있다. 그중에서 DM발송은 세 번째 DM방문에 속하며, 그 자체가 훌륭한 영업활동이다. DM은 시간이 부족해서 일일이 방문하지 못하는 가망고객이나 고객에게 충분한 홍보와 판촉, 인간관계 유지의 역할을 대행해준다. 그러므로 DM 발송은 영업활동 중 추가로 하는 일이 아니라 그 자체가 영업활동이라고 할 수 있다.

DM의 종류

01_ 단발(One Shot) DM

같은 사람에게 단 한 번만 보내는 DM을 단발 DM이라고 한다. 통신판매업종에서 주로 많이 이용한다.

02_ 시리즈(Series) DM

같은 사람에게 일정 기간 간격을 두고 여러 차례 발송하는 DM을 시리즈 DM이라고 한다. 통상 3~5차례에 걸쳐 한 가지 목적을 달성하기 위해 각기 다른 포맷과 내용으로 보낸다. 발송 횟수에 따라서 '5 시리즈 DM', '10 시리즈 DM' 이라고 부른다.

03_ 스플리트(Split) DM

극적 효과를 높이기 위해서 같은 사람에게 DM 내용이나 동봉물을 여러 차례로 분할해서 보내고 나중에 전체가 합해져야 하나로 완성되는 DM을 스플리트 DM이라고 한다. 예를 들면 DM 1회차에는 설탕만, 2회차에는 커피를, 3회차에는 프림을, 4회차에는 스푼을, 5회차에는 종이컵을 보내는 식이다.

04_ 신디케이트(Syndicate) DM

메이커가 자사 제품을 취급하는 대리점을 비롯해 도매상, 소매상과 함께 제작하는 DM으로, 취급점의 정보를 추가 인쇄할 수 있도록 만든 DM을 신디케이트 DM이라고 한다.

05_ 단계(Step) DM

여러 번에 걸쳐 대상을 좁혀가며 되풀이해서 보내는 DM을 단계 DM이라고 한다. 즉, 첫 번째 DM 발송 대상자 중에서 문의하거나 흥미를 보인 대상에게만 두 번째 DM을 발송하고, 또 그중에서 흥미를 보인 사람에게만 세 번째 DM을 보내 가망고객을 골라내는 방식이다.

06_ 테스트(Test) DM

가격, 프리미엄, 캠페인 테마, 카피, 색채, 타이밍 등의 마케팅 요인이 적절한지 조사하기 위해 소량으로 보내는 DM을 테스트 DM이라고 한다. 흔히 테스트 메일링(test mailing)이라고도 하며 통신판매의 경우에 많이 이용한다.

07_ 합동(Co-operative) DM

한 통의 DM 속에 두 개 이상의 기업이 상품이나 서비스 내용을 담아 한 사람에게 보내는 DM을 합동 DM이라고 한다. 우편발송 비용을 절약하기 위한 방법이지만 참여한 기업이나 상품의 성격이 상호보완적이어야 좋은 효과를 볼 수 있다.

08_ 인터내셔널(International) DM

DM의 주목률과 효과를 극대화시키기 위해 국내에서 제작한 DM을 외국에서 발송하는 DM을 인터내셔널 DM이라고 한다.

09_ 인더스트리얼(Industrial) DM

기계, 공구, 부품, 원재료 등의 생산재 메이커가 각 기업체로 보내는 DM을 인더스트리얼 DM이라고 한다.

DM 성공의 포인트

DM은 기본적으로 편지 형식을 띠고 있기 때문에 받는 사람, 즉 고객의 마음을 사로잡고 구매 충동을 불러일으킬 수 있는 노력이 뒤따라야 한다.

좋은 결과를 낳는 DM이 되려면 대상자 명단만이 아니라 편지나 광고물, 제안, 매력적인 카피 등 겉봉투에서부터 최종 발송에 이르기까지 세밀한 정성을 기울여야 한다.

01_ DM의 목적을 분명히 한다

DM은 받는 사람이 그 목적을 즉시 이해할 수 있어야 한다.

예를 들면 내점 촉진이나 상품의 PR, 신규 개척, 주문 촉진, 소비자 의식 조사 등 DM의 목적을 명확하게 할 필요가 있다. 발송 목적이 애매해서는 곤란하다.

02_ DM 발송 명단을 잘 선정해야 한다

DM에서 가장 중요한 점은 발송 대상자의 선정이다.

내용물이 아무리 좋아도 적확한 대상에게 보내지지 않는다면 휴지통으로 직행할 가능성이 높다. 즉, 아무리 우수한 내용의 DM이라 하더라도 그 상품이나 서비스가 필요 없는 사람이나, 필요하지만 구매력이 없는 사람, 또는 구매 결정권이 없는 사람들에게 발송되면 DM의 효과는 기대할 수 없다.

예를 들어 신혼부부에게 혼례용 가구 DM을 보내거나, 신축된 집에 빌라 구입을 위한 DM을 보내거나, 최고급 승용차를 타는 사람에게 소형차에 대한 DM을 보내거나, 대학 졸업자에게 학사고시를 안내한다면 DM의 효과는 떨어질 수밖에 없다. 이와 같은 넌센스를 방지하기 위해서는 리스트의 정비작업이 필수적이다. 즉, 대상 선정이 잘못되거나 수취인 이름을 쓰지 않고 보내는 DM은 수신자가 전혀 흥미를 느끼지 못하므로 정크메일 Junk Mail이 되어 대부분 쓰레기통으로 직행한다. 그러므로 리스트를 잘 선별해야 비용과 노력을 낭비하지 않는다.

그러므로 DM의 발송 목적에 따라 연령층, 성별, 학력 수준, 직업, 수입 정도, 거주지별 등으로 분류한 정확한 소구 대상을 파악해 꼭 필요한 사람에게 발송해야 한다.

DM의 생명은 누구에게, 무엇을, 언제 배포하느냐에 달려 있다. 다시 말하면, 즉 DM 발송 대상을 얼마나 정확하게 선정하느냐에 따라 DM의 성패가 달려 있는 것이다.

DM 발송 리스트를 만드는 방법은 다음과 같다.

① 내점 고객에게 기입을 받는 방법

사전에 간단한 고객정보 카드를 비치해놓고 "앞으로 안내문을 보내드리려고……" "애프터서비스를 위하여" 등의 이유를 내세워 고객이 직접 작성하도록 유도한다.

② 직원이 고객에게 질문해서 받아쓰는 방법

직원이 내점 고객에게 "앞으로 개최되는 행사의 안내장을 보내드리고 싶은데 주소와 성함을 좀 알려주셨으면……" 하고 이야기해서 고객정보를 알아낸 후에 고객정보 카드에 기입한다. 답례로서 고객에게 사은품을 증정한다.

③ 이벤트에 참가한 사람들에게서 설문지를 받는 방법

행사에 참가한 사람들에게 행사 도중 간단한 질문 형식의 설문지를 쓰게 하면 주소와 성명 등 여러 가지의 고객정보를 쉽게 파악할 수 있다. 설문지의 회수율을 높이기 위해서 행운 상품을 걸면 더욱 효과적이다.

그리고 행사장 안에 필기도구와 용지를 비치해놓고 "다음 행사 개최 때 안내서를 보내드리려고 합니다. 이 카드를 작성해주시겠습니까?"라고 말해 본인들이 직접 쓰게 하는 것도 좋은 방법이다.

④ 애프터서비스의 기회를 이용해서 고객정보를 수집한다

서비스 기사를 활용하면 손쉽게 고객정보를 수집할 수 있으며 그 내용이나 질도 매우 양호할 수가 있다. 직접 자신의 눈으로 보면서 정보를 수집할 수 있기 때문이다.

⑤ 배달 전표에 의한 방법

추석이나 연말연시 등 선물용으로 제품을 주문할 때 고객은 자신의 주소와 성명을 알려주기 때문이다.

⑥ 서비스권 · 할인권 · 설문지에 의한 방법

구입 고객에게 서비스권이나 할인권 등을 주면서 주소와 성명을 알아내거나 설문지 등을 이용해 명단을 모은다.

⑦ 전단을 활용하는 방법

전단 속에 상품 추첨권이나 무료 제품 교환권 등을 동봉하여 그 전단을 가지고 내점한 고객의 주소나 성명 등을 모은다.

⑧ 타 업계와 고객명부를 교환하는 방법

예를 들면 혼수용품과 관계되는 침구 전문점과 화장품 전문점, 가전 대리점과 가구대리점, 가전 대리점과 시계 전문점이나 보석 전문점, 여행사와 예식장 사이의 정보 교환이 가능하다. 두 업종만이 아니라 5~6개 업종이 서로 고객명부를 교환해 공동 DM을 제작 · 발송해도 좋다. 이렇게 수집한 명부는 DM 발송뿐만 아니라 앞으로의 상품 구입이나 판매, 광고 기획, 상권 조사와 고객층 조사에도 도움이 될 수 있다.

⑨ 이미 수집되어 있는 자료를 활용하는 방법

시판 중이거나 획득 가능한 인명록, 동창회 명부, 의사나 건축가 명부, 변호사 명부 등을 이용하는 것이다. 그러나 이러한 명부를 그대로 사용하지 말고 공통점이나 특성을 파악 · 분석한 후 재구성하여 나름대로의 리스트를 작성해야 한다.

⑩ DM 전문 대행사를 이용한 DM 발송 방법

우리나라에는 명단만을 판매하지 않고 직접 리스트를 보유하면서 봉투에 넣는 작업에서부터 발송까지 일관된 작업을 해주는 DM 전문회사가 대부분이다. 따라서 DM 발송 명단을 자사의 리스트로 계속 활용하기 어려운 면이 있다. 때문에 가급적이면 DM 리스트는 자체 내에서 만들어 관리하는 것이 좋다. 즉, 자사나 자점에서 직접 고객 리스트를 만들어 관리해 나가는 것이 여러 면에서 효과적이라 할 수 있다.

03_ 정확한 DM 명단을 작성하자

발송하고자 하는 DM 명단이 완전한지 잘 살펴봐야 한다. 수취인은 언제나 이동할 가능성이 있으므로, 주소 등 변경된 내용을 지속적으로 갱신해 항상 살아 있는 명단이 되도록 해야 한다.

예를 들어, 받는 사람의 이름의 틀리면 DM의 내용까지도 불신하게 되어 개봉조차 하지 않을 수 있다. 개봉조차 하지 않는 DM은 시간, 노력, 비용의 낭비인 것이다. 또한 같은 사람에게 중복 배달된 DM은 발송 회사와 발송인의 성의까지 의심받기 쉬워 오히려 역효과가 난다.

04_ DM의 발송 시기를 잘 선택한다

DM의 목적에 따라 또는 수집한 고객에 대한 다양한 정보를 바탕으로 고객의 욕구needs를 정확히 파악해 DM 발송 시기를 선택한다. 자료 제공이라면 신속하게 발송해야 하며, 판매 촉진을 위한 것이라면 보너스를 받기 전이나 월급날 전후 등 상대방이 자금 여유가 있는 시기를 택한다. 특별 세일에 관한 DM은 2주일 정도 전에 보내며 개인에게는 수요일이나 목요일에 발송하여 주말의 한가한 시간에 받아볼 수 있게 하고, 회사로 보낼 때에는 금요일에 발송하여 주초에 받게 하는 것이 효과적이다. 가능하면 월초나 월말은 피하는 것이 좋다.

05_ 다량의 DM을 보낼 때는 샘플부터 발송하자

많은 양의 DM을 보낼 때에는 먼저 샘플을 소량 발송한 후에 반응을 보면서 추가로 발송한다.

DM은 반응이 빨라 즉각적인 효과 측정이 가능하기 때문에 우선 소량의 DM을 발송해 반응을 보면서 광고 방향이나 대상을 변경해 최대의 효과를 얻도록 노력한다.

06_ 받는 사람이 봉투를 뜯게 만드는 아이디어가 필요하다

① 읽는 사람의 주의를 끄는 DM

매일 우편함을 열어보면 DM이 늘 수북이 쌓여 있다. 백화점, 상가, 보험회사, 홈쇼핑, 자동차 영업소에서 보낸 DM들이 쏟아지고 있다. 대부분의 우편물들은 무미건조한 활자로 무언가 명령하고 통고하는 듯한 불쾌한 느낌으로 우리 가정과 직장의 우체통을 날마다 채우고 있다.

그런데 평균 5~10%의 사람들은 받은 DM을 읽기는커녕 봉투도 뜯지 않고 쓰레기통에 버린다고 한다. 80%의 사람들은 한 봉투당 평균 3초 안에 그냥 버릴지 또는 상품이나 가격, 상품 가치에 관해 더 알아볼지를 결정하며, 나머지 10%의 사람들만이 정기적으로 배달된 DM을 읽는다는 조사가 있다.

톱 다이렉트 마케터인 그레이 할버트Gray Halbert는 'A파일, B파일' 이론으로 유명하다. 사람들은 우편물을 보면 쓰레기통 옆에서 A파일과 B파일로 분류한다는 것이다. A파일에는 청구서나 지불한 예약 구독, 개인적인 편지를 넣고, B파일에는 그 밖에 모든 정크 메일을 넣는데, B파일은 곧장 휴지통에 들어가거나 나중에 읽으려고 미루어 놓는다는 것이다. 그러므로 우리가 만든 DM은 A파일에 들어가게 해야 한다.

그러기 위해서는 읽는 즉시 흥미를 끌거나 마음을 사로잡아야 한다. 즉, 아주 짧은 시간 안에 상대방의 관심을 끌어야 한다는 것이다.

② DM(편지) 겉봉투는 첫인상과 같다

가망고객을 방문한 영업사원의 첫인상이 이후의 활동에 큰 영향을 주듯 DM에서도 첫인상인 겉봉투는 수취인에게 큰 영향을 준다. 겉봉투는 미래의 고객 한 사람과 접촉하는 첫 순간이기 때문에 가장 중요하다고 할 수 있다.

정도 차이는 있지만 사람들은 천성적으로 외모에 따라 상대방을 판단하는 본능이 있다. 중요한 사람을 처음으로 직접 만날 때 첫인상을 좋게 보이려고 단정한 정장을 입는 것과 마찬가지로 간접 방문인 DM에서도 첫인상인 겉봉투를 차별화해야 한다.

첫인상이 나쁘면 잠재고객은 재빨리 마음의 문을 닫아버리고 겉봉투를 뜯지 않은 채로 쓰레기통으로 던져버린다. DM의 내용을 읽기조차 거절하는 것이다.

이러한 일이 벌어지면 아무리 좋은 상품이나 서비스를 취급한다 하더라도 또한 최상의 가격을 제시하고 훌륭한 샘플과 화려한 카탈로그를 보낸다 하더라도 모든 일이 허사가 될 뿐이다.

특히 비서가 일차적으로 DM 선별을 하는 최고경영자나 중요한 잠재고객들에게 보내는 DM은 일단 비서의 관문을 무사히 통과할 수 있어야 한다. 그런데 비서는 겉봉투를 뜯어보고 판단하는 것이 아니라 겉봉투만으로 선별하기 때문에 일차적으로 이들을 통과할 수 있는 형태를 취해야 한다.

DM이 상대방의 주의를 끄는 데는 불과 3초라는 지극히 짧은 시간밖에 주어지지 않는다. 즉, 겉봉투를 뜯어 DM을 '읽어볼까, 그냥 버릴까' 하며 순식간에 결정되므로 두 번째나 세 번째의 기회를 기대해서는 곤란하다.

사람들은 항상 할 일이 많고 급하기 때문에 첫 접촉이 이루어진 그 순간에 상대방의 호기심을 자극하고 주의를 끌지 못하면 DM은 곧장 쓰레기통으로 직행해버리고 만다.

문구점에서 파는 싸구려 편지봉투에 발신인란에는 희미하거나 잉크가 번진 고무인을 삐딱하게 찍고 수신인란에는 타이핑한 주소를 복사해서 풀로 오려붙여 보내면서 좋은 결과를 기대할 수는 없다. 이렇게 무차별적으로 발송되는 대량 우편물 증가로 고객의 주의를 끄는 데 주어진 시간은 점점 더 짧아지고 있다.

DM은 예상치 않은 시간에 가능고객이나 가망고객의 대문을 노크하는 것과 같다. 그러므로 겉봉투는 제품이나 회사, 영업사원에 대한 첫인상으로서 판매를 좌우하는 가장 중요한 요소이지만 오히려 가장 등한시하기 쉬운 부분이기도 하다.

아직도 영업 현장에서 사용되는 DM은 겉봉투부터 내용까지 대부분 천편일률적인 데다 대중광고라는 첫인상 때문에 가독성이 떨어져 큰 효과를 기대하기 어렵다.

겉봉투의 가장 중요한 목표는 수취인이 뜯어보도록 자극하는 것이라는 사실을 명심하고, 아래 제시한 여러 가지 아이디어를 활용해 차별화된 겉봉투를 한번 만들어보자.

③ 봉투를 눈에 띄게 하는 방법
- 회사 이름이 인쇄된 봉투가 아니라 개인용 봉투를 쓴다.
- 흰색보다는 예쁜 색깔의 봉투를 쓴다.

  특히 밝은색 봉투를 사용하면 가망고객의 시선을 끌 수 있다. 흰색 봉투를 쓰려면 줄무늬가 있는 고급 종이로 만든 게 좋다. 적색과 파란색은 오랫동안 많은 사람들이 좋아했던 색이며 노란색, 오렌지색, 분홍색은 사람들이 새롭게 선호하는 색이다. 그러나 색깔이 진한 원색 봉투는 우편요금이 비싸므로 대량으로 발송할 경우에는 우체국에서 확인한 후 쓰도록 한다.
- 봉투 뒷면에 말린 꽃잎이나 예쁜 스티커를 붙인다.
- 실제 우표를 사용한다. 우편요금 별납은 실격이다.
- 우표를 한 장보다는 화려하고 예쁜 그림의 우표를 여러 장 붙인다.
- 우표 수집가들을 위해 기념우표를 붙인다. 특히 사치품이나 고가품일 경우 기념우표가 더 효과적이다.
- 외국에서 발송하면 더욱 관심을 끌 수 있다.
- 수신인과 발신인 주소를 자필로 쓴다. 발신인 주소를 스탬프로 찍는 것은 공식적이며 무정해 보인다.
- 대량일 경우에는 수신인과 발신인 주소를 자필과 비슷한 글씨체로 복사하거나 인쇄한다.

- 발신인 주소를 생략해 호기심을 유발한다. 예를 들면 발신인 주소 대신 "누구인지 궁금하시면 빨리 펼쳐보세요!"라고 쓴다.
- 발신인 주소에서 회사 이름을 빼 호기심을 불러일으킨다.
- "행운권 재중" "도움이 되는 정보 재중" "극비" 등 호기심을 불러일으키는 문구를 넣는다.
- 집주소를 써 개인적인 편지처럼 보이게 한다.

  DM을 만들 때 가장 중요하게 고려해야 할 점은 전하려는 메시지를 어떻게 전달하는가 하는 사항이다. 따라서 DM이 개봉되지 않는다면 아무 소용이 없다. 10만원짜리 수표를 넣어도 상대는 전혀 모를 것이다. 그래서 가족이나 친구, 친지에게서 온 편지처럼 만드는 게 중요하다. 엄마나 친구가 보내는 편지처럼 보인다면 잠재고객은 그 편지를 더 잘 뜯어볼 것이다.

- 주소나 이름을 정확하게 쓴다.

  주소가 잘못되어 있거나 정확히 기재되지 않은 경우에는 불착률을 높으며, 이름이 잘못 기재되어 있는 경우에는 받는 사람이 불쾌해할 가능성이 높다. 부정적인 이미지를 갖게 하면 곤란하다.

- 적색이나 적색과 비슷한 색으로 주소나 성명을 쓰지 않는다.
- 봉투 겉면에 DM 내용과 연관된 흥미 있는 일러스트레이션을 넣거나 봉인된 인쇄물이 비쳐보이게 하는 방법도 있다.

07_ 구매 결정권이 있는 사람이나 구매에 강한 영향력을 행사 할 수 있는 사람을 파악해 그 사람 앞으로 발송한다

요즈음 가정의 경제권은 주부들이 갖고 있는 경우가 많기 때문에 예전처럼 세대주가 구매 결정권을 가지고 있다고 볼 수 없다. 그러므로 구매 결정권자가 누구인지 정확한 정보 수집이 필요하다. 대부분의 가정에서는 주부보다 세대주 이름으로 받는 우편물이 많다. 따라서 우편물을 많이 받지 못하는 주부를 목표로 하면 개봉률이 높아질 수 있다.

08_ 카탈로그만의 DM은 DM이 아니다

편지를 동봉하는 것은 DM에서 매우 중요한 요소다. 짧게라도 편지를 쓰는 경우는 그렇지 않을 때보다 훨씬 더 효과가 높다.

현대 사회는 인쇄물의 범람 시대다. 카탈로그를 발송할 때에도 가능한 한 정성스럽게 쓴 편지를 동봉하는 것이 좋으며, 글만이 아니라 삽화 등을 넣고 색칠을 하면 더욱 효과적이다.

최근 한 기업에서 다음과 같은 실험을 했다고 한다. DM-A에는 편지와 회신 양식을 넣었고, DM-B에는 편지 없이 홍보물만 넣었는데 DM-A와 DM-B의 회신율이 3대1로 나타났다.

원인은 무엇일까? 편지는 친근감이 느껴지는 개인적인 의사소통수단이기 때문이다. 일반적으로 편지는 '진실'이고, 카탈로그는 '광고'라는 의미로 받아들여진다. 구태의연한 방식일지라도 고객에게 향수를 불러일으킬 수 있는 자필 편지는 높은 효과를 일으킨다.

09_ 단발 위주의 DM은 효과가 적다

최소한 3~4개월에 한 번씩 보내야 상대방은 부채감을 느끼며, 계속 DM을 받으면 발송자를 성실한 사람이라고 여긴다. 한두 번의 DM으로 고객의 마음을 움직이는 것은 아무래도 무리다.

비용 때문에 DM을 300명의 가망고객에게 한 번만 보내거나 100명의 가망고객에게 세 번 보내야 한다면 여러분은 어느 쪽을 택하겠는가? 말할 것도 없이 후자일 것이다. 이처럼 DM이나 세일즈 레터를 시리즈로 계속 보내면 더 크게 성공할 수 있다. 미국의 한 마케팅 단체의 조사에 의하면, 중요한 판매의 81%는 다섯 번 DM을 보낸 후에 이루어졌다고 한다. 즉, 직접 방문과 마찬가지로 DM도 계속적인 노력을 하지 않는다면 끈기 부족 때문에 벌 수 있는 많은 수입을 놓쳐버리는 셈이다.

미국에서 한 성형외과의사가 더 많은 고객을 모으기 위해 세일즈 레터를 보냈다. 그랬더니 놀랍게도 11~15%의 반응률을 보여 그는 이후로도 계속 편지를 보냈다고 한다. 그의 성공 비결을 소개해보자.

우선 가망고객이 관심 있다고 말하면 첫 번째 세일즈 레터와 정보지를 보내준다. 석주가 지나도록 반응이 없으면 두 번째 세일즈 레터를 보낸다. 그래도 열흘 이내 병원을 찾아오지 않으면 마지막 세일즈 레터를 보낸다. 첫 번째 세일즈 레터에는 5~6%의 고객이 왔고, 두 번째, 세 번째 세일즈 레터에는 5~7%의 고객이 병원을 찾아왔다. 만약 한 번만 세일즈 레터를 보내고 말았다면 수익의 반을 놓쳤을 것이다. 하지만 그는 계속 세일즈 레터를 보냄으로써 새로운 수익을 창출했던 것이다.

DM을 보내는 대부분 세일즈맨들은 한 번 발송으로 그친다. 특히 알지 못하는 가망고객에게 단 한 번 DM을 발송해서 효과를 보기는 더욱 어렵다. 두 번째 발송이 중요하다. 실제로 두 번째 DM에서 높은 반응을 이끌어내는 일은 비일비재하다. 그러므로 첫 번째 DM을 보낸 후 2~3주쯤 지난 후 두 번째 DM을 보내야 한다.

반응하기 원하지만 옆으로 치워놓았거나 다른 우편물이나 청구서 속에 처박히는 등의 여러 가지 이유로 반응하지 않는 사람들이 수없이 많다. 그래서 두 번째 DM을 받으면 기억을 되살려 임박한 마감날짜 안에 세일즈맨이 원하는 주문을 하는 것이다.

10_ 개인적으로 접근한다

첫 번째 DM은 정성스럽게 쓴 편지를 보내고, 2차 DM에서는 상품에 대한 내용을 보내는 것이 좋다.

여기서 한 가지 중요한 사실은 편지 속에 소비자의 이름을 세 번 이상 꼭 넣는 것이 좋다는 사실이다.

특히 메이커에서 만든 카탈로그를 발송할 때에는 반드시 한마디라도 첨부하는 것이 중요하다. 카탈로그나 팸플릿 한 장만 보내는 DM은 받아도 기분이 좋지 않고 읽고 싶은 마음도 생기지 않는다. 몇 줄이라도 편지글이 첨부되고 발송자 개인의 이름이 적혀 있으면, 특히 아는 사람이라면 "아! 이 사람이 이 회사에 다녔나?" "그의 추천이라면……" 하면서 관심을 갖게 된다.

11_ DM은 미적 측면보다는 심리적 측면에서 다루어져야 한다

일반적으로 광고물을 제작하는 경우에는 예술적으로 훌륭한 것을 만들려고 하는 경향이 많지만 판매활동의 일환으로 보내는 DM은 심리적 측면을 고려하는 것이 매우 중요하다.

디자인이 멋있거나 일러스트레이션 혹은 사진이 들어 있는 DM일지라도 "내점하시면 저를 불러주십시오" "꼭 기다리고 있겠습니다" 같은 한마디의 자필이 들어 있는 DM이 받는 사람에게 주목도가 높다.

평소 자주 다니고 있는 단골 상점이나 지명도가 높은 유명 상점의 DM, 흥미나 관심이 있는 상품의 DM은 읽히는 비율이 높다. 또한 고객에게 도움이 될 만한 정보나 기념우표, 상품 견본이 들어 있거나 "초대장이나 이 봉투를 지참하시는 분에게 선물을 증정합니다"라는 식으로 정성이 담겨 있는 DM은 받는 사람에게 기쁨을 준다.

[방문판매 사원의 단계별 DM 활용법 사례]

	목 적	활용 DM
첫 방문 전	· 첫 방문 때 거절을 덜 당하기 위해 · 영업사원의 방문 전 자기소개를 위해 · 영업사원의 방문 전 상품소개를 위해 · 설문지 작성 협조에 대한 감사를 위해 · 가능 · 가망고객을 발굴을 위한 사전 접촉을 위해	· 자기 소개 편지 · 카탈로그 등을 동봉한 회사 및 상품과 자기소개 편지
첫 방문 후	· 갑작스러운 방문에 대한 사과 · 설문지나 고객 카드 작성 협조 감사 · 대화에 응해준 것에 대한 감사 · 다음 방문을 위한 디딤돌을 놓는 것	· 첫 방문 감사편지
재방문 후	· 고객이 망설일 때 · 거절을 당했으나 앞으로 희망이 있을 때 · 가능 · 가망고객과 인간관계를 강화하기 위해	· 제품의 환기 및 확신을 위한 세일즈 레터 · 간단한 메모를 곁들인 상품과 관련된 자료
계약 및 구입 후	· 계약 성립에 대한 감사 · 구입자에게 만족감과 안도감을 느끼도록 · 계절에 따른 안부 · 고객의 애경사에 대한 관심 표시 · 협력자로 승화시키고 밀접한 관계 유지를 위해 · 수금을 잘 하기 위해 · 고객과 지속적인 관계를 맺고 단골로 유지하기 위해	· 구입 감사편지 · 계절 문안편지 · 애경사에 축하 및 애도 편지 · 수금 독려편지 · 간단한 메모를 곁들인 각종 정보지 발송 · 간단한 메모를 곁들인 사보 발송 · 이벤트 초대장 발송
소개 감사	· 소개해준 후의에 대한 감사 · 소개자가 보람과 만족을 느낄 수 있도록 · 추가 소개의 기반 확보	· 소개 감사편지 · 소개해준 사람 방문 후 보고 편지 · 소개 의뢰편지

영업활동에서 편지의 역할

앞의 표에서 알 수 있듯이 세일즈맨들이 판매활동에서 DM은 여러 가지 역할을 담당한다. DM 중에서도 편지의 역할은 매우 중요하며, 그 효과도 매우 크고 다양하기 때문에 특히 세일즈맨들은 편지 쓰기를 체질화하여 적극적으로 판매 촉진에 활용해야 할 것이다. 그래야만 요즘과 같이 경쟁이 극심한 영업 환경에서 살아남을 수 있으며 톱 세일즈맨들의 위치에 올라설 수가 있다.

세일즈에서 편지의 유익한 점을 많이 알면 알수록 편지 쓰는 것을 체질화할 수 있다.

01_ 편지는 방문량을 늘려준다

세일즈는 기본적으로 사람을 만나는 일이다. 따라서 많은 사람을 계속 만나면 많이 팔 수 있다. 그러나 교통체증과 고객의 부재중, 회사 교육, 계약 활동과 클레임 처리와 함께 개인적인 일로 인하여 한정된 하루의 방문 활동 시간은 짧기만 하다. 그래서 방문 수가 적은 영업사원은 판매목표를 달성하기가 쉽지 않다.

영업실적은 방문 횟수에 비례한다. 그러나 바쁜 영업사원들일수록 하루에 만날 수 있는 고객의 수는 한정될 수밖에 없다. 고객들은 나만을 기억해주기를 바라는 속성이 있는데, 이러한 부족함은 편지를 통해서 효율적으로 메울 수 있다.

편지는, 첫째, 차비나 숙박비가 드는 여행을 하지도 않아도 되고, 둘째, 스트레스를 받거나 육체적으로 피로하지 않으며, 셋째, 영업사원 대신 집배원이 전달하므로 시간낭비 없이 영업이라는 일을 할 수 있는 방문의 대행자요, 유력한 대리인으로 방문 횟수의 부족을 원하는 만큼 보충해줄 수 있다.

교통체증, 재택률 저하, 1인 다역을 해야 하는 바쁜 생활 등으로 직접 방문이 점점 더 어려워지는 이 시대에 편지의 효율은 상당히 높다. 세일즈맨이 가망고객이나 고객에게 일주일에 5일, 매일 5통씩, 1년에 50주 동안 편지를 보낸다면 매년 1,250번의 또 다른 방문 기회를 갖게 되는 것이다. 자연히 방문량이 늘어나 가망고객이나 고객에게 환영 받고, 판매실적도 늘어나 즐거운 영업활동을 할 수 있는 것이다.

02_ 편지를 활용하면 영업효율을 높일 수 있다

편지는 적은 시간에 많은 일을 해줄 수 있다. 가동시간은 단축하고 영업의 효율성을 높이려면 일시에 많은 사람을 만날 수 있는 효과적인 방문도구인 편지를 써야 한다.

편지는 1:1의 만남에서 1:50, 1:100, 1:200, 1:2,000의 만남을 짧은 시간에 이룰 수 있는 효율적인 판매도구로서 잘 활용하면 '$\times \alpha$'의 실적을 올릴 수 있다.

특히 요즈음처럼 글쓰기를 싫어하는 시대에 편지 한 장을 보내는 것은 직접 방문의 1.5배 효과가 있다고까지 이야기한다.

영업사원들에게 시간은 돈이며, 그 시간을 효율적으로 관리하면 더 높은 생산성을 올릴 수 있다. 예를 들면, 먼 거리에 사는 가망도 낮은 한 사람의 잠재고객을 방문할 시간이면 몇 통의 편지를 쓸 수 있다는 것이다.

과거와 비교해보면 고객을 둘러싼 환경이 크게 변해 헛 방문이 많고, 이동시간과 대기시간이 길 뿐만 아니라 교통비나 방문 선물 등 경비가 많이 들기 때문에 이제는 직접 방문 제일주의에서 탈피해야만 한다.

그러므로 계약처럼 중요한 일을 제외하고는 편지나 전화방문으로 대치할 수 있는 일인지 아닌지를 직접 방문하기 전에 끊임없이 자문해봐야 한다. 편지는 시간과 육체적인 노력의 낭비를 줄여주고 가장 짧은 시간에 많은 만남이 가능한 방문활동이기 때문이다.

편지는 차 한 잔 값의 급료를 받으며 끊임없이 우리 메시지를 완벽하게 전해주는 훌륭한 비서다. 또한 평생 아프지도 불평하지도 않으며, 퇴직할 염려가 없는 비서로서 늘 새로운 고객을 끌어당기고, 거래가 끊긴 고객을 다시 이어주는 일을 성실하고 완벽하게 해낼 수 있다.

편지는 영업사원의 고객 방문을 부드럽게 도와준다는 면에서도 장점이 있다.

특히 고객을 처음 방문할 때 미리 편지를 보내놓으면 효과적인 방문을 할 수 있다. 이미 이름이 낯익기 때문에 거부감이 적고 친숙한 느낌을 주기 때문이다.

03_ 편지는 고객을 감동시킬 수 있다

사람들에게 가장 큰 영향력을 미치는 것이 감정이라고 한다. 그래서 많은 회사에서는 고객만족이나 고객감동을 강조하며 최대한의 서비스를 제공하려고 한다. 감정을 움직여야 쉽게 팔 수 있기 때문이다. "사람들은 상품을 사는 게 아니라 감정을 산다"는 말이 있을 정도로 판매에서는 논리보다도 감정이 더 큰 영향을 끼친다. 사람들은 필요한 것(논리)보다도 사고싶은 것(감정)을 먼저 산다. 즉, 판매는 파는 것이 아니라 소비자의 감정을 움직여 사고 싶도록 만드는 것이다.

DM은 신규로 고객을 발굴하고 개척하는 데도 사용하지만 그보다는 이미 확보된 고객이나 가망고객과 지속적인 관계를 유지하는 데 유용하고 효과적으로 쓰이는 매체다. 다시 말하면 이미 알고 있는 고객이나 가망고객과 의사소통을 하는 데 가장 강력하고 경제적으로 도달할 수 있는 방법이라는 것이다.

필자는 여러 판매회사에서 컨설팅을 하면서 고객에게 감사하는 마음을 정성스럽게 편지로 써서 좋은 반응을 얻은 수많은 사례를 경험했다. 점점 인스턴트화 되어 가는 이 시대에, 보내는 이의 온갖 정성이 담겨 있는 편지는 상대방의 마음을 감동시킨다.

편지를 받고 고맙다고 연락하는 고객, 너무 반가워서 울었다고 이야기하는 고객, 다른 고객을 소개해줄 테니 방문해달라고 요청하는 고객, 심지어 1년 이상 체불된 외상값까지 정리해주는 고객 등 많은 고객들이 얼마나 편지를 반갑게 생각하는지 알 수 있었다. 그리고 이러한 편지 작전은 추후 판매에 계속 긍정적인 영향을 주었다. 그래서 영업활동에서 편지의 활용은 아무리 강조해도 지나치지 않는다.

특히 요즘처럼 쓰기 싫어하고 활자가 범람하는 시대에 자필로 쓴 편지
는 큰 위력을 발휘할 수 있다.

04_ 편지는 계속 방문의 도구로 활용할 수 있다

영업사원에게 방문은 호흡과 같다. 그러므로 방문을 멈추면 영업사원
의 생명은 끝난다. 실적이 낮은 영업사원일수록 많은 방문을 목표로 하지
만 같은 대상을 계속 방문하는 경우가 많지 않다.

냉랭한 태도를 보이는 잠재고객을 처음 만난 듯한 관계로 지속하면서
마음의 열고 서로 신뢰하는 단계까지 발전해야 판매할 수 있는데도 한두
번의 방문으로 포기하는 사례가 많다. 즉, 고객의 마음을 흔들어놓고 재방
문을 하지 않았기 때문에 계약이라는 열매를 따지 못하는 것이다.

필자의 연구소에 재직했던 한 여직원은 3개월 후에 적금을 타면 자동차
를 사려고 마음 먹고 있던 차에 한 자동차 영업사원의 계속적인 방문을 받
았다. 하지만 여직원이 막상 적금을 탄 후에는 그 영업사원이 방문하지 않
았다. 무작정 기다릴 수 없어 급한 곳부터 돈을 쓰다보니 결국 차를 사지
못했는데 "진작 영업사원이 왔으면 차를 샀을 게 아니냐?"며 원망(?)하는
말을 들은 적이 있다.

잠재고객은 계속 영업사원을 만나면서 "다음에 사야지!" 하고 마음을
먹었는데 그 다음 방문을 받지 못하면 사고 싶은 생각이 사라져버리거나
사지 말아야 할 이유가 점점 늘어나게 마련이다. 이때 편지라도 보냈더라
면 구매 의욕을 계속 유지시킬 수 있었을 것이다.

어느 조사 자료에 의하면 1~2회 방문으로 포기하는 영업사원의 비율이
68%이며, 계약은 대략 4.7회 방문시 이루어진다고 한다. 그러나 한 사람

을 지속적으로 만난다는 것은 결코 쉬운 일이 아니다. 그러므로 직접 방문과 함께 편지 쓰기를 병행해야 하는 것이다.

05_ 편지는 고객의 바쁜 시간을 빼앗지 않아 호감받는 방문이 될 수 있다

현대인들은 여러 가지 이유로 바쁘지 않은 사람이 별로 없다. 한참 바쁜 시간은 물론 휴식시간이라 하더라도 사전 약속도 없이 불쑥 방문한다거나, 설사 약속을 하고 방문한다 하더라도 상대방이 다른 생각으로 가득 차 있으면 시간을 빼앗는 결과가 된다.

그러나 편지를 통한 방문은 이러한 마이너스적 요소를 어느 정도 커버해줄 수 있다. 즉, 보통 사람들은 편리하고 한가한 시간에 편지를 읽으므로 바쁜 일과를 방해하지 않아 긍정적인 이미지를 줄 수 있다는 것이다. 또한 바쁜 시간에 만날 때보다 판매 메시지의 전달력도 높아진다. 그러므로 편지는 특히 시간적으로 바쁜 고객에게 접근할 수 있는 좋은 판매 도구라고 할 수 있다.

06_ 편지는 시간과 공간의 제한을 받지 않는다

영업사원은 대개 아침부터 저녁식사 이전까지 영업활동을 하기 때문에 새벽이나 늦은 밤 시간에 고객을 방문하기는 어렵다. 그러나 편지를 받은 잠재고객은 편리하고 한가한 시간에 편지를 보기 때문에 영업활동 시간을 늘려주는 결과를 낳는다.

처음 잠재고객을 방문하면 심리적인 거리감이 있기 때문에 영업사원은 손님의 자리에만 앉게 마련이다. 그러나 편지는 "침실까지 쳐들어가는 영업사원"이라는 말이 있을 정도로 심리적인 거리감이 없다. 특히 장거리에 있는 잠재고객이나 고객에게도 효과적인데 어디를 가야 할 필요도 없으므로 매우 경제적이고 손쉬운 방법이다. 편지를 통해 수백 킬로미터 떨어진 곳에 사는 사람들과도 인간관계를 맺을 수 있으며, 취급하는 상품에도 흥미를 느끼게 해서 제품을 사도록 만들 수 있다.

07_ 편지는 거절을 줄이거나 그 강도를 약화시킨다

모르는 사람을 만난다는 것은 영업사원이나 잠재고객 양쪽 모두에게 심리적인 부담감을 준다. 특히 사람들은 알지 못하는 사람과는 금전적인 관계를 더더욱 싫어한다.

그래서 영업사원이 잠재고객을 처음으로 직접 방문할 때는 거절당할 확률이 높다. 특히 첫 방문에는 정도의 차이가 있지만 거의 100% 거절을 당하게 마련이다. 그러나 대부분의 거절은 경계심이나 무관심에서 오는 습관적이거나 의례적인 거절이지만 영업사원의 자존심을 상하게 만들어 특히 신입사원들에게 마음에 상처를 주기 쉽다.

요즈음은 보통 사람이 세일즈를 하는 시대이므로 거절을 적게 받는 방문 전략이 필요하다. 편지를 통한 방문은 직접적인 면전 거절을 받지 않으므로 특히 자존심이 강한 영업사원에게 꼭 필요한 방문 도구다.

첫 방문을 할 경우 아무런 연락도 없이 방문하는 것보다는 사전에 영업사원 자신의 소개나 방문 목적을 알려주는 편지를 먼저 보낸 후에 방문하면 첫인상이 좋아 거절을 줄일 수 있다. 영업사원은 처음 만나는 고객에 대한 심리적 부담을 줄일 수 있으며, 고객도 마찬가지로 영업사원의 이름과 하는 일을 알고 난 뒤에 대면하므로 심리적인 부담이 줄어든다.

특히 연고자를 대상으로 판매활동을 할 때 편지는 매우 효과적이다. 영업사원이 연고자를 직접 방문하면 상대방은 거절하기 어려워 상당한 정신적인 부담을 안게 된다. 그래서 재방문을 꺼리기 쉽다. 그러나 편지를 통해 자신이 하는 일이나 취급하는 상품을 소개하면 상대방은 직접 방문보다는 정신적 부담을 덜 느낄 테고, 계속해서 편지를 받는다면 자신도 모르게 기억하여, 도와주려는 마음과 부채 감정이 생겨 스스로 제품 구입도 고려해 볼 수도 있는 것이다. 특히 연고자에게서 거절을 받으면 영업사원은 자존심에 큰 상처를 받기 쉬운데 편지는 이러한 부정적인 면을 피할 수 있도록 도와준다.

편지를 쓰는 데에는 카리스마적인 성격을 가져야 하거나 철면피가 될 필요가 없으며 게임처럼 경쟁자에게 으름장을 놓을 필요도 없다. 특히 부끄러움을 잘 타거나 다른 사람 앞에서 말을 잘 못하는 성격이라면 편지를 통해 자신감을 배양하면서 직접 방문과 병행해보자.

08_ 편지는 고객 관리의 필수도구다

고객 관리란 한 번 자사 제품을 구입했던 고객과 계속적인 커뮤니케이션을 갖거나 애프터서비스 등을 충실히 해주어 고객이 만족하는 체제를 만드는 것이다. 즉, 계속해서 구매하는 단골 고객을 만드는 것이 고객 관리의 목적이다.

고객 관리를 위한 계속적인 커뮤니케이션을 갖는 방법으로는 직접 방문이 가장 좋다. 그러나 실적에 쫓기면 마음의 여유가 없어 기존 고객 관리를 소홀히 여긴다. 고객들은 제품을 구입하고 나면 '관계 끝'이라는 불만을 은연중에 가지고 있다. 영업사원이 당장 매출을 올릴 수 있는 새로운 고객을 찾아다니다 보니 팔고 나면 얼굴 보기 힘들다는 고객의 불평을 들을 수밖에 없어 거래가 끊기고 1회성 판매로 끝나는 경우가 많다. 고객이 생각하는 만족이란 계약 체결시 조건을 좋게 해주는 것뿐만이 아니라 계약 후에도 잊지 않고 관리해주는 것이다.

영업사원이 한 번 판매한 고객에게 더 이상 관심을 기울이지 않으면 그 고객들이 알고 있는 수많은 잠재고객을 만날 수 있는 기회도 스스로 끊어 버리는 것과 같다. 기존고객을 잘 관리하고 나아가 단골고객으로 만들려면 판매 후 감사 카드나 편지를 보내는 것에서부터 사후관리를 시작해야 한다. 실패한 비즈니스의 80%가 사후관리를 하지 않았기 때문이라는 보고는 결코 간과할 수 없는 사실이다.

판매가 이루어진 고객에게 보내는 편지는 방문과 방문을 부드럽게 이어주는 징검다리 역할을 하므로 필수적인 사후관리라고 할 수 있다. 즉, 적은 비용으로 기존고객의 불만을 없애고 영업사원의 신뢰를 높이는 한편 고정고객을 확보하는 좋은 방법인 것이다.

톱 영업사원일수록 단골고객이 많다. 그래서 판매실적이 꾸준하고 안정적이다. 톱 영업사원들은 20%의 고객에게서 80%의 수입이 나온다고 한다. 그래서 단골고객을 철저하게 관리한다. 그러나 판매실적이 저조한 영업사원들은 단골보다는 신규고객 개척 중심으로 영업하므로 판매실적도 매달 들쑥날쑥이다.

영업을 잘하려면 기존고객을 꾸준히 관리를 해야만 한다. 기존고객을 관리하는 비용은 신규 개척 비용의 1/5 정도 들지만 매출에는 큰 영향을 준다. 편지를 이용하면 세밀하고 차별화된 고객관리를 할 수 있고 단골고객을 정기적으로 관리할 수 있다.

편지를 통해 할 수 있는 고객 관리 활동은 다음과 같다.

생일 · 입학 · 졸업 · 결혼 · 회갑 · 승진 · 개업 같은 행사시에 각종 축하 카드의 발송이나, 첫 구입에 대한 감사편지 · 방문 감사편지 · 클레임 처리 후 사과편지 · 참고자료 발송 때의 동봉 메시지 · 고객의 건강이 좋지 않을 때의 위로편지 · 고객의 애경사에 애도 또는 축하편지 · 다른 고객의 소개에 대한 감사편지 · 계절별 안부편지 등이 있으며, 각 품목별 판촉용 편지나 각종 신제품 카탈로그의 발송 및 각종 이벤트 초대를 위한 초대장 · 안내장 발송 등이 있다.

09_ 편지는 휴면고객이나 D급 가망고객과의 인간관계 강화에 효과적이다

고객의 가치란 무한하기 때문에 대부분의 영업사원들은 최선을 다해 제품 판매에 임한다. 한 명의 고객은 현재의 몇 배가 넘는 매출을 할 수 있는 잠재고객임과 동시에 다른 많은 잠재고객을 소개해줄 수 있는 중요한 매개체라는 것을 잘 알고 있기 때문이다. 맥도널드의 경영이념에는 한 사람의 고객 뒤엔 250명의 가망고객이 있다는 말이 있다. 그만큼 각 개인의 입을 통해 전해지는 광고 효과가 엄청나다는 걸 입증하는 이야기다.

그러나 많은 영업사원들은 가장 돈을 많이 벌 수 있는 자산이 기존고객 리스트라는 사실을 깨닫지 못하고 많은 돈과 시간, 자원을 투자해 만든 기존고객을 방치한다. 기존고객은 발굴되기를 기다리는 금광과 같은 존재이므로 무엇보다 소중하게 관리해야 한다.

이러한 기존고객 중에서 계속 거래가 없는 휴면고객이나 제품을 구입한 지 얼마 지나지 않은 고객 또는 구입의 필요성을 느끼지 못하는 가망고객의 경우에는 구매 결정까지의 기간이 길어지게 마련이다. 1개월, 3개월부터 최대 2년까지 걸리는 경우도 있다. 영업의 성패는 이 기간 동안 누가 열심히 고객이나 가망고객을 만나고 설득해서 좋은 인간관계를 유지하느냐에 달려 있다. 어쨌든 이때에도 만나는 일이 매우 중요하다. 직접 방문으로 만나서 인간관계 강화를 위한 노력을 기울이면 더 말할 나위 없이 좋겠으나 당장 급한 방문이 많기 때문에 쉽지 않다. 급한 방문을 미뤄놓고 몇 개월 후 또는 1년 이상 기다려야 되는 고객을 방문하기는 더욱 어렵기 때문이다.

이러한 경우에 편지는 얼마든지 직접 방문의 역할을 대행해주어 인간관계를 유지할 수 있고, 언젠가는 판매로 연결될 수 있다. 편지는 정을 끊지 못하는 역할을 하기 때문이다.

10_ 편지는 자세하고 정확한 정보를 제공한다

어느 정도 영업 경력이 있는 영업사원들은 많은 고객을 관리하고 있기 때문에 고객 1인당 만남의 시간을 길게 가질 수 없다. 다시 말하면 짧은 시간에 많은 사람들은 상대하자니 자세한 설명을 하기 힘들고 또 상품지식이 부족할 때도 있다. 특히 신상품일 경우에는 더욱 그러한데 이러한 부족한 면을 편지가 보충해줄 수 있다.

신상품이 나올 경우 미리 모든 고객에게 그 제품에 관한 편지와 카탈로그를 함께 보낸 후 반응이 있는 고객부터 직접 방문으로 연결할 수 있다. 또한 직접 방문을 하기 전에 고객이 무엇을 더 알고 싶은지 알아볼 수 있어 빈약한 제품지식을 보완할 수도 있다.

편지를 쓸 때에는 모든 자료를 참고하면서 쓸 수 있기 때문에 직접 방문에서처럼 기억력의 한계로 중요한 점을 누락시키는 일도 없다. 이와 같이 미리 자료를 보내 읽게 한 후 직접 방문을 하면 잠재고객이나 고객, 영업사원 양쪽 모두 시간을 절약할 수 있다.

11_ 편지는 실제적으로 어떤 영업상황에서도 이용할 수 있으며 다른 광고의 보완책으로도 쓸 수 있다

① 편지로 신규 고객을 선점할 수 있다

졸업, 입학, 취직을 기다리는 소비자에게 미용, 에티켓, 첫 출근 복장 상담 등 도움이 될 정보를 담은 편지를 보내거나 상권 내로 이사한 전입 가정에 자기 소개 편지를 보내면서 생활안내 지도나 상가 수첩을 동봉하면 고객에게 좋은 이미지를 갖게 함으로써 고객 선점先占에 유리한 입장에 설 수 있다.

② 편지 발송으로 제품 문의자를 계약으로 이끌 수 있다

내점來店 또는 전화로 제품에 대해 문의한 소비자에 대한 정보, 즉 주소·전화·성명 등을 기록해놓고 추후 각종 편지이나 전화, 직접 방문을 통한 긴밀한 커뮤니케이션을 계속하면 계약과 연결될 가능성이 높아진다.

그러나 많은 영업 현장에서는 이렇게 스스로 찾아온 A급 가망고객을 소홀히 여기는 경우가 많다.

물론 소비자와의 직접적인 접촉을 통해 계약 달성까지 가기 위해서는 직접 방문이 최고의 방법이 되겠지만 직접 방문이나 전화방문 사이에 편지를 통한 방문도 매우 큰 역할을 할 수 있다.

③ 각종 캠페인, 이벤트 초대 등에 편지를 동봉한다

간단하게 행사취지를 편지로 써서 행사 초대장과 같이 보내면 초대에 응할 확률은 초대장만 보냈을 경우보다 높아진다.

④ 편지는 이벤트 실시 후 계약까지 이르는 데 효과적이다

파티식 실연회, 고객 초청 판매 등과 같은 세일즈 이벤트(Sales Event)나 공장 견학, 고객 초청강좌 등과 같은 이미지를 높이기 위한 이벤트를 실시한 후 참석자들에게 계속적으로 커뮤니케이션을 갖는지 여부에 따라 판매 결과가 크게 달라진다.

예를 들어 이벤트에 참여했다고 모든 고객이 제품을 구입하는 것이 아니다. 마음에 드는 제품이 없다거나 경제적 이유 등 여러 가지 이유로 소비자들은 제품을 구입하지 않는다.

따라서 이벤트가 끝난 후 참석에 대한 감사 편지를 발송하거나, 신제품에 대한 카탈로그 발송 또는 생일 카드 등과 같은 편지 발송이 계속 이루어진다면 이벤트에 참가했을 때의 부채 감정과 함께 자신에 대해 지속적인 관심을 가져주는 것에 대한 감사한 감정이 누적되어 구매 결정을 촉진시켜준다.

그러나 비용이 많이 드는 이벤트 실시 후에 아무런 사후 방문이 이루어지지 않으면 행사를 통해 어느 정도 움직이려고 한 가망고객이나 고객의 감정은 약해지고 판매에 아무런 영향을 주지 못한다.

⑤ 편지는 신제품 및 고액 상품 판매에 효과적이다

신제품은 그 형태나 용도 · 용법 · 효능 등이 잘 알려져 있지 않으므로 자세한 설명이 필요하다. 값비싼 매스컴 광고는 이미지 광고일 뿐 제품에

관해 충분한 정보 전달이 어렵다. 그래서 TV나 신문, 잡지 등을 통해 광고가 나간 후에 발송되는 편지는 상당한 플러스 효과를 얻을 수 있다. 대부분의 고객들은 TV나 신문광고보다 훨씬 많은 정보를 원하기 때문에 신제품의 특징이나 장점, 효능에 관한 자세한 편지를 받으면 주의 깊게 살펴본다. 또한 영업사원의 방문 활동과 병행한다면 광고 효과가 상승되어 실제로 판매와 연결되기 쉽다.

특히 부동산 · 콘도미니엄 · 자동차 · 가전제품 · 가구류 · 보석류 등의 고가 상품은 이미지 광고보다는 설득 광고가 필요하며 제품 설명에 사진 · 설계도 · 단면도 등이 필요한 경우가 많아 편지를 통한 판촉이 더욱 효과적이다.

⑥ 편지는 전문성이 높은 상품의 판매에 효과적이다

의약품 · 농약 · 화공약품 · 기계류 등은 그 분야의 전문가가 주 고객이므로 광고만을 통한 판촉 활동은 한계가 있다. 이런 상품은 직접 방문이나 편지를 통한 자세한 설명이 필요하다.

⑦ 편지는 시기적으로 매상고 차이가 큰 상품의 판촉에 효과적이다

호텔과 같은 업종은 겨울철에는 성수기나 여름에는 비수기이기 때문에 "할인권" 등을 동봉한 편지를 보내면 판촉 효과를 볼 수 있다. 특히 의류, 패션 제품, 신발, 가방류, 학생용품은 신학기가 최대의 성수기이기 때문에 미리 학생층의 명단을 수집하여 졸업 · 입학 · 축하 편지를 보내면 수요를 선취할 수 있다.

⑧ 편지는 타 광고의 효과를 배가시킬 수 있다

메이커가 신제품을 출하하거나 특별한 판매 캠페인을 실시할 경우 일반적으로 신문이나 방송 매스컴을 통한 광고, 자체에서 제작한 전단 배포, 플래카드 부착을 통해 소비자에게 알린다. 그러나 이 경우 고객들에게 편지를 보내 알리면 각 매체의 효과가 어우러져 더욱 강력한 PR 효과를 거둘 수 있다.

특히 편지는 특성상 캠페인 대상 상품에 구입 가능성이 가장 높은 소비자들에게 캠페인 내용을 전달할 수 있기 때문에 실제 판매와도 직결되는 큰 효과가 있다. 즉, 메이커의 광고나 전단 배포 등은 이미지 광고이지만 편지는 실제 구매 행동에 영향을 미친다. 간단한 편지 한 가지를 추가함으로써 결과는 상당하게 달라질 수 있다.

12_ 편지는 평범한 영업사원을 톱 영업사원으로 만들어준다

가전업계의 한 판매여왕은 전화와 직접방문과 아울러 편지를 중점적으로 잘 활용해 높은 실적을 계속 올렸다. 그녀는 "나는 편지에 정성을 쏟았다. 편지 속에 제품의 기능설명과 사용상의 주의를 쓰고 그 옆에는 한바탕 웃을 수 있는 유머나 난센스 퀴즈를 넣는다. 이렇게 애교스러운 편지를 고객들에게 매달 보낸다"고 말했다.

또한 자동차업계의 한 판매왕은 "고객과 신뢰를 구축할 수 있는 가장 좋은 방법이 편지다. 편지는 우선 만날 수 없는 사람에게 내가 존재하고 있다는 것을 알릴 수 있고, 두 번째는 자꾸 보냄으로써 신뢰가 형성된다. 세 번, 네 번 보내면 "다음에는 반드시 저 사람 것을 사줘야 되겠네!' 하면서 본인이 사지 않더라도 다른 사람을 소개해주기도 한다. 한번은 컴퓨터로 택시 대상자 고객을 뽑아 한 번에 2,000장의 편지를 보내고 나서 자동차를 48대 판 적이 있다. 내가 고객 관리를 위해 가장 많이 보내는 것은 회사에서 만든 카탈로그가 아니라 내가 직접 만든 카탈로그와 편지다. 다섯 번 보내면 내 얼굴을 모른다고 해도 나를 찾아오는데, 이것이 편지의 효과이며 투자의 매력이다"라고 말했다.

영업사원으로서 무엇인가 튀어야 하는 이 시대에 특별하고 싶다면 자주 차별화된 편지를 쓰자.

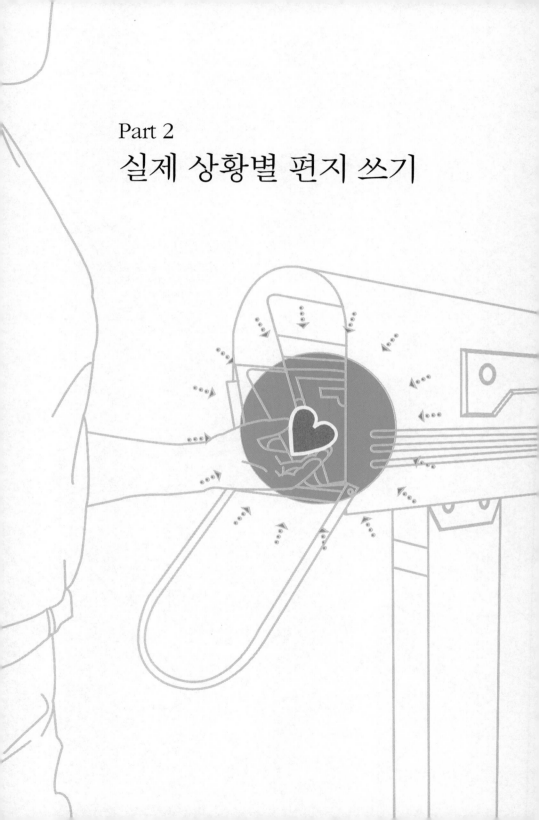

Part 2
실제 상황별 편지 쓰기

CHAPTER 1

마음의 문을 여는 편지

모르는 사람을 무작정 방문하기보다는 편지를 보내 자기 소개를 먼저 하는 것이
상대방에게 좋은 인상을 심어줄 수 있다. 그래야 차후 방문시 좋은 감정을 갖게 할 수 있고
쉽게 거절 당하지 않을 수 있다. 잠재고객에게 처음으로 편지를 보내는 것은 차후 방문을 원
활하게 하는 것이 주목적이므로 처음부터 지나치게 판매 의도를 드러내지 않는 것이 좋다.

첫 방문 전에 쓰는 자기 소개 편지

01_ 건강식품 업종의 자기 소개

철쭉이 온 산야를 붉게 물들이고 있습니다.

사장님! 안녕하세요?

저는 ○○식품 영업사원 ○○○이며, ○사장님 가게 지역을 담당하고 있습니다. 저는 올해 입사한 신입사원이지만 큰 희망과 포부를 가지고 열심히 활동하고 있습니다.

저희 회사는 ○○○회사의 계열사로서 자연의 힘으로 인류의 오염된 몸과 마음을 회복하기 위해 천연 식물을 연구하고 신물질을 개발하여 건강식품으로 제품화했으며, 우리의 삶의 질을 높이려고 끊임없이 노력하고 있습니다.

앞으로 ○사장님께 건강정보와 특허를 받은 탁월한 제품들에 관한 정보를 꾸준히 드려 놀라운 자연의 힘을 경험하실 수 있도록 도와드리겠습니다. 앞으로 제 활동을 지켜봐주시고 도와주시기 바랍니다.

그럼 ○○○사장님! 하시는 모든 일 두루 많은 성과 거두시고 늘 환한 웃음 지을 수 있으시기 바라며…….

○○○○년 ○월 ○○

고객의 건강을 추구하는 ○○식품 영업사원 ○○○ 올림

(☎ 02-594-○○○1) H.P 010-111-1111

○○○님! 아름다운 신록의 계절입니다.

낯선 이름이라 조금은 놀라셨죠? 저는 ○○식품 영업사원 ○○○입니다.

올해 저희 회사에서는 열대의 바다에서 자라는 해조류의 일종인 ○○를 수입하게 되었습니다. (미국에서는 이것만 먹고 107일간 단식을 한 기록이 있을 만큼 영양의 균형이 잘 잡힌 필수 아미노산으로 이루어진 고단백질 식품입니다)

○월 ○일부터 ○월 ○일까지 ○○○님 댁 주변을 중심으로 신상품 ○○을 홍보하고자 합니다. ○○○님께서 편하신 시간에 찾아뵙고 싶습니다. 편한 시간을 알려주시기 바랍니다.

그럼 ○○○님! 날마다 기쁘게 보내시기를 바라며…….

02_ 교육 업종의 자기 소개

목련꽃이 화사한 4월입니다.

거리엔 나들이 나온 아이들의 재잘거림이 가득하고 물오른 연초록 잎새들도 한껏 기지개를 펴고 있습니다.

신록의 계절인 이즈음에 봄처럼 새롭고 새싹처럼 풋풋한 ○○출판의 신입사원 ○○○가 우선 지면으로나마 ○○○님께 첫인사를 드립니다.

가을 들녘의 벼이삭 같은 노련미는 채 갖추지 못했으나 고객 한분 한분을 늘 설레는 마음으로 기다리며 열심히 활동하는 세일즈 우먼입니다. 오늘 인사는 여운 속에 남기고 다음 주에 찾아뵙겠습니다.

○○○님! 환절기에 감기 조심하시고 언제나 진달래처럼 화사하고 밝으시기를 바랍니다.

뜨거운 태양 아래 녹음이 더욱 짙어가는 계절입니다.

○○○님! 안녕하십니까? 저는 ○○회사 ○○지부에 근무하는 ○○○입니다. 직접 찾아뵙고 인사를 드려야 도리인 줄 아오나 우선 이렇게 지면으로나마 인사드립니다.

저는 올해 초 제 자신의 비전과 사회 참여의 욕구 때문에 ○○회사에 입사하여 끈기와 인내를 갖고 ○○동 지역에서 열심히 활동하고 있습니다.

저희 ○○회사에서는 매월 자녀 독서지도법이나 종이접기, 꽃꽂이, 노래자랑 등 많은 이벤트 행사를 마련하고 있으며, 자녀들의 교육에 관한 참고자료를 수시로 보내드리고 있습니다. 활동을 시작한 지 얼마 되지 않아 부족함이 많은 제가 ○○○님께 조금이라도 도움이 될 수 있도록 기회를 주실 수 있으신지요?

다음 주 수요일 ○○○님 댁 근처 지역을 순회할 예정입니다. 자녀의 적성검사를 실시하오니 편리한 시간을 알려주시면 그 시간에 맞추어 찾아뵙겠습니다.

앞으로 ○○○님에게 도움이 되는 일을 찾아 정성껏 최선을 다하겠습니다.

그럼, ○○○님! 날마다 기쁘게 지내세요!

P.S. 이번 달 25일 '자녀의 독서지도법 강좌'가 있어 신청을 받고 있습니다. 선착순 20명이오니 관심 있으시면 빨리 알려주세요.

새싹이 파릇파릇 돋아나는 봄입니다. 아침에 출근하는데 개나리가 고개를 들고 저를 반갑게 맞이하더군요.

○○○님! 안녕하십니까? 저는 ○○출판 ○○지사에 근무하는 교육 교사 ○○○입니다.

직접 찾아뵙고 인사드려야 도리인 줄 압니다만 이렇게 지면을 통해 먼저 인사드립니다. 저는 작년에 ○○출판에 입사해 2세 교육에 앞장서는 희망찬 꿈을 갖고 열심히 활동하고 있습니다.

○○○님! 비행기를 만든 주인공 라이트 형제는 아시는지요? 그들은 날마다 어떻게 하면 하늘을 날 수 있을까를 집중적으로 고민하다가 결국에는 비행기를 만들어냈다고 합니다. 자녀를 똑똑하게 키우는 방법을 알고 싶으세요? 생각에 날개를 달아주시면 됩니다. 제가 그 일을 함께 도와드리겠습니다.

저희 ○○출판에서는 유아교육에 꼭 필요한 정보를 정기적으로 만들고 있으므로 새로운 정보가 나올 때마다 전해드리겠습니다. 언제든지 지나시는 길에 저희 사무실을 들러주십시오.

그럼, ○○○님! 건강과 행복이 늘 함께하시길 바라며…….

P.S. 사무실에 나오시면 생각에 날개를 다는 책을 무료로 빌려드립니다.

풍성한 결실의 계절 가을입니다. 우리 자녀들 가슴에도 가을의 풍성함을 안겨주고 싶습니다.

○○○님! 안녕하세요?

저는 ○○출판 ○○○지부에서 8월 팀장으로 승진한 ○○○입니다. 이렇게 지면을 통해 인사드리게 됨을 기쁘게 생각합니다.

자녀교육이 좋아서, 책이 좋아서, 제 아이에게 권하던 제품 소개하는 일이 영원한 직업이 되었습니다. 앞으로 자녀교육에 대한 정보나 새로운 상품정보를 성의껏 보내드리겠습니다. 궁금하신 사항은 문의하시면 자세하게 상담을 해드리겠습니다.

그럼, ○○○님! 늘 사랑이 넘치는 가정이 되시기 바라며…….

P.S. 자녀와 함께 사무실에 나오시면 무료로 책을 보실 수 있습니다.

더위가 슬그머니 시원한 바람을 남기며 떠나는 계절입니다.

○○○님! 안녕하세요?

저는 ○○출판에 근무하는 ○○○부장입니다.

직접 찾아뵙고 인사드려야 할 텐데 우선 지면을 통해서나마 이렇게 인사를 드립니다.

저는 성공의 고지를 향해 힘껏 내달리고 있습니다.

싱! 싱! 신바람을 내며~.

저희 ○○출판은 자녀교육에 도움을 주는 교육전도사 역할을 하기 위해 많은 노력을 기울이고 있습니다.

구체적으로 아시고 싶은 내용이 있으시면 언제든 연락해주십시오. 최선을 다해 상담해드리겠습니다.

그럼, ○○○님! 건강하시고 이 가을에 좋은 독서의 계절을 보내기시 바랍니다.

P.S. 자녀교육에 도움을 주는 사보가 있습니다. 전화로 신청하시면 보내드리겠습니다.

03_ 내구소비재 업종의 자기 소개

선선한 바람이 가을을 느끼게 하는 계절입니다.

○○○님! 안녕하십니까?

저는 ○○기업 서초동 지역의 고객관리를 담당하고 있는 모니터 사원 ○○○입니다.

제가 맡고 있는 업무는 ○○○님께서 구입하신 제품의 애프터서비스나 기타 애로사항을 처리해드리는 일입니다.

힘들고 어려운 생활 속에서도 마음을 활짝 열고 때로는 친구로, 때로는 다정한 이웃으로서 ○○○님과 대화를 나눌 수 있기 바랍니다. 언제나 제가 맡은 역할에 최선을 다하고자 하오니 바쁘시더라도 저의 마음을 기억해주시고 혹시 지금이라도 저희 회사 제품 상담이나 애프터서비스가 필요하시다면 곧바로 연락해주십시오.

그럼 ○○○님, 항상 가내 두루 평안하시고 행복이 가득하시기 바랍니다.

P.S. 저희 ○○기업 사보를 매월 받아보고 싶으시면 연락해주십시오. ○○ 책자는 무료로 우송해드립니다.

04_ 보험 업종의 자기 소개

벚꽃과 목련이 활짝 웃는 봄이 찾아왔습니다.

○○○님! 안녕하십니까?

먼저 찾아뵙고 인사를 드려야 예의일 테지만 우선 지면으로나마 ○○○님께 인사를 드립니다. 저는 ○○생명에서 이 지역을 맡아 열심히 뛰고 있는 설계사 ○○○입니다. 앞으로 적금이나 보험, 대출 관계로 ○○○님께 조금이나마 도움이 되고 싶습니다.

이 아름다운 봄날에 나비처럼 날아가 ○○○님께 꽃향기를 전해드리고 싶습니다. 매주 화요일 이 지역을 방문합니다. 편리한 시간을 알려주시면 즉시 달려가겠습니다.

그럼, ○○○님! 하시는 모든 일 많은 성과 거두시고 늘 환한 웃음 지으시기 바랍니다.

P.S. 지루한 오후를 재미있게 해주는 유머 뉴스를 동봉합니다.

만물이 소생하는 싱그러운 4월입니다.

○○○님! 안녕하십니까?

저는 ○○생명에 근무하는 생활설계사 ○○○입니다. 저는 돈암동 지역을 담당하고 있습니다. 직접 찾아뵙고 인사드려야 도리이지만 우선 지면을 통해 인사드립니다.

저는 긍정적인 삶을 추구하는 느낌이 있는 여자로 ○○생명에 입사해, 제 능력을 발휘하면서 열심히 살려고 노력하는 설계사가 될 것을 약속드립니다.

○○○님께 필요한 정보를 드리고 싶어 매월 발행되고 있는 통신문을 동봉합니다. 도움이 되었으면 좋겠습니다.

그럼, ○○○님! 항상 건강하시고 하시는 일이 모두 순조롭게 이루시기를 바라며 다음 주중에 찾아뵙도록 하겠습니다.

P.S. 동봉한 통신문을 매월 받으시려면 연락 주세요. 회사에 신청해드리겠습니다.

시골처녀의 발그스레한 얼굴처럼 진달래꽃이 미소 짓는 봄입니다.

움츠렸던 어깨를 펴고 봄 향기를 듬뿍 마시러 교외로 나가고 싶지 않으세요?

○○○님! 안녕하십니까? ○○생명 금융플라자에 근무하는 통통 튀는 생활설계사 ○○○입니다. 우선 지면을 통해 이렇게 인사드립니다.

저는 ○○○님의 가정이 항상 따뜻한 봄날처럼 오래오래 계속될 수 있도록 이곳 금융플라자에서 금융정보 및 생활정보, 보험상담, 증권에 이르기까지 생활에 필요한 각종 정보를 ○○○님께 전달해드리려고 합니다. 궁금한 사항이 있으시면 언제든지 저에게 연락해주십시오. 성심 성의껏 안내해드리겠습니다.

그럼 ○○○님, 언제나 새로운 꿈과 샘솟는 희망으로 가득하시기 바라며…….

라일락 향기가 온 사방에 퍼지는 계절의 여왕 5월입니다.

○○○사장님! 안녕하십니까?
저는 ○○생명 ○○영업소에 근무하는 설계사 ○○○입니다.
직접 찾아뵙는 것이 도리이지만 우선 이렇게 지면으로 인사드립니다.
저는 작년 이맘때 희망과 포부를 가지고 ○○생명에 입사하여 마라톤을 하는 심정으로 열심히 활동하고 있습니다.

귀사와의 영업활동은 올해 1월부터 시작해 많은 사원들과의 지속적인 만남으로 즐거운 나날을 보내고 있습니다. 귀사의 서울사무소는 물론 수원공장에도 몇 차례 방문했고 만났던 분들과도 계속 전화로 만나고 있습니다.
어떻게 하면 장래 생활설계에 도움이 될 수 있을까를 궁리하며, 한번 계약자가 평생의 계약자라는 믿음으로 열심히 활동하고 있습니다.
○○○사장님! 조만간 찾아뵙고 ○사장님의 사업에도 도움이 되는 정보를 드리고 싶습니다. 매주 화요일에 귀사를 정기적으로 방문하고 있습니다. 사장님의 편리한 시간을 알려주시면 그때 찾아뵙도록 하겠습니다.
그럼, ○○○사장님! 언제나 건강하시고 하시는 일마다 번창하시기 바랍니다.

P.S. 다음 주 월요일에 전화드리겠습니다.

곧 다가올 가을을 기다리며 이 무더운 여름의 문턱에서 인사드립니다.
○○○님! 안녕하세요?
저는 1992년과 1994년 두 번의 대형교통사고를 경험한 사람으로서 보험의 절대 필요성을 느끼고 ○○화재보험 ○○영업소에 입사해 열심히 활동하고 있는 ○○○입니다.

앞으로 ○○○님의 재산과 생명을 확실히 보호해드리는 보디가드가 되어 드리겠습니다. ○○화재보험에서 고객에게 드리는 많은 정보도 제공해드리고 자주 안부전화도 드리겠습니다.

저희 ○○화재에서는 업계 최초로 자동차보험만 가입하셔도 각종 긴급 출동 서비스를 받으실 수 있는 시스템을 가동하고 있습니다. ○○○님께서는 이 서비스로 항상 편안하고 안심할 수 있는 오너 드라이버 생활을 하실 수 있으리라 믿습니다.

자동차보험에 관해 알고 싶으신 내용이 있으시면 "매직차 서비스를 제공하는 ○○화재보험" ○○○에게 연락해주십시오.

휴대폰은 010-111-1111입니다.

그럼 ○○○님, 나날이 새로운 꿈과 희망으로 가득하시고 하시는 사업 번창하시기 바랍니다.

P.S. 매직차 서비스가 무엇인지 궁금하시죠? 다음 주 수요일쯤 방문해 자세히 안내해드리겠습니다.

시원한 물 한잔과 부채가 필요한 계절입니다.

○○님! 안녕하세요?

저는 ○○생명 ○○영업소의 푸른 초원에서 힘차게 뛰어다니는 하얀 말 ○○입니다.

점점 더 험악해지고 있는 세상에서 모든 불안을 떨쳐버리고 저와 함께 편안한 미래를 준비하시지 않으시렵니까?

저희 ○○생명에서는 각종 위험에 대비한 상품이 풍부합니다. 종합자료를 보내드리오니 궁금하신 점이 있으시면 언제든지 연락주십시오.

저는 ○○동 근처를 담당하고 있어 자주 방문하고 있습니다. 오는 21일경 다시 순회할 예정이오니 ○○님의 편리한 시간에 한번 찾아뵙고 싶습니다. 방문 전에 전화연락을 드리겠습니다.

그럼, ○○님! 내내 건강하시고 하시는 일마다 순조롭게 이루어지시기 바랍니다.

P.S. 21일 각 상품의 자세한 안내 자료를 갖고 찾아뵙겠습니다.

○○님! 안녕하세요?

간간이 내리는 소나기 덕분에 비온 뒤의 싱그러움을 맛볼 수 있는 계절입니다.

토끼처럼 빠른 발과 거북이 같은 꾸준한 인내를 가지고 고객의 입장에 서서 활동하는 ○○생명 ○○영업소 ○○○입니다.

○○○님께서는 늘 바쁘신 분이라 우선 지면을 통해서나마 인사드립니다.

저희 ○○생명에서는 고객 여러분께 필요한 정보를 신속하고 정확하게 알려드리고 있습니다. 동봉한 자료를 검토해주시고 궁금하신 문의사항(대출, 연금, 보장성보험 등)이 있으시면, 즉시 010-1111-1111로 불러주세요.

언제 어디서나 깡충깡충 열심히 달려 가겠습니다.

그럼, ○○님! 언제나 아름다운 꿈과 희망이 넘치시기 바라며…….

저녁을 먹고 나면 허물없이 찾아가 차 한잔 같이 마시고 싶은 친구…….

일생에 끊어지지 않을 인연으로 영원을 꿈꿀 수 있는 친구…….

이런 친구가 필요하시죠?

○○○님! 안녕하세요?

저는 늘 곁에 있는 친구처럼 ○○○님의 가정에 풍요와 미래의 나무를 심어드릴 ○○생명 ○○영업소의 ○○○입니다.

저희 ○○생명의 상품자료를 보내드리오니 살펴보시고 지금 원하시는 것들이 있으시면 편안한 친구처럼 즉시 연락 주세요. 언제나 친절하게 상담해드리겠습니다. 그리고 저희 ○○생명 6층에 고객 플라자가 새롭게 문을 열었습니다. 교양이나 경제, 문화면에서 많은 도움이 되리라 생각되오니 많이 이용해주십시요.

앞으로도 저희 ○○생명에서 나오는 각종 자료를 보내드리고 가끔 안부전화도 드리겠습니다.

그럼, ○○○님! 무더위 속에서도 늘 새로운 기운으로 정진하시기를 바라며…….

P.S. 특히 이번 달 15일(화) 10:00~12:00 고객 플라자에서는 '배우기 쉬운 재테크 요령' 특별 강좌가 있습니다. 관심이 있으실 것 같아 초대장을 동봉합니다.

○○○님! 안녕하세요?

저는 ○○생명 ○○영업소에 근무하는 ○○○입니다.

직접 찾아뵙고 인사드려야 도리이겠지만 우선 지면을 통해 인사를 드립니다. 한 남자의 아내와 두 아이의 엄마로 세월을 보내다가 올해 초 자아 실현과 생활의 활력소를 찾아 ○○생명에 입사를 하게 되었습니다.

저는 앞으로 ○○○님에게 보험을 파는 세일즈맨이 아닌 기쁨과 행복을 드리는 설계사가 되기 위해 열심히 활동하려고 합니다. 여러 가지로 미숙하겠지만 ○○○님께서 격려해주시기를 부탁드립니다.

저희 ○○생명에서는 고객 여러분에게 필요한 정보를 드리고자 동봉한 통신문을 매월 발행하고 있습니다. 계속 받아보시고 싶으시면 제게 연락해주십시오. 앞으로 저희 ○○생명의 상품에 대한 새로운 정보를 수시로 알려드리고 때때로 안부전화도 올리겠습니다.

그럼, ○○○님! 늘 건강하시고 가정에 행운이 함께하시길 빕니다.

P.S. 매달 10일경 귀댁 근처를 방문하고 있습니다. 한번 인사드리겠습니다.

아스팔트 위의 더위, 에어컨의 시원함!

○○○사장님! 안녕하세요?

저는 ○○생명 ○○영업소에 근무하는 생활설계사 ○○○입니다.

처음 대하는 이름이라 사장님께서는 다소 의아하게 생각하셨을 것입니다.

저는 작년 부푼 꿈을 안고 ○○생명에 입사해 ○○○님께 신바람, 강바람, 에어컨의 시원함을 전달할 수 있는 설계사가 되기 위해 열심히 활동하고 있는 햇병아리 사원입니다.

저는 사장님이 계시는 ○○동을 담당하고 있습니다. 이렇게 실례를 무릅쓰고 편지를 드린 이유는 제가 사장님 회사 내에서 영업 활동을 하고자 하려는

데, 허락해주시면 이제까지 열심히 활동한 것처럼 사장님과 전직원들에게 도움이 되는 필요한 정보를 수시로 알려드리겠습니다.

저는 특히 대출을 전문으로 하고 있으므로 특히 사업자 대출에 관한 새로운 정보를 수시로 드리고 모든 것을 사장님 편에 서서 협조해드리겠습니다. 궁금한 사항이 있으시면 언제든지 연락해주십시오.

그럼, 나날이 도전과 성취로 이어지시기 바라며 ○○○사장님의 허락을 기다리고 있겠습니다.

P.S. 저는 매일 귀사 근처에서 활동하고 있습니다. 한번 찾아뵙겠습니다.

태양이 이글거리는 뜨거운 계절입니다.

○○○님! 안녕하세요?

저는 희망과 포부를 가지고 ○○화재 ○○영업소에 근무하는 생활설계사 ○○○입니다.

○○○님께서는 차를 가지고 계십니까?

이제 조금 있으면 뜨거운 여름을 피해 휴가를 떠나는 계절이 돌아옵니다.

○○○님께서는 가족을 사랑하십니까?

이번 여름에는 가족들과 오붓한 한때를 보내시면서 가족의 소중함을 다시 한번 느껴보시기 바랍니다.

차량이나 가족의 안전에 대한 각종 보험상품 안내자료를 보내드립니다. 살펴보시고 궁금한 점이 있으시면 연락해주십시오. 앞으로도 새로운 자료가 나오면 보내드리겠습니다. 특히 자동차 보상처리에 대해 문의해주시면 성심성의껏 상담해드리겠습니다.

다음 주 수요일 귀사 근처를 지날 때에는 미리 연락을 드리고 찾아뵙겠습니다.

그럼, ○○○님!

하시는 일마다 성공하시고, 여름철 건강에 특히 유의하시기를 바랍니다.

P.S. 올 여름 휴가 때 가실 곳을 정하셨습니까? 도움이 될 휴양지 목록을 보내드립니다.

장마가 계속되는 무더운 여름날입니다.

○○○부장님! 안녕하세요?

저는 ○○화재보험 ○○대리점을 경영하는 ○○○입니다. 이렇게 지면으로나마 인사를 드리게 되어 기쁘게 생각합니다.

○부장님!

저는 오늘 아침 출근하면서 오늘도 '흐리기만 하고 비는 안 오겠지!' 하는 안일한 생각으로 우산을 준비하지 않았습니다. 그 결과 사무실에 출근했을 때의 제 모습은 마치 물에 빠진 생쥐꼴이었습니다. 우산을 준비하지 못한 저의 불찰 때문이었죠.

맑은 날에는 비올 때의 불편함을 전혀 예측할 수 없는 것이 우리들의 속성입니다. 앞으로 ○부장님의 모든 재해(사고)를 제가 지켜드리겠습니다.

나날이 세상이 험악해지고 복잡해지는 요즈음, 앞으로 ○부장님께 도움이 될 만한 자동차보험이나 상해보험, 화재보험에 대한 자세한 정보를 드리겠습니다.

다음 주 수요일경 귀사 근처를 방문할 예정입니다. 미리 전화를 드릴 테니 편리한 시간을 알려주시면 찾아뵙고 직접 인사드리겠습니다.

그럼, 항상 건강하시고 하시는 일 늘 발전하시기 바라며……

P.S. 장마 습기 제거용 판촉물이 나왔기에 방문시 갖고 가겠습니다.

밝은 햇살이 그리워지는 장마철입니다.

○○○님! 안녕하세요?

첫 만남은 웃음과 더불어 인사드리는 게 도리인 줄 압니다만 우선 지면으로 인사드립니다. 저는 ○○화재보험에 근무하는 ○○○입니다.

일찍이 금융기관에서 20년 동안 몸담아왔던 50대 초반의 사람으로 새로운 인생 설계를 하고자 보험업계에 감히 뛰어들었습니다.

작은 용기로 시작했지만 ○○○님의 지도와 격려가 있다면 큰 힘이 되겠습니다.

○○화재보험에 근무한 지는 얼마 되지 않았지만 성실함과 계속 공부하는 자세로 ○○○님께 도움이 될 수 있도록 열심히 노력하겠습니다.

저희 ○○화재보험 상품 중에서 일상생활에서 흔히 접하는 내용을 월별로 한번씩 정리해서 보내드리겠습니다. 궁금하신 점이 있으시면 언제든지 연락해주십시오. 성심 성의껏 답변해드리겠습니다.

그럼, ○○○님! 본격적인 무더위에 건강에 유의하시고 하시는 일마다 보람과 기쁨이 충만하시기 바랍니다.

P.S. 유머 한마디 : 수탉이 암탉을 부르는 이름은? 답은 뒷면에 있습니다.

○○○님!

봄 햇살이 유난히도 눈부신, 봄날이 무척이나 행복하게 느껴집니다.

문득 ○○○님께 짧은 감사의 마음이라도 전하고 싶어 펜을 들었습니다.

지난번 ○○카센터를 방문했던 저에게 친절한 인사와 도움의 말씀을 주시던 ○○○님의 모습을 떠올리면 슬며시 웃음이 납니다.

○○○님의 사무실을 방문하고 싶다고 했을 때 흔쾌히 허락해주시며 언제든지 도움이 될 수 있다면 도와주시겠다던 ○○○님의 말씀에 저는 많은 용기를 얻었습니다. 정말 감사합니다.

그 후 몇 차례 전화를 드렸지만 통화가 되지 않았습니다. 무척이나 바쁘신가 봅니다. 그래서 전화 대신 편지를 드립니다. 편리한 시간을 알려주시면 제가 시간에 맞추어 찾아뵙겠습니다.

지방출장이 며칠 걸리신다고 했는데 지금쯤은 돌아오셔서 밀린 업무로 바쁘시겠죠?

그럼, ○○○님!

바쁘신 중에도 웃음 짓는 여유를 가지시기 바라며 다음 주중에 찾아뵙도록 하겠습니다. 좋은 하루 보내십시오.

P.S. 만나뵐 때 입 안을 상큼하게 해주는 것을 준비하겠습니다.

○○○과장님!

밤잠을 설치게 했던 유별난 더위도 말복이 지난 지금은 한풀 꺾인 듯합니다.

안녕하세요? 저는 ○○화재보험 ○○대리점 ○○○입니다.

직접 찾아뵙고 인사드려야 도리인 줄 알지만 이렇게 먼저 지면을 통해 인사를 드립니다.

이번 여름에는 어떻게 보내셨는지요? 시원한 계곡이 있는 산으로 휴가를 다녀오셨는지요?

저는 보험업계에 첫발을 디딘 지 1년이 조금 넘었지만 보험전문인이 되고자 하는 생각으로 한발 한발 최선의 노력을 위해 정진하고 있습니다.

'고객을 위한 가치창조'를 늘 염두에 두고 고객이 원하고 필요한 것을 찾으며 고객에게 직면한 위험을 분석하여 미리 예방하는 것이 제 몫이라고 생각합니다. 걸음마를 처음 배우는 아이처럼 처음부터 차근차근 성심 성의를 다해 뛸 수 있을 때까지 ○과장님과 함께 하는 동반자가 되고 싶습니다.

○과장님께 도움이 될 재테크 관련 정보를 모아 보내드리오니 참고하시고

의문사항이 있으시면 언제든지 연락해주십시오. 즉시 해결해드리겠습니다.

그럼, ○○○과장님!

날마다 기쁨과 행복이 넘치시기 바랍니다. 지나는 길에 한번 들러주시면 시원한 냉커피 한잔 대접하겠습니다.

P.S. 방문하시기 전에 전화로 알려주시면 자리를 지키겠습니다.

○○○님!

바람결에 하늘거리는 코스모스가 그리움을 재촉하는 계절입니다.

안녕하세요? 저는 장래를 위한 작은 준비로 행복한 미래를 보장하는 ○○화재보험 ○○대리점 ○○○입니다.

사람과 사람이 더불어 살아가는 세상, 수많은 사람들 중에 이렇게 ○○화재라는 인연으로 ○○○님께 연락을 드리게 되어 대단히 기쁩니다.

바닷가 모래알처럼 수많은 보험인들이 있지만 막상 어려운 상황에 부딪쳤을 때 열과 성의를 다해 ○○○님과 가족을 위해 애쓸 전문 보험인이 될 수 있도록 최선을 다하겠습니다.

계속되는 사고로 정부뿐만 아니라 대다수 국민들도 불안에 떨고 있습니다. 성수대교 붕괴사고, 대구 지하철 가스 폭발사고, 삼풍백화점 붕괴사고 및 최근의 대구 지하철 화재사고 등 예기치 못한 사고가 우리의 가슴을 아프게 하고 있습니다.

각종 사건과 사고가 빈발하는 이 시점에서 ○○○님께서도 가족의 안전을 위해 각종 혜택이 주어지는 보험의 필요성을 충분히 느끼실 것으로 생각합니다.

다음 주중에 찾아뵙고 더 자세한 안내를 해드리겠습니다.

그럼, ○○○님, 나날이 새로운 꿈과 희망이 가득하시길 바라며…….

P.S. 수요일이나 금요일 중 어느 날이 편하신지요? 전화드리겠습니다.

05_ 부엌가구 업종의 자기 소개

어느새 성큼 다가온 봄기운을 느낍니다.

○○○님! 안녕하십니까?

저는 부엌 환경 개선을 목표로 하는 주방가구 메이커인 ○○주식회사에서 ○○지역을 담당하는 상담원 ○○○입니다.

저는 부엌 공간을 좀더 아름답고 편리하게 꾸며 주부님들께서 즐겁게 일하고, 가족들이 편히 휴식을 취하며 대화와 화목을 다지는 행복한 공간을 만들 수 있도록 도와드리고 있습니다. 모든 가정에서 사용하는 부엌의 불편한 점이나 개선해야 할 점이 있으시면 저와 상담하여 주십시오.

다음 주중에 ○○○님을 찾아뵙고 귀댁의 부엌 공간을 무료로 설계해드리겠습니다.

그리고 저희 회사에서 새로이 취급하는 주방용 상품 카탈로그를 함께 보냅니다. 의문점이나 더 알고 싶으신 사항이 있으시면 찾아뵐 때까지 모아두세요.

그럼 ○○○님, 날마다 기쁘게 보내십시오.

○○○님! 안녕하세요?

저는 ○○기업 키친 디자이너 ○○○입니다.

매일같이 반복되는 부엌일, 해도 해도 표가 나지 않는 집안일들…….

○○○님, 저는 작업환경이 즐거움과 기쁨으로 충만할 때 밝고 명랑한 가정생활이 이루어진다고 생각합니다. 아름다운 부엌에 투자하십시오. 아름다운 부엌이 아름다운 생활을 만듭니다. 가정생활의 중심인 주부 ○○○님께서 아름다운 부엌을 꾸미시는 데 도움이 되는 각종 정보를 가지고 다음 주중에 찾아뵙겠습니다.

그럼, ○○○님! 환절기에 건강 유의하시기 바라며, 늘 진달래처럼 화사하고 밝은 나날 보내시기 바랍니다.

P.S. 다음 주 수요일이나 목요일 중 어느 날이 좋을까요?

06_ 사무기기 업종의 자기 소개

○○○님!

불볕더위가 한풀 꺾이고 어느새 가을의 기운이 느껴지는 계절입니다.

안녕하십니까?

저는 사무 자동화의 선두주자인 ○○사무기기 영업사원 ○○○입니다.

그동안 저희 회사 제품을 애용해주셔서 깊이 감사드립니다. 제게 맡겨진 주된 업무는 고객 여러분께서 사용하시는 저희 회사 제품 전반에 관한 불편 사항을 상담 처리해드리는 일입니다. 다음으로 여러분께서 주시는 충고와 문제점들을 취합하여 더욱 좋은 제품을 개발하는 데 참고로 하는 것입니다.

그동안 미처 준비하지 못한 여러 사정으로 인하여 고객님의 바람을 모두 충족시켜드리지 못했음을 인정합니다. 그러나 이제부터 ○○○을 불러 상담해주십시오. 제품에 관한 어떤 문제라도 최선을 다해 해결토록 하겠습니다. 또한 귀사의 업무에 필요하다고 생각되는 저희 회사 제품에 대한 새로운 정보를 수시로 알려드리겠습니다.

○○○님의 고견과 하명을 기다리며 직장과 가정에 번영과 건강이 함께하시기를 기원합니다.

P.S. 다음 주 월요일부터 금요일까지 특별 서비스 기간이라 많은 혜택이 있습니다. 상담이 필요하시면 연락 주세요.

07_ 의류 업종의 자기 소개

아침 저녁으로 부는 바람이 벌써 가을을 느끼게 합니다.

항상 저희 ○○모피를 아껴주시는 ○○○님 안녕하십니까?

저는 ○○모피 전문 컨설턴트 ○○○입니다.

세계 최대의 모피 메이커인 저희 ○○에서는 우리나라 여성들이 모피 제품을 올바르게 선택하실 수 있도록 도와드리기 위해 '모피 컨설턴트 제도'를 도입하였습니다.

저는 모피에 관한 전문 교육을 받고 모피의 올바른 선택 및 관리 요령을 고객에게 상담해드리는 업무를 맡고 있습니다.

○○○님께서 ○○모피 구입을 원하실 경우, 엄선된 최상의 제품을 특별한 가격으로 장만하실 수 있도록 도와드리겠습니다. 그리고 소유하고 계신 모피의 세탁·수선·개조·보관 등도 맡겨주시면 할인 혜택과 함께 친절히 상담해드리겠습니다.

그럼 ○○○님, 건강에 유의하시고 가정에 늘 기쁨과 행복이 넘치시길 빕니다.

P.S. 작년에 입으셨던 모피코트는 세탁하셨는지요? 아직 하지 않으셨다면 연락주세요. 이번 달은 특별 할인기간입니다.

벌써 옷깃을 여미게 하는 계절이 다가왔습니다.

○○○님, 안녕하십니까?

저는 ○○패션 판매사원 ○○○입니다.

평소 저희 ○○패션을 아껴주셔서 진심으로 감사합니다.

세계 최대의 의류 메이커인 저희 ○○패션에서는 이번에 프랑스의 세계적인 디자이너 ○○○와 손잡고 세련된 도시 여성을 위한 새로운 콤비네이션 룩 '○○○' 을 탄생시켰습니다. '○○○' 는 밍크, 폭스, 카라쿨 등 최고급 모피와 스페인산 양피, 그리고 고급 텍스타일 등 서로 다른 패션 소재를 대담하게 조화시킨 한 차원 높은 프랑스풍의 새로운 시티모드입니다.

지금 새롭게 확장한 서초동 직매장으로 나오시면 전혀 새로운 스타일의 패션 룩 '○○○' 를 만나실 수 있습니다. 창의적인 오늘을 살아가는 귀하께 개성과 품위를 보장해줄 '○○○' 를 만나러 오십시오.

매장에 오셔서 저를 찾아주시면 최대한의 할인 혜택과 함께 제품 선택을 도와드리겠습니다.

늘 건강하시고 가정에 행운이 함께하시길 빕니다. 안녕히 계십시오.

P.S. 서초동 직매장 오픈 기념 선물을 준비했습니다. 이번 주중에 빨리 오셔서 받아가세요.

08_ 자동차 업종의 자기 소개

봄바람이 처녀들의 가슴을 살랑살랑 흔들어놓고 있는 아름다운 계절입니다.

○○○님! 안녕하십니까?

저는 ○○자동차 ○○지점에 근무하는 ○○○입니다.

저는 올해 초 희망과 포부를 가지고 ○○자동차에 입사해 마라톤을 하는 심정으로 열심히 활동하고 있습니다. ○○○님과 같은 건물에서 일한 지도 벌써 3개월이 지났지만 아직까지도 인사드리지 못한 점 죄송스럽게 생각합니다. 다음 주중에 한번 찾아뵙고 그동안 자동차에 관해 배우고 느낀 많은 것들을 ○○○님과 함께 공유하고 싶습니다.

저희 ○○자동차에서는 고객 여러분의 안전 운행에 필요한 정보를 드리고

자 동봉한 통신문을 매월 발행하고 있습니다. 계속 받아보고 싶으시면 제게 연락해주십시오.

　그럼, ○○○님의 사업이 나날이 번창하기 바라며 우선 글로나마 이렇게 인사를 드립니다.

○○○○년 ○○월 ○○일

○○자동차 ○○지점 ○○○ 올림

(☎ 02-594-○○○○) H.P 010-111-1111

　따스한 햇살이 이제는 조금 뜨겁게 느껴지는 늦봄입니다.

　○○○님! 안녕하십니까?

　저는 우리나라 자동차 산업을 이끌고 있는 ○○자동차에서 이제 막 첫발걸음을 시작한 영업사원 ○○○입니다.

　직접 찾아뵙고 인사를 올리는 것이 도리이겠으나 이렇게 지면을 통해 먼저 인사를 드립니다.

　자동차 영업을 시작하면서 많은 분들을 알게 되었고, 그분들과의 만남에서 저는 많은 인생의 교훈을 얻기도 하였습니다. 제 인생의 동반자가 되어주시기도 하셨습니다.

　○○○님께도 많은 것을 배우고 싶고 제가 알고 있는 자동차 정보 및 상식에 대해서도 자주 말씀을 나눌 수 있는 시간을 가졌으면 하는 바람입니다.

　○○○님과의 만남을 새롭고 소중하게 기억하고 다음에는 좀더 의미 있는 만남이 될 수 있도록 노력하는 ○○○이 되겠습니다.

　아무쪼록 하시는 사업 늘 번창하시기 바랍니다.

　P.S. 여름 휴양지를 소개하는 지도가 있어 다음 주 찾아뵐 때 갖다드리겠습니다.

무더운 더위 속에 반가운 비가 며칠간 퍼부었습니다. 많은 비가 왔는데 댁 내에는 별일 없으신지요?

○○○님! 안녕하십니까?
직접 찾아뵙고 인사드리는 것이 도리일 테지만 우선 지면으로나마 이렇게 인사를 올립니다.
저는 나태하지 않은 젊은 시절을 위해 조금은 풍요로운 미래를 위해 올해 초 ○○자동차에 입사한 아직은 배워야 할 것이 많은 신입사원 ○○○입니다.
자동차 부품 하나하나가 생소하고 어렵기만 하던 저에게 주위에 계신 많은 분들께서 도와주셔서 나날이 성장하고 있습니다.
"봉사하는 마음으로 영업에 임하자!" 라는 각오가 순간의 이익 때문에 흔들린 적도 있었지만 이제는 따뜻한 손길들이 있기에 언제까지나 흔들리지 않는 뿌리 깊은 나무로 굳건히 서있을 것을 약속드립니다.
앞으로 ○○○님께 자동차에 관한 정보를 계속 드리겠습니다. 사보를 동봉합니다. 보시다가 궁금한 점이 있으시면 언제라도 연락해주십시오. 즉시 연락을 드리겠습니다.
그럼, ○○○님!
늘 건강하시고 행복하시며 하시는 사업 또한 나날이 번창하시기를 기원합니다.

P.S. 사보 속에는 여름철 자동차 관리요령과 전국 해수욕장 소개 등 읽을거리가 많습니다. 틈나실 때 꼼꼼이 살펴보세요.

촉촉한 봄의 단비가 대지를 깨웁니다. 처음 세상을 맞는 봄의 새싹처럼 제 자신도 새로움 속에서 피어나는 것 같습니다.

○○○님! 안녕하세요?

저는 ○○자동차 ○○영업소에 근무하는 성실하고 정직한 일꾼 ○○○입니다.

직접 찾아뵙고 인사드려야 도리이겠으나 얼굴도 모르는 상태에서 불쑥 방문하는 것도 도리가 아닐 것 같아 이렇게 지면을 통해 먼저 인사드립니다.

저는 올해 입사한 신입사원으로서 희망과 포부를 가지고 자동차 영업에 도전했습니다. 현대생활에서 자동차는 필수품으로서 언제나 많은 분들의 관심 대상입니다. 자동차에 관한 한 모든 의문점과 A/S 등의 어려움이 있으시다면 언제든 저에게 연락해주십시오. 고객의 입장에 서서 제가 도울 수 있는 최대한의 노력을 기울이겠습니다.

무더운 여름, 휴가를 맞이하여 가족들과 나들이할 경우에 도움이 될 '여름철 차량관리요령' 을 보내드립니다. 참고하셔서 출발 전 차량의 이상 유무를 점검하시기 바랍니다. 부디 안전운행으로 이번 휴가 여행이 ○○○님과 가족 모두에게 즐겁고 행복한 시간을 보내시면 좋겠습니다.

7월 중 저희 ○○자동차에서는 두 가지 모델을 유리한 조건에 판매하고 있습니다. 혹시 ○○○님께서 대체하실 의향이 있거나 주위 분 중에서 구입의사가 있는 분이 계시다면 연락해주십시오. 참고로 카탈로그와 제품설명서를 동봉합니다.

그럼, ○○○님!

건강에 유의하시고 하시는 일마다 번창하시기 바랍니다.

P.S. 저는 전직이 정비사였습니다. 간단한 A/S는 즉시 해결해드릴 수 있습니다.

햇볕이 따갑게 내리쬐는 무더운 7월입니다.

○○○님! 안녕하세요?

낯선 이름이라 조금은 놀라셨죠?

저는 올 여름 ○○자동차 ○○영업소에 입사한 ○○○입니다.

직접 찾아뵙기 전에 제 소개를 드리고자 이렇게 펜을 들게 되었습니다.

저는 이제 막 입사한 초년병이지만 아주 큰 꿈과 포부를 가지고 열심히 뛰고 있는 젊은이입니다. 저는 활달하고 적극적인 성격을 가졌고 사람 사귀는 것을 무척 좋아합니다. 만나시면 금방 아시게 될 것입니다.

앞으로 자동차 구입이나 문의사항, A/S 등 각종 자동차 관련업무나 불편사항이 있으시면 언제든 알려주십시오. 저는 항상 ○○○님의 곁에서 차에 관한 모든 정보(정비, 관리, 구매, 사고처리)를 성심 성의껏 알려드리겠습니다.

저희 ○○자동차에서는 매월 정보지를 발행하고 있습니다. 이번 달의 정보지를 동봉합니다. 계속 받아보고 싶으시면 연락 주세요.

다음 주 귀사 근처를 방문할 예정입니다. 미리 전화 연락을 드리고 한번 찾아뵙겠습니다.

활동을 시작한 지 얼마 지나지 않아 부족한 점이 많습니다. ○○○님의 많은 도움을 부탁드리며, 하시는 사업 번창하시고 가정에는 늘 즐거운 일로 웃음꽃이 만발하시기를 바랍니다.

P.S. 판촉물로 멋있는 비치백이 나왔습니다. 다음 주 방문시 갖다드리겠습니다.

요즈음처럼 장마가 심술을 부리면 가끔은 따가운 햇살이 기다려지기도 합니다.

　○○○님! 안녕하세요?

　저는 21세기를 주도할 ○○자동차 ○○영업소에 근무하는 ○○○입니다.

　지난 5년간 자동차 정비업에 종사해오다가 자동차영업에 첫발을 내딛은 제 마음은 온통 기쁨과 설렘뿐입니다. 아직은 초년병이지만 저는 매일 열심히 노력하리라는 다짐을 하고 있습니다.

　저는 고객만족 서비스 차원에서 ○○○님의 차량관리(계절별 경정비, 사고시 보험업무, A/S 대행, 중고차 판매시 가격상담 등)를 제공해드리려고 합니다. 부담 갖지 마시고 전화연락을 주시면 ○○○님의 목록을 작성해 정기적으로 관리해드리겠습니다.

　그리고 저희 ○○자동차의 제품에 대한 새로운 정보 및 안전운행에 관한 책자를 보내드리겠습니다. 부디 제가 보내드리는 각종 자료와 정보를 활용하셔서 ○○○님의 생활이 조금 더 풍요로워지시기 바랍니다.

　그럼, ○○○님의 가정에 평안과 행복이 가득하시길 진심으로 바라며 또 소식 전하겠습니다.

　P.S. 저는 전직이 정비사였으므로 간단한 A/S는 즉시 해결해드릴 수 있습니다. 차 점검이 필요하시면 연락 주세요.

　뜨거운 태양이 작열하는 젊음의 계절, 산과 바다가 손짓하는 정열의 여름입니다.

　○○○님! 안녕하세요?

　저는 ○○자동차에서 반포동 지역을 담당하는 영업사원 ○○○입니다.

　매일 아침 새로운 각오를 다지며 가슴속 큰 포부를 실현하기 위해 오늘도 열심히 활동하고 있습니다.

　○○○님께서 자동차에 관한 의문점이나 구입, A/S 등이 필요하시면 언제든지 저를 기억해주시도록 앞으로 최선을 다해 성심 성의껏 도와드리겠습니다. 그리고 ○○○님의 안전운행에 필요한 정보를 드리고자 통신문과 여름휴가에 대한 정보지를 보내드립니다. 참고해보세요.

　앞으로 저희 ○○자동차의 신제품 정보나 각종 새로운 정보가 나올 때마다 보내드릴 것을 약속드립니다.

　자동차하면 꼭 ○○○을 기억해주세요. 탁월한 선택을 기다리며 언제나 정성을 다하겠습니다.

　그럼, ○○님!

　늘 발전하시는 ○○○님이 되시기를 바랍니다.

　P.S. 통신문 5페이지에 나오는 '간단한 자동차 정비요령'을 꼭 참조하시고 의문 사항이 있으시면 연락 주세요. 곧 달려가겠습니다.

09_ 전자 업종의 자기 소개

　이른 봄이라 그런지 조금 따뜻해졌나 싶으면 다시 찬바람이 부는군요.

　○○○님! 안녕하세요?

　저는 ○○전자 ○○대리점의 부녀사원 ○○○입니다.

　그동안 저희 회사 제품을 애용해주셔서 대단히 감사합니다.

　혹시 저희 회사 제품을 사용하시는 데 불편한 점은 없으셨는지요? 이상이 생기면 저에게 곧 바로 연락해주세요. 신속한 A/S를 약속드립니다.

　각박한 세상일지라도 저는 언제나 마음을 열고 ○○○님의 친근한 이웃으로서의 제 역할을 다하고 싶습니다. ○○전자 ○○○를 꼭 기억해주십시오.

끝으로 저희 ○○가족이 되신 것을 진심으로 감사드리며, 아무쪼록 하시는 일 순조롭게 이루어지시길 바랍니다. 감사합니다.

○○○○년 ○○월 ○○일
○○전자 ○○대리점 부녀 사원 ○○○ 올림
도움이 필요하실 때 ☎ 594-○○○○

P.S. 사보를 동봉합니다. 9쪽에 저희 대리점 소개가 나와 있습니다.

○○○님!

봄바람에 살랑거리는 싱그런 초목들을 바라보면 기분이 상쾌해집니다. 이제는 완연한 봄입니다.

안녕하십니까? 저는 ○○전자 ○○지점의 영업사원 ○○○입니다.

직접 찾아뵙고 먼저 인사드려야 하는데 우선 이렇게 지면으로 인사를 드립니다.

저는 1년 전에 입사한 사회 초년병으로서 제 직업에 대한 자긍심을 가지고 앞으로도 열심히 활동할 것입니다. 저는 늘 농부와 같은 심정으로 고객들을 만나뵙고, 이렇게 글을 올리며 제 인격을, 제 자신을 판매한다는 생각으로 영업을 뛰고 있습니다.

앞으로 정기적으로 저희 ○○전자의 사보와 ○○○님께 도움이 될 만한 여러 가지 정보를 발송해드리겠습니다. 보시다가 궁금한 점이나 더 알고 싶은 사항이 있으면 언제든지 연락해주십시오.

동봉한 유머 뉴스는 오후에 피곤하실 때 잠시 편한 마음으로 읽어보십시오. 그리고 계속 받아보고 싶으시면 저에게 연락주세요.

그럼, ○○○님! 하시는 일마다 늘 번창하시기를 바랍니다.

P.S. 저녁에 가족들과 유머 대회를 열어보심이 어떨지요? 즐거운 시간을 보내실 수 있을 겁니다.

○○○님!

봄의 꽃향기가 한층 더해지는 4월 하순입니다.

안녕하십니까? 저는 ○○전자 ○○대리점에 근무하는 ○○○입니다.

이번 저희 ○○전자에서는 ○○○님께서 필요로 하는 제품을 소개해드리기 위해 이렇게 서면으로 인사드립니다.

저희 ○○전자는 ○○○님과 언제나 친밀한 인간관계를 유지할 수 있도록 노력하겠습니다. 전 제품 카탈로그를 동봉하오니 ○○○님께서 궁금하신 점이나 알고 싶으신 사항이 있으시면 언제든지 연락해주십시오. 저도 ○○○님 댁 주변에서 활동할 때 미리 연락을 드리고 찾아뵙겠습니다.

그럼 ○○○님, 하시는 모든 일이 잘 이루어지기를 바랍니다.

P.S. 곧 다가올 여름을 대비해 4월 한달 동안 에어컨을 특별 판매합니다. 유리한 조건이 많으니 이 기회를 놓치지 마세요!

싱그러운 봄내음이 묻어나는 4월입니다.

○○○님! 안녕하십니까?

저는 ○○전자 ○○대리점의 주부사원 ○○○입니다.

저는 3년 전에 '일하는 여성이 아름답다'는 모토로 ○○전자의 문을 두드렸습니다. 사회를 좀더 알고 싶어서 10년을 목표로 세일즈를 시작해 지금도 열심히 활동하고 있습니다. 직접 찾아뵙고 인사드려야 도리인 줄 압니다만 우선 이렇게 글월로 인사를 드립니다.

지난 3년간 고객과의 만남에 새로운 삶의 기쁨을 느껴왔던 저는 이제 ○○○님의 새로운 안내자가 되어 함께 기쁨을 나누기를 원합니다.

가전제품은 우리들 생활의 필수품이라는 사실을 잘 알고 계실 겁니다. 제품을 사용하실 때 불편한 점이 있으시면 도와드리고 싶습니다. 때때로 신제품에 대한 정보도 드리겠습니다. 전 제품 카탈로그를 동봉하오니 궁금한 사항이 있으시면 연락해주십시오.

수일 내로 ○○○님을 직접 찾아뵙고 다시 인사드리도록 하겠습니다. 항상 나날이 상쾌하고 활력이 넘치시기를 바라며 이만 줄입니다.

P.S. 요즈음 꽃가루 알레르기가 심합니다. 외출시에는 마스크를 착용하시는 게 좋습니다.

싱싱한 생명력으로 돋아난 파릇파릇한 새싹이 봄기운을 풍성히 느끼게 해주는 계절입니다.

○○○님! 안녕하십니까?

저는 ○○전자 ○○○대리점에 근무하는 주부사원 ○○○입니다.

○○년 6월 희망과 포부를 가지고 ○○전자 ○○○대리점에 입사하여 여러 고객들을 돕고 봉사하는 마음으로 열심히 활동하고 있습니다.

이 글을 쓰는 것은 ○○○님과 좋은 인연을 맺었으면 하는 소망을 간직하며 제 모든 것을 소개하고자 합니다.

학창시절 선생님의 말씀 중에 "남을 소중히 여기며 살자"라는 말씀을 마음속에 간직하며 살고 있습니다. 그 말씀을 실천하기 위해 지금도 많은 분들과 인연을 맺으며 그 인연을 필연으로 성장시키기 위해 열심히 노력하고 있습니다.

　저는 ○○○님과 좋은 인연을 맺기 원하며 혹시 가전제품에 대해 제가 도움을 드릴 수 있는 일이 있다면 언제든지 연락해주십시오. 즉시 해결해드리겠습니다.

　그럼, ○○○님!
　날마다 기쁨과 행복이 넘치시기 바라며 지나는 길에 한번 들러주시면 맛있는 차 한잔 대접하겠습니다.

　P.S. "냉장고 냄새 제거 요령" 정보지를 동봉하오니 활용해보세요.

　○○○님!
　노랑, 주홍, 갈색이 풍요로운 이 계절에 화곡동 ○○아파트 입주를 축하합니다.

　저는 세계적인 명성의 ○○원적외선 오븐 레인지로 주방 문화를 선도해온 ○○기업의 영업사원 ○○○입니다.

　○○○님께서는 밝고 건강한 가정을 가꾸시느라 얼마나 수고가 많으십니까?
　귀댁의 식생활의 질을 높여드리고 주방의 품위 또한 한결 높여드리기 위해 저는 노력할 것입니다.
　올해 저희 회사에서는 간식에서부터 손님 초대 요리까지 모든 요리를 해낼 수 있는 다목적 오븐과 4가지 요리를 동시에 만드는 탑 버너, 갈비나 생선 구이가 냄새 없이 노릇노릇 구워지는 대형 브로일러가 있는 원적외선 오븐 레인지를 출시했습니다.

집들이나 가족 요리로 고민하시는 분께 부담 없는 상담으로 해결해드리고 있습니다. 혹시 이미 원적외선 오븐 레인지를 사용하고 계시다면 요리, A/S 등 무엇이든지 연락해주십시오.

그럼 ○○○님, 늘 새로운 기운으로 충만하시기 바라며…….

P.S. ○○아파트 401동 101호에 신제품이 전시되어 있습니다. 구경해보세요.

10_ 주택 업종의 자기 소개

○○○님! 안녕하세요?
푸르름을 두른 화창한 하늘, 계절의 여왕인 5월입니다.

저는 중학생과 초등학생 두 아이의 엄마입니다. 주부들이 집꾸미기에 관심이 많고 저도 또한 주택에 관심이 많았는데 기회가 주어져 ○○주택 주부모니터로 일을 하게 되었습니다.

○○○님도 주택에 관심이 많으신 분이라고 생각됩니다.
○○주택 모델하우스는 ○○시 ○○리에 위치하고 있습니다. 시간 여유 있으실 때 방문해주시면 서로 관심 있는 주택이야기를 나누고 싶습니다.
그럼, ○○○님의 가정에 평안과 행복이 가득하시길 진심으로 바라며 곧 만나뵙기를 바랍니다.

○○○○년 ○○월 ○○일
○○주택 주부모니터 ○○○ 올림
(☎ 02-594-3531) H.P. 010-111-1111

P.S. 모델하우스에 방문해주시면 세련되고 튼튼한 우산을 방문 기념으로 드립니다.

예쁜 봄꽃들이 연초록 신록과 잘 어우러진 향기로운 계절에 편지로 인사드립니다.

○○○님! 안녕하세요?

저는 이천 신하리 ○○주택 주부 모니터로 활동하고 있는 ○○○입니다.

꿈의 아파트, 쾌적한 아파트로 모든 소비자들의 신뢰를 받고 있는 저희 ○○주택이 드디어 도자기의 고장인 이천에 들어섭니다. 5월 6일에 모델하우스가 오픈하오니 직접 방문하시면 ○○주택의 모든 것을 느끼실 수 있습니다.

화창한 봄날 가족 나들이 삼아 저희 모델하우스에 나와주시면 즐겁게 구경하실 수 있도록 제가 친절히 안내해드리겠습니다. 그리고 미리 방문하실 시간을 약속해주신다면 더욱 감사하겠습니다.

그럼, ○○○님!

나날이 새로운 꿈과 샘솟는 희망으로 가득하시길 바라며 기다리고 있겠습니다.

P.S. 선착순 계약 고객 ○○명에게 여러 가지 특혜를 드립니다. 모델하우스에 나오셔서 자세한 내용을 들어보세요.

11_ 중장비 업종의 자기 소개

푸르름이 더해가는 계절입니다.
○○○사장님! 안녕하세요?

저는 이번 달에 원주지점의 승격과 함께 사장님 곁으로 다가온 영업사원 ○○○입니다. 직접 찾아뵙고 인사 올리는 것이 도리이오나 먼저 지면을 통해 인사드리고 가능한 한 빨리 찾아뵙도록 노력하겠습니다.

제 포부는 ○사장님과의 약속을 지키는 것을 제1의 과제로, 혹 불편한 부문들을 단시일 내에 해결해드리는 것을 제2의 과제로, 항상 ○사장님의 주위에 웃음이 함께하는 것을 제3의 과제로 생각하며 ○사장님의 가슴속에 안기도록 노력하겠습니다.

혹시 장마철인데 장비가 정상적으로 가동되는지요? 현재 불편한 사항이 있으시면 즉시 연락해주십시오.

그리고 이번에 새롭게 개발된 장비에 대한 안내서를 동봉하오니 궁금한 점이 있으시면 전화 주세요.

언제라도 ○사장님의 충고와 격려, 가르침을 기다리는 영업사원 ○○○이 되도록 노력할 것을 다짐하오며 사장님의 주위에 항상 행운이 함께하시기 바랍니다.

○○○○년 ○○월 ○○일
○○중공업 ○○지점 ○○○ 올림
(☎ 02-594-3531)

P.S. 사업성 검토 겸 전화를 부탁드리며 전화 거실 전화카드를 동봉합니다.

바람도 살랑살랑, 온갖 녹색으로 치장한 눈이 부시도록 푸른 하늘 아래 희망과 자부심을 가지고 ○○중공업에서 오늘도 최선을 다하고 있는 영업사원 ○○○가 ○사장님께 서면으로 우선 인사드리겠습니다.

○○○사장님! 안녕하세요?
귀사에서 앞으로 필요하다고 사료되는 장비에 대한 카탈로그와 사보를 동봉합니다. 그리고 다음 주중으로 찾아뵙고 저희 회사의 장비가 귀사의 사업발전과 최대 매출증대에 어떻게 도움을 줄 수 있는지 자세히 알려드리겠습니다.
일단 동봉한 카탈로그를 검토해주시고 혹시 궁금하신 점이 있으시면 언제든지 연락해주십시오.

그럼, ○○○사장님!
차후 정식으로 찾아뵙고 인사드릴 때까지 건강하시고 행복하세요.

P.S. 특별히 관심 있는 장비가 있으시면 연락해주십시오. 찾아뵐 때 구체적인 자료를 준비하여 가겠습니다.

12_ 화장품 업종의 자기 소개

○○○님! 안녕하세요?
라일락 향기가 가득한 5월에 서면으로나마 인사드리게 되어 무척 기쁩니다.
저는 ○○화장품 직판사업부 ○○○입니다.

○○○님께서 저를 잘 기억하시는지요?

저는 ○○○님을 처음 만난 순간이 인상 깊어 생생하게 기억하고 있습니다. 지난달 말 서울 충무로 거리에서 이야기 나누면서 서로 명함을 교환했죠?

　아! 라일락 향기와 함께 떠오르는 얼굴!
　라일락 향기가 다 없어지기 전에 한번 뵙고 싶군요.
　깨끗하고 투명한 얼굴을 아직도 간직하고 계시겠지요? 저희 ○○화장품 제품은 고기능성 화장품이므로 ○○○님의 깨끗한 얼굴을 영원히 지킬 수 있는 파수꾼이 되고 싶어요. 다음 주에 전화연락을 드리겠습니다. 편리한 시간을 알려주세요.
　그럼, ○○○님의 투명한 얼굴에 언제나 웃음 지으시기 바라며…….

○○○○년 ○○월 ○○일
○○화장품 직판사업부 미의 천사 ○○○ 올림
(☎ 02-594-3531) H.P. 010-111-1111

　P.S. 봄철 꽃가루 알레르기가 심하니 특히 조심하세요. 방문 시 마사지를 해 드리겠습니다.

　○○○님!
　싱그러운 초록 내음 속에 하얀 꽃송이마저 봄날을 반기는군요.

　안녕하십니까? 저는 ○○화장품 직판사업부에 근무하는 ○○○입니다. 직접 찾아뵙고 인사드리기 앞서 이렇게 먼저 글로 인사드립니다.
　사람과 사람이 부대끼며 더불어 사는 세상, 수많은 사람 중에서 ○○○님을 알게 되고 제 마음을 담은 이 편지를 전할 수 있는 것만으로도 기쁘게 생각합니다. 활동을 시작한 지 얼마 지나지 않은 신입사원이라 부족함이 많은 저에게 ○○○님께서 조금이라도 유익한 만남의 인연이 될 수 있도록 기회를 주시겠습니까?

앞으로 ○○○님의 피부에 관한 모든 정보와 도움이 되는 자료를 보내드리고 진실한 상담자로서 역할을 다하고 싶습니다.

다음 주 ○○○님 댁 근처를 방문 예정입니다만 편리하신 시간을 알려주시면 ○○○님께 도움이 되는 자료를 모아서 방문하겠습니다. 그때 피부 측정도 해드리겠습니다.

그럼, ○○○님!
마음껏 봄을 느끼시고 더욱더 건강하시고 아름다워지시기 바라며…….
P.S. 신상품 "○○○"의 샘플이 나왔습니다. 선착순 10명에게만 드릴 수 있으니 받고 싶으시면 연락 주십시오.

○○○님! 안녕하십니까?
저는 ○○화장품에 근무하는 ○○○로 작년 초부터 이 상계동 지역을 담당하고 있습니다.

다름이 아니라 ○○○님께 아름다움과 깨끗한 피부를 전해주고 싶어서 먼저 지면을 통해 인사드립니다.

힘들고 피로한 생활 속에서도 마음을 활짝 열고 때로는 친구로 때로는 다정한 이웃으로서 ○○○님과 대화를 나눌 수 있기 바랍니다.

제가 맡은 역할에 최선을 다하고자 하오니 바쁘시더라도 제 마음을 기억해주시고 혹시 지금이라도 저희 ○○화장품 제품에 대해 궁금한 점이 있으시면 곧 연락해주십시오. ○○○님을 위해 할 수 있는 일을 찾아 정성껏 최선을 다하겠습니다.

또한 ○○○님의 아름다움을 추구하는 데 보탬이 되어드리고자 OL지를 보내드리오니 참고하십시오. 다음 주 직접 찾아뵙고 마사지 및 피부를 아름답게 가꾸는 방법에 대해 알려드리고 싶습니다. 편리하신 시간을 알려주시면 제가 시간을 맞추겠습니다.

그럼, ○○○님께 항상 행운과 웃음이 함께하시기를 바라면서 이만 줄이겠습니다.

P.S. 마사지는 과일팩, 황토팩, 콜라겐 등 여러 가지가 있습니다. 어느 것을 원하시는지요? 원하는 것을 준비해 가겠습니다. 화요일 아침에 전화드리겠습니다.

○○○님!

안녕하세요? 저는 ○○화장품에서 열심히 활동하는 ○○○입니다. 지면으로나마 인사드리게 되어 반갑습니다.

창밖을 보니 계절의 여왕처럼 5월은 역시 싱그럽습니다. 이럴 때 차라도 한잔 할 수 있는 만남이 되었으면 해서 펜을 들었습니다.

저는 집에만 있었던 가정주부로서 일을 하고 싶어서 올해 1월부터 ○○화장품에 입사해 매일 매일 즐거운 마음으로 활동을 하고 있습니다.

여자는 20세가 지나면 피부가 노화된다고 합니다만 이제라도 피부관리를 시작할 수 있었습니다. 점차 아름다워지는 자신을 보면서 이 기쁨을 ○○○님과도 함께 나누고 싶습니다.

다음 주 화요일쯤 ○○○님의 피부에 관한 정확한 정보를 드리기 위해 찾아뵙고 싶습니다. 오전, 오후 어느 시간대가 좋은지 알려주신다면 그 시간에 맞추어 제가 찾아뵙겠습니다. 그럼 전화 연락 기다리겠습니다.

○○○님의 나날이 꿈과 희망으로 넘치기를 바랍니다.

P.S. 방문시 조그만 선물도 준비했습니다.

사방의 푸르름과 함께 점점 더워지는 날씨에 오늘도 직장인, 주부로 생활하시느라고 바쁘시죠?

○○○님! 안녕하십니까?

저는 하루하루를 상큼하게 생활하고 싶은 ○○화장품 123지부 ○○○입니다.

봄철에서 여름철로 접어들면서 땀이라든지 피지의 많은 분비로 피부 관리에 짜증이 나시죠?
며칠 전 ○○○ TV에서 건강백과사전이라는 프로그램을 방영했습니다. 이 프로에서 저희 ○○화장품의 '○○'이 여러 수입 화장품 중에서 우리나라 여성의 피부에 가장 잘 맞는 제품이라고 입증했습니다.
특히 더운 여름에는 아주 산뜻한 청정라인을 권해드리고 싶습니다.
여유 있는 시간을 알려주시면 찾아뵙고 시원한 냉커피라도 한잔 나누면서 이야기 나누고 싶습니다.

그럼, ○○○님!
다시 만나뵐 때까지 항상 웃음 지으며 보내시기 바라며…….

P.S. 연락 주시면 과일팩 마사지를 해드리겠습니다.

13_ 새로 전입한 고객에 대한 자기 소개

○○○님! 처음 소식을 전합니다.

저는 이 지역에서 화장품 가게를 경영하고 있는 ○○○입니다. 길음1동에 새로 이사하셔서 생활해보시니 어떠십니까? 마음에 드셨으면 합니다만…….

저희들 이 지역의 상점들은 길음1동 여러분의 쾌적한 생활을 위한 도움이 되고자 열심히 노력하고 있습니다. 무슨 일이든 연락만 주십시오. 힘껏 도와 드리겠습니다.

○○○의 자택을 중심으로 한 '상가 수첩'과 '○○○지역 행사 캘린더'를 동봉하오니 이용해보세요.

봄이 왔다고는 하지만 아직은 쌀쌀한 날씨입니다. 어중간한 시기에 감기 조심하시길 바라며…….

○○○○년 ○○월 ○○일
○○화장품 ○○○ 올림
☎ 594 3531

P.S. 저희 가게에 들러주시면 ○○○님께 맞는 향수 샘플을 드리겠습니다.

연고자에게 쓰는 자기 소개 편지

01_ 건강식품 업종의 연고자에게 자기 소개

"여름휴가는 어디로"라는 말이 들려오기 시작합니다. 올 여름휴가는 어느 쪽으로 가시는지 궁금합니다.

○○○님! 안녕하세요?

갑작스럽게 편지를 받으셔서 놀라지는 않으셨는지요? 자주 연락을 드리지 못해 죄송합니다.

저는 요즈음 매일 똑같이 반복되는 일상을 떨치고 가정경제도 도울 겸 ○○식품에 입사하여 바쁘고 즐겁게 보내고 있습니다.

가정 속에 있었을 때에는 무엇에나 자신감이 없었지만 내 일을 시작해보니 힘은 들지만 힘든 만큼 보람도 있고 무엇보다도 많은 사람과 부딪치며 인간관계를 맺고 많은 사람들의 건강을 도와줄 수 있어 기쁩니다. 세상 경험도 많이 할 수 있고 사회를 보는 눈도 넓어지는 것 같아 남편, 가족과의 대화 내용도 풍부해졌습니다.

앞으로 회사에서 배우는 많은 건강정보도 전해드리며 도움이 될 수 있도록 노력하겠습니다.

그럼, ○○○님!

늘 웃음 가득, 기쁨 가득하시기 바라며…….

온통 개나리, 진달래, 벚꽃이 축제를 벌이는 아름다운 계절입니다.

○○○님! 안녕하세요?
저는 지난해부터 건강하지 못해(병명이나 증상 소개) 우울하고 짜증나는 나날을 보내다가 아는 분으로부터 ○○생식을 소개받고 몇 달 동안 아침과 저녁식사 대신 먹던 중 건강을 되찾고 이제는 저희 온 식구가 생식으로 아침식사를 대신해 모두 건강하고 즐겁게 지내고 있습니다.
주위에 아는 몇 분이 건강해진 제 모습을 보고 비결을 묻기에 ○○생식을 소개했고 그분들도 건강해지는 모습을 보면서 ○○생식 대리점으로 본격적인 사업을 시작했습니다.
스스로 사업을 시작해보니 많은 사람의 건강을 도와줄 수 있고 좋은 인간관계를 맺을 수 있어 좋습니다.
앞으로 각종 건강정보가 준비되는 대로 보내드리겠습니다.

그럼, ○○○님!
한바탕 웃음으로 활기찬 나날을 보내시기 바라며…….

P.S. 생채소나 생곡식을 생식으로 그대로 먹으면 자연 치유력을 극대화할 수 있습니다. 많은 치유 사례가 있습니다만 차차 알려드리겠습니다.

02_ 보험 업종의 연고자에게 자기 소개

들판에는 벼이삭이 고개를 내밀어 인사하는 풍요로운 계절입니다.
○○○선생님! 안녕하세요?
저는 ○○고등학교 18회 졸업생 ○○○입니다. 직접 찾아뵙고 인사드려야 도리인 줄 아오나 이렇게 먼저 지면을 통해 인사드립니다.

제가 ○○생명에 입사한 지도 어느덧 1년. 이제는 제가 하는 일에 자신감과 보람을 느끼며 고객들을 위해 최선을 다하고 있습니다.

요즈음 각종 많은 사고 소식이 전해오고 있어 안타까운 마음을 갖게 될 때가 많습니다. ○선생님 주위 사람 중 자동차 사고 또는 화재 및 각종 사고로 인하여 어려움에 처해 있는 분들이 계시면 저에게 연락 주세요. 힘닿는 데까지 최선을 다하여 도와드리겠습니다.

가끔 ○선생님께 도움이 될 각종 정보지도 보내드리겠습니다. 궁금한 점이 있으시면 언제든지 연락해주세요. 즉시 해결해드리겠습니다.

그럼, ○○○선생님! 하시는 일마다 보람을 느끼며 나날이 웃음이 가득하시기 바라며…….

○○○님! 그동안 안녕하세요?

늘 마음은 있어도 소식전해드리지 못했음은 제 게으른 탓이겠지요.

저는 작년에 정년 퇴임후 제2의 인생을 ○○화재보험에서 시작하기로 결정하고 열심히 노력하고 있습니다. 재임시 ○○○님께서 저를 여러모로 성원해주셨던 점 다시 한번 감사인사드리오며 앞으로 제 새로운 일에도 계속적인 격려와 지도편달을 부탁드립니다. 자리가 정리되면 찾아뵙고 인사드리겠습니다.

○○○님께서 틈이 있으시면 유선으로라도 소식 주시면 더욱 감사하겠습니다.

그럼, ○○○님!

더욱 건강하시고 가정과 직장이 늘 평안하시기를 바랍니다.

P.S. 보험상품을 공부하다 보니 주위 사람들을 위해 제가 할 일이 더욱더 많아집니다.

이 무더운 계절에도 성공을 위해 노력하시는 ○사장님의 모습이 눈에 선합니다.

　○○○사장님! 안녕하세요?
　저는 ○○화재 ○○영업소에 근무하는 ○○○입니다.
　제가 ○사장님의 회사를 떠난 지도 벌써 1년이라는 시간이 지났습니다. 직접 찾아뵙고 인사를 드리는 것이 도리입니다만 항상 바쁘신 사장님이시기에 우선 먼저 이 글을 통해 인사드립니다.
　제가 귀사를 그만두고 평소 한번 해보고 싶어하던 포부를 안고 ○○화재보험에 입사한 지도 7개월이 지났습니다. 열심히 해볼 작정입니다. 저는 항상 열심히 노력하시는 ○사장님을 본받아서 최선을 다해 분발하겠습니다.
　앞으로 귀사와 ○사장님을 위해 꼭 필요한 정보, 유익한 정보를 전해드릴 것을 약속드리며 가까운 시일 내에 한번 찾아뵙겠습니다.
　그럼, ○○○사장님!
　다가온 가을 문턱에 서서 새로운 기운으로 충만하시기 바라며…….

　P.S. 휴가는 다녀오셨는지요? 피서지 소개 정보지가 나와 혹시나 해서 동봉합니다.

03_ 자동차 업종의 연고자에게 자기 소개

이제 봄바람이 싱그럽게 느껴지는 계절입니다. ○선배님의 마음에도 상큼한 봄기운이 가득하기를 바랍니다.

○○○선배님!
○○자동차 00지점의 ○○○입니다. 그동안 안녕하셨는지요?
오랫동안 연락도 없던 놈이 갑자기 편지를 써서 놀라셨겠지요?
짙어가는 녹음을 바라보다 불현듯 학창시절이 생각나고 생각이 생각을 낳아 저에게 잘 대해주셨던 선배님이 떠올라 이렇게 펜을 들었습니다.

저에게 큰 사람이 되라는 충고를 아끼지 않던 선배님께 바쁘다는 핑계로 그동안 연락을 못드려 죄송합니다. 저는 지금 ○○자동차 카매니저로 뛰고 있습니다. 졸업을 앞두고 어떤 일을 할까 고민하다가 개인의 능력을 마음껏 발휘할 수 있고 능력에 따라 대우받는다는 점에 매료되어 이 길을 선택했습니다.

세일즈가 힘이 들지만 힘든 만큼 보람도 있고 무엇보다도 많은 사람과 부딪히며 인간관계를 맺을 수 있어 좋습니다. 세상 경험도 무척 많이 하고 사회를 보는 눈도 넓어지는 것 같습니다.

동문회에 연락해 선배님의 주소를 알았습니다. 전화를 몇 번 드렸지만 출장과 부재중이셨습니다. 급한 마음에 우선 제 소식을 전해드립니다. 다음 주 중에 찾아뵙고 제가 하는 일을 자세히 알려드리고 선배님께 도움이 될 수 있는 일을 열심히 찾겠습니다.

그럼, ○○○선배님! 하시는 모든 일에 발전과 보람 그리고 기쁨이 함께하시기를 바라며…….

P.S. 매주 발간되는 유머 뉴스를 동봉하오니 스트레스 있으실 때나 지루하실 때 보시면 도움이 될 것입니다.

함박눈이 생각나는 계절입니다. 무더위 속에 어떻게 지내시는지요?

○○○선배님! 안녕하십니까?
저는 ○○고등학교 31회 졸업생인 ○○○입니다.
먼저 찾아뵙고 인사드려야 도리이오나 추후에 방문할 것을 약속드리면서 당돌하게 몇 자 올리겠습니다.

저는 금년 초 ○○자동차에 입사해서 지금 열심히 뛰고 있는 꿈 많은 신입 사원입니다. 푸른 꿈과 모교의 명예를 걸고 있는 힘과 젊음을 발산하기 위해, ○○○님과 같이 모교를 빛내고자 또한 하는 일에 최고가 되기 위해 열심히 노력하고 있으며 앞으로도 열심히 노력하겠습니다.

아무쪼록 훌륭한 선배님들의 후배가 곁에 있다는 것을 기억해주시고 많은 가르침을 부탁드립니다. 그리고 자동차에 관해 알고 싶으신 점이 있으시면 언제든지 연락해주십시오. 참고하시도록 상세한 카탈로그를 동봉해드립니다.

그럼, ○○○선배님! 하시는 모든 일에 발전과 보람, 기쁨이 함께하시기를 바라며…….

P.S. 피서지가 상세하게 표시된 지도가 나옵니다. 다음 주 수요일경 찾아뵙고 드리겠습니다.

○○○선배님께 올립니다.
안녕하세요?
산야가 곱게 물들고 있습니다. 늦가을의 정취가 물씬 풍기는 계절입니다. 지금쯤 학교 앞 ○○산에도 울긋불긋 단풍이 졌겠군요. 예전에 선배님과 제가 그랬던 것처럼 후배들도 그 산을 바라보며 머리를 식히고 있을 겁니다.

저는 ○○고등학교 31회 졸업생인 ○○○입니다.

선배님이 ○○회 졸업생이시니까 제 ○년 선배님이십니다. 동문회 때 먼발치서 뵌 적밖에 없는 선배님이지만 염치없게도 도움을 받고 싶어 이렇게 감히 글을 띄웠습니다.

저는 지금 ○○자동차 ○○지점에 근무하고 있습니다. 여러 사람과 인간관계를 맺을 수 있고 많은 경험을 할 수 있는 자동차 세일즈 세계에서 열심히 뛰고 있습니다. 점점 필수품으로 자리잡고 있는 자동차에 관한 새로운 정보를 수시로 드리겠습니다. 혹시 선배님이나 주위 분들이 차를 구입하시려면 저에게 연락해주십시오. 최선의 노력으로 보답하겠습니다.

○○○선배님!

○○고등학교 출신답게 열심히 뛸 것을 약속드리며 다음 주중에 찾아뵙고 인사드리겠습니다.

P.S. 만나러 갈 때 매주 발간되는 유머 뉴스를 가져다 드리겠습니다.

○○○후배님!

안녕하세요?

봄을 재촉하는 비가 내리고 있습니다. 이 비가 그치면 희망의 계절 봄이 사작하겠지요. 이제 기지개를 활짝 펴고 겨울의 움츠림을 떨쳐버릴 때입니다.

먼저 내 소개를 해야겠군요. ○○대학교 18회 졸업생 ○○○입니다.

○○○후배님이 ○○회이니 내 ○년 후배가 되는군요. 후배님의 도움이 필요해 단지 동문이라는 이유만으로 염치 불구하고 편지를 띄웁니다. 어제 동창회 명부를 보다가 마침 내 담당 구역이 후배님의 회사 근처 지역이라 얼마

나 반가웠던지요? 앞으로 후배님이나 주위 분들이 자동차를 구입하거나 대차할 때 최대한의 정보와 조건을 제공할 것을 약속합니다. 그 밖에도 자동차에 관한 한 무엇이라도 상담해드리겠습니다.

조금 있으면 우리 모교 뒷산에 진달래가 활짝 피겠지요. 우리 후배들은 그 꽃동산에서 젊음을 발산하며 미래의 꿈에 대해 이야기하겠네요. 우리가 그랬던 것처럼……

○○○후배님! 봄을 맞이하는 후배님의 가정과 회사에 늘 기쁜 일이 넘쳐나기 바라며…….

04_ 전자 업종의 연고자에게 자기 소개

○○○형님! 안녕하세요?
시원한 에어컨 바람이 그립지 않으세요? 그러한 곳이 바로 옆에 있습니다. 어디냐고요?
7월1일 서울 명동에서 오픈해 카메라, PC, CD비전, 게임기, 휴대폰, 전화기 등을 판매하고 있는 ○○멀티미디어입니다.
특별한 휴가 계획이 없으시면 컴퓨터와의 씨름으로 더위사냥을 하옵는 것이 어떨까 해서 이렇게 서신을 올립니다.
꼭 오셔서 바람도 쏘이시고 제품도 마음껏 구경하세요.
그럼, ○○○님! 하시는 모든 일 두루 좋은 성과 거두시길 빕니다.

P.S. 7월 중 1,000명의 내점객에게 오픈 기념선물을 드립니다. 오셔서 무슨 선물인지 받아보세요.

○○○님!

작열하는 태양 아래 업무에 얼마나 노고가 많으십니까?

저는 ○○전자 영등포점에서 근무하던 영업부장 ○○○입니다.

일전에 전화를 드렸으나 ○○○님께서는 부재중이셨습니다. 직접 찾아뵙지 못하고 우선 지면으로 인사드립니다.

다름이 아니라 이번에 저희 회사의 확장으로 제가 근무하는 근무처가 바뀌게 되었습니다. 그동안 제가 ○○○님께서 여러 가지로 많이 도와주셔서 늘 감사한 마음뿐입니다.

7월 21일 새 근무지인 ○○미디어 플라자에서 오픈기념행사를 하는데 ○○○님께서 와주셔서 자리를 빛내주시면 대단히 감사하겠습니다. 간단한 다과와 함께 약소하나마 기념품도 준비하였습니다.

그럼, 꼭 참석해주시리라 믿으며 ○○○님의 사업과 가정에 행운을 빌며 다시 연락을 드리겠습니다.

P.S. 참석 여부를 꼭 알려주십시오. 주차장 문제와 기념품 준비 관계로 미리 인원을 파악해야 합니다.

05_ 주택 업종의 연고자에게 자기 소개

사랑하는 친구 ○○!
목련! 벚꽃! 그린 빛이 도는 대지에 조금 떨어진 곳!
무지개가 지는 하늘에 너의 얼굴이 드리어져 있구나.

친구 ○○야!
많은 시간 속에서 자신을 보고 싶어 "○○주택"이란 이름이 붙은 곳에서 너에게 소식을 전한다. 온 식구들의 안녕을 전하고 너를 보고픔도 섞으면서……

시흥! 오백여 세대가 생겨나고 파스텔의 조화와 신세대적인 분위기에 가끔은 여유로움이 생겨나게 만드는 싱크대 근처에 뮤직박스 음악은 나로 하여금 그리운 이들을 생각나게 한단다.

와보지 않겠니? 두 개의 부엌공간도 생겨났단다.
신혼때! 갑작스런 손님 때문에 설거지를 미처 못해 보이지 못한 부분까지…….
이젠 느긋해졌단다. 분위기와 조명! 자부심이 느껴지는 나!
보고 싶지 않니?
○○주부 모니터라는 일에 더욱 매력을 느끼며 너에게 소중한 도움의 벗이 되고 싶다.

그럼, ○○야!
날마다 기쁨과 행복이 넘치기를 빌며 지나는 길에 한번 들러 따뜻한 커피 한잔 나누기를 고대하며…….

P.S. 네 큰딸이 올해 고3이지? 우리 딸이 작년에 고3이라 썼던 참고서와 문제집을 다 정리해 모아놓았단다. 필요하면 연락 주렴!

06_ 화장품 업종의 연고자에게 자기 소개

○○○집사님! 안녕하세요?

늘 평안한 모습으로 저를 반겨주시고 남다르게 정성껏 이것저것 서비스해 주시는 모습을 바라보면서 늘 하나님께 감사드렸습니다.

집사님 식당은 분위기도 참으로 우아하고 깨끗하고 음식 맛도 좋아 늘 즐겨 찾는 곳입니다.

늘 바쁘신 모습을 보며 많이 망설이다가 이제야 제가 하는 일을 알려드립니다.

집사님도 아시다시피 제 피부가 무척 민감했는데 ○○○화장품을 쓰고나서 건강한 피부로 바뀌어 작년 초부터 ○○○에서 일하기 시작했습니다. 늘 고객을 모시고 식당을 갈 때마다 집사님의 지친 피부와 피곤함을 읽으며 저희 제품을 소개해드려야겠다고 마음 먹었다가도 바쁘신 모습을 보고는 차일피일 미루다 이렇게 글로 알려드립니다.

우선 화장품 샘플을 보내드리오니 부담없이 한번 사용해보세요. 매일 꾸준히 쓰신다면 화장품이 피부에 스며드는 순간 마음과 피부가 동시에 휴식하고 피부가 맑고 투명해집니다. 샘플을 쓰시다가 궁금한 점이 있으시면 저에게 연락 주세요.

그럼, ○○○집사님! 늘 건강하시고 하시는 사업 위에 늘 주님의 은총이 넘치기를 기도드리겠습니다.

소개받은 가망고객에게 쓰는 자기 소개 편지

01_ 교육 업종

어느덧 추운 겨울도 지나고 거리엔 노란 개나리가 활짝 피었습니다.

○○○님! 안녕하십니까?
저는 ○○출판 ○○지사에 근무하는 ○○○입니다.
며칠 전에 일산에 들렀다가 친구 분이신 △△엄마께 ○○○님을 소개 받았습니다. 찾아뵙기 전에 먼저 지면으로 인사를 드려야 될 것 같아서 펜을 들었습니다.

○○○님께서 저희 학습교재에 관심이 많으시다고 들었습니다.
이 편지와 함께 자세한 자료를 동봉하오니 읽어보시고 궁금한 점이 있으시면 전화 주시기 바랍니다.
가까운 시일 내에 한번 찾아뵙겠습니다.
환절기에 감기 조심하시고 만나뵐 때까지 안녕히 계세요.

P.S. 자녀 교육에 도움이 될 월간지를 동봉하오니 살펴보세요.

신록의 푸르름을 한껏 자랑하는 6월입니다. ○○○님의 가정도 항상 풋풋하시기를 빕니다.

저는 ○○교육에서 근무하는 ○○○입니다.
개포동 승현이 엄마를 통해 ○○○님을 소개받고 우선 먼저 이 글로 인사드립니다.
저는 학창시절에는 문학소녀라는 별명을 얻을 만큼 책을 좋아했고 아이를 낳고서도 책이 좋아 ○○교육에서 일하게 되었습니다. 저는 책도 좋아하지만 노래 부르는 것도 좋아하며 항상 밝게 살려고 노력하고 있습니다.

점점 날씨가 더워지는데 시원한 저희 사무실을 한번 방문해주시지 않으시렵니까?
보석 같은 지혜가 담긴 아이들 책을 자세히 보실 수 있으며 시원한 냉커피도 대접해드리겠습니다. 방문이 어려우시면 편리하신 날짜, 시간을 알려주신다면 제가 찾아뵙겠습니다.
저는 항상 고객의 이익을 먼저 생각하는 직업인이 될 것이며 앞으로 ○○○님의 자녀교육에 조금이라도 보탬이 될 수 있도록 노력하겠습니다.

그럼, ○○○님의 가정에 기쁨과 행복이 항상 머물기를 진심으로 바라며 조만간 뵙기를 희망합니다.

P.S. 특히 아이들이 심심해할 때 함께 저희 사무실로 와주세요. 아이들이 독서의 즐거움을 맛보게 도와드리겠습니다.

02_ 보험 업종

우리는 아무도 빛이 될 수 없습니다.

나 스스로 빛을 만들어낼 힘이란 처음부터 우리에게 없었는지 모릅니다.

그러나 누구나 빛을 받을 수 있고 그것을 전할 수는 있겠지요. 아무리 큰 빛이라도 또 작은 빛이라도 가슴에 담을 수 있고 또 전할 수는 있지 않을까요?

○○○님! 안녕하세요?

저는 ○○생명 ○○영업소 생활설계사 ○○○입니다.

친구분이신 ○○○님께 소개받고 앞으로 ○○○님에게 작은 빛이라도 전할 수 있는 기회가 있으리라 생각하며 이 글을 씁니다.

친구분께서는 주변에서 제일 좋아하시는 분이라고 극구 칭찬을 아끼지 않으셨습니다. 다음 주중에 연락을 드리고 찾아뵙겠습니다.

실례가 되거나 부담을 드리지 않겠습니다. 다만 소개해주신 친구분에게 유익했던 정보를 꼭 함께 나누고 싶습니다.

그럼, ○○○님! 하시는 사업과 가정에 늘 좋은 일이 넘쳐나기 바라며…….

P.S. 소개해주신 친구분은 제가 권해드린 보험으로 많은 혜택을 받으셨습니다. 찾아뵙고 자세하게 말씀드리겠습니다.

발밑에는 자욱한 안개 속에 학교의 지붕이 내려다보이고

동리 앞에 서 있는 고목 위엔 저녁 까치들이 짖고 있었다.

저녁별이 하나 둘 들어갈 때면 우리들은 나발을 어깨에 메고 휘파람 불며 언덕을 내려왔다.

등뒤엔 컴컴한 떡갈나무 수풀에 바람이 울고

길가에 싹트는 어린 풀들이 밤이슬에 젖어 있었다.

이 시는 김광균의 '언덕' 이란 시의 일부입니다.

이 시를 읽다 보니 시골의 정경을 아스라이 떠올리게 하는 것 같습니다. 어린 시절 친구들과 어울렸던 추억을 떠올려보며 잠시나마 여유를 느껴보심이 어떨까요?

처음 본 아이도 금세 친구가 되는 순수함이 있었던 시절!

그래서인지 한 사회의 건강함은 바로 순수함이 얼마나 남았는지 알아보면 된다고 했던가요?

○○○님! 안녕하세요?

저는 ○○화재 ○○영업소에 근무하는 생활설계사 ○○○입니다.

대학 동기생이신 ○○○님의 소개를 받고 귀한 분의 소개이기에 더 귀한 만남으로 이어지기 바라며 이렇게 편지를 드리게 되었습니다.

저는 소개하신 ○○○님에게 각종 재산증식 정보를 드려서 도움을 드렸듯이 ○○○님의 가정에 진정 도움을 드리고 보험전문인이 되고 싶습니다.

그럼, ○○○님! 하시는 사업에 좋은 성과 많으시기 바라며……

P.S 다음 주중에 전화로 연락을 드리고 찾아뵙겠습니다.

도심의 공간을 조금만 벗어나도 여기저기서 자연의 향기와 색채를 피부 가까이 느낄 수 있는 계절입니다.

일상생활에서 잠시 떠나 자신의 내면을 새로운 만남으로 채웠을 때 그 만남을 통해 얻어지는 것에 따라 우리의 삶의 좌표는 적잖이 달라지리라 여겨집니다.

○○○님! 안녕하세요?

저는 ○○화재 ○○영업소 생활설계사 ○○○입니다.

제 계약자이시며 협력자이신 ○○○님에게 소개받아 이렇게 인사드립니다.

○○○님께서는 지난 3년 동안 제가 드린 재산증식 정보 혜택을 많이 보셨기에 ○○○님께도 매달 나오는 새로운 정보와 서비스를 전해드리라고 말씀하셨습니다. 유익한 만남의 시간이 되도록 자료를 준비한 후 다음 주중에 미리 연락을 드리고 찾아뵙겠습니다.

바쁘고 복잡한 현대사회 속에서 다양한 만남을 통해 이루어지는 삶의 결실을 항상 소중히 가꾸며 살아가고자 하는 저를 앞으로 지켜봐주십시오.

그럼, ○○○님! 늘 하시는 일마다 좋은 성과로 보람 있으시기 바라며….

○○○님!

여름의 뜨거웠던 추억도 한편으로 밀치고 이젠 알찬 결실을 준비해야 할 계절에 와있습니다.

안녕하세요? 저는 ○○화재 ○○영업소 생활설계사 ○○○입니다.

직접 찾아뵙고 인사드려야 도리인 줄 아오나 자동차보험 계약으로 알게 된 친구이신 ○○○님의 소개로 우선 이렇게 먼저 지면을 통해 인사드립니다.

저는 자동차보험, 화재보험, 연금보험 등의 보험상품을 고객의 입장에서 설계해드리고 구매해드리는 일을 담당하고 있습니다. 보험 외적인 업무도 제가 도움이 될 수 있는 일이라면 최선을 다해 도와드리겠습니다. 앞으로 종종 저희 ○○화재에서 취급하는 상품에 대해 소개도 해드리고 새로운 정보가 나올 때마다 알려드리겠습니다.

모쪼록 소중한 만남으로 계속 이어지도록 최선을 다해 노력할 것을 약속드리며 제가 ○○○님을 한번 찾아뵐 수 있는 기회를 주시도록 기대합니다. 다음 주중에 전화드리겠습니다.

그럼, ○○○님! 하시는 사업 위에 좋은 성과 있으시기를 바라며 오늘도 안전 운전하시기 바랍니다.

P.S. 소개해주신 친구분은 제가 권해드린 보험으로 많은 혜택을 받으셨습니다. 찾아뵙고 자세하게 말씀드리겠습니다.

03_ 자동차 업종

산과 들에서 풍요를 자아내는 아름다운 계절입니다.

○○○과장님! 안녕하세요?

저는 ○○자동차 ○○영업소에 근무하는 ○○○입니다.

어제 ○과장님과 절친한 사이이신 ○○○님을 업무관계로 만났습니다. 짧은 시간의 대화였지만 두 분 사이의 깊은 우정을 느낄 수 있었습니다. ○○○님께서는 제 부탁을 선뜻 응하시고 ○과장님을 소개해주셔서 이렇게 먼저 글로 인사드립니다. 다음 주중에 연락을 드리고 찾아뵙겠습니다.

저도 두 분 사이의 우정처럼 시간이 흘러도 변하지 않는 소중한 관계가 될 수 있도록 노력하겠습니다. 귀한 친구 분의 소개이기에 더욱 귀한 만남으로 이어져 ○○○과장님의 진정한 도움이 되고 싶습니다.

이 글이 도착할 즈음 방문약속 전화를 드리겠습니다.

그럼, ○○○과장님! 오늘도 밝은 웃음이 넘치시기 바라며…….

04_ 전자 업종

프리지어 꽃향기가 가슴 진하게 퍼지는 계절이 와서 한결 옷차림이 가벼워진 것 같습니다.

○○○사장님! 안녕하세요?

저는 ○○전자 영업부에 근무하는 ○○○입니다.

저는 95년 공채 1기로 입사해 많은 고객들을 만나면서 저희 회사에서 생산 판매하는 고품격제품인 에어컨을 상담해 구입할 수 있도록 도와드렸습니다.

특히 산소 같은 바람 녹색바람을 일으키는 에어컨을 사용하신 고객들이 인정해주셨는데 친구분이신 △△△사장님께서 ○사장님을 소개해주셔서 이렇게 편지를 보내게 되었습니다.

에어컨은 공급이 한정이 되어 있고 수요가 급증해 제철이 되면 원하시는 날짜에 구입이 힘들어집니다. 그러나 에어컨에는 예약제도가 있으니 안심하십시오. 또한 이번 달 예약고객에게는 10개월 무이자 혜택을 드리고 있으니 이왕이면 이 기회를 놓치지 마십시오.

○사장님이 결정해야 할 많은 일 중에 한 가지라도 제가 도울 수 있었으면 합니다. 직접 찾아뵙지 못하고 우선 지면을 통해 먼저 인사드립니다. 다음 주 중에 전화연락을 드리고 자세한 자료를 지참해 가지고 찾아뵙겠습니다.

그럼, ○○○사장님!

하시는 모든 일 두루 좋은 성과 거두시고 늘 환한 웃음 지을 수 있으시기 바라며…….

P.S. 10개월 무이자 혜택은 3월 30일에 마감합니다. 서두르세요.

05_ 정수기 업종

○○○과장님! 안녕하세요?

저는 ○○정수기 1234지부에 근무하는 ○○○입니다.

갑자기 낯선 사람에게서 편지를 받아 놀라셨는지요?

저는 형님이신 ○○○님의 소개로 ○과장님을 소개받았는데 형님에게서 전화를 받으셨는지요?

형님께서는 작년 저를 통해 ○○정수기를 구입하셨고 그 후 가족들의 건강이 무척 좋아졌다고 만족해하시면서 흔쾌히 소개해주셨습니다.

저는 지난 5년 동안 늘 주위에서 저를 도와주시는 분들의 소개를 받아 편지를 보낸 후 늘 떨리는 마음으로 고객을 만났답니다.

한번 찾아뵙고 정수기에 관한 정확한 정보를 드리고 싶습니다. 정수기를 구입하지 않으시더라도 물에 관한 정보를 많이 아시면 생활에 도움이 되실 것입니다.

다음 주 화요일 전화 드려 편리하신 시간을 알고 싶습니다.

그럼, ○○○과장님! 만나뵐 때까지 안녕히 계십시오.

06_ 중공업 업종

향긋한 커피향이 그리워지는 시간입니다.

바쁜 하루 일과 속에서 잠깐이나마 마음의 휴식을 취하는 데에는 따뜻한 차 한 잔이 제일인 것 같습니다.

○○○사장님! 저는 ○○중공업 영업부에 근무하는 ○○○입니다.

얼마 전 친구 분이신 박사장님의 소개를 받고 이렇게 펜을 들게 되었습니다. 사실 얼굴도 잘 알지 못하는 분에게 글을 쓴다는 것이 무척이나 어렵고 힘들게 생각했지만 이것도 인연이라 생각하니 참 반갑게 느껴집니다.

다음 주초쯤 시간이 괜찮으시다면 찾아뵙고 ○○에 관한 최신 정보를 드리고 싶습니다. 박사장님께서는 ○사장님 사업에도 도움이 되시리라고 말씀하시면서 소개해주셨습니다.

또한 이번 달에는 특별히 유리한 조건도 있으므로 만나뵙고 자세히 말씀드리겠습니다. 이 글이 도착된 후 전화연락을 드리겠습니다.

그럼, ○사장님!

한바탕 웃음으로 하루의 상큼한 청량제를 삼아 활기찬 나날을 보내시기 바라며……

P.S. 15초만 크게 웃어도 이틀을 오래 산답니다.

07_ 화장품 업종

○○○이사님! 안녕하세요?

저는 ○○○화장품 ○○지사에 근무하는 ○○○입니다.

제 고객이시며 협력자이신 ○○○님께서 늘 받으시는 새로운 미용정보와 마사지 서비스를 이사님께도 받아보셨으면 하는 마음에서 소개받고 이렇게 인사드립니다.

○○○님께서는 제가 하는 일을 잘 이해해주시는데 ○이사님을 소개해주시면서 "중요한 일을 맡고 계시는 좋으신 분"이라고 칭찬하시더군요. 어떤 분이신지 궁금하고 꼭 만나뵙고 싶습니다.

항상 바쁘신 분이라고 들었습니다만 화요일 오전 중에 전화드리겠습니다. 편리한 시간을 알려주시면 제가 시간을 맞추겠습니다.

그럼, ○○○이사님! 만나뵐 때까지 안녕히 계십시오.

전화로 문의한 가망고객에게 쓰는 자기 소개 편지

01_ 교육 업종

어느새 후덥지근했던 여름은 지나고 옷깃을 여미게 하는 계절이 왔습니다.
○○○님! 안녕하세요?

○○○영어의 ○○○입니다. 전화로 신청해주신 샘플 테이프와 책자는 본 교재의 일부분을 발췌한 내용입니다. 기존에 공부하던 방식에서 탈피해 좀더 쉽고 재미있게 공부하실 수 있는 교재입니다.

우리가 흔히 쓰는 말 중에 "시작이 반이다(Half begun, half done)"이란 말이 있듯이 시작하기가 어려울 뿐 시작만 하면 모든 일에 반이상은 이룬 셈입니다. 더 늦기 전에 시작해보세요.

제가 시작하시는 데 도움이 되어드리겠습니다.

그럼, ○○○님! 오늘도 좋은 하루 보내세요.

P.S. 다음 주 화요일에 전화드리겠습니다. 샘플 테이프 들으신 소감을 들려주세요.

○○○님!
봄인가 싶더니 어느새 여름의 문턱에 다가선 것 같습니다.

안녕하십니까? 저는 ○○교육 ○○지사를 젊음을 무기 삼아 당차게 덤벼 이리저리 뛰고 있는 지사장 ○○○입니다.

요즈음과 같이 세계화 바람이 거세게 불고, 경쟁이 날로 심각해져 가는 때에 영어의 필요성을 그래도 빨리 느끼시고, 남들보다 앞서 나가고자 이렇게 저희 교재인 "○○○생활영어"에 관심을 갖고 전화로 문의해주서서 감사드립니다.

저는 "○○○생활영어"가 ○○○님의 영어학습에 많은 도움을 줄 수 있음을 생각해보니 그지없이 기쁩니다.
동봉한 자료와 샘플테이프를 2~3번 이상 꼭 들어주시고 부족한 부분은 제가 만나뵙고 상세히 소개드리고 싶습니다. 저는 벌써 ○○○님의 1년 후 영어 회화에 성공하신 모습이 상상됩니다. 일주일이면 충분히 검토하실 겁니다. 다음 주 수요일 오전에 회사에 연락을 드리겠습니다. 참 저는 이름의 분위기와는 달리 멋진 총각입니다.

그럼, ○○○님!
하시는 모든 일 좋은 성과 거두시고 늘 웃음 지으시기를 바랍니다.
○○○○년 ○○월 ○○일
○○○교육 ○○지사 ○○○지사장 올림
(☎ 02-594-3531) H.P. 010-111-1111

P.S. 방문시 테이프 내용에 합격하시면 합격선물을 드리겠습니다.

○○○님!
계절의 여왕 5월도 이제 그 꼬리를 감추어가고 있습니다.

바쁘신 중에서도 영어공부에 대한 열의를 가지시고 저희 "○○○ 생활영어"에 관심을 나타내시고 전화로 문의해주셔서 감사합니다.
저는 그때 ○○○님의 전화를 받아서 상담을 했던 ○○○입니다. 혹시 제 이름을 기억하시나요?
처음 신문광고를 보시고 저에게 전화 주셨을 때와 지금 이 편지를 받으실 때쯤이면 적어도 일주일은 지났는데 혹시 "영어해야지!" 하는 결심이 약해지지는 않으셨는지요?

혹시 야명조(夜鳴鳥)라는 새를 알고 계세요?
이 새는 늘 밤에 나무에 거꾸로 매달려서 우는 새입니다. 이렇게 울면서 이야기하지요. "내일 날이 밝으면 꼭 둥지를 만들어서 편히 자야지" 하지만 다음날 날이 밝으면 밤새 울어 지쳤기 때문에 그냥 자버리고 맙니다. 그리고 또 밤에 일어나 나뭇가지에 거꾸로 매달려서 웁니다. "내일 날이 밝으면 꼭 둥지를 만들어서 밤에 편히 자야지" 하면서요.
○○○님께서는 이 야명조와 같지는 않으시겠죠?
저희 "○○○생활영어"와 함께 공부하시면 절대로 밤마다 "내일은 꼭……" 하고 후회하시는 일이 절대 없으실 겁니다.
샘플 테이프와 보내드리는 자료를 자세히 검토해보시면서 궁금하신 점은 밑줄 쫙 그어놓으세요. 제가 일주일 후 전화연락할 때 마구 질문해주세요.

그럼, ○○○님!
매일매일 기쁘고 즐거운 웃음 짓는 일만 있으시기 바라면서…….

P.S. 제가 전화 드릴 때 영어로 대화를 나누어 볼까요?

○○○님!
고개만 돌리면 사방 어디든 푸른 진녹색 싱그러움이 유혹하는 계절입니다.

안녕하십니까? 저는 ○○교육 ○○지사 ○○○입니다.
일주일 전에 저희 지사에 전화를 주셔서 "○○○생활영어" 샘플 테이프를 보내드렸는데 받으셨는지요?

이렇게 지면으로나마 ○○○님께 인사드리게 되어 기쁘게 생각하며 좋은 인연이 되어 앞으로 ○○○님께서 영어공부를 하시는 데 성공할 수 있도록 최선을 다할 것을 약속드립니다.

저희 "○○○생활영어"는 쉽고 재미있게 미국영어를 혼자서 공부할 수 있는 교재입니다. 이제는 문법보다 생활영어가 필요한 시대로서 시대의 흐름에 부응하는 길만이 낙오하지 않고 성공할 수 있는 지름길입니다.

다음 주 화요일 ○○○님 회사 근처를 방문할 예정입니다. 한번 찾아뵐 수 있는 시간을 주신다면 아주 소중하고 유익한 자료를 포함하여 뜻 있는 시간이 될 수 있도록 준비하겠습니다.

모쪼록 ○○○님의 앞날의 발전과 미래를 대비하시는 깊은 안목을 재삼 확인하시어 나날이 더욱 나은 삶, 꿈과 희망이 넘쳐나기 바라며…….

P.S. 제가 방문할 때에 이 테이프로 성공하신 사람들의 사례를 말씀드리겠습니다.

○○○님!
안녕하십니까? 직접 찾아뵙지 못하고 샘플교재로 우선 인사드립니다.
저는 ○○교육 ○○지사 ○○○입니다.
저희 "○○○생활영어"에 관심을 가지시고 전화 주신 것에 감사드리며 각박해져 가는 세상 속에서 가느다란 전화선만으로 대화를 끝내기에는 아쉬운 느낌이 들어 전화상으로는 부족했던 설명을 몇 자 적습니다.

○○○님께서도 잘 아시겠지만 앞으로 다가오는 21세기의 세계화, 국제화 시대에 발맞추기 위해서는 외국어의 중요성이 그 어느 때보다도 높으며 회사에서는 영어를 못하여 진급도 못하는 일이 빈번해지고 심지어 ○○년부터는 초등학교에서도 영어가 정규 교과목에 편성될 정도로 영어의 필요성은 우리 눈앞에 다가왔습니다.

이에 맞추어 발간된 저희 ○○교육의 "○○○생활영어"은 현재 미국 내에서 사용되고 있는 살아 있는 영어를 토대로 다양한 상황설정과 지루하지 않게 짧은 시간에 ○○○님의 영어회화를 마스터시킬 수 있는 교재라고 확신합니다.

우선 샘플 테이프를 들어보세요. 다음 주 중에 전화로 연락을 드리겠습니다. 궁금하신 점이나 더 자세한 안내가 필요하시면 그때 말씀해주십시오. 최선을 다해 성심 성의껏 답변해드리겠습니다.

그럼, ○○○님! 무더위가 시작되는 계절, 건강에 유의하시고 하시는 일마다 번창하시기 바랍니다.

한낮에 내리쬐는 폭염은 벌써 윗통을 벗고 계곡에 들어가고 싶을 정도로 무더운 계절입니다.

○○○님! 안녕하십니까? 저는 ○○교육 ○○지사 ○○○입니다.
저희 ○○교육의 "○○○생활영어"에 관심을 갖고 전화해주셔서 감사드립니다.

○○○님께서는 영어에 대해 관심이 많았던 만큼 그동안의 고충도 크셨으리라 생각됩니다. 하지만 이제는 그 고통으로부터 해방될 수 있습니다. 영어는 대단한 학문이 아니라 단지 흉내내기일 뿐이니까요.

요청하신 샘플 테이프를 보내드립니다.

저희 "○○○생활영어"는 ○○○님처럼 여러 영어회화 교재를 가지고 실패하신 분들께 스스로 공부하는 데 도움이 되도록 기존의 교재처럼 딱딱하지 않으며 반복해 들으면서 쉽고 재미있게 영어회화를 익힐 수 있는 사전식으로 된 독습판 교재입니다.

삶을 살아가는 데 또 다른 한 사람과의 참 만남이 인생행로의 참 동반자가 될 수 있듯이 이 교재와의 만남도 ○○○님의 풍요로운 삶의 일부를 만드시리라 생각합니다.

검토해보시고 전화연락을 주십시오.

기다리고 있겠습니다.

그럼, ○○○님!

하시는 모든 일 두루 좋은 성과 거두시고 늘 환한 웃음 지으시기 바랍니다.

산과 들이 초록색 옷을 입고 아카시아 향기가 코끝에 스며드는 아름다운 계절입니다.

○○○님! 안녕하십니까?

저는 ○○교육 ○○지사 영업사원 ○○○입니다.

먼저 저희 "○○○생활영어" 신문광고를 보시고 전화 문의해주시고 끝까지 제 설명을 진지하게 들어주셔서 대단히 감사합니다.

○○○님의 맑고 정다운 목소리가 무척 인상 깊었으며 그 아름다운 목소리로 영어회화를 하시는 모습을 상상해보니 즐거워지더군요.

"○○○생활영어"는 국내 최고의 강사 ○○○선생님과 저희 회사에서 오랜 노력 끝에 만들어진 생활영어 테이프입니다.

저희 지사에서는 전화를 주신 ○○○님께 "○○○생활영어"을 좀더 잘 알수 있도록 요청하신 샘플 테이프와 교재 한 권을 보내드립니다. 누구나 쉽고 재미있게 배울 수 있도록 만들어진 "○○○생활영어"와 함께 멋진 세계를 펼쳐나가 보십시오.

일주일 후 ○○○님께서 샘플 테이프를 잘 받으셨는지 확인 전화드리겠습니다. 궁금하신 점이나 더 자세한 정보가 필요하시면 그때 말씀해 주시면 성심성의껏 도와드리겠습니다.

이미 마음의 결정을 하신 상태라고 생각됩니다. 일생을 가름할 중요한 결정이므로 깊이 생각하시되 과감하게 결단하십시오. 망설임은 시간을 허송할 뿐입니다.

그럼, 큰 열정으로 노력하시는 ○○○님의 앞날에 좋은 일들이 이어지시기 바라며…….

P.S. "○○○생활영어"를 구입하신 후 매주 한번씩 전화로 진도를 테스트해드립니다.

○○○님! 무더위가 시작되는 초여름 날씨에 안녕하세요?

저는 ○○교육 ○○지사 ○○○입니다.

지난 주 ○○○님께서 "○○○생활영어"에 대해 전화 문의해주신 후 샘플 테이프와 간략한 교재를 보내드렸습니다만 잘 받으셨겠지요?

세계화, 국제화를 부르짖는 요즈음 영어 때문에 골머리를 앓고 계시는 분들이 늘어나고 있습니다만 고민하고 있는 동안 "○○○생활영어"을 채택해 공부하신 분들은 성큼 저만치에 가 있게 됩니다.

저희 "○○○생활영어" 샘플테이프를 들어보셨으면 아시겠지만 국내 최고의 강사 ○○○씨가 3년간 피땀 흘려 만든 교재로서 지금까지 공부하신 분들의 이야기를 들으면 정말로 쉽게 단기간에 영어를 마스터할 수 있었다고 합니다.

샘플 테이프가 20분짜리라 잘 파악이 되지 않으시리라 믿습니다. 부족한 부분은 제가 ○○○님을 한번 찾아뵙고 더 자세한 정보를 드리고 싶습니다.

저희가 드리는 정보가 ○○○님께서 영어학습을 시작하시는 데에 획기적인 전환점이 되시리라 확신합니다. 다음 주 수요일 중에 연락을 드리겠습니다.

그럼, ○○○님!
무더운 여름, 새로운 영어회화로 나날이 활기차시기를 바랍니다.

P.S. 전화로 문의한 사람을 방문할 때 드리는 특별선물이 있습니다. 기대해 주세요.

녹음방초가 우거지고 만물이 약동하는 힘 있는 계절에 저희 회사에 전화주신 것을 먼저 감사드립니다.

○○○님! 안녕하십니까?
저는 ○○교육 ○○지사에서 "○○○생활영어" 담당 영업사원 ○○○입니다.

직접 찾아뵙고 인사드리기 앞서 이렇게 먼저 글로 인사드립니다.

시대적 환경과 세계화 추세에 발맞추어 영어의 관심은 최고조에 달하며 직장 생활 중 스트레스 차원을 넘어서 생존의 한계에 달했으며 승진 및 승급에 절대적으로 필요한 영어, 토익 점수의 목표를 쉽게 달성할 수 있는 "○○○생활영어"를 간단히 소개합니다.

"○○○생활영어"의 구성은 교재 8권에 교재 1권당 테이프 8개씩 총 64개로 구성되어 있으며 난이도별 구성이 아닌 섹션별로 구성되어 있어서 ○○○님께서 필요한 것부터 골라서 공부하실 수 있으며 돌발퀴즈나 위트, 에피소드, 문화권 설명들을 첨가하여 노래 듣는 기분으로 계속 들으시면 귀가 뚫리고 입이 열리도록 즐겁게 구성되어 있습니다.

　　위로부터의 압력과 아래로부터의 저돌적 추진력에 힘드시는 직장생활에 같은 중년시대의 한 사람으로서 힘을 실어드리고 싶습니다.

　　밀려오는 개방 압력에 잊어버리고 있던 영어단어 하나하나에 온 신경을 집중시키고 힘들어하시는 ○○○님께 "자" 이제는 된다는 자신감을 가지고 "○○○생활영어"를 정말 자신 있게 권해드립니다. 모쪼록 방황은 이제 떨쳐버리세요.

　　동봉하는 샘플 테이프를 잘 들어보시고 현명한 선택을 하셔서 유창한 영어 실력을 발휘하시면서 밝은 직장생활, 즐거운 삶을 찾으십시오.

　　그럼, ○○○님!

　　늘 도전과 성취로 이어지시기를 바라며……

　　의욕이 넘쳐 오르는 싱그러운 계절입니다.

　　○○○님! 안녕하십니까? 저는 ○○○교육 고객서비스부 ○○○입니다.

　　○○○님께서 저희 "○○○생활영어"교재에 관심을 가지고 전화 문의해 주셔서 대단히 감사합니다.

　　평소에 영어회화의 필요성은 느끼셨으나 얼른 시작 못하셨다고 후회하셨지만 지금이라도 늦지 않습니다. 시대의 흐름에 따라 많은 분들이 영어에 관심을 갖고 더 나아가 영어를 잘 할 수 있는 길을 모색하고 있습니다. 그 동안 여러 가지 방법으로 영어회화를 공부하려고 시도했다가 실패했던 사람들의 사정을 충분히 고려해 만든 "○○○생활영어"의 특징은,

　　첫째, 너무 재미있습니다(재미있으니까 계속하게 됩니다)

둘째, 표현이 살아 움직입니다(현재 미국에서 사용되는 싱싱한 영어 표현입니다)

셋째, Free Talking으로 구성되어 있어 지겹지 않습니다.

넷째, 반복, 반복 듣기만 하면 됩니다(남는 자투리 시간의 활용해 영어와 친숙해지고 영어권 문화 속에 스스로 동참할 수 있습니다)

다섯째, 많은 고객 분들의 검증을 받은 교재입니다.

지난 1년 동안 저희 "○○○생활영어"을 활용했던 많은 고객들이 외국인과 대화하는데 별 어려움이 없다는 반응을 보여주셨습니다.

시작이 반이라는 옛 속담은 시작의 중요성과 아울러 시작의 어려움을 이야기하고 있습니다. ○○○님께서 지금 영어회화를 시작하려고 하시는 그 용기! 의욕적인 마음과 결단만 있으면 분명히 성공하실 수 있습니다. 저희 교재의 우수성은 제가 굳이 설명을 드리지 않더라도 동봉한 샘플 테이프를 잘 들어보시면 분명히 타 교재와 다르다는 것을 느끼실 수 있을 것입니다. 그리고 ○○○님께서 저희 ○○○생활영어를 구입하셔서 공부하신다면 3개월 후에는 영어회화에 대한 느낌이 달라지실 겁니다. 직접 찾아뵙고 인사드리기 앞서 이렇게 먼저 글로 인사드렸습니다. 다음 주중에 전화연락을 드리겠습니다.

그럼, ○○○님! 하시는 사업 늘 번창하시며 가정에 평안과 행복이 가득하시기를 바라며…….

뜨거운 젊음과 넓은 바다, 까아만 하늘의 별들의 축제가 펼쳐질 여름밤…….

여름이란 단어가 조금씩 익숙해지기 시작하는 요즈음입니다.

○○○님! 안녕하십니까?

저는 ○○교육 ○○지사에서 2년 전부터 국제화시대에 알맞는 영어회화교육 보급에 일익을 담당하고 있는 ○○○입니다.

오늘 ○○○님께서 신문광고를 보시고 저희 "○○○생활영어"에 관해 관심을 나타내주셔서 이렇게 먼저 글로 감사 인사드립니다.

○○○님께서는 AFKN을 보시면서 알아듣기는 하겠는데 표현이 되지 않는 경우가 있으셨는지요? "○○○생활영어"는 ○○○님과 같이 늘 바빠서 학원을 다닐 수 없는 바쁜 비즈니스맨을 위한 독습용 영어회화 교재입니다.

학원의 경우	○○○ 생활영어로 공부할 경우
1. 혼자만 공부한다.	1. 온 가족이 함께 공부할 수 있다.
2. 비용이 많이 든다.	2. 저렴한 가격이다.
3. 일정한 시간을 비워야 한다.	3. 언제어디서나 공부할 수 있다.

전문가들은 영어를 잘하는 비결이 반복이라고 하는데 ○○○ 생활영어는 즐기면서 생활화하도록 구성되어 있어 자투리 시간을 이용해 듣기만 하면 누구나 쉽게 회화를 할 수 있습니다. 또한 한 세트의 교재로 온 가족이 함께 공부할 수 있는 〈신세대 영어회화〉 교재입니다.

요청하신 샘플 테이프를 보내드리오니 잘 들어보시고 결정해주십시오.

부디 저희 "○○○생활영어" 교재가 ○○○님의 영어회화 실력 배양에 징검다리 역할을 할 수 있으면 하는 바람뿐입니다.

그럼, ○○○님!

바쁘신 중에서도 늘 나날이 웃음 짓는 여유가 있기를 바라며……

넓고 맑은 머나먼 지평선 있는 신선한 바다로 갈 계절이 다가옵니다.

○○○님! 안녕하십니까? 저는 ○○교육 ○○지사 ○○○입니다.

먼저 일상의 바쁘심 속에서도 "○○○생활영어"에 깊은 관심을 가져주시고 전화 문의해주셔서 진심으로 감사드립니다.

주옥 같은 목소리의 주인공 ○○○선생님께서 직접 녹음하신 샘플테이프와 책자를 보내드립니다.

"○○○생활영어"을 편하게 즐기시듯 듣다보면 그 성과에 대해 놀라실 겁니다.

본 교재는 누구나 쉽고 재미있게 구성되어 있어 영어회화라는 넓고 거친 바다를 항해하실 때에 튼튼한 돛이 되어드릴 것입니다.

동봉한 샘플테이프를 충분히 들어보시고 미래를 위한 투자를 위해 연락 주시면 친절하게 안내해드리겠습니다.

그럼, ○○○님! 하시는 일마다 발전 있으시기 바라며…….

02_ 자동차 업종

따스한 봄 햇살에 개울가의 버들가지도 푸르름이 한층 더해지는 계절입니다.

○○○님! 안녕하십니까?

저는 ○○자동차 ○○지점 ○○○입니다.

어제 오전 중에 저희 지점에 전화를 주셔서 경차인 ○○에 관해 문의해주셔서 감사합니다. 전화상으로 자세한 말씀을 드리지 못한 것 같아 이렇게 글을 올립니다.

경차인 ○○는 정부의 경차 권장정책으로 등록세와 면허세가 인하되었고 고속도로 통행료, 주차료 등이 할인되는 차종입니다. 이제 ○○를 타시는 고객들이 즐거운 세상이 왔습니다.

그리고 저에게 차를 구입하신다면 또 하나의 혜택이 기다리고 있습니다.

뭐냐구요? 저희 ○○자동차 전 지점에는 A/S맨이 항시 대기하고 있거든요. 그래서 제 출고 고객에게는 제가 3개월에 한번씩 A/S맨과 직접 찾아가서 폐차될 때까지 정기적인 차량 특별 점검의 서비스를 해드리겠습니다.

더 자세한 내용은 다음 주중에 찾아뵙고 말씀드리겠습니다.

그럼, ○○○님! 부디 저에게 차를 구입하셔서 ○○의 특혜를 받는 즐거움과 특별 서비스를 받는 즐거움을 모두 누리시기 바라며…….

노란 폭포수처럼 울타리 밖으로 마구 쏟아지는 개나리를 보며 묻어나오는 봄의 향취에 마음껏 취하는 아름다운 계절입니다.

○○○님! 안녕하십니까?
저는 ○○자동차 ○○지점 ○○○입니다.
어제 오후 저희 지점에 전화를 주셔서 중형차인 ○○○에 관해 문의하셨죠?
저희 ○○자동차에 관심을 갖고 직접 연락을 주셔서 감사드립니다.

제가 어제 ○○○님과 전화상담을 해드렸는데 제 답변에 만족하셨는지 궁금하군요. 견적도 전화상으로 설명해드렸기 때문에 원하시는 조건을 다른 조건과 한눈에 비교해보시기 힘드셨을 것입니다.

다음 주 수요일쯤 마침 귀사의 주변을 방문할 예정인데 직접 찾아뵙고 자세히 설명해드리고 싶습니다. 카탈로그를 보시면서 견적서도 여러 가지 조건을 비교해보시면 선택하시기가 훨씬 수월하리라 생각합니다.

수요일 오후 2시경 찾아뵙고 싶습니다만 시간이 어떠신지요? 하루 전날 확인 전화드리겠습니다.

그럼, ○○○님! 늘 새로운 기운으로 충만하시기 바라며……

P.S. 미리 검토해보시라고 카탈로그 한 부 동봉합니다.

푸르름이 넘치는 유월!
신록의 향연을 마음껏 즐길 수 있는 계절입니다.

○○○님! 안녕하십니까? 저는 ○○자동차 ○○지점 ○○○입니다.
어제 오전 저희 대형차 ○○○에 관해 문의해주셔서 감사드립니다.
일단 전화로 설명은 드렸지만 부족한 점이 많을까 해서 카탈로그와 가격표를 우편으로 동봉합니다.
○○○님!
카탈로그와 가격표를 보시고 편리한 시간에 저희 지점에 들러주셔서 전시차량을 직접 봐주세요. 운전석에서 계기판도 조작해보시고 다른 부분도 살펴보십시오. 카탈로그만 보고 판단하시기보다 새 차를 직접 타보시면, 백 가지 설명보다 나을 것입니다.

그럼, ○○○님! 다음 주 월요일 오후 전화드리겠습니다. 행복한 하루하루 보내시기 바라며……

○○○님! 안녕하세요?

비 내리는 창가에 진한 커피 한 잔의 내음 속에 잊지 못할 전화상담의 첫 손님이 되어주셔서 대단히 감사드립니다.

저는 ○○주택 시흥연성지구 주부모니터 ○○○입니다.

같은 주부로서 생활의 안락함과 더 나은 수납공간 활용을 할 수 있는 아파트를 소개할 수 있는 기회가 되어 기뻤습니다.

5월 10일 모델하우스가 한 달 동안 개관되오니 나오셔서 자세히 보시고 궁금하신 점이나 더 자세히 알고 싶으신 점이 있으시면 제가 도와드리겠습니다.

그럼, ○○○님!

늘 기쁨 가득, 행복 가득하시기를 바라며 곧 만나뵙기를 희망합니다.

P.S. 서둘러주세요. 모델하우스를 방문하시는 100명에게 선착순으로 기념품을 드립니다.

푸르른 5월, 라일락 향기가 그윽한 계절에 하시는 사업 번창하십시오.

○○○님! 안녕하십니까?

지난번 ○○지역 아파트에 관한 문의전화를 응대한 주부모니터 ○○○입니다.

저희 ○○주택에서는 이번 연성지구에 510세대 아파트를 분양할 계획입니다. 주부들의 선호도를 조사해본 결과 주부들에게 가장 인기 있는 아파트 1위가 저희 ○○아파트라는 사실은 잘 알고 계시겠지요? 이번 선정된 아파트 위치는 시흥시청이 옮겨지는 청사 바로 옆이고 쾌적하고 조용한 공간입니다. 제가 동봉해드리는 카탈로그를 참조해보세요.

다음 주 7일쯤 제가 시흥, 대야 지역을 방문할 계획이오니 ○○○님의 편리한 시간을 알려주시면 즉시 찾아뵙겠습니다.

그럼, ○○○님!

하시는 일마다 두루 좋은 성과 거두시기를 바라며 우선 지면으로 인사드렸습니다.

P.S. 빠른 결정을 하실수록 많은 혜택을 받을 수 있습니다. 자세한 내용은 찾아뵙고 말씀드리겠습니다.

라일락 향기가 코를 즐겁게 하는 4월입니다.

이 4월에 ○○○님 댁 마당에도 여린 잎이 싹을 틔웠겠지요?

○○○님! 저는 ○○주택 모델하우스에 주부모니터로 활동하는 ○○○입니다.

어제 전화를 주셨을 때 미흡한 부분이 있어 몇 가지 자료를 모아 보내드립니다.

'백문이 불여일견'이라는 말도 있듯이 이 자료 역시 약간의 도움밖에 되지 않을 것이라 생각됩니다. 가까운 시일 내에 한번 저희 모델하우스를 방문해주시고 저를 찾아주신다면 전화나 서면 자료에서 얻지 못한 정보를 자세히 안내해드리겠습니다.

그럼, ○○○님!

가정에 평안과 행복이 가득하시길 진심으로 바라며 곧 찾아뵙도록 하겠습니다.

P.S. 모델하우스를 방문하시는 100명에게 선착순으로 예쁜 앞치마를 드리오니 서둘러주세요.

○○○님!
안녕하세요? 우윳빛 흰 목련꽃이 화사한 계절입니다.

○○○님의 가정이 두루 화목하시기를 바라며 우연히 맺어진 인연에 감사
드리고자 이렇게 몇 자 적습니다.
지난주 화요일 뜻하지 않게 ○○○님에게서 전화상담을 받아 매우 기뻤습
니다. 그러나 전화상으로 더 자세하게 궁금증을 풀어드리지 못한 것 같아 안
타깝게 느껴져 더 많은 정보를 드리고자 여러 가지 자료를 준비해 보내드립
니다.
저희 ○○주택 주부모니터들은 언제나 열린 마음으로 고객의 입장에서 정
성스럽고 친절하게 안내하는 가이드 역할을 하고 있습니다. 동봉한 카탈로그
와 자료들이 ○○○님의 주택 구입이나 주택 전망 및 동향에 관한 정보파악
에 도움을 주었으면 좋겠습니다.

또한 저희 ○○주택 모델하우스 오픈에 즈음하여 ○○○님을 초대하고 싶
습니다.
언제라도 편리한 시간에 가족들과 드라이브를 겸해 방문해주신다면 잠시
라도 편안한 휴식공간을 제공해드릴 것을 약속드립니다.
따뜻한 커피와 간식, 유익한 대화가 기다려집니다.

그럼, ○○○님의 가정이 늘 기쁨 가득하고 즐거운 하루 보내시기를 바랍
니다.

P.S.모델하우스를 방문하시는 100명에게 선착순으로 예쁜 기념품을 드립
니다.

○○○님!
　거리에 화사한 진달래, 개나리색 만으로도 봄을 만끽할 수 있는 좋은 계절입니다.

　지난번 전화상담에 응했던 주부모니터 ○○주택 ○○○입니다.
　○○○님께서 관심을 가지셨던 부분을 재점검해 자료를 수집해놓았습니다. 바쁘시겠지만 시간을 내셔서 저희 ○○주택 모델하우스를 방문해주시면 자세히 알려드리겠습니다. 시간이 여의치 않으시면 전화를 주십시오.

　5월 6일(월) 제가 ○○○님 댁 근처에 설문지 조사를 하러 갈 예정입니다.
　전화를 주셨을 때 제가 미처 설명해드리지 못한 부분에 관한 자세한 자료를 모아 ○○○님을 방문하고 싶습니다. 편리하신 시간을 알려주신다면 제가 시간에 맞추어 방문하겠습니다.
　그럼, ○○○님께서도 저와 같은 봄 기분을 느끼시며 즐겁게 생활하시기 바라며…….

　P.S. ○○○님은 저의 100번째 전화 문의 고객이십니다. 감사의 표시로 ○○를 드리겠습니다.

CHAPTER 2

인간관계를 좋게 하는 편지

세일즈에서 모든 것이 변했다고 해도 가망고객이나 고객과 영업사원 사이에 인간관계는 아직도 매우 중요하다. 즉, 영업을 잘하려면 먼저 고객과 좋은 인간관계를 만들어야 한다. 인간관계가 좋다는 것은 감정적으로 연결되었다는 뜻이다. 그런데 고객과 쉽게 감정적으로 연결하는 것이 편지를 쓰는 것이다.

또한 좋은 인간관계를 만들기 위해서는 농부가 씨 뿌리고 비료 주고 잡초를 제거하는 등 땀을 흘리는 것처럼 영업에서도 고객을 개척하고 계속 방문을 통해 고객을 만족시키고 감동을 일으켜야 한다. 그러나 현실적으로 한 가망고객이나 고객을 자주 방문할 수 없는 실정이므로 때와 경우에 따라 편지를 계속 발송해 고객이 세일즈맨을 잊지 못하도록 만들어야 한다. 편지는 좋은 인상을 주고 감동을 주는 기회가 되기 때문에 특히 새로운 가망고객을 방문하기 전이나 방문한 후에 인간관계를 구축하는 데 비길 데 없는 도구다.

특히 첫 방문 후 갑자기 방문했던 것을 사과하거나 대화나 설문지에 응해줄 것을 감사드려 다음 방문을 원활하게 만들어야 한다. 계약했을 때에는 계약 감사뿐만 아니라 고객에게 만족감과 안도감과 신뢰감을 느끼게 해서 단골고객으로 유지해야 한다. 부재시 방문했을 때에는 방문했다는 것을 알려 다음 방문을 쉽게 만들어야 헛 방문이 되지 않는다. 그 외에도 각종 감사편지로 안부 문안편지로 가망고객이나 고객을 감동시켜야 이후의 영업에 좋은 영향을 줄 수 있다.

첫 방문(만남) 후에 쓰는 감사 편지

01_ 건강식품 업종의 첫 방문 감사

○○○님! 안녕하세요?

어제 첫 방문때 저를 따뜻하게 환영해주셔서 대단히 감사드립니다.

바쁘고 복잡한 현대 사회 속에서 ○○○님과의 만남을 통해 이루어지는 삶의 결실을 항상 소중히 가꾸며 앞으로도 유익한 만남을 만들 수 있도록 마음을 담아 항상 노력하는 사람이 되겠습니다.

그럼, ○○○님!

늘 가정에 기쁨 가득, 행복 가득하시기 바라며…….

어느 햇살 따뜻한 오후에 ○○○님을 처음 뵈었습니다.

함께 나눈 따뜻한 차 한 잔이 얼마나 향기롭던지 영원히 잊지 못할 것입니다.

또한 ○○○님과 함께 나눈 담소, 따뜻한 미소…… 여운이라고 할까요?

첫 방문인데 몇 년 전부터 알던 사이처럼 따뜻하게 대해주셔서 감사드립니다. 앞으로 자주 만나뵙고 도움을 줄 건강 정보를 전해드리겠습니다.

　그럼, ○○○님! 늘 명랑한 웃음으로 넘치시기 바라며…….

　○○○님! 안녕하세요?

　어제는 갑작스러운 방문이었습니다만 따뜻한 마음으로 반겨주셔서 대단히 감사합니다. 생각지 못한 시간을 빼앗은 것은 아닌지요?

　그래도 ○○○님과 나눈 대화를 생각해보니 건강에 관심이 크시더군요. 앞으로 도움을 드릴 수 있는 건강정보를 자주 전해드리겠습니다.

　그럼, ○○○님! 햇살과 같은 밝은 나날과 행복한 가정을 만드시길 바라며…….

02_ 교육 업종의 첫 방문 감사

　국화향기가 가득한 수확의 계절입니다.

　○○○님! 안녕하세요?

　그동안 찾아뵙지 못하고 교육정보만 보내드렸는데 어제 ○○○님을 찾아뵈었을 때 따뜻하게 반겨주셔서 대단히 감사합니다.

　자녀교육에 큰 관심을 가진 어머님의 모습을 보니 저도 한 아이의 엄마로서 함께 뿌듯함을 느꼈습니다. 자주 만나뵙고 변화하는 교육관에 적응할 수 있는 자녀를 키우는 데 도움을 줄 교육정보를 전해드리겠습니다.

　항상 궁금한 점이나 더 알고 싶은 내용이 있으시면 연락해주세요.

　그럼, ○○○님! 햇살과 같은 밝은 나날과 행복한 가정을 만드시길 바라며…….

노랑, 주홍, 갈빛이 풍요로운 계절입니다.

○○○님! 안녕하셨어요?

어제 귀댁을 방문했을 때 친절하게 응대해주셔서 감사합니다.

깔끔하게 정돈된 집안에서 자녀들과 차분히 글 읽는 어머님의 모습은 정말 아름다웠습니다. 또한 ○○○님과 나눈 대화를 생각해보니 자녀교육에 관심이 크시더군요.

빈 책장들에 조금씩 채워질 유익한 읽을거리들, 그것은 ○○○님의 소망이시기도 하지만 ○○출판에서 일하는 저희들의 뜻이기도 합니다.

앞으로 귀댁의 자녀를 21세기 인재로 키우는 데 도움을 줄 정보를 계속 보내드리겠습니다.

그럼, ○○○님! 늘 새로운 기운으로 충만하시기 바라며…….

○○○님! 안녕하세요?

저는 ○○출판 ○○지사에 근무하는 ○○○입니다.

○○이 엄마를 만나뵙게 되어서 너무 기쁩니다.

따스한 봄이 찾아왔군요.

○○이가 노란 병아리처럼 예쁜 꼬까옷을 입고 걸음마를 배우려고 뒤뚱뒤뚱 걷는 모습이 너무 예쁘더군요. 이제 막 피어나는 꽃처럼 예쁜 딸이 ○○출판의 좋은 교구와 더불어 아름답고 영리하게 자랄 수 있도록 제가 힘이 닿는 데까지 도와드릴 것을 약속드립니다.

궁금한 점이 있으시면 언제라도 연락해주십시오.

다음달 근처를 방문할 때 다시 한번 찾아뵙겠습니다.

그럼, ○○○님! 늘 가정에 기쁨과 행복이 넘치시기를 바라며…….

P.S. 자녀와 재미있게 놀 수 있는 퍼즐놀이를 동봉합니다.

○○○님!
사랑의 계절, 이 봄에 귀엽고 예쁜 아가와 화사한 엄마를 만날 수 있어서 기뻤습니다. 그리고 바쁜 시간에도 저희 상품 설명을 드릴 수 있는 기회를 주셔서 정말 감사했습니다.
너무나 좋은 계절에 좋은 만남이었습니다.
집에 계신 분이 어쩌면 피부에 그리 탄력이 있으신지 정말 신선했습니다.
항상 그 모습 간직하시고 늘 건강하십시오.

○○○님의 예쁜 아가에게 하나님의 은총이 충만하길 기도드리며…….

P.S. 자녀교육에 도움을 주는 '생각쟁이'를 동봉합니다.

긴 겨울을 이겨낸 꽃들이 만발한 봄입니다.

○○○님! 안녕하십니까?
어제는 예고도 없이 갑작스러운 방문, 정말 미안한 마음이 듭니다. 무례했다면 용서하십시오.

무엇보다도 ○○○님께서 저희 회사와 상품을 저보다 더 잘 알고 있는 것 같아 즐거웠습니다. 다음 주중에 또다시 동남아파트를 방문할 예정입니다.
그때 다시 한번 ○○○님을 만나뵙고 유아교육에 관해서 많은 얘기를 나눌 수 있었으면 좋겠습니다.
○○○님! 내내 건강하시고 하시는 일마다 기쁨이 함께하시길 바랍니다.

P.S. 다음 주에는 자녀의 적성검사를 해드리겠습니다.

노란 개나리를 보니 어느 사이 봄이 온 것 같습니다.

○○○님! 안녕하십니까?

저는 ○○○출판에 근무하는 상담교사 ○○○입니다.
지난번 방문 때 ○○이를 꼭 껴안은 어머님의 모습이 너무나 인상 깊었습니다. ○○이의 분홍빛 옷과 어머님의 노란 코트는 보는 사람을 아주 기분 좋게 했습니다.
저희 ○○출판는 유아교구를 담당하는 회사로서 어린 유아들의 미래를 위해 열심히 뛰고 있습니다. 저희 회사에서 나오는 안내책자를 동봉합니다. 읽어보시고 더 자세히 알고 싶은 사항이 있으시면 연락을 주십시오.
그럼, ○○○님!
○○이가 예쁘고 건강한 아이로 키우시는 데 도움을 드릴 수 있기 바라며……. 안녕히 계십시오.

P.S. 이번 달말경 자녀독서 세미나가 있을 예정입니다. 결정되는 대로 알려드리겠습니다.

앙증맞은 샛노란 개나리꽃도 어느새 인사하며 여름을 맞을 준비를 하고 있는 듯합니다. 님도 못 알아본다는 봄볕이 다정하게만 느껴지는 계절입니다.

○○○님! 안녕하세요?
어제는 갑작스러운 방문으로 ○○○님의 귀중한 시간을 빼앗아 죄송합니다. 그리고 귀한 시간에 제 이야기를 경청하여 주서서 진심으로 감사드립니다.
○○○님과의 첫 만남이었지만 무척 즐거운 시간이었습니다. 앞으로 귀댁

의 자녀가 항상 앞서가는 생각을 하며 창의력을 살릴 수 있도록 도움을 주는 좋은 자료와 교육정보를 매주 보내드리겠습니다.

　다음 주중에 방문할 때에는 ○○○님께 도움이 되실 교육정보잡지 '생각쟁이'를 드리겠습니다. 봄볕에 그을려 탄력이 넘치는 모습으로 꼭 찾아뵙겠습니다. ○○○님의 따뜻하고 고운 모습을 생각하며 그날을 기다리겠습니다.

　그럼, ○○○님의 가정에 건강과 따뜻함이 늘 함께하시기 바라며…….

　P.S. 요즈음 자녀 적성검사를 무료로 실시하고 있는데, 원하시면 연락 주세요.

　초여름부터 무더운 날씨가 이어지고 있습니다.

　○○○님! 안녕하세요?

　어제는 제 첫 방문에 친절하게 응대해주서서 대단히 감사합니다.

　○○○님의 진지한 표정에서 자녀교육에 대한 관심과 열의가 남 다르게 느껴졌고 저 또한 많은 점을 배웠습니다.

　기회가 있으면 ○○○님의 훌륭한 자녀지도 방법에 대한 경험을 저희 지부 식구들에게도 들려주고 싶은데 기회를 주시겠습니까?

　○○○님의 깨끗하고 차분한 이미지를 기억하며 자주 찾아뵙고 싶습니다.

　그럼, ○○○님!

　여름을 타지 않도록 건강에 유의하시기 바라며 언제든지 저희 지부를 지나는 걸음 있으시면 들러주세요. 시원한 냉커피를 대접해드리겠습니다.

　P.S. 저희 ○○출판에서 나오는 교육정보지인 '메아리'를 동봉합니다. 원하시면 매달 보내드릴 수 있으니 연락해주시기 바랍니다.

○○○과장님! 안녕하십니까?

어제는 신록이 우거진 플라타너스 터널을 지나는 상큼함으로 ○과장님을 방문했습니다. 전화에서 여러 번 만나서인지 ○과장님과의 첫 대면이 낯설거나 부담스럽지 않았습니다.

○과장님은 어떠셨어요?

바쁘신 중에도 저의 "○○○생활영어"에 대한 기나긴 설명을 들어주셔서 감사합니다. ○과장님께서 "○○○생활영어"에 대해 확신을 갖는 눈빛을 확인하고는 제 방문이 헛되지 않았기에 저는 기뻤습니다.

경제적인 여건이 해결되는 날 꼭 저를 찾아주세요. 가끔 연락을 드리겠습니다. 일시불이 힘드시면 12개월 분할하시면 1년 동안 매달 36,000원만 투자하시면 평생 "○○○생활영어"을 활용하실 수 있습니다.

그럼, ○○○과장님!

내일의 보람을 위해 오늘은 새로워지기 바라며…….

P.S. 이번 달 중에 구입하시는 고객에게는 ○○특혜가 있으니 이왕이면 서두시는 것이 좋습니다.

요즈음의 신록은 삶을 뜨겁게 포용하고 실천하려는 저의 마음을 정화시켜주는 것 같아 행복한 계절입니다.

○○○님! 안녕하십니까? 저는 ○○교육의 ○○○입니다.

어제는 바쁘신 중에도 제 방문을 허락해주시고 설문지에도 응해주시면서 저에게 힘과 용기를 주셔서 감사드립니다.

첫 만남이었지만 앞으로 ○○○님의 사회적인 활동과 위치에 존경을 표합니다. 대화중 해주신 좋은 말씀은 항상 염두에 두고 제 자신의 채찍으로 생각하겠습니다.

세계화 시대로 선택이 아닌 필수의 영어를 ○○○님께서 쉽고 재미있게 배우며 인생을 멋지게 보내시는 데 "○○○생활영어"이 큰 몫을 담당할 수 있으리라 자신합니다. 한두 번 영어테이프로 공부해보지 않으신 분이 없지만 재미없고 너무 어려워서 포기한 사람이 많습니다.

"○○○생활영어"의 샘플 테이프를 들어보신다면 타 제품과는 다르다는 것을 느끼실 수 있을 겁니다. 성의껏 검토해주시고 혹시라도 부족한 부분이나 궁금하신 사항이 있으시면 언제든지 연락해주십시오.

그럼, ○○○님!

날마다 기쁨과 행복이 넘치시기를 빌며 저희 지사를 지나는 길에 한번 들러주신다면 맛있는 커피 한잔 대접하겠습니다.

P.S. 샘플 테이프를 다 들으시면 연락 주세요. 다른 테이프를 갖다 드리겠습니다.

03_ 보험 업종의 첫 방문 감사

그리움의 계절이 있다면 아마도 이 봄이 그리움의 계절일 겁니다.
화사한 봄 햇살에 피어오르는 그리움의 언어, 얼굴, 느낌들…….

○○○사장님!

어제는 예고도 없는 갑작스러운 방문으로 시간을 빼앗아 죄송합니다. 바쁘신 중에도 시간을 내 설문지까지 자세히 응해주셔서 감사드립니다.

○사장님과는 첫 대면이었지만 정성스럽게 설문지에 응답해주시는 성의에 제 마음은 무척이나 기쁘고 즐거웠습니다. 또한 "좀더 일찍 찾아오지 그랬나"라는 한마디의 말씀이 아직 서툰 신인인 저에게는 큰 힘이 되었습니다.

저는 귀사 주변을 주 상권으로 활동하고 있습니다. 가끔 찾아뵙고 도움이 될 정보를 제공해드리겠습니다. 혹 관심이 있으신 상품이나 제가 도움이 될 일이 있으시면 언제든지 연락해주십시오.

그럼, ○○○님!
다시 만나뵐 때까지 건강하시고 행복한 나날 보내시기 바랍니다.

P.S. 다음 방문에는 설문지를 토대로 생활설계를 준비해드리겠습니다.

초목들이 싱그럽게 짙어가는 계절입니다.

○○○님! 안녕하세요?
찬란한 미래를 향하여 오늘 하루도 생의 최고의 날을 보내는 마음으로 최선을 다하실 ○○○님을 생각하며 이 글을 씁니다.

지난주 첫 방문에는 여러 가지로 도움을 받았습니다만 바쁘다는 핑계로 연락을 드리지 못한 점 죄송스럽습니다. 우선 제 마음을 담아 감사인사를 드립니다.
잠시 휴식의 기분으로 이 글을 읽어주시기를 바라며 제가 계속 보내드리는 각종 정보가 ○○○님의 삶과 사업에 도움이 되었으면 좋겠습니다.
가벼운 마음으로 읽어보시고 연락을 주시면 상큼한 대답을 약속드립니다.

그럼, ○○○님!
하시는 일마다 두루 좋은 성과 거두시기를 바라며 다시 한번 감사의 말씀을 전합니다.

P.S. 이번 달 말 저희 고객플라자에서는 '재테크 요령' 특별강좌가 있습니다. 초대장이 완성되는 대로 갖고 찾아뵙겠습니다.

푸르름의 내음새가 진동함을 느끼며…….

○○○님! 안녕하세요?
그동안 건강하시고 평안하셨어요?
어제 ○○○님을 처음 만났을 때 따뜻하게 응대해주셔서 감사드립니다.
어제는 떨리고 어렵게 느껴져 제 모습이 무척 어색했으리라 생각됩니다.
이렇게 부족한 저에게 격려와 큰 용기를 주셔서 다시 한번 감사드립니다.
그때 들려주셨던 말씀 "열심히 하라!'는 격려의 한마디가 시들어져 가는
화초에 물을 주는 듯한 느낌으로 힘과 용기를 얻었습니다.
앞으로 화재보험 설계사로 활동하면서 ○○○님께서 주셨던 그 좋으신 말
씀과 용기를 거울삼아 더욱 발전하도록 열심히 노력하겠습니다.
6월25일 ○○○님 사무실 근처를 다시 방문할 예정입니다. 미리 전화연락
을 드리고 찾아뵙겠습니다. 지난번 드린 자료 중에서 궁금하신 점이나 더 알
고 싶으신 내용이 있으시면 그때 성의껏 응대해드리겠습니다.

그럼, ○○○님!
무더위 속에서도 늘 새로운 기운으로 정진하시며 바쁘신 중에서 항상 명랑
한 웃음이 넘치시기를…….

P.S. 유머 모음집을 만들고 있습니다. 25일 전에 완성되면 갖다드리겠습니다.

뜨거운 여름!
창밖에 떨어지는 빗소리, 멀리서 흐릿하게 들리는 개구리 소리가 있는 여
름밤이었다면 좋았을…….
그러나 그때는 한여름 중간의 근무시간이었지요.
열심히 일해야 결실이 온다는 것을 알지만 그 얘기는 남들만 하는 이야기

처럼 생각하고픈, 흔한 도심 속 어느 건물에 책상과 의자와, 매일 보는 동료,
매일 하는 업무, 더해가는 스트레스, 반복되는 업무…….

바로 그때 나타난 깜짝 놀랄 어떤 방문자가 있었지요.

안녕하세요? ○○○님!

지난 금요일 귀사를 방문했던 ○○화재 ○○○입니다. 갑작스러운 방문이
었습니다만 호의적으로 응대해주셔서 너무나 감사했습니다. 저도 설계사가
되기 전 회사생활을 했습니다만 보험설계사에 대해 거절을 많이 했거든요.

앞으로 가끔 찾아뵙고 ○○○님과 같은 세대로서의 공통관심사를 나누며
저희 ○○화재의 여러 가지 정보도 전해드리겠습니다.

○○○님! 반복되는 업무일지라도 희망을 갖기를 바라며 신선한 이야기 거
리를 가지고 6월 25일 오후 1시경 찾아뵙겠습니다.

그럼, 내일의 보람을 위해 오늘도 새로워지기를 바라며…….

P.S. 지난번 해주신 설문지를 토대로 ○○○님의 생활설계를 만들었습니
다. 갖다드리겠습니다.

집집마다 담장마다 넝쿨 장미가 흐드러지게 피어 그 요염한 자태를 뽐내는
장미의 계절이며 푸르름의 날이 찾아왔습니다.

○○○님! 안녕하세요?

저는 ○○생명 ○○영업소에 근무하는 ○○○입니다.

어제는 갑작스러운 방문이었습니다만 친절하게 응대해주시고 설문지까지

협조해주셔서 감사드립니다. ○○○님께서 작성하신 설문지를 자료 삼아 생활설계를 만들어보내드리오니 참고해보세요.

앞으로도 제가 열심히 할 수 있도록 많은 지도를 부탁드리면서 우선 감사한 마음으로 몇 자 적습니다. 그리고 보험에 관해 궁금하신 점이 있으시면 언제든지 연락 주세요. 즉시 달려가겠습니다.

그럼, ○○○님! 다음번 찾아뵐 때까지 언제나 건강과 행복이 넘치시기를 바랍니다.

○○○님!

뜨거운 태양의 강렬함이 잠시 감춰져버린 이 장마 속에서도 내일의 성공을 위해 열심히 애쓰시는 ○○○님의 모습이 선합니다.

어제는 예고도 없이 갑작스러운 방문으로 시간을 빼앗아 죄송합니다. 무례했다면 용서해주세요. 또한 바쁜 시간 중에도 제 이야기에 귀를 기울여주셔서 감사합니다.

○○○님과는 첫 만남이었습니다만 다양한 생활 이야기는 앞으로의 활동에 많은 보탬이 되리라 생각합니다.

아울러 친구분이신 ○○○님까지 소개해주신 은혜 다시 한번 감사드립니다. 즉시 찾아뵙고 원하시는 자동차보험에 관해 자세한 정보를 드렸으며 수일 내로 연락주시겠다고 말씀하셨습니다.

무더운 날씨로 인해 사업과 자동차 운행에 힘드시겠지만 가족을 위해 항상 안전운전을 부탁드립니다. 새로운 자료가 나오면 챙겨 보내드릴 것을 약속드리며 시간이 허락하는 대로 다시 한번 찾아뵙겠습니다.

그럼, ○○○님!

늘 건강하시고 날마다 기쁨과 행복이 넘치시기 바라며…….

○○○님! 안녕하세요?

커피향만큼이나 그윽하고 아카시아향만큼이나 상큼한 ○○○님의 풋풋한 미소가 참으로 인상적이었습니다. 수많은 인연 속에 ○○○님과의 만남도 제 인생에서 추억의 고리가 되어 연결되었으면 합니다.

어제는 갑작스러운 방문에도 불구하고 따뜻한 커피 한잔으로 저를 맞이해 주신 ○○○님께 다시 한번 감사드립니다. 즐거운 만남으로 저에게 큰 힘이 되었습니다.

앞으로도 계속적인 지도 편달을 부탁드리면서 한 편의 시로 ○○○님의 입가에 잔잔한 미소를 띠울 수 있으시기 바랍니다.

다음 주 금요일 요청하신 연금가설을 가지고 다시 한번 찾아뵙겠습니다.

그럼, ○○○님! 그때까지 환한 모습, 즐거운 마음으로 보내세요.

마음의 태양

조지훈

꽃다이 타오르는 햇살을 향하여
고요히 돌아가는 해바라기처럼
높고 아름다운 하늘을 받들어
그 속에 맑은 넋을 살게 하라.
가시밭길을 넘어 그윽히 웃는 한 송이 꽃은
눈물의 이슬을 받아 핀다 하노니
깊고 거룩한 세상을 우러르기에
삼가 육신의 괴로움도 달게 받으라.
괴로움에 짐짓 웃을 양이면
슬픔도 오히려 아름다운 것이
고난을 사랑하는 이에게만이
마음나라의 원광은 떠오르노라.
푸른 하늘로 푸른 하늘로
항상 날아오르는 노고지리같이
맑고 아름다운 하늘 받들어
그 속에 높은 넋을 살게 하라

따뜻한 차 한잔과 음악이 생각나는 오늘 ○○○님께서는 무슨 일을 하고 계실까요?

　　안녕하세요?
　　어제 ○○○님을 찾아뵙고 인사드렸던 ○○화재 ○○영업소에 근무하는 생활설계사 ○○○입니다. 어제는 예고 없이 갑작스럽게 방문해 죄송한 마음뿐입니다.
　　첫 방문에 인사드렸을 때 조금은 어색하고 마음의 부담감마저 있었지만 친동생처럼 맞이하여 주신 점에 대해 깊이 감사드립니다. 저희 생활설계사들은 항상 첫 방문에는 부담을 갖는 긴장의 연속입니다. 어제도 그러한 부담을 느끼며 ○○○님을 찾아뵈었습니다만 다정하게 응대해주셔서 저는 용기가 생겼습니다. ○○○님의 따뜻한 배려에 다시 한번 감사드립니다. 앞으로도 많은 협조와 관심으로 저를 지켜봐주세요.
　　어제 미진했던 상품설명을 보충하기 위하여 자세한 안내서를 동봉해드립니다. 시간 여유가 있으실 때 읽어보시고 궁금한 점이 있으시면 언제든지 연락해주십시오.
　　다음 주 귀사가 있는 충정로 지역을 다시 방문할 예정입니다. 미리 연락을 드리고 다시 한번 찾아뵙겠습니다.

　　그럼, ○○○님! 다시 뵐 때까지 안녕히 계세요.

　　○○○님!
　　본격적인 여름이 오고 있음을 알리는 비가 계속 내리고 있습니다.
　　더위가 오면 ○○○님의 이마엔 보람의 땀방울이 영그리라 생각됩니다.

　　그동안 안녕하셨어요?

며칠 전 ○○○님 가게를 방문했던 ○○화재 ○○영업소 생활설계사 ○○
○입니다.

첫 방문이라 자신이 없었지만 ○○○님의 온화한 얼굴을 뵙고서는 용기를
내어 자동차 보험, 운전자 복지보험에 관한 이야기를 꺼냈을 때 좋은 보험이
라며 검토해보시겠다고 말씀하셨을 때 저는 얼마나 용기를 얻었던지요!

○○○님의 시원시원한 말씀에 저는 격려 받고 감동 받았습니다. 가까운
시일 내에 다음 방문 때에는 ○○○님의 가게가 바쁜 시간대에 찾아뵙고 가
게 일을 도와드리겠습니다.

혹시 저희 ○○화재 상품에 관한 궁금하신 점이나 처리절차에 관해 더 알
고 싶으시면 언제든지 연락해주십시오.

그럼, ○○○님!

무더위 속에서도 건강 유의하셔서 늘 새로운 기운과 명랑한 웃음으로 충만
하시기를 바랍니다.

온통 푸르름이 만발한 화창한 계절입니다.

○○○대리님! 안녕하십니까?

지난번 연수전화국에서 개인연금 저축에 관해 대화를 나눈 ○○생명 ○○
영업국에 근무하는 생활설계사 ○○○입니다.

바쁘신 중에도 시간을 내어 제 이야기를 경청해주셔서 진심으로 감사드립
니다. ○대리님과는 첫 대면이었지만 활기차게 활동하시는 인상이 아직도 강
하게 남아 있습니다. 항상 출장이 많으시니 만나뵙기가 어려울 것 같아서 우
선 저희 ○○생명의 "그린행복연금"이라는 상품안내를 동봉해 보내드립니
다. 바쁘시겠지만 ○대리님의 노후 생활설계를 위해 시간을 내주십시오. 다
음 주 중에 편리하신 시간을 알려주시면 즉시 찾아뵙겠습니다.

퇴직 후의 풍요로운 노후 생활을 위해 ○○○대리님께 '그린행복연금'을 강력하게 권해드립니다.

　　앞으로 새로운 정보가 나오는 대로 수시로 알려드릴 것을 약속드리며 때때로 안부전화도 드리겠습니다.

　　그럼, ○○○대리님!

　　건강하시고 하시는 일마다 뿌듯한 보람이 늘 함께하기를 바라며…….

　　여름이 무르익어 가는 7월 중순 초복도 지나 중복이 다가오고 있습니다.

　　○○○님! 안녕하세요?

　　더위가 극성을 부리는 날씨에도 늘 바쁜 일손에 열심히 사시는 ○○○님을 생각하면서 몇 자 적어봅니다.

　　제 이름을 기억하실지 모르겠습니다만 어제 오후 ○○○님을 찾아뵈었던 ○○화재 ○○영업소에서 꿈을 키우는 설계사 ○○○입니다.

　　바쁘신 시간 중에도 서툰 제 상품설명에 경청해주셔서 대단히 감사합니다.

　　첫인상이 남달리 좋아 보이시고 꼭 큰 오빠 같은 분위기에 제 어린 시절을 회상하며 흥분되었던 것 같습니다. 앞으로도 반가운 마음으로 찾아뵙고 대화 나눌 수 있었으면 하는 것이 제 바라는 바입니다.

　　8월이 되면 저희 보험설계사들은 더욱 바빠집니다. 왜냐고요?

　　휴가철 동안 고객들의 불의의 사고 및 그 뒤처리에 열심히 뛰어다녀야 하니까요. 혹시 ○○○님께서도 자동차보험에 대해 궁금하신 점이 있으시면 언제든지 연락주세요. 즉시 연락을 드리겠습니다.

　　그럼, ○○○님! 하시는 사업 늘 번창하시고 바쁜 중에도 언제나 건강하시기를 바랍니다.

○○○님! 안녕하세요?

비가 몹시 내리던 어느 봄날, ○○화재에 입사해 개척이란 어색한 문구를 양어깨에 걸며 메고 정말 힘없고 발걸음이 떨어지지 않는 발자욱을 한발 한발 내디디며 찾아간 곳은 장안동 부품센터 사무실이었죠. 사무실 입구에서 노크를 해야 하는데 손이 떨려 망설이고 있을 때 안에서 ○과장님께서는 "누구냐"고 물으시며 "들어오라"는 말에 용기를 내어 문을 열고 들어가 제 소개를 하고 명함을 건네드렸죠.

○○○님께서는 제 명함을 보시고 "어떻게 힘든 보험을 하게 되었냐"고 물으시면서 친절하게 이런저런 이야기를 해주셨지요. 어찌나 긴장을 했던지 30분은 더 지났으리라고 생각하며 밖에 나와 시계를 보니 겨우 5분이 지났더군요. 그러나 어렵게만 느껴졌던 첫 방문에 "이왕 시작했으니 열심히 해보라"고 격려해주신 ○○○님의 말씀을 힘들 때마다 떠올리며 늘 감사하며 열심히 활동하고 있습니다.

다음 주 귀사 근처를 방문할 예정입니다. 시간이 허락하시면 다시 한번 찾아뵙겠습니다.

그럼, ○○○님의 나날이 보람 있고 행복이 가득 차시기 바라며…….

언제 여름이 오는가 싶더니 이젠 제법 선선한 것이 가을이 다가온 것 같습니다.

○○○님! 안녕하세요?

어제 ○○○님을 방문했을 때 여러 가지로 협조해주신 것에 감사드리려 이렇게 펜을 들었습니다. 처음 방문이었으나 무척이나 마음 편하게 해주셔서 저에게는 너무나 좋았던 시간이었습니다. ○○○님을 만나게 된 것이 기쁘고 또 앞으로 계속 제 고객이 되어주시리라는 기분 좋은 기대도 해봅니다. 요즈음처럼 서로를 모르며 자신만의 생활에 쫓겨 사는 때에 이런 짧은 시간이나마 마음의 여유를 가지며 고귀한 만남을 가질 수 있다는 것은 기쁜 일이 아닐까요!

○○○님! 앞으로 편지를 자주 드려 좀더 제 모습을 알리도록 하겠습니다. 행복하시고요. 항상 사랑하며 가족 모두 건강하시길 바랍니다.

P.S. 행복 그것은 곧 지금 이 순간 감사하므로 느끼는 것이 아닐까요?

○○○님! 안녕하세요?

저는 ○○화재 ○○영업소에 근무하는 ○○○입니다.

유난히 더운 하루를 어떻게 보내셨는지 궁금하군요.

어제는 갑작스럽게 방문해 죄송합니다. 그러나 바쁘신 중에도 시간을 내어 설문지에 응해주셔서 정말 감사드립니다.

○○○님과는 첫 대면이었지만 친절히 응대해주셔서 신입사원인 저에게는 많은 도움과 격려가 되었습니다. 앞으로 귀사 주변을 담당하게 되었기 때문에 더 자주 찾아뵙고 제품에 대한 문의사항이나 궁금하신 내용에 대해 최선을 다해 전해드리겠습니다. 또한 앞으로 제가 ○○○님의 위험담보를 맡겨주신다면 최선을 다해 관리해드리겠습니다.

그럼, ○○○님!

무더운 여름 내내 건강하시고 사업이 나날이 번창하시기를 기도드리며…….

○○○님! 안녕하세요?

여름이 가기 아쉬운지 어두움이 깔린 이 시간도 무척이나 무덥습니다.

사람이 옷깃만 스쳐도 인연이라는데 이렇게 이천을 방문하여 ○○○님과 대화를 할 수 있도록 허락해주셔서 감사드립니다.

연수과정을 거치면서 경험하게 되는 새로운 고객과의 만남의 시간이 무척 기다려지기도 하나 기다림보다는 떨림이 우선하는 것이 제 솔직한 마음이오 나 ○○○님처럼 다정하게 맞아주시는 분으로 인해 기쁨과 보람이라는 하루를 설계해나갑니다.

○○○님의 귀한 5분을 저에게 할애해주셔서 감사드리며 여기 작으나마 준비한 선물를 보내드립니다.

그럼, ○○○님! 항상 가정에 평안함이 있으시기를 바랍니다.

○○○님! 안녕하세요?

오늘을 가을의 문턱인 입추입니다.

일기는 매우 덥지만 가을이 얼마 남지 않았다고 생각하시면 조금은 시원해지지 않으세요?

어제는 회사에서 귀사 주변을 지역담당으로 부여받고 지역파악을 위해 갑작스러운 방문을 하게 되었습니다. 처음 노크를 할 때에는 가슴이 떨려서 많이 망설였습니다. 그러나 ○○○님께서는 무더운 날씨에 수고가 많다고 말씀하시면서 저를 시원한 자리로 안내해주시고 매우 더운 날이었지만 제 말을 끝까지 경청해주시고 환한 미소로 대해주셔서 대단히 감사합니다.

○○○님을 처음 뵙는 순간 나의 영원한 고객이라는 생각이 들었습니다. 앞으로 자주 찾아뵙고 도움이 될 수 있도록 최선을 다해 노력하겠습니다.

그럼, ○○○님!

하시는 일 뜻대로 이루시고 늘 환하게 웃음 지으시기를 바랍니다.

할렐루야!

늘 건강하시고 하시는 사업 번창하시길 언제나 변함없는 마음으로 ○○화재 ○○영업소에 근무하는 ○○○이 늘 기도드립니다.

떨리는 마음으로 ○○○사장님의 사무실을 첫 방문했을 때 사장님 뒷좌석 벽면에 "첫 시작은 미약하나 그 나중을 창대하리라"라는 성경구절을 보고 너무나도 반가웠습니다. 그 글귀를 보고 ○사장님께 인사드렸을 때 따뜻하게 대해주시는 그 마음에 떨리는 마음보다는 감사한 마음이 앞서고 자신감이 생겼습니다.

○○○사장님!

지금 이 글에 제 마음을 다 실어 감사의 마음을 전합니다. 앞으로 자주 찾아뵙고 사장님과 귀사의 전 직원에도 도움이 되도록 노력하겠습니다. 열심히! 성실히! 일하겠다는 다짐을 사장님께 약속드립니다.

늘 새로운 기운으로 충만하시기를 기도드리며……

유별나게 심한 더위이지만 다가올 가을을 생각하면 기분이 상쾌해집니다.

○○○사장님! 안녕하세요? 저는 ○○화재 ○○대리점 ○○○입니다.

어제는 예고도 없는 갑작스러운 방문으로 시간을 빼앗아 죄송합니다. 무례했다면 용서해주십시오. 바쁘신 중에도 시간을 내어주셔서 제 이야기를 경청해주시고 설문지도 작성해주셔서 진심으로 감사드립니다.

사장님과는 첫 만남이었습니다만 친절하게 시원한 음료수까지 대접받았을 때 아직도 인정이 통하는 사회에 살고 있음을 기뻐했습니다. 또한 ○사장님께서 그동안 사업하시면서 성공하셨던 경험을 들려주셔서 저에게는 큰 힘이 되었고 새로운 각오를 가지고 열심히 하리라는 용기가 생겼습니다. 힘들고 지칠 때마다 사장님의 말씀을 기억하겠습니다.

다음 주 수요일경 귀사 근처를 방문할 예정입니다. 미리 연락을 드리고 시간이 가능하시면 다시 한번 찾아뵙겠습니다.

지난번 관심을 보여주신 '매직차 종합보험'에 대한 자세한 안내지를 동봉합니다. 자세히 읽어보시고 궁금하신 점이 있으시면 언제든지 연락 주세요.

그럼, ○○○사장님! 내내 건강하시고 하시는 일마다 뿌듯한 보람 함께 있기를 바라며…….

국도변 코스모스가 벌써 하늘하늘, 매미 소리는 아득히 멀어지는 계절, 뜨거운 태양의 자태는 저 멀리 보내는 여유를 갖고 뒤를 돌아볼 계절입니다.

○○○님! 안녕하세요?

어제는 짧은 만남이었지만 훈훈한 정을 담아주셔서 고마움을 간직할 수 있었습니다. 귀사의 부장님 이하 과장님과 직원 여러분들의 따뜻한 마음도 잊지 않겠습니다.

무척이나 더운 8월의 계절에 전 직원 모두가 휴가도 반납하시고 회사에 출근해 일하는 모습이 너무도 감명 깊었습니다. 좀체 보기 힘든 회사라는 생각이 들어 괜히 제 자신도 더욱 열심히 활동해야겠다고 다짐하며 돌아왔습니다.

○○화재의 신상품인 매직차 종합보험 팸플릿을 동봉하오니 필요한 사항을 체크해 보십시오. 그리고 궁금한 사항이 있으시면 연락해주세요.

수일 내에 좀더 자세한 정보를 가지고 찾아뵙겠습니다.

그럼, ○○○님! 하시는 일마다 발전이 있으시기를…….

아스팔트도 열차와 같이 불을 뿜어대는 뜨거운 계절입니다.

○○○님! 안녕하세요?

저는 ○○화재 ○○영업소 ○○○입니다.

어제는 갑작스러운 방문이었으나 바쁘신 와중에도 친절히 시간을 내주시고 상품 소개를 끝까지 들어주셔서 대단히 감사합니다. ○○화재에 입사한 지 얼마 지나지 않은 신입사원이라 여러 가지로 미숙함에도 불구하고 편안한 마음으로 응대해주셔서 어찌나 고맙던 지요!

　그리고 ○○○님의 목소리가 마치 옥구슬 굴러가는 소리와 같아 무척 부러웠습니다. 이야기에 정신을 팔다보니 정보자료도 한 장 못 드리고 돌아와 대단히 죄송합니다. ○○화재 매직차 종합보험에 관한 자세한 자료를 동봉하오니 참고해주시고 궁금한 점이 있으시면 연락해주십시오. 앞으로도 종종 안부도 전해드리고 새로운 정보가 나올 때마다 소개해드리며 ○○○님에게 기쁨을 드리는 생활설계사가 되도록 열심히 노력하겠습니다. 늘 지켜봐주십시오.

　그럼, ○○○님! 마지막 더위에 건강 유의하시고 늘 웃음 머금고 사시기 바라며…….

　어디선가 코끝을 스치는 향기에 길을 멈추어 섰습니다.

　바쁜 생활 속에서 생활하다 보니 자연을 감상할 여유가 생기지 않았는데 제가 멈추어 선 자리 앞에 아카시아 꽃이 한아름 피어 있습니다.

　○○○님! 안녕하세요?

　저는 ○○생명 ○○영업소에 근무하는 생활설계사 ○○○입니다.

　○○○님을 알게 되어 정말 기쁜 마음에 우선 이 글을 통해 인사드립니다.

　날로 급변하는 환경의 변화와 사고의 불안감으로 앞날을 예측할 수 없는 세상, 보험의 필요성은 날로 높아지고 있습니다.

　비오는 날 우산을 준비하는 마음으로 저에게 ○○○님의 생활설계를 맡겨보시지 않으시겠어요? 성심성의껏 상담해드리겠습니다.

　앞으로 저희 ○○생명에서 나오는 각종 자료를 보내드릴 것을 약속드리며 다음 주중에 미리 연락을 드리고 찾아뵙고 싶습니다.

　그럼, ○○○님!

　하시는 모든 일 두루 좋은 성과 거두시고 늘 행복한 모습을 간직하시기 바라며…….

○○○선배님!

그동안 건강은 회복되셨는지요?

지난주 불시에 방문했는데 ○선배님의 따뜻한 환대에 깊은 감사를 드립니다.

제 미숙한 상품 설명을 끝까지 들어주시는 모습에서 저는 선배님의 따뜻한 정을 느낄 수 있었습니다. 이제부터는 상품 공부를 더 열심히 하여 짧은 시간에 핵심만 말할 수 있도록 열심히 노력하겠습니다.

다음 방문에는 ○선배님의 노후에 보탬을 드릴 수 있는 설계를 제시하겠습니다.

아울러 ○선배님께서 옛날처럼 건강하고 활달한 모습을 빨리 회복할 수 있기를 바라며, 앞으로도 많은 지도를 부탁드리면서 감사하는 마음에서 몇 자 적어 보냅니다.

초여름의 햇살이 뜨거운 계절입니다.

○○○님! 안녕하세요?

지난 10일 첫인사를 드렸던 ○○생명 ○○영업소에 근무하는 ○○○입니다.

그날 저는 여러 사람들을 만났었지만 유일하게 ○○○님의 인상이 떠올라 이 글을 씁니다. 매우 자상해보였고 분위기 있는 분이라서 더욱 인상적이었습니다. 제가 기억한 만큼 ○○○님께서도 저를 기억해주시도록 앞으로 열심히 노력하겠습니다.

저는 계절 감각에 민감한 여자가 되고 싶습니다. 봄이면 화사한 블라우스를 입고 꽃길을 걷고 싶고, 여름이 오면 시원한 복장으로 바닷가에 서있고 싶고, 가을이면 흩어지는 낙엽을 밟고 아스팔트 위를 끝없이 걷고 싶으며, 겨울이 오면 아늑한 분위기가 있는 커피숍을 찾아 커피잔을 들고 겨울 낭만을 즐기고 싶은 그런 여자로 아름답게 살려고 노력하고 있습니다. 장미를 보면 안

개꽃을 사야 하고, 음악이 흐르면 커피잔을 들고 싶고, 비가 오면 트렌치코트를 입어보고 싶은 그런 사람이랍니다.

또한 열심히 일하는 여자로 항상 ○○○님 곁에서 ○○생명의 새로운 정보나 신제품에 대한 안내를 해드리겠습니다. 현재까지 나온 자료를 동봉하오니 관심 있는 것이나 더 구체적으로 알고 싶으신 내용이 있으시면 언제든지 연락해주십시오.

그럼, ○○○님의 하시는 모든 일에 보람과 기쁨 그리고 행복이 넘쳐나기 바랍니다.

04_ 자동차 업종의 첫 방문 감사

비가 온 후 청명한 하늘이 계속되고 있습니다.

○○○님! 안녕하세요?
비가 온 뒤 더욱 무덥게 느껴지는 날씨 탓인지 고수부지 야외풀장에서는 벌써부터 많은 사람들이 수영을 즐기고 있군요.
어제 ○○○님을 처음 방문했을 때 보여주신 따뜻한 응대는 신입사원의 떨리는 마음을 진정시켜주셨습니다. 진심으로 감사드리오며 ○○○님을 제소중한 고객으로 모셔서 새로운 정보지가 나올 때마다 찾아뵙고 알려드리겠으며 가끔 전화, 편지도 드리겠습니다.
그럼, ○○○님! 본격적인 더위에 건강 유의하시고 날마다 기쁨이 가득하시기를 바랍니다.

P.S. '여름철 차량관리 요령'을 보내드리오니 꼭 살펴보십시오.

지루한 장마가 끝나가고 본격적인 더위에 지쳐가는 계절이지만 모든 것을 잊고 떠날 수 있는 휴가가 있어 마냥 들뜨는 계절이군요.

○○○님! 안녕하세요?

어제는 아무 예고도 없이 분주한 작업현장을 허락도 없이 불쑥 찾아가 죄송합니다. 그러나 바쁘신 중에도 친절하게 응대해주시고 두서없는 제 이야기를 끝까지 들어주셔서 감사드립니다.

갈수록 치열해지는 사회생활 속에서 하나의 제품을 판매하기보다는 제 자신을 판매할 수 있는 사람이 되기 위해 열심히 노력하겠습니다. ○○○님의 계속적인 지도 편달을 부탁드립니다.

저희 ○○자동차에서 나오는 각종 정보지를 동봉해드립니다. 읽어보시고 궁금한 점이 있으시면 연락 주세요.

그럼, ○○○님! 내내 건강하시고 하시는 일마다 뿌듯한 보람 있으시기 바라며…….

오늘은 유난히 푸르른 하늘이 마치 가을인 양 착각하게 하는군요.

○○○님! 안녕하십니까?

어제는 제 갑작스러운 방문에 놀라지 않으셨는지요? 바쁘신 중에도 친절하게 응대해주셔서 감사드립니다.

저는 자신의 능력에 따라 보상받고 인정 받는 점이 마음에 들어 ○○자동차에 입사해 지난 3년간 열심히 활동하고 있습니다. 앞으로 ○○○님을 제 우대고객으로 생각하고 현 차량에 대한 애프터서비스시에 빠르게 처리해드리고 신 차종에 대한 정보를 계속 드리겠습니다. 자동차에 대해 궁금하신 점이 있으시면 언제든지 연락해주십시오.

그럼, ○○○님! 오늘도 맑은 하늘처럼 깨끗한 하루를 보내시기 바라며…….

연일 계속되는 무더위로 시원한 산과 바다가 더욱 그리워집니다.

○○○사장님! 안녕하십니까?

어제는 예고도 없이 갑작스러운 방문으로 ○사장님의 귀중한 시간을 빼앗아 죄송합니다. 저의 무례함에도 불구하고 신입사원으로 영업을 시작하는 저에게 따뜻한 말씀으로 격려해주셔서 진심으로 감사합니다.

첫 방문이라 부족한 점이 많았지만 ○사장님께서 너그럽게 받아주셔서 저는 지금 새로운 자신감과 희망에 부풀어 있습니다. 단순히 차를 파는 영업사원이 아니라 항상 배우는 자세로 겸허하게 제 인간성을 꾸밈없이 보여줄 수 있도록 열심히 노력하겠습니다. 젊고 항상 의욕이 앞서다 보니 실수도 많고 부족한 점이 많지만 ○사장님을 제 인생의 대선배님으로 모시겠으니 부디 계속적인 지도 편달 부탁드립니다.

앞으로 종종 찾아뵙고 새로운 정보도 드리겠습니다. 자동차로 인해 발생되는 모든 문제와 궁금하신 점이 있으시면 언제라도 연락해주십시오.

그럼, ○○○사장님!

아무쪼록 발전과 정진, 건강과 행복이 늘 함께하시길 기원합니다.

산과 바다의 유혹을 뿌리치기 힘든 계절입니다.

○○○님! 안녕하세요?

저는 어제 방문했던 ○○자동차 ○○영업소의 ○○○입니다.

무더운 날씨에 갑작스러운 방문이었으나 짜증 한번 안 내시고 시종 환한 웃음으로 따뜻하게 대해주셔서 감사합니다.

어제는 제 첫 방문 활동이라 말도 잘 못하고 시종 긴장했습니다만 ○○○님의 따뜻한 마음을 통해 다소 마음이 놓였습니다. 이제 영업을 시작한 지한 달도 되지 않은 신입사원이라 어렵게만 느껴지는 첫 방문이 ○○○님의 배려에 힘입어 다른 곳의 방문도 용기를 낼 수 있었습니다. 다시 한번 감사드립니다.

혹시 ○○○님께서 타고 다니시는 자동차에 문제가 생기시면 언제든지 연락해주세요. 즉시 달려가서 도와드리겠습니다.

○○자동차의 중형차에 관심을 나타내셨으니 새로운 자료가 나올 때마다 보내드리고 가끔 찾아뵙기도 하겠습니다.

그럼, ○○○님! 하시는 일 모두 두루 많은 성과 거두시고 늘 웃음 짓는 나날 보내시기 바랍니다.

지루하게 느껴지는 장마철에 건강하신지요?

○○○님! 어제 방문했던 ○○자동차 ○○○입니다.

제 명함과 카탈로그를 들고 ○○○님을 처음 찾아뵈었을 때 바쁘신 중에도 따뜻하게 응대해주셔서 대단히 감사합니다.

그리고 ○○○님의 인생체험으로 얻으신 소중한 교훈까지 들려주셔서 저에게 많은 힘이 되었습니다. 앞으로도 동생처럼 생각하시고 계속적인 지도 편달을 부탁드립니다.

이제 곧 장마가 끝이 나면 바캉스 붐이 있겠지요. ○○○님께서는 피서 계획이 있으십니까?

바로 이때가 자동차 여름 손질을 해야 할 시기라고 생각합니다. 따라서 피서지로 출발하기 전에 A/S 나 신차 정보 또는 전국 유명 휴양소에 대해 문의하실 사항이 있으시면 언제라도 연락 주세요. 제가 모은 자료를 제공해드리겠습니다. 원하시면 유능한 카센터도 소개해드리겠습니다.

그럼, ○○○님! 아무쪼록 하시는 일마다 건승하시고 가족과 함께 시원하고 즐거운 여름 휴가를 보내시기 바랍니다.

P.S. '여름철 차량관리 요령' 을 보내드리오니 꼭 살펴보십시오.

○○○님! 안녕하세요?

이 세상에는 소중한 것들이 많이 있습니다. 늘 소중하다고 느끼는 그것이 소중한 것이죠. 사랑일 수도 명예일 수도 돈이 될 수도 있지요.

저는 ○○○님께 이 모든 것을 드리고 싶습니다……. 기도하는 마음으로

네잎 클로버는 행운을 가져다준다고 합니다. 여기에 네잎 클로버(♣)를 보냅니다. 행운도 함께 하세요!

어제는 바쁘신 중에도 저에게 시간을 내주시고 상품설명을 끝까지 들어주셔서 대단히 감사합니다. 그 시간 동안 저는 행복했습니다. 머리로 ○○○님을 부르는 것이 아니라 가슴으로 느끼고 싶어 펜을 들었습니다.

귀한 만남을 하루살이 만남으로 안녕하지 않고 가슴으로 전하는 뜨거운 만남이 되고 제가 하는 일로서 ○○○님을 도울 수 있다면 무엇이든지 하겠습니다.

자동차정보 통신문을 동봉해드립니다. 참고하시고 의문사항이나 구체적인 정보를 원하시면 전화 주세요.

그럼, ○○○님! 늘 행복과 행운이 함께하시기 바라며…….

P.S. 통신문 5쪽에 있는 '여름철 차량관리 요령'은 살펴보십시오.

○○○사장님!

간간이 피부를 스치는 바람이 봄을 느끼게 합니다.

지난번 인사차 ○사장님을 방문했을 때 바쁜 업무 중에서도 친절하게 응해주셔서 정말 감사합니다. 평소 여기 방문하다보면 거절도 많이 당합니다만 ○사장님처럼 마음이 따뜻한 분과 만나면 힘이 절로 솟아납니다.

사원 여러분께서도 상당히 친절히 대해주셨습니다.

앞으로 제가 간부가 된다면 회사를 방문하는 영업사원들에게 친절히 대해야겠다고 다짐했습니다.

이에 진심으로 감사드리며 ○○○사장님의 건강과 무궁한 발전을 기원합니다.

○○○부장님! 안녕하세요?

편지 겉봉에 쓰인 제 이름을 보고 이 사람이 누구지? 하고 생각하지는 않으셨는지요?

저는 어제 귀사를 찾아가 인사드린 키가 좀 크고 마른 ○○자동차 ○○지점에 근무하는 ○○○입니다.

봄바람이 향긋하여 기분도 상쾌했던 그날, ○부장님의 사무실 분위기도 산뜻했습니다. 보통 사람들은 영업사원을 귀찮아하는데 온화한 표정으로 따뜻하게 대해주시고 제 이야기를 끝까지 들어주셔서 감사드립니다. 감사의 표시로 부장님께 유용하게 쓰일 만한 정보 몇 가지를 챙겨서 동봉해드립니다.

○부장님! 제가 어떻게 하면 부장님께 도움이 될 수 있을지 늘 연구하겠습니다. 앞으로 잘 부탁드립니다.

저희 ○○지점은 서초4동에 소재하며 ○○명의 영업사원이 있는 보통 규모의 지점입니다. 지점장님 이하 온 직원이 지역 주민들에게 좀더 친근하고 성실한 모습을 보여드리고자 매일 머리를 맞대고 열심히 노력하고 있습니다. 그리고 저희 고객들에게 필요한 정보도 열심히 수집하고 있습니다. 앞으로 나오는 정보를 물론 부장님께도 열심히 전해드리겠습니다.

그럼, ○○○부장님! 하시는 일마다 좋은 성과로 나날이 웃음짓기 바라며……

05_ 중장비 업종의 첫 방문 감사

한여름답지 않은 청명한 날들이 이어지고 있습니다.

○○○ 사장님! 안녕하세요?

지난 주에는 예고도 없는 갑작스러운 방문이었으나 바쁘신 중에도 저희 ○○중공업 장비에 대한 설명을 끝까지 경청하여 주셔서 정말 감사드립니다.

또한 장비에 대해 들려주신 ○사장님의 지적사항 및 견해에 대해서는 곧 저의 연구소에 통보하여 향후 생산되는 장비에 반영하도록 조치했습니다.

○○○ 사장님! 다시 한번 감사드립니다.

○사장님과의 새로운 인연에 대한 큰 기대를 걸고 앞으로도 자주 방문하도록 하겠습니다. 부디 많은 지도 편달을 부탁드립니다.

그럼, 하시는 모든 일 두루 좋은 성과 거두시고 늘 환한 웃음 지을 수 있으시길 빕니다.

○○○사장님.

봄을 충분히 느끼기 전에 여름을 느껴야 하는 변화가 빠른 계절입니다.

어제는 중요한 일도 많으셨을 텐데 예고도 없이 방문한 저에게 시간을 할애해주셔서 정말 감사합니다.

전부터 중장비업계에서 유명한 ○○○사장님을 꼭 뵙고 싶었습니다. 어제 용기를 내어 귀사를 방문한 것으로 제 소원은 이루어졌습니다.

그리고 깨끗이 정리정돈된 사무실을 보고 귀사가 번창하는 이유를 알 것 같았습니다. 모두가 ○사장님의 탁월한 통솔 아래 이루어진 사업적인 성과라고 생각합니다.

차후 기회가 있으면 사장님의 경영 방침이나 성공 비결, 경영 전략을 들려주시면 더 이상의 기쁨은 없겠습니다.

　다시 찾아뵙겠습니다.

　그럼 ○○○사장님, 하시는 일마다 좋은 성과를 거두시길 기원합니다.

　존경하는 ○○○사장님! 안녕하십니까?

　어느덧 청포도가 무르익는다는 계절! 이육사의 시 한 편이 떠오르는 계절입니다.

　지난주 무정전 차량 건으로 ○사장님을 만나뵙고 잊혀지지 않는 한 부분이 있어 이렇게 펜을 들었습니다.

　제가 ○○중공업의 장비를 판매하고 있지만 왠지 ○사장님이 다른 분과는 다르게 저에게 마치 가까운 형님처럼 느껴졌습니다. 첫 대면이었지만 아무 스스럼없이 제게 가까이 다가오셔서 웃음으로 환대해주셔서 저는 기뻤습니다. 요즈음 저는 가끔 힘들 때마다 그 당시 사장님의 웃는 모습을 떠올리며 힘을 얻습니다. 다시 한번 사장님의 환대에 감사드립니다.

　지난번 ○사장님께서 부탁하신 자료는 준비되는 대로 가지고 다시 찾아뵙겠습니다.

　졸필을 끝까지 읽어주셔서 깊은 감사드리며 사장님의 환한 웃음으로 가족과 주위 사람들에게 기쁨을 주시기 바라며……

　P.S. 다음 주 수요일쯤 전화드리겠습니다.

06_ 화장품 업종의 첫 방문 감사

○○○님!

곳곳마다 꽃향기로 가득한 계절입니다.

안녕하세요? 저는 ○○화장품 직판사업부 ○○○입니다.

어제는 갑작스러운 방문으로 ○○○님과 첫 대면이었습니다만 친절히 응대해주셔서 대단히 감사합니다. 또한 ○○○님의 다양한 활동 이야기는 저에게 많은 자극을 주어 저도 무엇을 하든지 열심히 하겠다는 새로운 각오를 했습니다.

다음 주에 의령지역을 다시 한번 순회할 예정입니다. 그때 어제 다 들려주시지 못한 말씀을 마저 듣고 싶습니다.

봄바람에 날리는 꽃가루로 피부 문제가 자주 발생하는데 ○○○님의 피부에 혹시 이상이 있으시면 즉시 연락해주십시오.

그럼, ○○○님! 하시는 일마다 뿌듯한 보람과 기쁨, 그리고 행복이 있으시길 바랍니다.

P.S. 신상품 샘플을 동봉합니다. 한번 사용해보시고 조언해주세요.

성급한 여인들의 긴 소매, 아침저녁으로 불어오는 서늘한 바람, 어머니의 방문 여미는 소리에 이제는 완연한 가을임을 느낍니다. 하지만 그래도 대낮에 찌는 듯한 더위에 에어컨 앞에 모여드는 사람을 볼 때면 민소매를 입은 여인의 심정도 이해가 가는 중간의 계절입니다.

○○○님!

어제는 갑작스런 제 방문을 꺼려하지 않고 반갑고 친절하게 맞아주셨을 때 그래도 아직까지는 이 세상에 내가 설 땅은 있구나 싶었습니다. 입사한 지 얼마 되지 않는 신입사원이라 방문 자체가 두려웠거든요.

정말 너무 감사했습니다. 어떻게 보답할까 생각하다가 제가 할 수 있는 일을 찾았습니다. 뭐냐구요? 무료 머드팩 마사지랍니다.

마침 본사에서 샘플도 넉넉히 나왔으니까 부담 갖지 마시고 편리한 날짜를 알려주세요. 저는 다음 주 수요일이나 목요일 2시 이후가 좋습니다만…….

그럼, ○○○님! 항상 건강하시고 행복이라는 단어와 늘 함께하시기 바라며…….

07_ 소개받은 고객에게 첫 방문 감사

○○○님! 안녕하세요?
계속되는 무더위 속에서 어디선지 모르게 서늘한 바람이 불어오는 것 같은 ○○○님과의 만남이었습니다.

어제는 갑작스러운 방문이었습니다만 친절하게 대해주셔서 깊이 감사드립니다.

친구분이신 ○○○님의 소개를 처음 받았을 때에는 어떤 분이실까 많이 설레었는데 소개받은 대로 역시 멋있는 분이셨습니다.

○○○님과 계속 만나면서 제가 도와드릴 수 있는 것이라면 모두 도와드리고 싶습니다. 저희 ○○화재의 올 상반기 히트상품으로 선정된 보험상품 팸플릿을 동봉하오니 검토해보시고 의문사항이 있으시면 언제든지 연락 주세요.

그럼, ○○○님! 이 더위 속에서도 염치없는 모기 조심하시고 또다시 찾아뵙겠습니다.

진달래의 꽃봉오리 터지는 소리가 들리는 듯합니다.

○○○사장님!

어제는 바쁘신 중에도 ○○○님의 소개로 면담에 응해주시고 또한 식사 대접까지 받게 되어 정말 감사했습니다. 특별히 사장님께서 자주 이용하시는 단골 음식점이어서인지 맛도 좋고 서비스 또한 아주 좋더군요. ○○○사장님 덕분에 어제는 무척 즐거웠습니다.

끝으로 ○○○사장님의 꾸준한 발전과 변함없는 건강을 빌며 또 찾아뵙겠습니다.

햇살도 따뜻하고 바람도 산들산들 부는 참 좋은 계절입니다.

○○○ 사장님! 안녕하세요?

어제 친구분이신 김명석 상무님에게서 소개받고 인사드렸던 ○○자동차 ○○○입니다. 김상무님을 통해 좋은 친구분까지 알게 되어 무척 기뻤습니다. 김상무님은 제가 평소에 존경하고 마음속으로 따르던 분입니다. 종종 사장님에 관한 이야기를 하시기에 제가 소개 부탁을 드렸습니다.

사장님을 만나 뵈니 두 분의 우정이 돈독하다는 느낌을 받았습니다. ○상무님 말씀대로 사장님은 인상이 온화하시고 유머가 풍부하시더군요. 앞으로 가끔씩 전화드리고 제가 도와드릴 일이 있는지 찾겠습니다.

또한 저희 ○○자동차에 관해 호의적으로 평을 내려주셔서 제 기분이 상당히 좋았습니다. 새로운 정보가 나올 때마다 알려드리겠습니다.

그럼 ○○○ 사장님, 날마다 웃음 짓는 일 많으시기 바라며…….

P.S. 15초만 크게 웃어도 이틀을 오래 산답니다.

재방문 후에 쓰는 감사 편지

01_ 건강식품 업종

고즈넉한 늦가을 풍경이 매우 아름답습니다.

○○○형님 내외분께! 그동안 안녕하세요?

제가 이 글을 쓰는 시간 두 분은 고속버스에 몸을 맡긴 채 창밖의 풍경을 보면서 흐뭇하고 오붓한 시간을 보내고 계실 것이라고 생각해요.

정말 두 분께 감사드립니다.

마침 오늘 토요일이라 시간을 내서 두 분을 생각하며 소식을 전합니다. 두 분과 인연을 맺은 지 몇 달 되지 않지만 왜 두 분만 생각하면 마음이 찡해지는지 모르겠네요. 포근한 형님과 듬직한 아주버님이 저에게 신경을 써주시고 걱정해주시던 그 모습을 생각하면 지금도 눈물이 핑 도네요. 왠지 어떤 상황에서나 무조건 제 편을 들어줄 것 같은 마음도 들고요. 늘 마음 한구석이 뿌듯한 것을 느껴요. 두 분이 계셔서 그런가 봐요.

두 분 언제나 건강하셨으면 좋겠어요. 형님은 다리 때문에 늘 걱정인데 양약은 부작용이 있으니까 너무 많이 드시면 안 돼요. 당장은 진통제가 든 약이 도움되겠지만 그것이 쌓이다 보면 더 큰 부작용으로 심한 고생을 하는 사례를 저희 고객들에게서 많이 보았거든요. 그러니까 못 견디도록 아프실 때만 약을 드시기 바랍니다. 그리고 여유가 생기는 대로 건강식품으로 보충하세요. 저희 식품이 좋은 이유는 약하고 달라 우리가 매일 음식 먹는 것처럼 영양을 보충해주는 기능성 식품이라 부작용이 없고 자연 치유력을 높여주기 때문이죠.

　아주머님도 약주를 많이 드시는데, 형님이 늘 잘 챙겨주시니까 다행이지만 중년 이후의 건강관리가 꼭 필요하고 중요해요. 술을 많이 드시면 간이 많은 일을 해야 하는데 간은 나빠져도 자각증상이 없어 방심하시면 곤란해요.
　또 직업의식이 나온 것 같네요. 두 분을 생각하면서 이런 글을 쓰니까 좋기도 하면서 글솜씨가 적어 제 마음을 다 표현할 수 없어 안타깝네요.
　못 다한 얘기는 차차 드리죠.
　그럼, 형님, 아주버님! 다시 한번 진심으로 감사드리며 가정에 늘 웃음꽃 만발하시기 바라며…….

　P.S. 형님 다리를 튼튼하게 할 운동법을 소개한 자료 보내드리오니 꼭 해보세요.

02_ 교육 업종

　○○○님!
녹음이 짙어지고 시원한 물소리가 그리워지는 계절이 가까워졌습니다.
　어제는 갑작스러운 방문에 방해가 되지 않았는지 모르겠습니다. 열심히 일하시고 계시는 ○○○님의 모습을 보고 저도 활력을 얻었습니다.
　저와 분야는 다르지만 미싱 자수라는 전문기술을 가지고 열심히 활용하시는 것을 보니 무척 부럽기도 했답니다. 그리고 저도 고객의 자녀교육에 도움을 줄 수 있는 전문가가 되자고 마음속으로 다짐하며 귀가했습니다.
　말씀 도중에 조만간 학교선생님을 방문하신다는 이야기를 들었는데 저희

○○출판 교육정보지에 "학교선생님 방문할 때의 요령"(19쪽)에 대한 내용이 있어 급히 보내드립니다. 도움이 되었으면 좋겠습니다.

앞으로도 저희 ○○출판에서 나오는 각종 교육정보를 보내드릴 것을 약속 드립니다. 열심히 활용하셔서 훌륭한 어머님이 되시기 바랍니다.

또한 필요한 내용이 있으시면 언제라도 연락주세요. 가능한 일이라면 최선을 다해 도와드리겠습니다. 조만간 연락을 드리고 찾아뵙겠습니다.

그럼, ○○○님!

무더위 속에서도 늘 새로운 기운으로 정진하시기를 빌며 가정과 하시는 사업에 늘 즐거운 일이 충만하시기를 바랍니다.

P.S. 교육정보지 2매를 보내드리오니 아드님 친구 엄마에게도 나눠주세요.

안녕하세요?

길게만 느껴졌던 겨울이 지나고 어디선가 새 숨결이 들려오는 듯한 계절을 맞이했습니다. 갑자기 좋은 일만 일어날 것만 같아 가슴이 벅차고 마음이 설렙니다.

○○어머님! 감사합니다.

늘 따뜻한 마음으로 맞아 주심과 격려의 말씀과 또한 저희 자녀교육 프로그램에 적극 참여해주셔서 고맙습니다. 늘 건강하시고 날마다 기쁘게 보내세요.

P.S. 자녀교육에 도움이 될 정보지 '메아리'를 동봉합니다. 두 부를 보내오니 따님 ○○의 친구 어머님에게 나누어주세요.

따가운 햇살 아래 흐르는 물 속에서 물장구치면 뛰어노는 아이들이 생각납니다.

○○어머님! 그동안 안녕하세요?

오늘따라 해맑은 ○○이가 무척 보고 싶군요.

그동안 사무실 사정으로 찾아뵙지 못해 깊이 사과드립니다.

꾸준히 우편으로 보내드렸던 교육정보는 조금이나마 도움이 되셨는지요? 지난주 본사 교육에 참석했다가 조기교육으로 성공한 영재 ○○○아빠의 강의를 들으면서 녹음해왔습니다. ○○어머님에게도 도움이 될 것 같아 보내드립니다. 2-3회 반복해 들으시면서 아이디어를 얻으시면 자녀교육에 도움이 되지 않을까 생각합니다.

P.S. 여러 사람이 테이프 듣기를 원하오니 ○월 ○일까지 들으시고 제가 ○일 중 찾아뵐 때 테이프를 돌려주시면 좋겠습니다.

수유리 교육장에서 아침을 맞은 제 마음은 가슴을 활짝 열어놓는 시간이었습니다.

○○○님! 안녕하십니까?

그동안 ○○○님의 도움으로 저는 이번 4월 1일자로 지부장으로 승진하게 되었습니다.

지금 이 시간 수유리 아카데미하우스에서 신임 지부장 교육을 받다가 문득 ○○○님 생각이 나서 우선 이 지면을 통해 감사 인사드립니다. 제가 처음으로 ○○○님을 만났을 때의 첫인상을 아직도 생생하게 기억하며 그때의 열의를 잃지 않으려고 계속 노력하고 있습니다. 정말 감사드립니다.

그동안 제가 보내드린 교육정보지 '메아리'는 많은 도움이 되셨는지요?

앞으로도 계속 신제품이나 새로운 교육정보를 보내드리고 안부전화도 드리겠습니다. 궁금하신 점이 있으시면 언제든지 연락해주십시오.

　그럼, ○○○님! 늘 건강하시고 아름다움 또한 영원히 간직하시기 바라며 교육이 끝난 후 조만간 찾아뵙겠습니다.

　P.S. 4월 20일에는 '자녀의 독서지도' 세미나가 있습니다. 초대장이 나오는 대로 보내드리겠습니다. 꼭 오셔서 실제적인 방법을 들어보세요.

　○○○님! 안녕하십니까?
　늘 ○○○님을 생각하며 이 글로 다시 인사드립니다.
　오늘은 날씨가 무척 더워 집 앞 구멍가게 아이스크림통과 상당히 친하게 지낸 하루였습니다.
　요즈음 하시는 사업은 잘 되시는지요?
　지난번 제 편지를 받으시고 전화해주셔서 대단히 감사합니다.
　나이 들어서 영어를 공부하는 일이 무척 어려운 일이지요. 하지만 공부하는 사람의 열의와 공부하는 올바른 방법만 터득하신다면 성공은 "내 손안에 있소이다" 아니겠어요?
　비록 ○○○님께서 실패를 많이 경험해 망설이고 계시지만 경험과 의욕을 가지신 바로 지금이 가장 적당한 시점이라고 생각됩니다.
　언제든지 연락주시면 ○○○님의 성공된 영어학습을 위해 최선을 다하겠습니다.
　바로 바로 이 씽씽돌이 ○○○를 찾아주십시오. 곧바로 달려가 친절한 상담과 올바른 학습법으로 성공된 미래를 약속해드리겠습니다.
　그럼, 좋은 소식을 기다리며……

03_ 보험 업종

○○○님! 안녕하세요?

오늘도 무더위 속의 바쁜 일과로 무척 힘드셨지요?

어디선가 "종일 논 후에는 지독한 피로만이 남지만 종일 일한 후에는 자유롭다는 신선함이 남는다"는 문구를 본 기억이 납니다.

사랑하는 아내와 자녀를 위해 크게 한번 웃어보시면 어떨까요?

하! 하! 하!

어떠세요? 피로가 조금은 풀리셨지요?

며칠 내로 찾아뵙고 지난번 문의하신 신상품인 보장성 보험도 소개해드리겠습니다.

그럼, ○○○님!

오늘도 내일도 모레도 늘 힘찬 하루 보내시기를 응원합니다.

○○○님! 화이팅!

○○○○년 ○○월 ○○일

○○생명 ○○영업소 꿈과 희망을 나르는 생활설계사 ○○○ 올림

(☎ 02-594-3531)

P.S. 화요일 아침에 전화드리겠습니다.

나른한 오후에 붉은 장미 한 송이를 ○○○사장님께 드립니다.

안녕하세요?

늘 반갑게 그리고 진지하게 저를 맞아주시고 보험을 소개하는 시간을 주셔

서 영업소로 돌아오는 길에는 잠시 피로를 잊게 됩니다.

사장님과 많은 직원들이 처음과는 달리 보험에 대한 인식을 많이 바꾸게 된 것 같아 보험설계사라는 제 일에 대한 보람을 느낍니다.

귀사의 문을 여는 순간 언제나 반갑고 귀사의 문을 닫고 나올 때에는 또 다시 만나고 싶은 친구처럼 그런 느낌 좋은 생활설계사가 되고 싶습니다. 모두 모여 커피 한잔 하는 시간에 초대해주시면 시원한 수박 한 통 가지고 찾아뵙겠습니다.

참 아름다운 미소를 지닌 ○사장님과 전 직원의 건강을 빌며 ○○생명 ○○가 ○사장님께 감사 인사드립니다.

P.S. 유머 신문을 동봉하오니 유머 한마디로 직원들에게 즐거움을 주세요.

○○○사장님! 안녕하세요?

늘 활기찬 삶으로 주변을 전염시키는 ○사장님을 존경합니다. 저는 다람쥐 쳇바퀴 같은 일상생활을 하루하루 이어가고 있습니다만 오늘은 과거를 되돌아보고 미래를 생각해보고 싶습니다.

과거의 추억 → 현재의 생활 → 미래의 희망

우리는 누구든지 숙명적으로 이런 삶을 영위해나가지 않을까요?

그중 무엇보다도 소중한 것은 미래가 아닐까 생각합니다. 그리고 더 밝은 미래를 위해서는 현재의 철저한 준비만이 풍요로운 미래를 보장해줄 수 있다고 생각합니다. 그동안 알려주셨던 여러 가지 내용을 토대로 미래의 계획과 생활설계를 위한 가정경제 진단서를 컴퓨터작업으로 준비해보았습니다. 한가한 시간에 자세히 검토해보시면 앞으로 어떤 일을 하셔야 할지 도움이 되겠죠?

그럼, ○○○사장님! 하시는 일마다 좋은 성과로 웃음짓는 나날이 많으시기 바라며……

P.S. 다음 주 수요일경 찾아뵙고 가정경제진단서를 설명해드리겠습니다.

04_ 의류 업종

○○○님!

꿈결같이 아련하고 화사한 벚꽃과 함께 연록의 아름다움이 가득한 계절입니다.

그동안 건강하시고 평안하신지요?

일전에 ○○○님의 며느님이 다녀가시는 편에 아주 소중하고 기쁜 선물을 받고 너무 감격스러웠습니다. 샤넬 No.5는 제가 가장 좋아하는 향수입니다.

○○○님의 따뜻한 마음을 느끼며 오래오래 아끼며 쓰겠습니다.

제가 알고 있는 많은 분들 중에서 가장 본받고 싶고 가장 부러운 분이신 ○○○님에게서 받은 선물이라 더욱 소중하게 느껴집니다. ○○모피와 함께 저를 늘 기억해주시도록 열심히 노력하겠습니다.

그럼, ○○○님! 늘 건강하시고 더욱 다복하시며 올해는 꼭 떡두꺼비와 같은 손주를 보시기 바라며……

P.S. 답례로 드리려고 모피장갑을 회사에 신청했습니다. 다음 주중에 가지고 찾아뵙겠습니다.

05_ 자동차 업종

○○○과장님! 안녕하세요?

하늘이 무척이나 높아졌습니다.

어제 방문 때에는 바쁘신 시간을 내주셔서 감사드리며, 더욱이 직장생활과 사회생활에서 체득하신 소중한 경험까지 들려주시어 대단히 감사했습니다.

많은 책들과 언론매체가 거창하게 처세술, 인생론 등을 언급하지만 ○과장님께서 해주신 이야기가 더 마음에 와 닿았습니다. 다음에도 그런 진솔한 말씀을 들을 기회가 있기 바랍니다.

그때 관심을 보여주신 당사의 ○○에 대해서입니다만, 다시 한번 찾아뵙고 자세하게 설명해드리고 싶습니다. ○○일 오전 10시경에 찾아뵙고 싶습니다만 시간이 어떠신지요? 하루 전날인 ○○일 10시경에 확인 전화를 드리겠습니다.

그럼 ○○○님, 다가오는 가을 문턱에 서서 새로운 기운으로 충만한 나날 보내시기 바라며…….

P.S. 저희 회사에서 다음 주 출고 고객에게 드리는 고객 사은품이 나오는데 상당히 쓸모 있는 것 같아 ○과장님 몫으로 하나 신청했습니다. 찾아뵐 때 가져다드리겠습니다.

지루한 장마가 물러가고 푸른 하늘이 흐트러졌던 우리를 일깨우며 인사합니다.

○○○님! 안녕하세요?

어제는 저의 갑작스러운 방문에 바쁜 시간을 내주셔서 감사합니다.

대화 도중 "요즈음 경기가 어렵다"고 말씀하실 때에는 저도 마음이 무척 무거웠습니다. 하지만 "오르막길이 있으면 내리막길도 있겠지!"라고 말씀하시면서 오히려 저를 위로해주시던 모습이 눈에 생생합니다.

오늘 아침 어찌나 맑은 하늘인지 감탄이 절로 나오며 무엇인가 잘 될 것같은 막연한 기대로 하루를 시작합니다. 그동안 신입사원 시절부터 저를 아껴주시고 관심을 가져주신 것 항상 감사하게 생각하고 있습니다. 그 사이 고객들이 꾸준히 늘어나 저를 필요로 하는 분들이 많아졌고 혼자 일하다 보니 자주 찾아뵙지 못해 안타깝습니다.

저도 이제 입사 4년째인데 나름대로 열심히 활동한 결과 많은 고객들이 도와주셨습니다만 아직 여러 가지로 부족한 점이 많습니다만 저에게 더욱 관심을 가져주시고 지도해주십시오.

그럼, ○○○님! 늘 도전과 성취로 이어지시기 바라며…….

06_ 화장품 업종

모든 초목들이 싱그럽게 짙어 가는 계절이군요.

○○○님! 안녕하십니까?

희욱, 희준 두 아드님은 여전히 건강하고 씩씩하게 잘 자라고 있겠죠?

늘 저희 ○○화장품을 애용해주셔서 감사드리오며 제품에 대해 늘 좋은 평을 해주셔서 감사드립니다.

일전에 "칼라 베이스 1"에 대한 색깔에 대해 문의해주셨는데 즉각 응대해드리지 못해서 대단히 죄송합니다.

2~3일 내로 방문하여 ○○○님의 궁금증을 확실히 풀어드리겠습니다.

그럼, ○○○님!

늘 새로운 기운으로 충만한 나날 보내시기 바라며…….

P.S. 신제품 샘플을 동봉합니다. 사용해보신 후 소감을 말씀해주세요.

○○○님! 안녕하세요?

이제 하얀 목련의 수줍음 앞에서도 신부의 살포시 웃는 모습을 핑크색으로 꾸미고 싶을 정도로 더욱더 수줍어집니다.

지난주 방문을 통해서 저희 ○○○화장품의 인식과 타 회사와 구별된 제품 소개를 여직원 모두에게 소개할 수 있는 자리를 마련해주셔서 감사합니다.

이번 기회를 통해서 꼭 저희 제품을 팔아야겠다는 생각보다는 더욱 더 피부에 대한 그리고 기존의 화장품에 대한 부정확한 인식을 확실하게 인식시켰다는 개념으로 일관하고자 했습니다.

아울러, 4월 중순에는 메이크업 교실을 열까 합니다.

그동안 ○○○님의 안녕을 바라며……

P.S. 4월 16일부터 20일 중 어느 날이 좋으신지 상의하신 후 알려주시면 제 일정을 조정하겠습니다.

○○○님!

살다 보면 우연한 만남도 있고 매일 스쳐 가는 많은 사람들도 있겠지만 한 번 얼굴 뵙고 제가 ○○○님께 자필 편지를 드리게 되었다는 것은 결코 우연한 만남만은 아닌 것 같네요.

지난번 방문시 사보와 샘플을 보내드린다고 약속했는데 처음으로 만난 저에게 ○○○님의 주소와 이름을 알려주셔서 감사합니다.

약속드린 대로 샘플 몇 개 넣었고 설명서는 따로 첨부했으니 그대로 쓰시면 됩니다.

이번 4월호 사보가 참 멋스럽죠?

오늘 아침 출근길에 진달래가 몽우리진 것을 보았는데 푸른 하늘 한번 시원히 바라볼 여유도 없는 저한테 "아 정말 봄이구나" 하고 느꼈답니다.

TV에서는 목련이 핀 것을 보았는데 집 근처에서는 본 기억이 없네요. ○

○○님도 저와 같을까 하는 생각이 드는군요. 조만간 한번 다시 만나뵙고 싶네요.

제 명함을 드렸으니 마사지, 팩 부담 없이 받으러 오시고 미리 전화 한번 주시면 ○○○님의 편한 시간대에 예약해드리겠습니다.

그럼, ○○○님! 다시 만나뵐 때까지 화창한 나날 보내세요.

P.S. 샘플을 사용해보신 후 소감을 말씀해주시면 더욱 고맙겠습니다.

부재중 방문 후에 쓰는 편지

○○○님께서 좋아하시는 진달래가 꽃봉오리를 활짝 터뜨렸습니다.

안녕하십니까?

근처 다른 고객을 방문했다가, 혹시 계실까 하여 연락도 안 드리고 방문했습니다만 ○○○님께서 안 계셔서 그냥 돌아갑니다. 주부 · 아내 · 어머니 · 사업가의 1인 4역으로 항상 바쁘게 활동하시는 ○○○님을 생각하면 제 게으름에 고개가 수그러지곤 합니다.

바쁘신 중에 대단히 죄송합니다만 꼭 드리고 싶은 말이 있어 한번 찾아뵙고자 합니다. 16일(금요일) 저녁 전화드리겠습니다. 가능한 시간을 알려주세요.

그럼 ○○○님, 바쁘신 중에서도 항상 명랑한 웃음이 넘치는 나날 보내시기 바라며…….

어느새 성큼 다가선 봄기운을 느낍니다. 거리의 쇼윈도에서, 차창을 스치는 가로수에서.

○○○님, 안녕하십니까?

연락도 못 드리고 방문했습니다만 공석 중이시라 이번에 출시된 저희 회사 신제품 카탈로그를 놓고 가겠습니다.

다음에는 미리 전화연락을 드린 후 방문하겠습니다.

그럼 ○○○님, 하시는 모든 일 두루 많은 성과 거두시고 늘 환한 웃음 지을 수 있으시기 바랍니다.

○○○님! 안녕하세요?

제가 예산 군청을 방문하기 시작한 지도 벌써 3개월이 지났군요.

매주 화요일과 목요일 군청을 정기적으로 방문하고 있습니다만 ○○○님께서는 잦은 업무 출장으로 못 뵙는 날이 더 많은 것 같아 서운합니다.

두 주 전 두 번째 방문했을 때 ○○○님께서는 ○○생명의 히트상품인 "00 연금보험"에 관심이 많으셨는데 사모님과 의논해보셨는지요?

자세한 홍보지를 다시 한번 보내드립니다. 하루빨리 가입하실수록 보험료 부분이나 만기시 연금으로 타시는 금액이 많아집니다.

다음 주 화요일 또다시 군청을 방문할 예정이오니 의문 나는 사항이 있으시면 그때 자세히 말씀드리겠습니다.

그럼, ○○○님!

조금씩 다가서는 무더위에 건강 유의하시고 하시는 일마다 번창하기 바라며……

P.S. 방문시 유머 뉴스를 놓고 왔는데 읽어보셨는지요? 15초만 크게 웃어도 이틀을 더 오래 살 수 있다는군요.

뜨거운 열기가 얼굴에 닿을 때 시원한 그늘과 바다를 생각나게 하는 그런 여름입니다. 올 여름엔 장마가 일찍 찾아와 좋은 여름휴가가 될 듯합니다.

○○○님! 안녕하세요?

저는 고향이 충남 대천이기 때문에 여름날씨에 민감한 편입니다. 아직 ○○○님의 휴가 장소를 정하지 못하셨다면 저희 고향인 대천 해수욕장을 권해 드립니다. 교통이나 숙박문제에 도움이 필요하시면 언제든지 연락주세요. 저렴하고 편안한 휴가를 보낼 수 있도록 도와드리겠습니다.

어제는 귀사를 방문했습니다만 ○○○님께서 부재중이시라 여직원에게 지난번 말씀하셨던 대형차 "○○○" 카탈로그를 전달해달라고 부탁했는데 보셨는지요?

새로운 정보가 나오는 대로 더 수집해 다음 주중에 다시 한번 찾아뵙겠습니다.

그럼, ○○○님! 늘 건강과 행복으로 넘쳐나시기 바랍니다.

P.S. 대천해수욕장 근처에 모텔을 경영하는 친지가 있습니다. 필요하시면 연락 주세요.

날씨가 한결 선선해졌습니다. 하늘이 점점 높아지고 나뭇잎에도 곱게 물이 들기 시작했습니다.

○○○부장님, 안녕하십니까?

저는 ○○○주식회사 영업 담당 ○○○입니다.

○○회사의 ○○○상무님에게서 ○○○부장님을 소개받아 오늘 귀사를 방문했습니다. 속히 찾아뵙겠다는 생각에서 사전 연락도 없이 방문했더니 ○○부장님께서 부재중이시라 뵙지 못하고 그냥 돌아왔습니다. 다음 주 ○월

○일경에 전화드리고 ○○부장님의 시간이 괜찮으시면 다시 찾아뵙고 자세한 말씀을 드리고 싶습니다.

　귀사에 도움이 될 저희 회사 제품에 대한 카탈로그를 동봉합니다. 한번 검토해주시기를 바랍니다.

　그럼 ○○○부장님, 계획하시는 일들이 순조롭게 이루어지기를 바라며……

○○○님! 안녕하십니까?

　저희 대리점을 늘 잊지 않으시고 이용해주셔서 감사합니다.

　지난 주 주문하신 공기 청정기를 설치해드리고자 약속드린 ○월 ○일 ○시에 귀댁을 방문하였으나 부재중이셔서 부득이 돌아왔습니다.

　돌아오는 ○월 ○일 ○시에 다시 방문하고자 합니다만 시간이 어떠신지요?

　만일 시간이 적당하지 않으면 곧 저희 대리점으로 연락해주십시오. 그러면 ○○○님의 스케줄에 맞추어 납품 날짜와 시간을 조정해드리겠습니다.

　그럼 ○○○님, 일교차가 심해 감기가 극성을 부리는 요즈음 건강에 유의하시기를 바라며 ○○○님의 전화연락을 기다리고 있겠습니다.

시원한 바다를 생각하게 하는 뜨거운 날입니다.

○○○사장님! 안녕하세요? 저는 ○○중공업의 영원한 기둥 ○○○입니다.

여러 차례 방문을 했지만 ○○○사장님을 만나뵙지 못해 우선 이 글로 첫 인사를 드립니다.

사장님께서도 익히 알고 계시리라 생각합니다만 저의 ○○중공업에서는 "AIRMAN" 공기압축기를 공급하여 드리고 있습니다. 사장님께서 하시는 사업에 도움이 되는 제품이라 판단되어 카탈로그 및 사양서를 동봉하오니 의문사항이 있으시면 언제든지 연락 주세요. 즉시 방문해서 상담을 해드리겠습니다.

그리고 혹시 현재 쓰고 계신 저희 장비 중 A/S나 기타 어려운 점이 있으시면 알려주세요. 신속하게 처리해드리겠습니다.

그동안 저희 ○○중공업의 여러 가지 불만족한 부분이 있었으나 꾸준하고도 아낌없는 성원을 보내주셔서 감사드립니다. 앞으로 그러한 불만족한 부분을 개선하고 고객만족도를 높이는 것이 제 업무이므로 미흡한 부분이 있을 때마다 사장님의 솔직한 의견을 들려주십시오.

한결같이 무더운 여름날씨에 내린 소낙비처럼 그런 화끈함으로 다가가겠습니다.

그럼, ○○○사장님! 하시는 사업마다 번창하시고 가정에 기쁨과 행복이 충만하시기를 바라며 이만 줄이겠습니다.

P.S. 이번 달은 특별 서비스 기간이라 특혜가 많습니다. 무료점검을 이용해보시지요?

간간이 피부를 느끼는 바람이 봄을 느끼게 합니다.

○○○여사님! 안녕하세요?

어제는 ○여사님께서 근무하시는 사무실을 방문했습니다만 계시지 않아 남편이신 △사장님만 만나뵙고 돌아왔습니다.

△사장님께서는 저를 반갑게 맞아주시면서 ○여사님과 자주 좋은 시간을 갖고 ○여사님의 아름다운 피부를 유지할 수 있도록 도와달라고 말씀하셨을 때 저는 너무나 기뻤습니다.

처음 ○여사님을 만나 뵈었을 때 피부가 연약하고 민감해 안타까운 마음이 상당히 컸으나 지금은 예전의 아름다운 피부로 되돌아오신 것을 보고 제 자신이 아름다움을 전하는 사람으로서 큰 자부심을 느끼고 있습니다.

○○여사님!

지금까지 저를 믿고 따라주셔서 감사합니다. 앞으로도 더욱 성심 성의껏 여사님의 피부를 관리해드리겠습니다.

수일 내로 다시 연락을 드리고 편리한 시간에 찾아뵙겠습니다. 안녕히 계세요.

P.S. 기초화장품이 떨어질 때가 되었는데 어떠세요? 다 쓰셨으면 연락 주세요. 방문할 때 갖다드리겠습니다.

기존고객에게 쓰는 문안 편지

01_ 건강식품 업종

곳곳마다 꽃들의 축제로 아름다운 계절입니다.

○○○님! 그동안 안녕하셨어요?

한 사람을 안다는 것이 얼마나 소중하고 보배로운지 알면서도 그동안 자주 찾아뵙지 못하고 코앞에 닥친 급한 일에 쫓기다 보니 마음으로만 그치고 말았습니다.

이 죄송한 마음을 보답할 길이 없을까 고심하던 중 정기적으로 건강관련 정보지를 만들어 제공하기로 작정했습니다. 1회분을 동봉하오니 자세히 읽어보시고 주위에 관심 있는 분들을 소개해주세요.

부족함이 많은 저이지만 그동안 ○○○님께서 도와주셔서 꾸준히 성장하고 있습니다. 이제까지 늘 도와주시고 지켜봐주신 것처럼 앞으로도 계속적인 지도 편달을 부탁드립니다.

그럼, ○○○님!

늘 기쁨 가득, 행복 가득하시기 바라며…….

○○○님!

온갖 꽃들이 만발하고 라일락 향기가 사방에 그득한 이 축복의 계절에 ○○○님의 환한 미소를 생각하며 인사를 드립니다.

"안녕하세요?"

늘 저를 딸같이 생각하시고 동생같이 여기시며 물심양면으로 도와주시는 ○○○님은 제 소중한 분이십니다.

특별히 ○○○님께 제 사랑을 전하고 싶어서 이 편지를 씁니다.

처음이라 어색하기는 하지만 제 사랑을 아시죠?

앞으로도 열심히 노력하겠으니 더욱 예뻐해주시고 계속적인 보살핌을 기대합니다.

그럼, ○○○님!

5월의 행복을 마음껏 누리시기를 바라며, 우선 지면으로나마 다시 한번 감사의 말씀을 전합니다.

○○○집사님! 안녕하세요?

우리가 믿음 안에서 만나게 되어 하나님께 감사드립니다.

집사님을 몇 번 만났지만 바쁘신 중에서도 늘 예쁜 미소를 짓는 얼굴을 잊을 수 없답니다.

참! 오늘도 '건강식품○○와 생식'을 잊지 말고 챙겨드세요. 바쁘시니까 잊기 쉽지만 열심히 드시면 다른 회사의 건강식품과 다르다는 것을 틀림없이 느끼실 것입니다. 건강식품 드시는 것이 습관이 되실 때까지 자주 전화를 드려 체크해드리겠습니다. 저희 회사 제품을 쓰시면서 집사님께서는 건강해지시고 선교에도 동참하시는 것이 되니까 보람을 느끼실 것입니다.

그럼, ○집사님! 늘 기쁨 가득, 행복 가득하시기 바라며……

단풍이 곱게 물든 고즈녁한 늦가을의 풍경이 아름답습니다.

○○○님! 그동안 안녕하셨어요?

얼굴도 모르고 목소리만 익숙해진 우리 인연이 예사롭지만은 않은 것 같네요. 더구나 같은 신앙을 가지고 있어 더욱 가깝게 느껴집니다.

전화통화할 때마다 마치 첫사랑의 소중한 느낌처럼 설렘과 호기심으로 늘 가득 차게 됩니다. 지금까지 이렇게 좋은 대화상대로 이어져 온 것도 ○○○님의 예쁜 마음씨라고 생각합니다. 앞으로도 인생 선배로서 조금이나마 도움이 되어 드리고 싶습니다.

○○○님의 아이들 아토피 피부가 좋아지기를 매일 하나님께 기도하고 있습니다. 아이들을 힘들게 돌보는 ○○○님을 생각하면 안타깝고 애처로워 무엇이든지 돕고 싶습니다. 가까이 있으면 만나기라고 할 터인데…… 아이들이나 남편 건강 때문에 힘들 때마다 전화주세요. 내가 열심히 들어주고 도와줄 수 있는 건강정보를 찾아보겠습니다. 앞으로도 더 많은 대화를 나누고 더 가까운 사이가 되었으면 좋겠습니다.

그럼, ○○○님!

늘 사랑이 넘치는 가정 속에 기쁨과 행복이 함께하기 바라며…….

○○○님! 안녕하세요?

그동안 건강하셨는지요?

지난달 구입하신 건강식품을 드신 후 소감이 궁금합니다.

소개하신 ○○○님에게서 효과를 보고 있으시다는 말은 전해 들었습니다.

직접 연락을 드려야 했는데 차일피일 미루다 이제야 펜을 들었습니다. 지난주에야 ○○○님의 휴대폰도 알았습니다. 이 편지를 받으신 후 전화 드리겠습니다.

우리 회사 건강식품은 온몸 구석구석 혈관을 청소해주고 발끝에서 머리끝까지 혈액순환이 잘 되게 하므로 산소와 영양성분을 모발 끝까지 전달합니다. 그러므로 발모촉진과 탈모방지에 효과가 좋습니다. 특히 수험생 등 온 가족 건강보조식품으로 인기가 많은 제품이랍니다. 꾸준히 드시면 녹용에 들어 있는 L-Cystine 성분이 간 해독을 시켜주므로 피곤하지 않고 체질까지 개선됩니다. 그러므로 2~3박스(6~9개월) 정도 꾸준히 드신 후 몸의 컨디션이 좋아지시면 2알씩 두 번 드시던 것을 1알씩 줄여 하루에 두 번 드시면 됩니다. 그러면 한 달에 5만 원 정도의 저렴한 가격으로 건강관리를 계속하실 수 있습니다.

그럼, ○○○님! 이 봄에는 파릇파릇 돋아나는 새싹과 같이 원하시는 소원과 꿈꾸는 일들이 이루어지기를 바랍니다.

하루도 쉬지 않고 날마다 일하시는 바쁜 모습을 뵐 때마다 저도 더욱 열심히 일해야겠구나 하는 힘을 얻습니다.

○○○님! 그동안 안녕하세요?

작년 ○○○님께서 혈액순환이 되지 않아 저희 회사 건강식품을 구입하셔서 복용하신 후 좋은 효과를 보시고 친정부모님께도 소개해주셔서 저는 얼마나 힘이 되고 기뻤는지 말로 표현할 수 없어 이렇게 글로 감사드립니다.

저희 회사 식품은 건강도우미로 손색이 없는 제품입니다. 뼈 마디마디 상어연골과 칼슘, 피곤한 간의 해독, 혈관의 대청소, 혈액순환 성분과 각종 필수 비타민은 따로따로 섭취할 필요가 없는 제품으로 몸의 밸런스를 맞추어준답니다. 저희 회장님께서 30년 동안 약학박사로 연구 개발하신 제품으로 온 가족의 건강지킴이 역할을 해드립니다. 하루 2알씩 아침저녁 두 번씩 꼭 챙겨 드시면 자신이 알지 못했던 신체부위까지도 치료되어 피로감이 없어지고 상쾌한 나날을 보내실 수 있습니다.

다음 주에 찾아뵙겠습니다. 예뻐진 피부를 뵙기 바라면서.

그럼, ○○○님! 하시는 일마다 좋은 성과로 늘 웃음머금고 지내시기 바라며……

○○○님! 무더위가 계속되고 있는데 안녕하세요?

이제 곧 아이들의 방학하겠네요?

방학 동안에는 가정에서 자녀들을 교육해야 할 부분이 커집니다. 우리 아이들이 방학 동안 계획에 따라 규칙적으로 생활하도록 더 많은 관심과 대화가 필요합니다. ○○○님 자녀가 더욱 알찬 방학을 보내는 데 도움을 줄 여러 기관의 캠프와 각종 행사를 소개하는 정보지를 보내드립니다. 많이 활용하셔서 아이들의 기억에 남는 방학을 보내도록 도와주시기 바랍니다.

그럼, ○○○님!

다시 만나뵐 때까지 건강하시고 날마다 기쁜 날 보내세요.

○○○님!

세상의 모든 만물이 즐겁게 노래하는 아름다운 계절입니다.

안녕하십니까? 저는 ○○교육 ○○지사의 영업사원 ○○○입니다.

지난달 "○○○생활영어"을 구입하신 지도 벌써 두 달이 지났습니다.

제품을 갖다드리던 날 비가 몹시 내려 온 몸이 젖은 저에게 따뜻한 커피 한 잔을 타 주셨던 ○○○님을 기억하며 다시 한번 감사드립니다.

따뜻한 커피 한잔이 제 마음을 얼마나 편하고 따뜻하게 했는지 정말 고맙습니다.

구입하신 ○○○ 생활영어는 열심히 활용하고 계시겠죠?

다음 주 수요일쯤 방문하려고 합니다만 아무쪼록 매일 들으셔서 유창한 영어회화로 진보하신 ○○○님을 모습을 뵙고 싶습니다.

그럼, ○○○님!

다시 만나뵐 때까지 건강하시고 날마다 기쁜 날 보내세요.

03_ 보험 업종

싱그러운 6월의 아침! 장미처럼 진한 향기를 전달하고 싶은 날입니다.

○○○님! 안녕하세요?

오늘 아침 출근이 너무 일렀나 봅니다.

아침의 맑은 공기와 여유 있는 시간에 커피 한잔의 향기를 마시다 보니 ○○○님이 문득 생각나 펜을 들었습니다.

지난번 방문 때 ○○○님께서는 커피향을 무척 좋아하신다고 하셨지요?

그동안 ○○○님께서 배려해주시고 도와주셔서 저는 지금의 위치에 서 있을 수 있습니다. 그동안 고액수로 계약해주신 일에 대해 늘 감사한 마음을 갖고 있으며 앞으로 ○○○님께 도움이 될 수 있도록 열심히 노력하겠습니다.

그럼, ○○○님! 아무쪼록 하시는 사업에 발전과 정진, 건강과 행복이 늘 함께하시기를 기원합니다.

P.S. 동봉한 커피는 며칠 전 친척이 직접 브라질에서 갖고 온 것입니다. 커피향이 마음에 드시기 바라는 마음으로 보내드립니다.

하루가 다르게 푸르름이 더해가는 요즘입니다.

○○○님! 안녕하세요?

그간 연락도 자주 못 드리고…… 죄송합니다.

그 죄송함, 조금이나마 만회될까 하는 심정에 이렇게 몇 자 적어 띄어봅니다. 무소식이 희소식이라고 하잖아요. 어여삐 봐주세요.

늘 건강하시고 유쾌하시죠?

저도 좋습니다. 힘들 때도 많지만 시행착오를 통해 좀더 나은 제 모습을 만들어가면서 덕분에 나날이 발전하고 있습니다.

또 세상이 혼자 사는 것이 아니라 더불어 살아가는 것이란 것을 절실히 느끼면서 여러모로 저를 도와주시고 아껴주시는 데에 감사드리는 마음 항상 갖습니다. 저도 무엇인가 보탬이 되어드려야 할 텐데…….

앞으로 오겠죠? 그럴 날이!

○○○님! 아무쪼록 건강하시고 행복하세요. 또 연락을 드리겠습니다.

여름 햇빛이 눈부신 날이 계속되는데 ○○○님께서는 어떻게 지내십니까?

○○○님께서도 아드님의 사고는 기억하시기도 싫은 일이지만 저 역시 생각하고 싶지도 않습니다.

이제는 아드님의 건강이 많이 좋아지셨다니 저 또한 무척이나 기쁩니다. 그렇게 긴박한 상황에서는 어느 누구라도 이 여사님에게 도움을 드렸을 것이라 생각합니다.

당연한 일을 한 저에게 기쁜 마음으로 고액의 계약을 결정해주신 데 대해 진심으로 감사드립니다.

앞으로도 저희 ○○생명을 사랑해주세요. 궁금하신 사항이 있으시면 언제든지 연락주시고요.

그럼, ○○○님의 가정에 행복이 가득하시길 빌며 아드님의 병환이 조속히 쾌유하기를 바라며…….

P.S. 아드님이 소화가 잘 안 되고 변비가 심하시다고요? 제 동생은 약콩을 식초에 1주일 정도 담갔다가 먹으면서 위장도 변비도 좋아졌다고 합니다.

○○○님! 안녕하세요?

가을의 길가를 걸어보셨나요? 코스모스를 비롯한 칸나, 들국화, 또는 이름 모를 꽃들이 우리의 걸음걸이를 즐겁게 해주며 익어가는 벼이삭이 고객을 숙이며 우리에게 추수의 계절이 다가왔다고 인사하는 가을입니다.

저는 ○○생명 ○○영업소에 근무하는 ○○○입니다.

○○○님과 전화통화가 끊어진 지가 벌써 5개월이 되는군요. 저희 첫 고객이었던 △△ 씨와는 계속 연락이 되고 있는데 ○○○님의 해지 건은 제 마음을 아프게 하는 동시에 많은 생각을 하게 했지요.

요즘은 무엇을 하시나요? 아직도 가구 업종에 근무하고 계신가요?

아니면 좋은 배필을 만나 아름다운 가정을 꾸미셨나요? 아직도 솔로라면 아름답고 상큼한 날씨처럼 싱그러운 짝꿍을 만나실 수 있도록 기도드리겠습니다.

해마다 찾아오는 가을이지만 진정 나만의 가을, 결실의 계절을 ○○○님의 것으로 만들어버리세요.

갑자기 보내는 문안편지가 한 모금의 톡 쏘는 음료처럼 두고두고 마음에 시원함으로 남기를 바라며…….

하얀색의 목련이 뭔가 희망찬 가슴으로 설레게 합니다.

이종범 대리님! 기아의 이종범 선수가 홈런을 날리듯 이대리님의 가정에도 항상 즐거운 봄날이 계속되고 있겠죠?

가슴 설레는 신인시절에 팡파르를 울려주실 때에는 문턱이 닳도록 찾아뵙겠다고 다짐을 했건만……. 바쁘다는 핑계로 자주 찾아뵙지 못했습니다. 정말 죄송합니다.

마침 기존에 구입하신 고객을 잊지 말고 찾아뵈라는 경종을 울리는 듯한 교육을 받고 이 글을 쓰게 되었습니다.

요즈음도 점심때가 되면 귀사 식당에서 함께 식사를 했던 ○○○님, ○○○님, ○○○님 모두 생각이 나네요.

그다지 풍족하지 않은 생활 속에서도 신인인 제게 용기를 주셨던 이대리님의 따뜻한 마음 결코 잊지 않고 열심히 노력하겠습니다. 앞으로도 많은 지도 편달을 부탁드리면서 감사하는 마음으로 몇 자 적어 보냅니다.

이대리님이 하시는 모든 일, 많은 성과 거두시고 늘 환한 웃음지을 수 있으시기를 바랍니다.

만발한 벚꽃의 자태를 보며 아름답고 소박한 꿈을 드릴까 합니다.

○○○님! ○○생명의 작은 천사 ○○○입니다.

직역 활동을 하며 많은 분들을 만나뵙고 나름대로 도움과 정겨움을 선사받기도 하지만 고마운 분들이라는 제목 아래 얼굴을 떠올리다 보면 제일 처음으로 생각나는 분…….

○○○님!

바로 그 정스러운 넉넉한 웃음이 눈앞에 주마등처럼 펼쳐집니다. 인자하심과 감사의 마음으로 뭉클한 무엇인가 느끼게 해주는 ○○○님께 진정 마음에서 우러나는 감사를 어떻게 표현할까 고심하던 차에 졸필이나마 몇 자 제 마음을 전하고자 펜을 들어 안부 인사를 대신합니다.

제가 ○○○님께 보답할 일은 신뢰성과 진실성으로 열심히 일하는…….

언제나 맑은 미소로 한 식구 같은 알싸한 정을 느끼게 하며 확실하게 최선을 다하는 생활설계사가 될 것을 ○○○님께 감사의 마음으로 약속드립니다.

앞으로도 많은 조언과 지도를 달게 받겠습니다. 칭찬보다는 고쳐야 할 문제점도 지적해주십시오.

그럼, ○○○님의 고견과 하명을 기다리며 가정과 직장에 건강과 번영이 있으시기를 바랍니다. 며칠 후 건강하고 활기찬 모습으로 다시 찾아뵙겠습니다.

○○○님! 안녕하세요?

지난 겨울이 상당히 긴 듯 싶었더니 계절의 변화는 어쩔 수 없는지 어느새 곳곳마다 파스텔 물감으로 물들인 듯 봄꽃들이 만발했군요.

작년 봄 ○○○님과 함께 워커힐에서 식사할 때 흐드러지게 만발한 벚꽃을 보며 나누었던 정담을 기억하면서 그 동안 저에게 보내주신 도움과 성원에 감사의 말씀을 전합니다.

○○에서 근무하면서 제가 가장 큰 보람을 느끼는 것은 이 직업을 통해 ○○○님을 알게 되었고 또 많은 것을 배울 수 있었다는 것입니다.

늘 ○○○님 주변에 이 봄날 아름답게 피어나는 봄꽃들처럼 언제나 좋은 일들만 가득하시기 바랍니다.

그리고 늘 가까이에서 ○○○님을 만나뵐 수 있기를 바랍니다.

주위에 풍성한 꽃들을 보며 ○○○님을 떠올리며 감사드리는 마음을 이 글을 통해 전해드립니다.

안녕히 계십시오.

P.S. 요즈음 꽃가루 알레르기가 심하다고 합니다. 외출시에 특히 신경을 써 주세요.

○○○님!

유난히 추웠던 겨울이 지나고 개나리, 진달래꽃이 만발한 봄이 왔어요.

댁내 편안하고 안녕하십니까?

작년에 구입하신 모피는 겨울 동안 따뜻하게 입으셨는지요?

자주 소식 드리지 못한 점 죄송스럽게 생각하며 직접 찾아뵙지 못하고 우선 이 글로 인사드립니다.

여름에는 모피 보관을 신경 써야 하므로 제가 모피관리 요령에 관한 책자를 동봉합니다. 읽어보시고 궁금하신 점이나 더 알고 싶으신 것이 있으시면 연락해주십시오.

그동안 ○○○님께서 보내주신 성원에 감사드리며 앞으로도 계속적인 지도 편달을 부탁드립니다.

○○○님!

기온 차가 심한 봄 날씨에 건강 주의하시고 언제든지 저희 영업소를 지나는 걸음 있으시면 들러주세요. ○○○님께서 좋아하시는 맛있는 커피를 준비해드리겠습니다.

○○○님!

꽃눈이 팔랑팔랑 나부끼는 삼청동 길을 돌아 회사로 출근하는데 갑자기 ○○○님의 모습이 떠올랐습니다.

항상 환하시고 다정하시던 모습이셨는데 이 봄에는 마음대로 외출도 못하시고 댁에서 투병하시겠구나 생각하니 가슴이 아픕니다.

그래도 ○○○님과 전화통화를 하게 되어 얼마나 다행인지 모르겠습니다. ○○○님의 발음은 좀 어색했지만 곧 다시 좋아지실 것 같은 느낌을 받았습니다.

○○○님! 힘내세요.

의사선생님의 지시를 잘 따르세요.

금년 여름에는 저희 ○○에서 패션쇼를 대대적으로 열 예정인데 그때는 꼭 참석하셔서 또 한번 주부모델이 되어 주세요.

아름다운 꽃들이 만발한 삼청동 길을 돌아오는 길에서 ○○○님의 환한 모습을 다시 생각해봅니다.

　그럼, 건강한 모습으로 다시 뵐 때까지 안녕히 계십시오.

　P.S. 당뇨병 특효약에 대한 신문기사가 있기에 동봉합니다.

　○○○님! 푸르름을 두를 화창한 하늘, 계절의 여왕인 5월입니다.

　그동안 ○○○님께서 저에게 베풀어주신 관심과 사랑을 오랫동안 잊고 지
낸 것 같습니다. 항상 부족하고 서툰 저에게 언제나 인생의 선배로써 일과 삶
에 용기를 주시고 격려를 주신 ○○○님께 지면을 통해서나마 진심으로 감사
드립니다.

　요즈음 ○○○님께서는 외손녀의 재롱에 세월 가는 줄 모르시고 즐거운 시
간을 보내고 계신다고 주위 분들을 통해 듣고 있습니다. 손녀와 함께 웃음 만
발한 ○○○님의 아름다운 모습을 상상해보면 저도 즐거워집니다.

　○○○님!

　꽃들이 향기와 빛깔로 유혹하고 있는 이때에 잊혀진 여인이 되고 싶지 않
는 저를 기억해주세요. 그리고 제가 도움이 될 수 있는 일이 있으시면 언제라
도 불러주세요.

　조금씩 다가서는 무더위에 건강에 유의하시고 가까운 시일 내에 시원한 차
라도 한잔 나누는 시간을 갖고 싶습니다. 가능한 시간을 연락주시면 제가 시
간을 맞추겠습니다. 다시 만나뵐 때까지 안녕히 계세요.

눈부신 햇살, 눈꽃처럼 휘날리는 벚꽃 길을 걸어보셨나요?

노란색, 분홍색, 새 생명 움트는 연초록색……

너무나 아름답고 경이로워 함께 걷고 싶은 생각에서 인사드립니다.

○○○님! 안녕하세요?

세계적인 브랜드인 ○○모피에서 근무하는 ○○○입니다.

지난번 구입하신 모피는 장롱 속에서 잠자고 있겠죠?

○○○님! 잠시 잠을 깨워주세요.

다가오는 겨울 우아하고 아름답게 입으시려면 산뜻한 바람도 쏘이고 거꾸로 흔들어 털어 털도 바로 세워주시고 털이 눌린 곳이 없는지 잘 살펴보시고 난 후 양쪽 5㎝ 간격을 두어서 장롱 속에 보관하세요.

빨리 겨울이 다가와 우아한 모습으로 모피를 입으셔야 할 텐데…….

하지만 일찍 구입하셔서 가장 좋은 SKIN을 선택하셨다는 자부심으로 올 겨울을 기다려주세요. 그리고 혹시 모피 취급에 대해 의문사항이나 더 알고 싶으신 내용이 있으시면 언제나 연락주세요.

이번 달에 모피 만드는 과정을 보실 수 있는 공장 방문 기회를 드리겠습니다. 이웃 사람들이나 친구분들을 모아보세요. 패션쇼도 같이 준비되니까 즐겁고 유쾌한 시간을 보낼 수 있을 것입니다. 15일까지 신청 마감이니까 서둘러주세요.

다시 한번 ○○○님께서 ○○ 가족이 되신 것을 진심으로 감사드리며 가까운 시일 내에 뵙게 되기 바랍니다.

그럼, ○○○님!

늘 행복하시고 건강하시며 사업 또한 나날이 번창하시기를 바라며…….

P.S. 모피 취급법과 보관법 책자를 보내드리오니 꼼꼼하게 체크해보세요.

○○○님!

어디선가 불어오는 바람 한자락에도 꽃내음이 뚝뚝 묻어나올 것 같은 화창한 계절이네요.

늘 웃는 모습으로 저를 찾아주시던 ○○○님의 모습이 문득 떠올라 안부 인사드립니다.

지난 겨울 유난히 추운 날씨에 구입하셨던 모피는 잘 입으셨는지요?

이제 계절 옷 정리를 할 때가 되셨지요? 혹시 모피를 장롱에 걸어두시느라 어려움이 없으세요? 전화주시면 자세한 안내를 해드리겠습니다.

저희 모피 매장에 근접한 여의도 윤중로에 벚꽃이 한창이에요. 쏟아지는 햇살을 온몸으로 맞으며 화사함을 뽐내는 벚꽃나들이 하실 생각이 있으세요? 저랑 한가한 오후 데이트 어떠세요? 반가운 만남을 기대하겠습니다.

그럼 ○○○님!

늘 기쁨 가득, 행복 가득한 나날 보내시기를 바라며…….

등줄기로 흐르는 작은 물방울이 이젠 여름을 준비해야함을 알려줍니다.

○○○님!! 안녕하세요?

저는 ○○백화점 아동복 코너의 ○○○입니다.

이렇게 불쑥 서신을 띄워서 조금은 쑥스럽고 어색하지만 꼭 드릴 말씀이 있어 용기를 내었습니다.

지난 세일 때도 ○○○님께서는 잊지 않으시고 저희 백화점을 찾아주셨습니다.

늘 오실 때마다 저희 판매원의 고충을 알아주시며 용기를 주셔서 마음 깊이 감사의 마음을 갖고 있었습니다.

그런데 지난번 세일 중에는 손님이 너무 많다는 핑계로 오히려 ○○○님께는 신경을 못 써드렸던 것 같아 못내 죄송한 마음이 들어 이렇게 펜을 잡게 되었습니다.

　이번에 구입하신 의류가 마음에 드시는지 궁금하고 정호도 많이 큰 것 같아 한번 안아주고 싶으니 ○○○님 시간이 여유 있으실 때 꼭 한번 저희 매장을 찾아주시기를 부탁드립니다.

　그럼, 씩씩한 정호와 가족 모두의 건강과 사랑을 기도하며 …….

　P.S. 정호에게 주려고 작은 장난감을 준비했습니다.

05_ 전자 업종

　꽃들의 축제로 아름다운 계절입니다.

　○○○님! 안녕하세요?

　저는 신비로울 만큼 아름다운 신의 축복을 감사하면서 가족과 함께 안면도로 봄꽃여행을 다녀왔습니다. 서해안 고속도로를 따라 오고가는 길의 풍경이 무척 아름답더군요. ○○○님께서도 바쁘시겠지만 늦기 전에 가족과 함께 봄꽃여행을 다녀오세요.

　저는 늘 새로운 사람을 만나고 새로운 일을 할 수 있다는 것이 즐겁고 행복하기만 합니다. ○○○님께서 저를 후원해주셔서 늘 감사드리며 어떻게 보답할까 늘 고민하다가 이번 달 사보를 보내드립니다. 특히 20쪽에는 냉장고를 이용한 생활 아이디어가 많이 나와 있으니 활용해보세요.

　오늘은 제가 일주일을 어떻게 신나고 즐겁게 사는지 알려드리죠.

월요일 : 월등히 나은 하루를 만드는 날

화요일 : 화목한 분위기로 일하는 날

수요일 : 수양과 자기 개발로 자신을 갈고 닦는 날

목요일 : 목표를 달성하는 날

금요일 : 금빛 찬란한 미래를 다시 한번 점검하고 설계하는 날

토요일 : 토론과 대화로 문제를 풀어가는 날

일요일 : 일체 걱정 근심을 모두 잊고 자신을 재충전하는 날

○○○님께서도 일주일을 자신에 맞게 한번 만들어보시죠? 그리고 나중에 들려주세요. 그럼 안녕히 계세요.

06_ 화장품 업종

○○○원장님!

하늘 창이 열리고 세상에 빛이 온누리를 비춰 생명이 움트기 시작했던 그 벅차오른 원동력이 이 봄에 다시 튀어 오르듯 소생하는 듯합니다.

이처럼 활기찬 오늘, ○○○원장님께서는 어떻게 보내시고 계신지요?

물론 언제나처럼 건강한 웃음으로 예쁜 꽃봉우리와 같은 원생들과 열심히 씨름하시겠지요?

저는 늘 ○○○화장품과 함께 해주시는 원장님 덕분에 열심히 일하는 즐거움으로 매일매일을 기쁘게 보내고 있습니다.

다시 ○○○원장님의 건강한 미소를 볼 수 있는 날을 기대하며 아지랑이 속의 뒤엄 냄새가 그리운 그날을 기억해 내며 추억 속으로 들어갑니다.

늘 감사합니다.

P.S. 스킨은 냉장고에 보관하셔서 차게 바르는 것이 좋습니다.

벌써 봄기운이 확연히 느껴지는 나날입니다.

○○○님! 안녕하세요?

우리가 ○○쇼핑센터에서 10년 만에 우연히 만났을 때 제가 ○○화장품에 다닌다고 하면서 마사지 받으러 나오시라고 권했을 때 선뜻 약속하고 와주셔서 정말 감사드립니다.

그 이후 우리 제품을 쭉 구입해 사용하시고 또 여러 명의 친구들도 소개해주셔서 거의 제 단골고객들이 되셨답니다.

지난달 소개해주신 지혜 어머님도 골드 세트를 구입하시고 마사지도 꾸준히 받으러 나오시는데 어제는 저희 제품이 좋아서인지 친구들이 얼굴이 맑고 투명해졌다고 말한다면서 ○○○님께 고마워하더군요. 저는 늘 이렇게 도움을 받았으면서도 ○○○님께 해드린 것도 없어 미안하기만 합니다.

다음주 지혜 엄마와 ○○○님과 저 셋이 만나서 점심식사를 하시면 어떨까요? 다음주 월요일에 전화 드리겠습니다. 편리한 날 생각해두세요.

그럼, ○○○님! 새로운 기운이 넘치는 나날 보내시기 바라며…….

어느새 가을이 성큼 다가왔습니다.

○○○님! 휴가는 잘 다녀오셨는지요?

저는 뜨겁고 진한 여름을 보냈답니다.

무더위가 기승을 부릴 때 저는 고객의 피부에 건강미와 아름다움을 부여하고 최선을 다할 때 제 임무에 행복을 느낍니다. ○○○님이 하루의 일과를 마치시고 집에 돌아왔을 때의 편안함과 흡사하겠지요.

밤이 깊을수록 별은 더욱 빛나듯이 내일의 보람을 위해 ○○○님의 오늘은 새로워지길 기도해봅니다.

아울러 하시는 일마다 성공하시고 행복과 사랑이 늘 충만하시기 바라며 가을편지를 접습니다.

늘 생각나는 ○○○님!
푸르름과 싱그러움이 물결치는 봄과 여름 사이입니다.

문득 ○○○님에 대한 고마움에 저도 모르게 펜을 들었습니다.
○○○님과의 만남은 그리 길지는 않았지만 처음부터 저를 예뻐해주시고 사랑해주시는 ○○○님께 저도 사랑을 전하고 싶어 이 글을 씁니다.
제가 ○○○화장품에 입사한 후 활동을 시작해 처음으로 ○○○님의 헬스클럽을 방문했을 때 친절히 대해주시고 두 번째 방문 때에는 "○○화장품에서 가장 좋은 에센스를 하나 달라"고 말씀하셔서 시작된 우리들의 사이가 이제는 "○○○ 세럼"을 매달 하나씩 쓰시면서 ○○○님의 피부가 날로 좋아지시는 것을 보면 저도 상당히 흐뭇함을 느낍니다.
늘 고객들을 상대하며 하루하루 보내면서도 늘 밝고 친절한 ○○○님께 저는 많은 것을 배웁니다.

하시는 사업 늘 번창하시고 운동으로 날씬한 몸매를 늘 유지하십시오.
두서없는 글이지만 이 글로나마 ○○○님께 다시 한번 감사의 말씀을 전해드리며 다음주에 다시 찾아뵙겠습니다.

P.S. 신제품 샘플을 동봉합니다. 좋으시면 다음에 더 많이 갖다드리겠습니다.

○○○님! 안녕하세요?
날씨가 포근해지나 싶더니 다시금 영하의 날씨로 추워졌습니다. 아마 마지막 겨울을 보내는 것 같습니다.
저는 ○○○화장품과 함께 해주시는 ○○○님 덕분에 열심히 일하는 즐거움으로 매일 매일 기쁘게 보내고 있습니다.

저는 전에는 얼굴피부에 잡티가 많고 주근깨가 많아 자신감이 없었습니다. 그런데 ○○○화장품을 쓰고 피부가 맑아지는 경험을 한 후 ○○○에 입사해 일하고 있기 때문에 이 기쁨과 아름다움을 ○○○님과도 나누고 싶습니다. 꾸준히 저희 제품을 바르고 건강식품을 드신다면 앞으로 모든 분들에게 부러움을 받는 그런 깨끗한 피부로 바뀔 수 있답니다. 그리고 주 1회 마사지 관리를 서비스해 드리므로 바쁘시더라도 조금만 시간을 투자해 저희 사무실에 들러주십시오. 오시기 전 예약은 필수입니다.

그럼, ○○○님! 하시는 일마다 좋은 성과 거두시고, 댁내 두루 평안하시기를 빕니다.

07_ 직접 만난 적이 없는 고객에게 문안

○○○님! 안녕하세요?

작년에 특별한 은혜로 ○○○님과의 인연이 되어 그동안 늘 도와주셔서 감사드립니다.

직접 얼굴을 맞대고 만나뵙지는 못했지만 전화할 때마다 늘 친절하시고 상냥하신 말씀이 인상적이어서 잊지 않고 있답니다. 바쁜 직장생활을 하시면서 가족의 건강을 위해 애쓰시는 ○○○님의 마음을 헤아리며 제가 도움이 될 수 있도록 열심히 노력하겠습니다.

저는 3년 전 ○○○화장품에 입사해 화장품을 통해 많은 분들을 알게 되고 소중한 인연으로 유지하며 기도하고 있습니다. 원하시는 기도 제목이 있으시면 전화로 알려주세요. 제가 중보기도해 드리겠습니다.

그럼, ○○○님! 올 한 해 늘 건강하시고 좋은 일이 많이 생기시길 하나님께 기도드리며…….

08_ 친동기인 고객에게 문안

○○언니!

어제 비가 내려서인지 오늘은 참으로 상쾌한 하루예요.

너무 가까이 있는 언니에게 늘 하고 싶었고 늘 되뇌이던 말을 하고 싶어 펜을 들었어요.

때론 친구처럼, 때론 엄마처럼 아이를 둘이나 둔 저를 꼭 어린 자식 다루듯이 잘 살 수 있게 여러모로 도와주셔서 감사드립니다.

○○언니!

항상 '믿음' 이라는 굴레에 원을 그어넣고 믿으며 만족하며 피곤함과 지침 속에서도 늘 가까이할 수 있어 언니가 좋아요. 우리 조금씩 부족함이 있더라도 서서히 데워지는 가마솥처럼 지금보다 서로에게 위안이 되는 존재가 되었으면 해요.

그리고 언니! 내가 시작한 사업(?)에 늘 따뜻하면서도 엄격한 후원자가 되어주셔서 고마워요. 목표를 향해 거침없이 달려가 지금보다 더 나아진 모습을 보여드리도록 약속드리겠습니다.

사업은 잘 되시나요? "사람이 자기의 길을 계획할지라도 그 걸음을 인도하시는 분은 하나님이시라" 는 성경말씀에 묵상하시면 건강에 무리 없이 생활하실 수 있으리라 생각합니다.

요즘 경기가 어렵다는데 언니네 하는 사업이 불황 속에서도 번창하기를 주님께 늘 기도드리고 있어요. 앞으로도 밝은 언니의 모습을 그리며…….

P.S. 언니에게 권한 건강식품으로 언니가 건강해져서 감기에 강해졌다니 너무 기뻐요. 운동과 취미생활도 하면서 매일 즐겁게 보내세요. 커피향이 좋아서 한 봉지 넣었어요. 나와 마주앉아 있다고 생각하시고 드세요. 그리고 저희집에도 자주 놀러오세요.

내 사랑하는 동생 ○○아!

5년이면 강산이 반은 변한다는데 격려자로 나를 성공시키는 데 앞장서는 동생 ○○아! 정말 고마워!

7년 동안 변치 않는 내 고객인 너에게 동생이라는 이유로 고객관리도 제대로 못했지만 한번도 불평하지 않는 너를 당연하게 생각했던 나를 되돌아보면 미안하기만 하구나. 그러나 앞으로는 고객으로서 잘 대접해줄게. 마사지도 가끔 해주고 건강정보도 전해주는 등.

그리고 네 남편도 마흔 살이 넘었으니 이제부터는 몸 관리해주어야 한단다. 우리 회사 건강식품들은 인체의 기초대사기능을 촉진시켜 주는 식품이니까 큰 도움을 줄 수 있으니 꼭 검토해보기 바란다.

그럼, ○○아! 다시 한번 고마운 마음을 전하며…….

늘 생각나는 ○○형님! 그동안 안녕하신지요?

문득 형님에 대한 고마움에 저도 모르게 펜을 들었습니다.

형님 내외분과의 만남이 저에게는 축복이에요. 저는 잘해드리는 것이 하나도 없는데 처음부터 무조건 저를 예뻐해주시고 이해해주시고 사랑해주시니 정말 감사합니다. 형님께 제 사랑의 마음을 전하고 싶어서 이 글을 씁니다.

언제나 환하게 웃음 가득한 그 미소, 언제나 자신의 일을 실수 없이 당당하게 최선을 다하시는 모습, 살림살이도 똑 소리 나게 잘하시고 가정에 충실한 형님을 보면 제가 본받을 점이 많답니다.

저는 부족한 점이 많은 사람이에요. 앞으로 한 발 앞서가는 경험자로서 스승으로서 제가 부족한 점, 모르는 점을 가르쳐주시고 인도해주시기 바랍니다.

늘 부족한 저를 인정해주시고 가깝게 대해주셔서 다시 한번 감사드리며 늘 남들이 부러워하는 잉꼬부부가 되시기 바랍니다.

그럼, ○○○형님! 새해에는 모든 일들이 차곡차곡 영글며 소망하시는 대로 이루어지기를 빕니다. 늘 건강하세요.

09_ 친한 친구인 고객에게 문안

네가 화장품을 구입했기에…….

앞으로 나와의 약속을 잘 지키면,

우유처럼 희고 투명한 피부로, 때론 커피처럼 달콤함을, 때론 칵테일처럼 톡 쏘는 멋이 풍기는 얼굴로 가꾸어줄 것을 약속한다.

나 ○○○은 지금 시간 2003년 5월 8일 오후 10시 46분 37초 까다롭기로 유명한 ○○이가 나와 ○○○화장품을 믿고 구입해줘서 너무 행복해!

○○아!

자의든 타의든 길든 짧든 많은 인연의 연속 속에서 우리의 만남을 고맙게 생각한다. 이제 ○○화장품을 쓰기 시작했으니 분명히 1년 후에는 얼굴을 덮은 화농성 여드름이 많이 없어지고 피부색도 맑아질 테니 당분간 반복되는 명현 현상에 너무 예민해하지 말고 1년만 기다리면서 꾸준히 바르려무나. 그러면 내가 샘이 날 정도로 몰라보게 예뻐질 거야.

그럼, 자세한 얘기는 만나서 하기로 하고 이만 안녕!

P.S. 주변에 피부색이 칙칙하고 피부 결이 좋지 않는 사람이 있으면 소개시켜줘!

내 친구이자 영원한 고객인 ○○에게!

한 동네에서 살며 매일 얼굴을 보는 사이에 편지를 쓴다는 것이 무척이나 쑥스럽구나. 호호…….

난 항상 ○○에게 고마워하면서도 제대로 표현한 적이 없는 것 같아 이 글을 쓴단다. "정말 고마워!"

오늘도 냉장고 문을 열어보니 우리집 반찬은 모두 네 작품이잖아!

지난주 갖다 준 꿩만두는 진짜 맛있었어. 온 가족이 더 없냐고 찾더라구. 언제나 한발 앞서 나를 챙겨주는 ○○는 정말 센스 우먼이여!

윤항기가 부른 "난 어떡해 하라고"가 생각나네.

내가 다 갚아줄게. 어떻게냐고?

1. 평생 마사지 책임과

2. 어머님과 속상할 때 스트레스 해소해줄 친구로

3. 평생 네 복장 코디네이터 역할로

이만하면 괜찮지?

그럼, ○○아! 앞으로 더 사랑해주고 기도할게!

10_ 선후배인 고객에게 문안

○○언니! 안녕하세요?

시간이 뒤로 가는 줄도 모르고 바쁘게만 보내는 삶을 사시는 언니에게 가장 편안한 시간에 잠시나마 휴식이 되어드리려고 이 글을 씁니다.

자주 찾아가지도 못하고…… 이런 일방적인 만남으로도 언니가 기쁘게 만나줄 거라 생각해요.

행복한 사람은 행복을 만들 줄 아는 사람이래요. 고로 저도 행복한 사람이랍니다. 오늘은 잠시 예쁜 마음 만들어보려고요.

저와 언니 우리 이런 사람이 되어요. 이 세상에 꼭 없어서는 안 될 사람.

그럼, ○○언니! 바쁘시지만 피부 마사지 가끔 해주셔서 얼굴과 마음의 피로를 푸세요.

P.S. 다음에 만날 때에는 발 마사지법도 알려드리겠습니다.

사랑하는 후배 ○○야!

뱃속 아기가 무럭무럭 자라고 있겠다.

저녁 한번 먹자고 하고서도 영 약속을 지키지 못해 마음이 무겁네.

이러다 아기가 태어나는 것 아니야?

이렇게 글 쓰는 시간이라도 내서 만나면…… 물론 일방적이지만 만나서 수다 떤 것처럼 그런 것 같아. 내 할 말은 다 하니까 그런가 봐.

그저 자주 보든 안 보든 늘 마음 한곳에 집 짓고 있는 그런 사람, 그게 너야. 예전엔 ○○씨, ○○야……, 이젠 ○○엄마야~ 앞으론 글쎄 또 다른 아이의 ○○엄마가 되겠지?

이렇게 자연스럽게 흘러흘러 가다가 우리도 서로의 주름을 봐주며 인생을 나눌 거야 그렇지?

이렇게 생각하니까 앞으로 그려질 삶이 너무 예쁘게 느껴지지 않니?

잠깐 생각해봐. 내가 할머니 된 것도!!

○○야! 너랑 나랑은 하루하루 열심히 최선을 다하며 이렇게 멋진 인생 만들어가자. 서로의 어깨가 되어주며…….

'나는 너에게'
나는 너에게
바람 같은 웃음을 띄울 수 있는
향기로운 사람이 되고 싶다.

나는 너에게
손 내밀면 닿을 수 있는 곳에서
늘 들꽃 같은 향기로 다가오는
그런 편안한 이름이 되고 싶다.

나는 너에게
아름다운 사람이 되고 싶다.
너는 나에게 그런 사람이다.

11_ 자녀의 선생님인 고객에게 문안

○○○선생님! 안녕하세요?

막히고 먼길을 가장 빨리 가는 방법은 마음이 통하는 친구와 얘기하며 가는 거래요. 제 편지가 바쁜 일상의 휴식이 되었으면 좋겠어요.

늘 저희 딸에게 최선을 다하시는 선생님께 고맙게 생각하고 있답니다. 늘 사랑만 받고 제대로 드리지도 못하는 마음 편지에 담아요.

이렇게 따끈한 상태로 전달되었으면…….

선생님! 올해에도 저희 딸 ○○이를 많이많이 예뻐해주세요. 힘들 때나 기쁠 때나 늘 같이 걷는 그런 만남이 평생토록 이어졌으면 좋겠어요.

그리고 저도 선생님을 소중한 고객으로서 최선을 다해 맑고 투명한 피부로 만들어 드리겠습니다.

○○○선생님! 제 마지막 멘트는 늘 이거랍니다. "우리 항시 웃고 살아요!"

P.S. 참 운전면허를 따셨는지 궁금했는데 여쭤보지 못했네요. 빨리 뚜벅이 생활을 면하셔서 더 큰 기쁨으로 일하셨으면 좋겠어요. 동봉한 발 마사지법 잘 읽으시고 남편과 서로서로 해주세요. 긴긴밤에 서로의 발을 주물러주며 사랑도 키우고 건강도 지키세요.

12_ 교회의 지인인 고객에게 문안

흰 눈 속을 뚫고 새파랗게 돋아나는 보리싹은 희망과 꿈을 싣고 우리를 향해 달려오고 있습니다.

○○○지역장님! 안녕하세요?

늘 건강하시고 하시는 사업도 번창하시니 하나님께 감사드립니다.

저는 온화하신 지역장님만 보면 반갑고 기쁩니다. 어머니같이 저를 위해 늘 기도해주시고 신앙상담도 해주셔서 열심히 직장생활을 할 수 있어 늘 감사드립니다. 저는 ○○○화장품에서 꼭 성공하고 싶습니다. 앞으로도 많은 기도와 격려를 부탁드립니다.

지난달 저희 ○○○화장품 제품을 구입해주셨는데 이제까지 제대로 관리해드리지 못한 점 죄송합니다. 앞으로는 자주 찾아뵙고 피부 마사지도 해드리고 건강상담도 해드리겠습니다. 구입하신 건강식품을 꾸준히 드시고 화장품도 열심히 바르셔서 피부와 몸이 모두 더욱 건강해지세요.

그럼, ○○○지역장님! 주 안에서 늘 평안하시길 기도드리며……

P.S. 화장품과 건강식품 공부를 할수록 제가 주위 사람들을 위해 할 일이 더 많아집니다.

봄을 재촉하는 빗방울 소리를 들으며 2003년 새해에도 ○○○님께 아름다움을 전해드리며 사랑받고 싶다는 마음으로 펜을 들었습니다.

온 가족 모두 주님의 은총 속에 건강하시고 언제나 축복이 가득 차시라 믿습니다.

○○○집사님! 그 동안 ○○○화장품을 아껴주셔서 감사드리며 올해에도 아낌없는 성원을 부탁드립니다.

요즈음 피부 상태는 어떠신지요? 다음 주중에 찾아뵙고 마사지도 해드리고 샘플도 드리고 싶습니다.

저희 ○○의 기능성 화장품은 노폐물을 제거해주고 새로운 세포가 표피층으로 올라와서 탄력과 함께 투명한 피부로 만들어주는 재생효과가 뛰어납니다. 꾸준히 사용하시면 틀림없이 원하는 피부로 변화시켜 드립니다만 피부 타입에 맞는 제품을 쓰시는 것이 중요합니다.

다음주 만나뵐 때 자세한 설명을 해드리겠습니다.

그럼, ○○○님! 내내 건강하시고 축복 가득한 나날을 보내기 바라며 만나뵐 때까지 안녕히 계세요.

○○○님과 좀더 가까운 사이로 지내고 싶어요.

제가 부족하지만 친구가 되어드리고 싶거든요.

서로 마음을 털어놓고 지낼 수 있는 진실한 사이가 되고 싶어요.

아드님과 따님 다 장성해서 멀리 떨어져 생활하고 있으시니 우리 함께 자녀들을 위해 기도하며 서로 의지하는 마음으로 지낼 수 있겠죠?

행여나 혼자 즐거워하지 마시고 함께 즐거워하고, 혼자 슬퍼하지 마시고 함께 나누는 그런 친구가 여기 있어요. 기쁠 때나 슬플 때나 심심할 때나 언제든지 불러주시면 곧 달려가겠습니다.

끝으로 시편 145편 18~20절을 소개해드립니다.

"여호와께서는 자기에게 간구하는 모든 자 곧 진실하게 간구하는 모든 자에게 가까이 하시는도다. 저는 자기를 경외하는 자의 소원을 이루시며 또 저희 부르짖음을 들으사 구원하시리로다. 여호와께서 자기를 사랑하는 자는 다 보호하시고 악인은 다 멸하시리로다."

이 말씀을 자주 묵상해보면 평안해집니다.

그럼, ○○○님! 항상 건강하시고 언제나 마음이 평안하시기 두 손 모아 기도드립니다.

○○○님! 안녕하세요?

우리의 만남이 벌써 3년이란 세월이 지났군요.

한동안 연락을 드리지 못해 죄송합니다.

○○○님! 아이들도 잘 자라며 하시는 일도 잘 되시겠지요?

우리가 ○○○화장품으로 만나서 연락할 때마다 기쁜 소식을 주고받았는데 제 게으름으로 지난 몇 개월 동안은 소식을 전하지 못했습니다. 그러나 저는 항시 ○○○님을 위해 기도하고 있습니다.

이제 봄이 돌아왔는데 그동안 피부 관리는 꾸준히 하셨는지요? 워낙 좋은 피부를 가지셨지만 평소에 열심히 관리하시는 것이 중요합니다. 다음 주중에 찾아뵙고 마사지도 해드리며 우리의 만남을 다시 이어볼까 합니다. 전화드릴 테니 편리한 시간을 알려주시면 감사하겠습니다.

그럼, ○○○님! 봄내음이 그윽한 한 접시 봄나물로 온 가족의 애정 어린 눈길을 받아보시기 바라며……

P.S. 그동안 신제품도 많이 나왔습니다. 신제품 카탈로그를 동봉하오니 살펴보시고 궁금한 점 모아놓으시면 만났을 때 풀어드리겠습니다.

비록 춥지만 마음만은 상쾌한 아침입니다.

늘 생각나는 ○○○집사님!

저희 ○○○화장품의 고기능성 화장품을 꾸준히 사용해주셔서 감사드립니다.

오늘 아침 문득 ○○○집사님에 대한 고마움에 저도 모르게 펜을 들었습니다. 우리의 만남은 그리 길지는 않지만 같은 신앙을 가지고 있어 더욱 가깝게 느껴집니다.

하나님이 기뻐하는 아름다운 마음과 온유함으로 다져진 집사님의 모습에 저는 종종 제 자신을 되돌아보기도 하지요.

어제 휴대폰으로 전화했더니 사무실 직원이 받더군요. 그동안 입덧이 심해 집에서 쉬시는 줄 알았는데 일을 다시 시작하셨군요. 뱃속의 아기도 건강하게 잘 놀고 있구나 안심하며 하나님께 감사기도를 드렸답니다. 출산하실 때까지 건강하시도록 매일 기도드리겠습니다.

그럼, ○○○집사님의 얼굴에 나날이 늘 웃음 가득하시기 바라며 다시 한 번 감사의 말씀을 전합니다.

동장군도 이젠 말없이 서서히 물러가고 아지랑이 아롱거리는 봄이 성큼 다가옴을 도시 한복판에서도 느낄 수가 있네요.

○○○집사님! 안녕하세요?

추운 겨울 동안 집안에서 아드님 ○○이와 같이 지내느라 고생할 나날들이 이젠 얼마 남지 않았군요.

○○○집사님! 가정형편도 힘들고 어려운 중에도 저희 ○○○화장품을 사용해주시고 저를 위해 기도해주시고 사랑해주셔서 감사드립니다.

맏이도 아닌데 몸이 불편하신 시부모님까지 모시는 집사님의 모습이 참 아름답습니다. 시어머님께서도 저희 '건강식품'를 드시고 하루 속히 건강해지시도록 늘 기도드리고 있습니다. 특히 치료하시는 하나님을 체험하셔서 구원받으실 수 있도록 기도한답니다.

집사님 댁 식구들과 함께 지냈던 시간들이 제일 행복하고 좋았다고 가끔 회상한답니다. 무엇보다도 집사님의 진실한 마음과 숨김없이 내 마음을 털어놓을 수 있는 집사님의 화끈한 성격을 저는 늘 속으로 부러워하면서도 제 내성적인 성격을 바꿀 수 없어 참 답답할 때가 많았답니다. 앞으로도 계속적인 관심과 격려를 부탁드립니다. 저도 도움을 드릴 수 있도록 열심히 노력하겠습니다.

그럼, ○○○집사님! 올 한 해 온 가족의 건강과 소원하는 기도가 주 안에서 다 응답받으시기 기도드리며…….

○○○집사님! 그 동안 평안하셨는지요?

2월의 찬바람이 아직도 춥기만 한데 이 추위 속에 찾아올 새봄의 그리움이 소녀처럼 설레기만 합니다. 오늘 심방을 다녀오는 길에 문득 집사님 생각이 나서 편지로 인사올립니다.

가끔씩 같은 교회의 ○○○님에게서 ○집사님 소식을 듣고 있습니다.

저는 2년 전 ○○○화장품에 입사해 많은 분들과의 만남이 있었고 이 소중한 인연들을 잊지 않으려고 열심히 노력하고 있습니다. 가끔 ○집사님 모습을 생각하곤 한답니다. 유난히 상냥하시고 친절하시며 크리스천의 향기를 조용하고 그윽히 자아냈던 모습들을 떠올립니다. 바깥 집사님도 안녕하시지요? 따님인 ○○이도 잘 있지요? ○○이의 교복 입은 모습이 유난히 보고 싶네요.

저는 수원에서도 고객이 늘어 한 달에 1~2회 정도는 갑니다. 수원에 가는 날 미리 연락을 드리고 편리한 시간에 집사님을 찾아뵙고 마사지를 해드리겠습니다.

저는 주님의 은혜와 축복으로 작년에 승진했고 좋은 일들이 많이 생겼답니다. 만나뵙고 자세한 이야기 나누고 싶습니다.

그럼, ○○○님! 주 안에서 늘 평안하시기 바라며…….

P.S. 신제품이 많이 나왔습니다. 색조화장품인 마스카라, 아이라이너, 섀도, 립 팔레트 등 완벽하게 개발되어 시판하고 있습니다. 참고로 카탈로그를 동봉하오니 살펴보세요.

사랑스런 ○○○집사님! 안녕하세요?

맑고 투명한 집사님을 볼 때마다 저는 무척 행복하답니다.

늘 주님을 위해 사랑을 전하시며 교회일도 열심히 하고 믿음으로 진실하게 살려고 노력하며 순종하는 삶으로 하나님께 영광 돌리는 ○집사님!

감사드립니다.

저는 늘 ○○○화장품을 사랑하고 함께 해주는 ○집사님 덕분에 열심히 일하는 즐거움과 하나님의 은혜와 사랑 가운데 매일 매일 기쁘게 보내고 있습니다. 날마다 힘들고 피곤한 생활 속에서도 마음을 활짝 열고 때로는 친구로 때로는 다정한 이웃으로서 교제를 나눌 수 있어 감사드립니다.

올해 첫딸 ○○이가 초등학교 입학해 여러 가지로 바쁘겠군요? 동네 문방구에 들렀다가 예쁜 공책이 있기에 몇 권 보냅니다. ○○이가 하나님이 주시는 지혜와 총명으로 이 공책을 메꿔 나가기를 바라는 기도와 함께…….

그럼, ○○○님! 샬롬!

P.S. 늘 집사님 남편의 구원을 위한 기도를 하고 있습니다.

늘 고마우신 ○○○원장님!

항상 마음으로는 고맙게 느끼면서도 제대로 표현하지 못해 이 글을 씁니다.

원장님께서 저를 늘 도와주시고 저희 ○○○화장품제품을 꾸준히 애용해주셔서 감사드립니다. 저한테 베푸신 은혜와 사랑이 너무 고맙기만 할 뿐 어떻게 갚아드려야 할지 모르겠습니다만 원장님의 피부와 건강을 지켜 드리기 위해 저는 열심히 노력하겠습니다.

지난주 온 가족이 함께 교회에 가시는 행복한 모습을 보고 참 부러웠습니다. 우리 딸도 이 다음 결혼해서 같은 모습으로 살았으면 좋겠다고 기도드리고 있습니다.

항상 바쁘고 힘든 환경 가운데서도 변함없는 믿음으로 하나님 잘 섬기며 기도생활을 하시는 원장님! 참으로 존경스럽습니다. 하나님께서 영광을 받으시고 큰 복을 주실 줄 믿습니다.

저는 가끔 원장님 어머님 생각도 납니다. 저를 친동생처럼 사랑해주시고 아껴주셨거든요. 천국에서 다시 뵐 생각을 하면 가슴이 뛴답니다.

그럼, ○○○원장님! 늘 강건하시고 평안하시기를 기도드리며……

P.S 신제품 샘플을 동봉합니다. 아주 귀한 것이라 특별한 분에게만 드리오니 꼭 사용해보세요.

사랑하는 ○○○집사님!

프리지어 꽃향기가 가슴 진하게 퍼지는 계절이 와서 사람들의 옷차림이 한결 가벼워진 것 같군요.

올해도 집사님과 남편, 자녀 모두에게 하나님의 축복이 함께하시기를 기도드립니다. 언제나 변함없는 모습으로 저를 기억해주시고 전화 주시는 집사님께 감사드려요.

삶이 힘들 때마다 집사님의 전화 한통은 저에게 무한한 삶의 욕구와 사랑을 채워주고 다시 새 힘을 얻는답니다. 직접 만나뵌 적은 한 번뿐이지만 그 청아한 음성으로 가끔 전화 주시고 제가 다시 일어설 수 있도록 용기를 주시는 그 마음은 제가 영원히 잊지 못할 아름다운 기쁨의 순간이랍니다.

이제 앞으로도 수많은 대화를 나누기 원하며……

○○○집사님! 늘 하루하루 하나님의 사랑이 넘치기를 두 손 모아 기도드립니다.

P.S. 신제품 샘플을 보내드립니다. 저희 ○○○화장품은 한방생약으로 만든 고기능 제품이므로 일주일만 쓰셔도 피부에 금방 효과를 느낄 수 있답니다.

저희 ○○○화장품 고객이 되신 지도 벌써 6개월이 지났군요.

먼저 ○○○님을 알게 해주신 하나님께 감사드려요.

솔직히 말해 처음 뵙게 되었을 때 저의 자신감 부족으로 ○○○님에게 다가서기가 두려웠습니다. 하지만 타사 제품을 고가로 구입한 지 얼마 되지 않았음에도 불구하고 ○○○님께서는 선뜻 기존의 사용제품을 포기하고 저희 ○○○화장품을 선택해주셔서 얼마나 기뻤던지요!

그런데 시간이 지나면서 혹시 트러블이 생기지 않을까 혹시 후회하지는 않으실까 등등 제 마음은 두근두근하여 한 달 동안은 먼저 연락도 못 드렸습니다. 그러나 한 달 후 찾아뵈었을 때 저희 화장품이 "너무 좋다!"고 소감을 말씀해주실 때 얼마나 기뻤는지 모릅니다. 2년 동안 영업활동을 하면서 느껴보지 못한 기쁜 감정을 느낀 소중한 순간이어서 하나님께 감사기도를 드렸습니다.

제가 하고 있는 이 일에 보람을 느끼게 해주신 ○○○님께 다시 한번 감사드립니다. 짧은 만남에 저희 ○○○화장품에 대한 믿음과 신뢰로 제품을 선택하고 또 사용하시면서 항상 뵐 때마다 좋은 평을 해주시는 마음 앞으로도 영원히 잊지 않겠습니다.

그럼, ○○○님의 가정에 행복과 건강이 늘 함께하시길 기도드리며……

○○○집사님! 안녕하세요?
우연한 기회에 집사님을 알게 되어 이렇게 저희 ○○○화장품의 고객이 되어주셔서 감사드립니다.

비록 짧은 만남에도 저와 저희 화장품을 믿고 선택해주시고 사용하시면서 항상 좋은 평을 해주시는 진실한 마음은 저에게 늘 큰 격려와 용기를 주셨습니다.
매 순간마다 힘든 환경으로 제 마음이 약해질 때 자신감을 불어넣어주시고 주위 분들에게 자세하게 홍보해주시고 소개해주셔서 저에게는 희망의 등불이 되시곤 했습니다. 저 역시 이 일을 시작하면서 과연 자신과의 싸움과 역경을 어떻게 인내할까 걱정이 앞을 가렸습니다. 항상 기도하는 마음으로 하루하루를 열심히 뛰었지만 그 마음이 흔들리곤 했습니다. 그 무렵 집사님을 만나 알게 되었고 늘 용기와 자부심을 갖게 해주셔서 지금의 제 위치에서 굳건히 설 수 있었습니다.
다시 한번 큰 소리로 "집사님! 감사합니다"라고 외칩니다. 그리고 집사님의 베풀어주신 은혜에 보답할 수 있도록 더욱 노력하겠습니다.

그럼, ○○○집사님! 늘 하나님의 평안이 함께하시며 변치 않는 아름다움 영원히 간직하시기 바라며…….

○○○집사님! 안녕하세요?

오늘 문득 ○○○님이 생각나 전화를 했더니 안 받으시더군요. 요즈음 근황이 궁금해 몇 자 적습니다.

항상 밝은 모습으로 한결같이 직장에 충실하고 부모, 형제에게 마음을 다해 챙기고 섬기는 모습에서 늘 진한 감동을 받고 있습니다.

저와 만난 지도 꽤 오래되었네요. 햇수로는 5년이 넘는군요. 여드름 때문에 함께 고민하고 해결책을 찾아가며 피부관리를 제가 권했고 한 번도 의심하지 않고 사용하셔서 건강하고 아름다운 피부로 변한 ○집사님의 모습을 볼때마다 흐뭇하고 감사한 마음뿐입니다.

○집사님의 착하고 예쁜 마음씨 덕분에 우리 아들과 딸도 올해 모두 대학을 졸업하게 되었어요. 소중한 분들의 도움과 변함없는 사랑과 물심양면의 정과 배려로 경제적인 어려움이 없이 성장할 수 있게 해주셔서 정말 감사드립니다.

지난달 소개해주신 ○○○님에게는 일주일에 한 번씩 마사지를 해드리며 가끔 안부전화도 드리고 있습니다. 지난 주 만났을 때에는 몰라보게 피부가 좋아졌다고 만족해하시며 다음 주에 대학 동창생들을 소개해주시겠다고 약속하셨습니다. 좋은 분을 소개해주시고 또 다른 소개까지 일어나게 해주셔서 늘 감사드리며 보고드립니다.

그럼, ○○○님! 환절기에 건강에 유의하시고 날마다 주 안에서 형통의 복이 임하시기를 기도드리며…….

13_ 여행 다녀온 고객에게 문안

○○○사장님!.

친구이신 ○○○상무님에게서 필리핀 여행을 다녀오셨다고 들었습니다.

첫 번째 해외여행이시라 심려가 많으셨겠지만 무사히 돌아오셔서 무엇보다 반갑습니다.

여기저기 볼 것이 많아 감동도 한층 더했겠지요? 차후 기회가 되면 재미있었던 체험담을 들려주십시오. 그리고 여행 중 찍으셨던 사진도 꼭 보고 싶군요.

그럼 ○○○사장님, 해외여행으로 충전된 마음으로 하시는 사업에 더욱 정진하시기 바랍니다.

○○○사장님! 안녕하세요?

이제는 유럽 여행에서 돌아와 밀린 일정으로 바쁜 나날을 보내시겠지요?

여행은 즐거우셨겠지요?

눈 덮인 알프스, 생각만 해도 신나는 일이군요!

저는 한 번도 유럽여행을 해본 적은 없지만 주위 분들을 통해서 들은 바로는 유럽이야말로 신이 준 선물이라고 하더군요.

스위스, 이태리, 프랑스, 독일 등 신비한 아름다움을 가진 여러 나라의 여행…… 정말로 짜릿함을 더하는 여행이셨으리라 생각합니다.

특히 서울 날씨는 그동안 35도가 넘는 폭염 속이었는데 최고로 더운 기간을 환상적인 유럽여행을 다녀오셨으니 은근히 샘이 납니다.

하루빨리 사장님을 찾아뵙고 환상특급의 이야기를 듣고 여기저기서 찍으신 사진들도 보고 싶군요.

그럼 ○○○사장님, 여독을 풀 겨를도 없이 업무에 복귀하셨으니 건강관리에 특히 유념하시기 바라며…….

○○○사장님! 안녕하십니까?

지난주 전화를 드렸다가 비서를 통해 지리산 여행을 가셨다는 말을 들었습니다.

산야의 빛깔이 아름답기만 한 이때에 지리산 등반은 매력적인 일이라 생각됩니다. 그동안 쌓였던 스트레스는 이번 여행을 통해 깨끗하게 해소되셨지요?

지리산 여행!!

저도 지난 가을에 지리산을 다녀왔는데…….

뱀사골로 해서 백무동부터 시작된 천왕봉까지의 등반은 사회 속에서 지친 내 몸을 새롭게 하는 데 충분함이 있었다는 생각이 들 정도로 매우 아름답게 느껴지더군요. 그야말로 자연의 아름다움과 가을의 정취를 충분히 만끽할 수 있었습니다.

더구나 ○사장님만 혼자 떠나신 여행은 혼자만의 고독을 진한 가슴으로 받아들일 수 있는 시간을 보내셨겠지요?

○○○사장님! 이번 금요일쯤 찾아뵙고 이번 여행에 대한 따끈따끈한 여행 스케치를 빨리 듣고 싶군요. 물론 그때 찍으신 사진들도 보고 싶습니다.

그럼, ○○○사장님! 언제나 새로운 활력으로 풍성한 결과를 얻기 바라며…….

○○○님!

신선한 바람이 가슴을 스치는 가을입니다. 넉넉한 마음으로 누런 들판을 바라보고 싶은 마음이 앞섭니다.

지난주 일주일 동안 ○○○님께서 가족 동반으로 전국일주를 하셨다니 참 즐거우셨겠습니다. 그동안 바쁘신 일정으로 쌓였던 피로들이 다 풀리셨겠지요?

단풍이 한창인 이 가을, 곳곳의 풍경이 무척 아름답고 서울에서는 볼 수 없는 자연의 변화를 맛보며 전혀 싫증남이 없으셨겠지요?

어제는 시간에 쫓겨 이야기를 충분히 듣지 못했습니다만 다시 한번 찾아뵙고 즐거웠던 이야기를 듣고 가능하면 그때 찍으신 사진을 보고 싶습니다.

조만간 연락을 드리겠습니다.

그럼 ○○○님, 늘 풍요로운 삶을 이끌어가시길 바랍니다.

계약(구입) 후에 쓰는 감사 편지

01_ 건강식품 업종의 계약 감사

○○○님! 안녕하세요?

○○○님께서 제 소중한 고객이 되신 지 20여일이 지났군요.

감사인사를 드리려고 몇번 방문했습니다만 ○○○님께서 계속 부재중이라 이렇게 글로 먼저 감사인사드립니다.

귀사 주변 지역을 개척하면서 ○○○님께서 제 첫 고객이 되어주셨습니다.

제 개척활동에 용기를 주시고 인내하면 좋은 결과를 이룰 수 있다는 것을 깨닫게 해주셔서 저는 열심히 활동하고 있습니다.

용기를 주시고 인내를 알게 해주신 ○○○님께 다시 한번 감사인사드립니다.

앞으로 생식과 건강식품에 관한 궁금한 점이나 의문점이 있으시면 언제든지 연락 주세요. 즉시 달려가겠습니다.

그럼, ○○○님! 늘 행복하시고 건강하시며, 사업 또한 날로 번창하시기를 바라며……

늦게나마 ○○○님께 감사 인사를 드립니다.

지난 주 보내드린 건강자료는 잘 받으셨는지요?

저는 ○○○님께서 도와주신 덕분에 큰 힘을 얻어 지금도 열심히 개척활동을 하고 있습니다. 아직은 서툰 병아리 사원의 틀을 벗어나지 못했지만 ○○○님께서 도와주시니 더욱 열심히 노력하겠습니다.

새로운 자료가 나올 때마다 보내드리고 가끔 찾아뵙고 도움이 되는 정보도 드리겠습니다.

그럼, ○○○님! 하시는 일 더욱 번창하시고 늘 건강에 유의하시기 바라며 다시 한번 감사의 말씀을 전합니다.

내일을 위해 늘 열심히 일하시는 ○○○님의 모습을 생각하며 이 글을 시작합니다.

○○○님! 안녕하십니까?

어제 구입하신 ○○○는 ○○○님께 꼭 어울리는 현명한 선택이었습니다. 열심히 드셔서 건강을 되찾기 바랍니다.

참으로 인연이란 묘한가 봅니다. 한 통의 전화가 판매로 이어지고 또 그 인연이 또 다른 판매로 이어졌으니 말입니다. 저를 소개한 친구 분이신 ○○○님과도 첫 전화 만남으로 고객이 되셨습니다. 앞으로 자주 연락을 드리며 상담해드리겠습니다.

그럼, ○○○님!

늘 새로운 기운으로 정진하시기를 바라며 꼭 좋은 일만 생기세요!

○○○님! 안녕하세요?

어제는 "과연 계약을 하실까?" 하고 확신 없이 방문했는데 저를 보시자마자 선뜻 ○○○를 구입해주셔서 대단히 감사합니다.

복잡하고 각박한 사회에서 누구를 신뢰한다는 것이 쉬운 일이 아닌데 그 많은 사람 중 저를 믿고 구입해주셨으니 ○○○님이 효과를 볼 때까지 최선을 다하겠습니다.

그럼, ○○○님!

늘 도전과 성취로 이어지기를 바랍니다.

○○○님! 그 동안 안녕하세요?

저희 회사의 ○○○를 구입해주셔서 대단히 감사합니다. 첫방문이라 무척 긴장되어 상품설명도 제대로 못한 햇병아리인 저에게 '고액 구입'이라는 선물과 용기를 주신 ○○○님을 평생 잊지 못할 것입니다.

제 주위분들에게 자주 ○○○님을 자랑 삼아 이야기할 정도로 감사한 마음을 잊지 않고 있습니다. 저를 신뢰해주신 것에 보답하고자 더욱 열심히 활동하겠습니다. 앞으로 제 활동을 지켜봐주시고 주위에 계신 다른 분들도 소개해주신다면 성심 성의껏 노력하겠습니다.

그럼, ○○○님의 가정과 사업에 행복이 가득하시기를 바랍니다.

○○○님! 안녕하세요?

저희 회사 고객이 되신 것을 진심으로 축하드립니다.

앞으로 단지 제품을 사고 파는 사람으로서의 관계가 아니라 서로 정을 주고받을 수 있는 가족관계와 같은 친밀함을 유지할 수 있도록 열심히 노력하겠습니다.

○○○님의 협조로 제 영업활동에 기운이 솟구치고 있습니다. 이제 ○○○ 님께서 제 고객이 되셨으니 신뢰에 금이 가지 않도록 가끔 안부전화도 드리고 도움이 될 수 있는 건강자료들도 보내드리겠습니다. 의문사항이 있으시거나 궁금한 것이 있으시면 언제든지 연락 주세요. 성심 성의껏 알려드리겠습니다.

다음 주 다시 연락을 드리겠습니다.

○○○님의 하루하루 늘 건강하시고 가정에 행운이 함께하시기를 바랍니다.

○○○님! 요즈음 어떻게 지내십니까?

요즈음 저는 계속 ○○○ 지역을 개척활동하고 있어 ○○○님을 찾아뵙지 못해 죄송합니다.

그런데도 저를 잊지 않으시고 ○○○를 구입해주셔서 감사드립니다. 제품 이전에 ○○○님의 인간적인 따뜻함에 저는 큰 기쁨과 고마움을 동시에 느끼고 있습니다.

앞으로도 저에게 많은 관심과 격려를 부탁드리오며 이번 구입이 주위 분들에게도 파급될 수 있도록 성심 성의껏 보살펴 드리겠습니다.

그럼, ○○○님! 추위 속에서 건강에 유의하시고 웃음 잃지 않는 나날을 보내시기 바라며 일간 찾아뵙겠습니다.

○○○님! 안녕하세요?

순간의 선택이 평생을 좌우한다고 하는 말도 있듯이 참으로 탁월한 선택을 하셨습니다. 칼슘의 중요성에 대해서는 잘 아시겠지만 중년기 이후에는 특히 더 필요한 식품입니다. 왜냐하면 골다공중 예방이나 호르몬 불균형에 따른 여러 가지 중요한 역할을 하고 있으니까요. 특히 저희 회사 칼슘은 야채에서 추출한 것으로 소화흡수율이 높아 위장장애가 없습니다. 매일 꾸준하게 드신다면 건강에 큰 도움을 주리라 믿습니다.

건강식품 대리점을 시작한 지 얼마 되지 않아 두려움 반 설렘 반으로 ○○○님을 방문하게 되었습니다. 제가 최선을 다해 상품 설명을 하는 모습을 편안한 웃음으로 진지하게 경청해주시면서 따뜻한 격려의 말씀도 함께 해주셔서 감사드립니다.

앞으로 ○○○님을 평생고객으로 모시기 위해 제가 열심히 노력하겠습니다.

○○○님! 제가 도와드릴 일이 있으시면 언제라도 연락주세요.

그럼, 일교차가 심한 날씨에 건강 유의하시고 늘 환한 웃음 간직하시기를 바라며…….

○○○님! 안녕하세요?

옷깃을 스치는 인연도 몇백 번의 만남이 있어야 한다는데 ○○○님과 이렇게 좋은 인연이 됨을 하나님께 감사드립니다.

또한 많은 건강식품회사의 많은 세일즈맨 중에서 저를 선택해주시고 키토산을 구입해주셔서 감사드립니다.

○○○님께 많은 도움과 봉사를 할 수 있는 기회를 주셨으니 앞으로 살아가는 데에 여러 면으로 도움이 될 수 있도록 열심히 노력하겠습니다.

특히 생식과 건강식품 관련해 궁금하시면 저를 꼭! 꼭! 꼭! 불러주세요.

그럼, ○○○님! 언제나 건강하시고 항상 즐겁고 희망찬 나날 보내기를 바랍니다.

P.S: 구입하신 키토산은 기능성 식품으로 호전반응이 있습니다. 건강하신 분은 모르고 지나가지만 혹시 드시면서 어떤 반응이 있으시다면 나아지려는 일시적인 반응이니까 크게 걱정하시지 않으셔도 됩니다. 호전반응에 관한 자료를 같이 보내드리오니 참고하시고 전화로 문의해주세요.

○○○님! 안녕하세요?
어제는 갑작스럽게 ○○○님을 방문했으나 저희 회사 ○○○를 구입해주셔서 감사드립니다. 구입하신 ○○○는 탁월한 선택이셨습니다.
매일 꾸준히 드신다면 위장이 좋아지고 비만 문제도 해결해줄 수 있습니다.
○○○ 드시는 방법은 일전에 설명해드렸습니다만 혹시나 해서 다시 한번 설명해드립니다.

(사용방법을 다시 한번 설명)

수많은 건강식품 중에서 저희 회사 제품을 선택해주셨으니 앞으로 평생고객으로 모시며 건강관련 정보를 꾸준히 전해드려 ○○○님이 더욱 건강하시고 예뻐지도록 노력하겠습니다. 제품을 쓰시다가 궁금한 점이나 문의할 사항이 있으시면 언제든지 알려주시면 즉시 연락을 드리겠습니다.
그럼, ○○○님! 햇살같이 밝은 나날, 늘 새로운 기운으로 충만하시기 바라며…….

라일락 향기가 코를 즐겁게 합니다.
○○○님! 정말 감사드립니다.
어제 ○○○님을 처음 뵙던 날 무척 바쁘신 모습이 눈에 선합니다. 첫 방문임에도 불구하고 친절히 맞아주시고 ○○○까지 구입해주셔서 어찌나 기쁘던지요? 다시 한번 감사드립니다.

○○○를 써 보셨는지요? 의문나는 점이나 궁금하신 점이 있으시면 언제든지 불러주세요. 즉시 달려가겠습니다.

건강식품을 통해 우연히 만났지만 늘 바쁘시게 생활하시는 ○○○님께 △△을 선물로 드리겠습니다. 바쁘시더라도 하루 다섯 번 큰 소리로 웃어보세요. 웃음은 의사를 멀리하게 만듭니다.

그럼, ○○○님! 늘 건강하시고 웃음 짓는 일이 많으시기 바라며…….

02_ 가구점의 계약 감사

○○○님.

온 산과 들이 풍요를 자아내는 계절입니다.

수많은 가구대리점 중에서 저희 대리점을 선택해주시고 또한 응접세트까지 구입해주셔서 대단히 감사합니다.

○○○님께서는 집을 새로 지으셨다고 들었는데 정말 축하드립니다. 틀림없이 멋진 주택이리라 생각됩니다. 새로 지으신 집에 저희 가구를 선택해주셔서 영광입니다. 친구 분들을 비롯하여 많은 분들이 축하하러 오시겠군요. 그때 편안하고 안락하게 이야기를 나누시도록 저희 가구가 도움이 되었으면 좋겠군요. 혹시 저희 가구에 불편한 점이 있으시면 언제든지 연락해주십시오. 즉시 해결해드리겠습니다.

그럼 ○○○님, 하시는 일마다 두루 두루 좋은 성과 거두시길 바라며 다시 한번 감사드립니다.

어젯밤에는 강풍이 불더니 오늘 아침은 상쾌한 날씨입니다.

○○○님! 안녕하십니까?

저는 ○○○의 영업사원 ○○○입니다.

다름이 아니라 저희 회사 제품 ○○를 계약해주셔서 진심으로 감사드립니다.

저희 ○○는 올해 유행하는 디자인으로 여러 가지 면에서 호평을 얻고 있으므로 틀림없이 ○○○님을 만족시켜 드리리라 믿고 있습니다만, 만에 하나 불편한 점이 있으시다면 서슴지 마시고 연락해주십시오. 즉시 찾아뵙겠습니다.

저는 ○○○님과의 계약을 소중하게 생각하며 확실하게 지킬 것입니다. 이 계약을 인연으로 저희 회사 제품을 계속 이용해주시길 부탁드립니다.

회사에서도 별도로 감사 엽서를 보내드립니다만, 저 자신 개인적으로 감사의 마음을 전해드리고 싶어 몇 자 적어 올립니다.

그럼 ○○○님, 늘 새로운 날들에 대한 기대가 가득하시길 바라며…….

03_ 교육 업종의 계약 감사

가을 햇살 아래 코스모스가 흔들리는 아름다운 계절입니다.

○○어머님! 어제는 ○○○(책이름)를 구입해주셔서 감사드립니다.

○○이가 구입한 ○○○(책이름)을 잘 보고 있는지 궁금하군요.

혹시 궁금하신 점이 있으시면 연락주세요. 신속하게 처리해드리겠습니다. 지도하시다가 부족한 점은 제가 보완해드리도록 노력하겠습니다. 꼭 연락해주세요. ○○이가 이 책을 통해 창의력 있는 아이로 성장할 수 있도록 늘 기도하겠습니다. 다음 주중에는 새로운 교육정보 자료를 가지고 찾아뵙겠습니다.

그럼, ○○어머님! 늘 건강하시고 행복하세요.

산과 들에서 풍요를 자아내는 계절입니다.

○○어머님! 안녕하십니까?

어제 ○○(책이름)을 계약해주셔서 감사드립니다. 늘 음성으로만 듣던 어머님을 직접 만나뵈니 더욱 반가웠습니다. 아무리 생활이 쪼들려도 아이들 교육에는 아낌없이 투자하시겠다는 어머님 말씀을 듣고 ○○이의 밝은 미래가 보이는 듯했습니다.

구입하신 ○○(책이름)은 탁월한 선택입니다. 활용하시는 도중 궁금하신 점이 있으시면 언제든지 연락주십시오. ○○이가 저희 책을 보며 더욱 넓은 세상을 경험할 수 있으리라 믿습니다.

저는 많은 고객이 도와주신 덕택에 상을 받아 ○월 ○일 3박4일 동안 해외(발리)에 가게 되었습니다. 그곳의 색다른 경험 많이 하고 돌아와서 재미있는 이야기 들려 드리겠습니다.

그럼, ○○어머님! 항상 도와주셔서 다시 한번 감사드리며 만나뵐 때까지 건강하세요.

온통 누런 결실이 넘실대고 있는 풍요로운 계절입니다.

○○○님! 안녕하세요?

지난 주 ○○(책이름)를 구입해주셔서 감사합니다. ○○이가 잘 활용하고 있는지요? 꾸준한 반복과 어머님의 인내가 훌륭한 인격을 가진 자녀로 키우는 밑거름이 됩니다. 하루 짧은 시간이라도 꾸준히 책읽기를 체크해주세요.

어머님이 자녀교육에 높은 열정을 갖고 끊임없이 자녀의 미래를 설계하시는 모습을 보고 저도 본받고 싶어 제 아이에게도 ○○(책이름)를 사주었습니다.

앞으로도 ○○○님의 자녀를 21세기 인재로 키우는 데 도움을 주는 교육정보를 계속 보내드리겠습니다.

그럼, 다시 만나뵐 때까지 안녕히 계세요.

하늘이 무척이나 높아졌습니다.

○○○님! 안녕하세요?

어제 갑작스러운 방문이었으나 저희 회사 월간지 '○○○○' 를 계약해주셔서 감사드립니다. ○○○○는 변화하는 교육에 적합한 상품이며 "눈이 녹으면 물이 된다"는 일반적인 답 이외에 "눈이 녹으면 봄이 된다"는 창의적인 생각을 키워줄 수 있는 좋은 교재입니다.

○○이가 ○○○○의 특징적인 독서지도, 퀴즈상식 모음집을 ○○○님이 부모용 정보지를 좀더 효율적으로 활용할 수 있도록 수시로 만나뵙고 관리해드리겠습니다. 그리고 ○○○님을 제 평생고객으로 모시며 자녀를 21세기 인재로 키우는 데 도움을 주는 교육정보를 계속 보내드리겠습니다. 혹시 동봉하는 교육정보를 받아보실 만한 어머님을 소개해주시면 더욱 고맙겠습니다.

그럼, ○○○님! 늘 건강하고 기쁘고 즐거운 가정을 만드시기 바라며······.

○○○님! 안녕하세요?

국화꽃 향기 가득한 가을의 문턱에서 펜을 드니 새로운 감회가 솟습니다.

잔잔히 미소의 수연이 어머님 얼굴이 떠오릅니다.

처음 뵈었는데도 선뜻 백과사전을 사 주셔서 감사드립니다.

○○○님의 덕분에 판매실적이 높아 시상으로 홍콩에 다녀왔습니다. 여행 중 많은 것을 느끼고 생각할 수 있는 시간을 가졌습니다.

"오래만 하세요. 그래야 인간적이 정이 쌓이니까요"라고 말씀하시던 수연이 어머님! 저는 열심히 하고 있습니다. 그리고 열심히 뛰는 제 모습을 담아 소식 자주 올리겠습니다. 계속 도와주시고 밀어주실 것을 굳게 믿습니다.

다시 만나뵐 때까지 늘 웃음꽃 피우는 아름다운 가정 속에서 사랑과 기쁨이 충만하시기를 바랍니다.

산야가 온통 초록빛 합창으로 어우러지고 있습니다.

○○○님! 안녕하십니까?

저는 ○○교육 ○○지사 영업사원 ○○○입니다.

어제 저희 "○○○생활영어"을 구입해주셔서 대단히 감사합니다.

하루 한 시간씩 꼭 투자하셔서 원하시는 목적을 꼭 이루시기를 바랍니다. 앞으로 얼마나 열심히 공부하고 계시는지 가끔 확인전화드리겠습니다.

사용하시다가 불편하신 점이나 더 알고 싶으신 것이 있으시면 언제든지 연락해주십시오.

그럼, ○○○님! 미래의 꿈을 성취하는 밝은 빛으로 늘 생활하시기 바라며……

P.S. 주무실 때와 일어나자마자 테이프를 무조건 틀어놓으시면 효과가 좋습니다.

아카시아 꽃향기가 코끝을 속삭이며 마음속을 따사롭게 해주는 계절입니다.

○○○님! 안녕하십니까?

저희 ○○교육의 "○○○생활영어"을 구입해주셔서 정말 감사합니다.

교육자로서 그 책임을 다하며 열심히 연구해 좀더 좋은 학습방법과 시대의 요청에 맞게 가르치시려는 ○○○선생님의 깊은 정성에 많은 것을 느끼게 합니다. 사도가 땅에 떨어졌다고 걱정하는 요즈음 ○○○님과 같은 선생님이 있으시니까 우리나라 미래가 더욱 밝아지리라 생각합니다.

아무쪼록 일선에서 학생들에게 좋은 가르침 부탁드리고 앞으로 영어 교육에 필요한 것이 있으시면 연락해주십시오. 최선을 다해 도와드리겠습니다.

직접 찾아뵙기 전에 먼저 이 글로 다시 한번 감사 인사드립니다.

그럼, ○○○님!

"○○○생활영어"와 함께 나날이 발전하시고 늘 건강과 행복으로 가득하시기 바라며……

04_ 미용실 이용 감사

살포시 내리는 봄비가 핑크빛 꽃소식을 전해주는 것 같군요.

○○○님! 오랜만에 저희 미용실을 찾아주셔서 감사합니다. 그런데 오늘따라 손님이 많아 오래 기다리시게 해서 죄송합니다.

○○○님께서는 항상 명랑하시고 화제도 풍부해서 제가 많은 것을 배웁니다. 함께 있으면 시간이 너무 빨리 가는 것 같아 아쉽기만 합니다.

이젠 따님이 중학교 1학년이라 어머니를 잘 도와주겠군요. 마음이 뿌듯하시겠네요. 성장해가는 모습을 지켜보는 것도 즐거우시리라 생각합니다.

○○○님의 가정에 항상 웃음꽃이 만발하시길 진심으로 바라며…….

P.S. 다음에는 오시기 전에 전화 주시면 한가한 시간에 예약해드리겠습니다.

빛나는 태양을 위로하고 싱그런 초록 나무를 바라보면 기분이 상쾌해집니다.

○○○님! 오랜만에 저희 미용실을 찾아주셔서 감사합니다.

어제는 동창회에 참석하신다고 하셨지요? 어떠셨습니까?

오랜만에 많은 동창들과 만나 학생 시절의 추억으로 이야기꽃을 피우며 하루를 즐겁게 보내셨으리라 생각됩니다. 모두들 많이 변하셨겠지요? 그날의 재미있고 흐뭇했던 이야기, 다음에 들을 수 있기를 즐거운 마음으로 기다리겠습니다.

그럼 ○○○님, 늘 기쁨이 가득하시고 행복 또한 가득하시기 바라며…….

P.S. 새로운 마사지 기계가 들어와 선착순 20명에게 무료 체험기회를 드립니다. 원하시면 지금 전화로 신청해주세요.

○○○님!

찌는 듯한 삼복더위에 어떻게 지내고 계십니까?

일전에 저희 미용실에서 권해드린 ○○화장품을 구입해주셔서 감사합니다.

앞으로 제품을 사용하시다가 불편한 점이나 의문점이 생기면 언제든지 연락해주시면 최선을 다해 해결해드리겠습니다.

그 후, 어떻게 사용하고 계십니까?

요즈음과 같이 자외선이 강해지는 계절에는 구입하신 로션을 냉장고에 넣어두었다가 외출 후 로션 팩을 하시면 훨씬 더 좋습니다.

그럼 ○○○님, 맑고 투명한 피부로 다시 뵙기 바라며…….

05_ 보험 업종의 계약 감사

개나리 진달래 만발한 화사한 봄날에 ○○○원장님의 라일락 같은 화사한 미소가 생각납니다.

안녕하세요?

항상 저를 마음으로 격려해주시고 기도를 아끼지 않으시는 ○○○원장님께 항상 고마움을 느끼고 있지만 제대로 표현하지 못해 이 글을 씁니다.

또한 어제는 "○○○○연금보험"을 가입해주셔서 감사드립니다.

요즈음과 같이 위험을 안고 사는 시대에 재해에 대비해서 또 핵가족화 시대에 가장 적절한 상품을 잘 구입하셨다고 생각하며 저로 인하여 앞으로 좋은 행운을 얻을 수 있을 겁니다.

○○○원장님과 운영하시는 교육원에 항상 푸르름과 화창한 꿈과 희망이 넘치시기를 진심으로 바라며…….

○○○○년 ○○월 ○○일

○○생명 ○○영업소 산소 같은 설계사 ○○○ 올림

(☎ 02-594-0000) H.P. 010-111-1111

P.S. 보험증서가 나오는 대로 갖다드리겠습니다.

일렁이는 바다가 온통 나를 부르는 것만 같은 그런 멋진 여름날입니다.

시원한 수박 한 덩어리를 쪼개서 한 조각 ○○○님께 그림으로나마 보내드리오니 시원하게 드시면서 제 글을 읽어주세요.

안녕하세요? 저는 ○○화재 설계사 ○○○입니다.

지난 수요일 저에게 ○○○종합보험을 가입해주셔서 대단히 감사합니다.

○○○님의 협조로 제 영업활동에 기운이 솟구치고 있습니다.

순간의 선택이 평생을 좌우한다고 하는 말도 있듯이 참으로 탁월한 선택을 하셨습니다. ○○화재와 저는 ○○○님께서 결코 후회하지 않으시도록 열심히 노력하겠습니다. 차후에 있을 A/S 관계도 신속하고 말끔하게 처리하고자 하오니 연락해주세요.

그럼, ○○○님! 무더위로 지친 몸과 마음을 즐거운 여름 휴가여행으로 회복되시기 바라며…….

P.S. 휴가여행에 도움이 되는 도로지도를 동봉합니다.

평화롭고 아름다운 제주의 바다가 그리운 나날들입니다.

○○○님! 안녕하세요?

입사한 지 얼마 되지 않아 두려움 반 설렘 반으로 ○○○님을 방문하게 되었습니다. 제가 상품 설명을 하는 모습을 편안한 웃음으로 진지하게 경청해주시면서 따뜻한 격려의 말씀도 함께 해주셔서 감사드립니다.

그리고 함께 계신 다른 직원들에게도 저를 소개해주셔서 상해보험을 5명이 단체로 계약을 할 수 있게 되었습니다. 다시 한번 감사드립니다.

어제는 ○○○님의 사무실이 제게는 파라다이스인 듯 꿈만 같았습니다.

제가 도와드릴 일이 있으시면 언제라도 연락주세요.

그럼, 무더운 더위 속에서 시원한 웃음 늘 간직하시기를 바라며……

○○○사장님! 안녕하세요?

시원한 수박 한쪽이 생각나는 나른한 오후입니다.

지금도 업무로 눈코 뜰 새 없이 바쁘실 ○사장님을 생각하며 이 편지를 씁니다.

어제는 여유가 없으시다면서도 기꺼이 ○○○종합보험에 가입해주셔서 감사드립니다. 시간여유 있으실 때 읽어보시라고 상품 설명서를 동봉하오니 보시고 궁금하신 점이 있으시면 즉시 연락 주세요.

올 여름 휴가는 동해안으로 다녀오신다고 하셨죠? 안전운행, 여유 있는 운전으로 즐거운 추억을 만드는 여행이 하시기 바랍니다.

그럼, ○○○사장님의 사업이 나날이 번창하시기를 바랍니다.

P.S. 동해안 주변 도로지도와 명승지 소개책자를 동봉하오니 참조해주세요.

감사드립니다.

어제 ○○○연금을 계약해주셔서 진심으로 감사드립니다.

가정에 희망과 행복을 약속해주는 이 연금이 오늘을 준비하고 미래를 설계하는 희망이 되기 바랍니다.

○○○대리님! 안녕하세요?

이제 대리님은 저희 ○○생명의 소중한 고객이며 가족이 되어주셨습니다. 그 동안 제게 주신 격려와 도움이 늘 큰 힘이 되었고 감사함이 제 마음속에 소중히 담겨 있기에 제 고객이 되신 것이 더 없는 기쁨이 되고 있습니다.

앞으로 ○대리님의 고객카드를 제 마음이 담긴 일기장처럼 느끼고, 가정의 행복을 늘 축원하는 마음으로 일하고자 합니다. 제가 도와드릴 일이 있으시면 언제라도 연락주세요.

그럼, 늘 새로운 기운으로 충만하기 바라며, 보험증권이 나오는 대로 갖고 찾아뵙겠습니다. 안녕히 계세요.

○○○사장님! 안녕하세요?

긴 장마가 끝나면서 한 여름의 햇살이 너무도 따가울 정도로 뜨겁습니다.

제가 ○○○님을 두근두근한 마음으로 몇 번 찾아뵙기만 했을 뿐인데도 타회사에 계약했던 자동차보험을 제가 관리할 수 있게 해주셔서 대단히 감사합니다. 그리고 회사의 다른 차량까지 저에게 주신다는 말씀에 저는 너무 기쁘고 감사합니다. ○사장님의 지원과 격려에 힘입어 열심히 활동하도록 하겠습니다. 부족한 점이 있으시면 언제든지 지적해주십시오.

○사장님! 하와이로 여름 휴가를 가신다고 들었습니다. 그동안 바쁜 일 때문에 힘드셨던 몸과 마음을 푹 쉬시고 다시 에너지 충전하시어 나날이 번창하시기 바라며……

P.S. 하와이에 가시면 ○○지역에 스파게티가 유명한 음식점(☎ 111-1111)이 있다는군요. 꼭 한번 다녀오십시오.

○○○부장님! 안녕하세요?

찌는 듯한 무더위 속에서 휴가는 즐겁게 다녀오셨는지요?

다름이 아니라 지난주 ○부장님을 방문했을 때 ○○○ 종합보험을 계약해 주셔서 대단히 감사합니다. 한사람을 안다는 것이 얼마나 소중하고 보배로운 것인지 얼마나 제게 자신감을 주는지 또 새롭게 배웠답니다.

마침 저의 판매목표 중에서 ○○○ 종합보험 한 건의 계약이 부족해 고심하고 있던 중 ○부장님께서 도와주셔서 큰 도움이 되었습니다.

늘 도와주시는 고객들을 생각하며 저는 더운 날씨에도 더운 줄도 모르고 열심히 활동하고 있습니다. 보험에 관한 궁금하신 점이 있으시면 언제든지 연락주십시오. 빠른 시간 내에 연락을 드리겠습니다.

○부장님!

늘 베풀어주시는 호의에 감사드리며 앞으로도 변함없는 격려와 도움을 부탁드립니다. 늘 건강하시고 가정에 행운이 함께하시기를….

P.S 그런데 필요한 서류가 있어서 부탁드립니다. 자동차 등록증과 인감증명이 필요하오니 보내드린 서식과 함께 동봉한 봉투에 넣어서 우체통에 넣어만 주십시오. 번거롭게 해드려서 대단히 죄송합니다.

○○○사장님! 안녕하세요?

저는 ○○화재 ○○ 영업소에 근무하는 ○○○입니다.

찌는 듯한 무더위도 머지않아 상큼한 가을에 밀려가듯이 ○사장님의 사업도 점차 번창하리라 믿습니다.

어제 자동차 재계약건을 저에게 연락해주셔서 감사합니다.

그동안 한 번도 재방문을 하지 못했는데 ○사장님께서 먼저 저를 기억해주시고 믿고 불러주셨으니 대단히 감사합니다. 작년 첫 방문했을 때 신문 광고지를 활용한 점 외에는 제가 한 일이 없는데…….

타사와의 재계약까지 해약하시고 저를 도와주신 그 은혜에 보답하기 위해 성실한 관리로써 ○사장님의 계약관계에 조금도 소홀함이 없도록 열심히 노력하겠습니다. 또한 회사의 모든 차량을 한 회사의 보험으로 모으시겠다는 말씀과 직원 상해보험에 관해 상담 또한 감사드리며 모든 자료를 모아서 다음 주 수요일쯤 찾아뵙겠습니다.

　　미리 전화를 드리겠습니다. ○사장님의 편리한 시간을 알려주십시오.

　　그럼, ○○○사장님!
　　아무쪼록 발전과 정진, 건강과 행복이 늘 함께하시기를 바라며…….

　　P.S. 늘 ○사장님의 곁에서 항상 대기하겠습니다. 불러만 주십시오.

　　밤잠을 설치게 하던 열대야도 지나고 아침저녁이면 시원한 바람이 피부에 스치는 걸 보면 이제 가을도 눈앞에 와 있는 듯합니다.

　　○○○님! 안녕하세요?

　　올 여름 휴가는 즐겁게 다녀오셨는지요? 가족 모두 건강하시고 행복하지요?

　　지금도 성공을 위해 부단히 노력하실 ○○○님께 가을의 문턱에 서서 안부 전합니다.

　　지난 4월 29일 저희 ○○화재 ○○○종합보험을 계약해주셔서 다시 한번 감사드립니다. 많은 설계사 중에서 저를 선택해주셨는데 감사인사를 전화 한 통으로 대신해 마음에 걸렸습니다.

　　○○○님을 처음 만났을 때 거북이는 목을 밖으로 내밀었을 때 앞으로 전진한다고 열심히 해보라는 격려의 말씀은 늘 잊지 않고 있습니다.

　　지난 8월 1일자로 자동차보험(책임보험, 종합보험)의 변경 안내를 해드리려고 전화드렸더니 휴가 중이라고 하시더군요. 물론 신문이나 광고를 보셨겠습니다만 다음 주중에 시간을 내주시면 한번 찾아뵙고 자세히 안내해드리겠습니다. 전해드릴 영수증도 있습니다.

그럼, ○○○님!

곧 결실의 계절이 다가옵니다. 건강을 지키셔서 뜻하시는 많은 일들 이루시기를 진심으로 바라며……

○○○대리님! 안녕하세요?

어제는 저희 영업소까지 방문해주시고 운전자 보험에 가입해주셔서 대담히 감사합니다. 이제 ○대리님께서는 교통사고나 일반 상해면에서 마음 푹 놓으시고 열심히 맡으신 직무에 충실하시면 됩니다. 그래도 "약관"은 꼭 한번 읽어보시고 제 명함은 '꼭' 지갑 속에 넣어 가지고 다니시다가 도움이 필요하시면 즉시 연락 주세요.

그럼, ○○○대리님!

늘 "안전운전"하시고 활기찬 하루 보내시기를 바랍니다.

더위에 지쳤던 몸도 활기를 찾아갈 가을의 문턱입니다.

○○○님! 안녕하세요?

지난주 저에게 맡겨주신 공장화재보험은 큰 보람과 용기를 주었습니다.

저를 신뢰해주신 ○○○님께 감사드리며 이러한 신뢰가 더욱더 깊어질 수 있도록 최선을 다해 노력하겠습니다.

아울러 보험에 관한 일이라면 언제든지 저를 찾아주세요. 상해보험, 자동차보험, 연금보험, 화재보험은 물론이고 일반 금융에 관한 일에도 같이 의논해 참여할 수 있기를 바랍니다.

새로운 정보가 나올 때마다 보내드릴 것을 약속드리며 다시 한번 감사의 말씀을 전합니다.

그럼, ○○○님! 막바지 더위 속에서 내내 건강하시고 언제나 인자하신 웃음이 이어지시기를……

P.S. 저는 전직이 은행원이었기 때문에 금융에 밝습니다.

드넓은 바다와 파도가 그리워지는 계절입니다.

○○○님! 안녕하세요?

휴가는 즐겁게 다녀오셨는지요? 검게 그을린 ○○○님의 모습을 빨리 뵙고 싶지만 우선 지면으로나마 감사의 글을 드립니다.

자동차 보험을 계약하는 데에 많은 설계사가 다녀갔지만 저를 기다려주셨다는 말씀을 듣고 참으로 기뻤습니다. 또한 여행을 떠나시기 전 제가 권유해 드린 운전자 보험을 계약해주셔서 정말 고맙습니다.

○○○님의 저를 향한 신뢰로 ○○화재를 선택하여 주신 것이 늘 기쁨이 되도록 최선을 다해 노력하겠습니다. 혹시 궁금하신 점이 있으시면 언제든지 연락 주세요.

그럼, ○○○님! 만나뵐 날을 기다리며 늘 안전운전하시는 행복한 날이 이어지시기 바라며…….

P.S. 약소하지만 조그만 선물을 준비해 다음 주중에 ○○○님을 방문하려고 합니다.

○○○님!

지난 15일 ○○저축예금 3구좌를 가입해주셔서 대단히 감사합니다.

사실 각박한 인생살이에서 조카들의 장래를 생각하셔서 저축해주시는 분들이 많지 않거든요. 감사함과 함께 ○○○님을 존경하게 되었습니다.

벌써 초여름의 햇살이 따갑게 느껴지는 때입니다.

하시는 모든 일 두루 좋은 성과 거두시고 늘 환한 웃음으로 건강을 지키세요. 보험증권이 나오는 날 방문할 것을 약속드리며 먼저 이 글을 통해 다시 한번 감사인사 전합니다. 그럼, 안녕히 계세요.

P.S. ○○저축예금은 우리 회사 인기상품으로 타사 제품보다 많은 혜택이 있습니다. 자세한 내용은 청약서 뒷면에 있습니다.

지금 창밖에는 장대 같은 빗줄기가 메마른 아스팔트 위를 식혀주고 있습니다. 이제 장마도 끝자락에 와 있고 본격적인 더위가 기승을 부릴 때입니다. 더위와 함께 여름 휴가철이 시작될 터인데 ○○○님께서는 휴가 계획을 세우셨는지요?

안녕하세요? ○○화재 ○○대리점 ○○○입니다.

어제 ○○○님의 자동차보험과 더불어 매직차 종합보험을 가입해주셔서 자동차보험관리를 제게 맡겨 주셔서 감사드립니다.

특히 절친한 친구 분이 보험대리점을 하시는 데도 불구하고 저를 믿고 계약을 해주신 데 대해 다시 한번 감사드립니다. 그 은혜를 보답하기 위해 더욱 열심히 관리해드리겠습니다.

앞으로 궁금하신 점이 있으시면 언제든지 연락 주세요. 즉시 해결해드리겠습니다. 앞으로도 새로운 정보가 있을 때마다 알려드릴 것을 약속드리오며 ○○○님의 계속적인 지도 편달을 부탁드립니다.

그럼, ○○○님!
　하시는 사업이 늘 순풍을 만난 배처럼 끝없이 발전하시기를 바라며 ○○화
재 ○○○이 감사하는 마음으로 몇 자 적어 보냅니다.

　들뜬 마음으로 술렁이던 여름 휴가철도 이젠 지나가고 검게 그을린 건강
한 모습으로 서로의 추억을 더듬는, 더위가 한풀 꺾여 시원함을 느끼게 하는
계절입니다.

　○○○사장님! 안녕하세요?
　요즈음 보기 드문 대가족의 정을 충분히 나누시는 가족들을 위해 휴가시
여행자보험계약을 해주시는 ○사장님을 뵙고 저는 새로운 직업관을 갖게 되
었고 자부심을 느끼게 되었습니다.
　특히 많은 설계사 중에서도 저를 선택해 계약해주셔서 대단히 감사합니다.
도와주신 은혜에 보답하기 위해서 더욱 열심히 노력하겠습니다.
　계약당시 ○사장님께서 말씀하신 여러 가지 사업상의 문제점에 대해 여러
방면에서 많은 자료를 준비해놓았습니다. 다음 주중에 찾아뵙고 자세한 안내
를 해드리겠습니다. 저는 막바지 무더위 속에서 ○사장님과의 새로운 만남을
그려보며 들뜬 마음에 시원하게 보내고 있습니다.
　그럼, ○○○사장님!
　항상 건강하시고 늘 활기차시기를 바라며…….

　P.S. 목요일에 전화드릴 때 다음주 사장님의 편리한 시간을 알려주십시오.

아침 출근길 하늘을 쳐다보니 오늘따라 하늘이 더 푸르고 맑아 보입니다.

유난히도 무더웠던 여름은 서서히 계절의 흐름 속에서 잊혀지고 생동하기 좋은 가을이 서서히 다가오는군요.

○○○님! 안녕하세요?

지난주 제게 ○○화재 자동차 보험과 ○○○종합보험을 계약해주셔서 진심으로 감사드리며 8월16일자로 계약하신 자동차종합보험이 잘 입력되었음을 알려드립니다.

혹시 계약기간 동안 변경사항이 있으시면 꼭 연락해주시어 계약변경으로 인한 불이익을 받으시는 일이 없으시길 바랍니다.

○○화재 ○○○종합보험은 차량을 운전하시는 분에게는 꼭 필요한 보험입니다. 자동차종합보험에서 처리되지 않는 여러 가지 단점을 보완한 것으로 ○○○님께서 자동차 운행 중 어떤 사고나 고장, 기타 자동차에 관한 많은 부분에서 무료 또는 보험으로 처리해드립니다. 동봉한 카탈로그를 참조해주시고 ○○○서비스를 이용하셔서 많은 혜택을 받으시기 바랍니다.

○○○님의 위험관리를 제가 맡게 된 것을 다시 한번 감사드리며 항상 ○○님을 생각하는 위험관리자로써 최선을 다할 것을 약속드립니다. 계속해서 ○○화재를 사랑해주십시오. 그리고 주위 사람들을 소개시켜 주신다면 더욱 고맙겠습니다.

그럼, ○○○님!

내내 건강하시고 하시는 일마다 뿌듯한 보람 늘 함께하시기 바라며…….

P.S. ○○○서비스 전화번호를 넣은 스티커를 동봉하오니 차량의 운전석 근처에 붙여두시고 필요할 때 이용하세요.

창밖에 귀뚜라미 소리가 메아리치며 아침저녁으로 차가운 바람이 선뜩 다가온 가을을 느끼게 해줍니다.

○○○과장님! 안녕하세요?

지난번 방문시 감기로 무척 고생을 하고 계셨는데 회복되셨는지 궁금합니다.

첫 개척지라 떨림과 설렘으로 귀사를 방문할 때마다 ○과장님께서는 저를 반갑게 맞아주시고 영업방법에 대한 조언도 해주시고 잘못한 점은 지적도 해주시며 늘 관심을 가져주셔서 대단히 감사합니다.

늘 힘들 때마다 따뜻하고 푸근한 모습의 ○과장님을 생각하며 더욱 열심히 활동하고 있습니다. 늘 감사한 마음은 있으면서도 입 밖으로 옮겨지질 않아 이 글로 감사인사드립니다.

지난주 가입하신 연금보험도 감사드립니다. 이 보험으로 ○○○님의 노후생활이 윤택해지시길 바랍니다. 앞으로도 새로운 정보가 있을 때마다 챙겨드리겠습니다.

그럼, ○○○과장님! 건강하시고 행복한 가정을 이루시기 바라며…….

P.S. 보험증권이 나오는 대로 즉시 찾아뵙겠습니다.

지난 봄에 저의 큰 아이가 심었던 과꽃 씨앗이 싹이 트고 잎이 나고 드디어 오늘 꽃봉오리를 맺었습니다. 잘 자랄 것 같지 않던 것이 우리 식구들의 관심과 사랑 속에서 힘을 얻어 꽃을 맺었나 봅니다.

○○○님! 안녕하세요?

저는 ○○화재에 입사해 일을 시작하여 이제 3개월째가 되어갑니다.

두렵고 떨리던 마음으로 잘할 수 없을 것 같은 마음이 ○○○님의 첫 계약으로 인해 이제 우리집 과꽃과 같이 꽃봉오리를 맺으려 합니다.

모든 것이 ○○○님의 관심과 사랑으로 인합니다. 앞으로는 제가 ○○○님께 관심과 사랑을 드리겠습니다.

그럼, ○○○님! 이유 없더라도 웃으며 기뻐하며 즐거운 나날이 보내시기 바라며…….

P.S. 웃는 데 도움을 줄 유머 뉴스를 동봉합니다.

시골의 버드나무 사잇길이 생각나는 그런 계절이구나.

사랑하는 친구 ○○야! 그동안 별고 없겠지?

전화로만 안부를 묻던 내가 어느 날 갑자기 ○○생명 ○○영업소에 근무하는 설계사라는 명칭으로 전화했을 때 무척이나 놀란 네 목소리가 아직도 생생하구나.

전화로 상품 설명을 해놓고 정말 네가 얼마나 알아들었는지 궁금하구나.

그러나 내 말을 믿고 쾌히 "허니문설계"라는 상품을 가입하겠다고 말했을 때의 내 기분을 너는 모를 거야. 우리 딸들이 허니문설계보험 10년짜리 만기 때가 되면 시집보낼 때 조금은 안심이 되겠지.

아무튼 장기적인 상품을 선택해 가입해준 너에게 다시 한번 고마움을 전한다.

그리고 항상 어려움이 닥쳐와도 너의 격려를 잊지 않고 열심히 노력할게.

다시 한번 고맙다는 말과 함께 사랑하는 친구 ○○의 가정에 늘 기쁨과 행복이 머물기를 진심으로 바라며…….

P.S. 사보와 여러 가지 정보지를 챙겨 보내니 한가할 때 보려무나.

무더운 여름의 열기 속에 오늘도 ○○○부장님께서는 열심히 하루를 보내고 계시겠죠?

지난 5월 26일 ○부장님께서 저희 ○○화재 신상품인 "○○○"을 계약해주셔서 대단히 감사합니다. 이번 계약으로 인해 저는 참으로 많은 보람과 긍지를 느낄 수 있었습니다.

저를 믿고 계약을 해주셨는데 직접 찾아뵙고 감사의 뜻을 전하는 게 예의인 줄 아오나 새로운 기분으로 이렇게 글로 감사의 뜻을 전합니다.

아울러 앞으로 계약하신 상품뿐만 아니라 부장님의 모든 불편과 어려움에 동반자가 되기 원합니다. 언제든지 연락만 주신다면 즉시 찾아뵙고 최선을 다해 도와드리겠습니다.

그럼, 연락을 기다리며 ○○○부장님의 건강과 행복을 바라며…….

P.S. 다음 주에 보험증권이 나오는 대로 갖다드리겠습니다.

존경하는 ○○○사장님!

시원한 물줄기가 그리운 계절입니다. 안녕하세요?

지난 화요일 저희 ○○화재 상품인 "○○○"을 계약해주셔서 대단히 감사합니다.

이번 ○사장님과 저와의 합한 마음속의 소중한 결실은 저에게 감사와 존경의 마음이 새롭게 싹트게 했습니다. 앞으로 ○사장님께서 저에게 보내주신 지도와 격려의 말씀 또한 잊지 않고 소중히 간직하려 합니다.

이제 곧 장마철이 오겠죠? 경영하시는 사업에 지장이 있지 않을까 걱정이 되는군요.

아무쪼록 건강에 유의하시고 늘 ○○○사장님 곁에 제가 있기를 소망하면서 이 글을 통해 다시 한번 감사의 마음을 전합니다.

P.S. 다음 주 보험증권이 나오는 대로 갖다드리겠습니다.

들판마다 모를 심는 농부의 손길이 바쁜 유월입니다.

○○○님! 안녕하세요?
지난 10일 ○○○님과의 첫 계약은 제가 영업을 시작한 이후 가장 가슴 벅찬 순간이었습니다.
땀 흘리며 설명하던 제 모습에 반하셨고 그 땀에 대한 보답으로 여섯 건의 계약을 해주신다는 ○○○님의 말씀을 늘 기억하며 앞으로도 계속 들판에 모를 심는 농부의 마음으로 열심히 노력하겠습니다.
그럼, ○○○님! 하시는 일이 항상 좋은 열매 거둘 수 있으시기 바라며…….

○○○님! 안녕하세요?
늘 두려운 마음으로 귀사를 방문할 때마다 따뜻하게 저를 격려해주시더니 어제는 노후에 편안한 생활을 보장해드리는 "○○○○연금"을 계약해주셔서 대단히 감사합니다.
첫 계약이었기에 저는 밤잠을 이루지 못했습니다. 바쁘신 가운데서도 제 설계를 경청하여 주시고 ○○생명과 저를 믿고 선택해주신 ○○○님을 평생 잊지 못할 것입니다. 보험기간 동안 어떠한 일이라도 최선을 다할 것을 약속드리며 앞으로도 많은 협조와 지도 편달을 부탁드립니다.
그럼, ○○○님! 과로하지 마시고 늘 건강하세요.

아카시아 향이 그윽한 향기로운 계절입니다.
○○○사장님! 안녕하세요?
지난 달 저희 ○○화재 상품인 "○○○"을 계약해주셔서 대단히 감사합니다.

소중한 계약을 해주셨는데 아직도 한번 찾아뵙지 못해 이 글을 통해 우선 감사 인사드립니다.

일전에 전화를 드렸을 때 ○사장님의 목소리가 왠지 낯설지 않은 느낌이 들었습니다. 앞으로 저희 ○○화재에서 나오는 각종 자료를 계속 보내드리겠으며 가끔 안부전화도 드리겠습니다.

특히 이번에 나온 신상품 "○○○"은 안전하고 보람 있는 생활에 도움이 되므로 홍보지를 보내드립니다. 한번 읽어보시고 혹 궁금하신 점이 있으시면 언제라도 휴대폰 010-594-3531로 호출해주세요. 즉시 꿈과 희망을 드리는 목소리로 전화드리겠습니다. 그리고 바쁘신 일과 중에도 2회납을 은행으로 입금해주셔서 정말 감사드립니다.

그럼, ○○○님! 나날이 기쁜 날로 이어지고, 하시는 사업 늘 번창하시기 바라며…….

P.S. 지난주 보험증권을 등기우편으로 보내드렸는데 받으셨는지요?

오후가 되면 나른함을 느끼는 계절입니다.

○○○사장님! 안녕하세요?

경영하시는 음식점은 성수기를 맞아 매일 바쁜 시간을 보내고 계시겠죠? 저 역시 ○사장님의 협력으로 즐거운 영업을 하고 있습니다.

어제 ○사장님께서 수많은 설계사 중에서 저를 택해 "○○○ 교육보험"에 가입해주셔서 대단히 감사합니다.

○○생명의 "○○○교육보험"은 어머님들에게 인기가 좋은 상품입니다. 날이 갈수록 교육비 부담이 커지므로 그 부담을 조금이라고 덜기 위해 꼭 필

요한 상품이기 때문입니다.

앞으로 ○사장님을 저의 특별한 계약자로 모시며 관리해드릴 것을 약속드립니다. 혹시 궁금하신 점이나 제가 도와드릴 일이 있으시면 언제라도 연락해주십시오.

그럼, ○○○사장님! 하시는 사업 나날이 번창하시고 건강과 행복이 늘 함께하시기를 바라며…….

"여름 휴가는 어디로"라는 말들이 들려오기 시작합니다.

어제는 즐거운 마음으로 계약서와 가입설계서를 가지고 ○○○님을 찾아뵙고 좋은 인연을 맺게 되어 대단히 기쁘게 생각합니다.

○○○님께서 가입하신 "○○○ 보험"은 저축성이면서 보장도 평일에는 4,000만 원, 휴일에는 6,000만 원으로 휴일보장을 1.5배 강화하고 2년에 한 번씩 100만 원 목돈으로 여행자금을 쓸 수 있으며 4년에 한 번씩 건강진단자금이 나오는 좋은 상품입니다.

그리고 확정금리 7.5%를 보장한 상품으로 저금리시대에 앞선 상품으로 ○○○님의 현명한 선택에 축하 드립니다.

제 딴에는 힘 닿는 대로 상품설명을 해드리고 완벽한 판매를 했다고 생각하지만 혹시라도 가입하신 "○○○ 보험"에 관해 궁금한 사항이 있으시면 언제든지 연락 주세요. 그리고 저희 영업소 근처를 지나실 때 들러주시면 시원한 음료수라도 함께 나누기 원합니다.

앞으로 다른 보험 상품이나 대출상담은 저에게 맡겨 주시고 주위에 계신 분들도 소개해주신다면 성심 성의껏 도와드리겠습니다.

끝으로 저희 ○○생명의 계약자가 되신 것을 다시 한번 진심으로 감사드리며 ○○○님의 하시는 일마다 순조롭게 이루어지시기를 빕니다.

○○○님! 안녕하세요?

시원함을 전달하려고 노력 중인 ○○생명 생활설계사 ○○○입니다.

지난 금요일 저희 회사의 히트상품인 ○○○○연금에 가입하신 것을 축하드리며 또한 감사드립니다.

시간이 흐를수록 노후에 대한 불안과 각종 사고의 발생이 늘어나고 있는 시대입니다. 이러한 불안한 시대에 ○○○님께서 연금을 선택하신 것은 매우 현명한 판단이라고 생각됩니다. 앞으로 가입하신 보험은 제가 확실하게 관리해드리겠습니다. 혹시 궁금하신 사항이 있으시면 바로 저에게 연락해주십시오.

그럼, ○○○님! 가정의 화목과 건강이 내내 깃들기를 바라며 다음 주중으로 다시 한번 찾아뵙겠습니다.

P.S. 다음 주 보험증권이 나오는 대로 갖다드리겠습니다.

개나리꽃 향기를 담뿍 안고 ○○○님의 회사를 방문하기 시작한 지도 어느새 많은 시간이 흘러갔군요. 그동안의 노력 끝에 귀사의 많은 분들과 가족처럼 친숙해지고 있습니다.

○○○님! 지난주 "○○○ 교육보험"에 가입해주셔서 대단히 감사드리오며 앞으로도 제 힘 다하는 만큼 사후 봉사를 하도록 노력하겠습니다.

저는 지금 계약자 분들께 좀더 많은 정보를 드리고자 대전으로 교육받으러 갑니다. 많은 배움 가지고 돌아와서 밝은 모습으로 "안녕하세요!"를 외치면서 즐거운 마음으로 다시 찾아뵙겠습니다.

그럼, ○○○님! 오늘도 가족과 함께 기쁜 마음으로 마무리하시기 바랍니다.

○○○님! 안녕하세요?

저는 ○○생명 ○○영업소에 근무하는 ○○○입니다.

초목들이 싱그럽게 짙어져 가는 이 계절, ○○○님은 ○○생명의 "○○○○ 종신보험"의 계약자인 동시에 저에게는 소중한 사람입니다.

○○○님의 맑은 미소 속에 밝은 모습을 보노라면 제 마음까지 언제나 기쁨에 넘칩니다. 이렇게 소중한 제 계약자이기에 늘 마음속으로 감사함을 갖고 있으면서도 제대로 표현하지 못한 것 같아 이 글에 제 마음을 담아 보냅니다.

○○○님! 다시 한번 감사드리오며 항상 고객의 입장에 서서 생각하는 설계사가 되도록 노력하겠습니다. 다음 주 화요일 방문할 예정이오니 궁금하신 사항이 있으시면 준비해두세요.

그럼, ○○○님! 나날이 늘 웃음 지으시기 바라며…….

초록 물결에 반항이라도 하듯 태양은 더욱 뜨거워지는 것 같군요.

○○○님! 안녕하세요?

날씨가 더워지면 몸도 마음도 힘들어지는데 ○○○님과의 "○○종신보험"을 계약으로 저는 큰 힘을 얻었습니다.

○○○님! 감사합니다. 앞으로 제가 얻은 힘만큼 ○○○님께도 도움이 되도록 열심히 노력하겠습니다. 이번 계약이 앞으로 큰 결실을 거두는 상품이 되었으면 합니다. 조금 더 저축금액을 늘리셨다고 생각하시고 용돈을 조금만 더 아껴쓰시면 되겠죠?

수고(절약하시고) + 인내(만기까지 참으시고) = 결실(○○생명에서 찾으세요)

그럼, ○○○님!

하시는 모든 일 두루 좋은 성과 거두시고 늘 환한 웃음 지을 수 있으시길 바랍니다.

○○○님! 더운 날씨를 어떻게 보내고 계시는지요?

우선 계약을 축하드리며 이 글을 통해 다시 한번 감사드립니다.

○○○님께서 가입하신 상품 ○○○○는 고액상품으로 노후까지 보장되므로 현명한 선택을 하셨습니다. 틀림없이 ○○○님의 노후는 저희 ○○생명에서 행복과 기쁨을 보장할 것입니다.

앞으로 여유가 생기시면 사모님 앞으로 ○○건강생활이나 ○○연금을 추가하신다면 두 분이 노년에 건강하고 여유 있는 삶을 즐기실 수 있습니다.

혹시 가입하신 상품이나 그 이외의 상품에 관해 의문점이나 더 알고 싶은 사항이 있으시면 언제든지 연락해주십시오. 즉시 답변해드리겠습니다.

그럼, ○○○님! 내내 건강하시고 소원하시는 한의사가 꼭 되시기를 늘 바라겠습니다.

P.S. 여름휴가 피서지나 바둑에 관한 정보를 동봉하오니 참고해주세요.

맑고 푸른 신록의 계절을 맞이하여 ○○○님의 댁내 두루 평안하신지요?

○○○님의 협조로 제 활동도 활력을 얻어 열심히 활동하고 있습니다.

지난주 ○○○님 댁을 첫 방문했을 때 주위 경치가 너무 아름다워 기분이 상쾌해졌습니다. 또한 바쁘신 중에도 제 보험 설명을 들어주시고 이해해주셔서 감사드립니다.

그리고 많은 설계사들의 방문하고 있음에도 ○○생명의 햇병아리 설계사인 저를 선택해주셔서 고액의 ○○연금보험을 가입해주셔서 너무나 감사합니다.

앞으로 ○○○님께서 계약하신 보험 관리를 철저히 해드릴 것을 약속드리며 가정 설계에 도움이 되는 자료를 모아 보내드리겠습니다.

그럼, ○○○님! 늘 기쁨 가득, 행복 가득하시기 바라며 조만간 연락을 드리겠습니다.

○○○님! 안녕하세요?

한낮의 뜨거운 태양이 여름 해변을 떠오르게 합니다.

옷깃을 스치는 인연도 몇백 번의 만남이 있어야 한다는데 ○○○님과 이렇게 좋은 인연이 됨을 하나님께 감사드립니다.

또한 많은 보험회사의 많은 설계사 중에서 저를 선택해 연금보험을 계약해주셔서 대단히 감사드립니다.

○○○님께 많은 도움과 봉사를 할 수 있는 기회를 주셨으니 앞으로 살아가는 데에 여러 면으로 도움이 될 수 있도록 열심히 노력하겠습니다.

특히 보험에 관련된 부분에 있어서 불편한 점이나 궁금하신 것은 저를 꼭! 꼭! 꼭! 불러주세요.

그럼, ○○○님! 건강하시고 항상 즐겁고 희망찬 나날이 계속 이어지기 바랍니다.

추신 : 아무 일이 없을 때에도 불러주시면 즉시 달려가겠습니다.

6월의 베스트셀러 〈사랑과 성공은 기다리지 않는다〉를 보내드립니다. 꼭 사랑과 성공을 찾으시기 바라는 마음과 함께…….

○○○님! 안녕하세요?

행복한 생활을 선사해드릴 수 있는 ○○생명 ○○○입니다.

지난주 "○○연금"을 계약해주신 ○○○님께 감사의 글을 올립니다.

"○○연금"은 정말 잘 선택하셨고 절대로 후회하지 않은 상품으로서 평생 든든한 동반자가 되어 안락하고 풍요로운 노후와 행복을 보장해드릴 수 있는 좋은 상품입니다.

앞으로도 ○○○님을 실망시키지 않도록 성심 성의껏 열심히 활동하면서 자주 찾아뵙겠습니다. 계속 지켜봐주십시오. 궁금한 사항이 있으시면 풀어드리고 새로운 정보도 전해드리며 지속적인 우정으로 ○○○님의 행복한 미래의 인도자가 되어드리겠습니다.

그럼, 다시 만나뵐 때까지 나날이 늘 웃음 가득하시기를 바라며…….

○○○님!

나날이 무더위가 기승을 부리고 있는데 어떻게 지내십니까?

저는 요즈음 계속 양재동 지역을 개척활동하고 있어 ○○○님을 찾아뵙지 못해 죄송합니다. 잠실 쪽은 한 달에 두 번 정도 방문하고 있어 몇 번 연락을 드렸습니다만 자리에 계시지 않더군요.

지난달 저에게 아름드리 연금보험을 가입해주셔서 늦게나마 감사드립니다.

보험계약 이전에 ○○○님의 인간적인 따뜻함에 저는 큰 기쁨과 고마움을 동시에 느끼고 있습니다. 이 인연의 끈을 가지고 생활의 깊이와 활력을 더해 나가면서 제 책임을 다하고자 합니다.

앞으로도 저에게 많은 지도편달과 격려를 부탁드리오며 이번 계약이 주위 분들에게도 파급될 수 있도록 성심 성의껏 관리해드리겠습니다.

그럼, ○○○님! 무더위 속에서 건강에 유의하시고 웃음 잃지 않는 이 여름 보내시기를 바랍니다. 일간 찾아뵙겠습니다.

P.S. 보험증서는 등기우편으로 보내드렸는데 받으셨는지요?

계절을 재촉하던 찌는 듯한 무더위를 시원한 빗줄기가 씻고 간 지금, 늦게나마 ○○○님께 감사의 인사를 드립니다.

지난주 보내드린 보험증권은 잘 받으셨는지요?

저는 ○○○님께서 도와주신 덕분에 큰 힘을 얻어 지금도 열심히 개척활동을 하고 있습니다. 아직은 서툰 병아리 설계사의 틀을 벗어나지 못했지만 ○○○님께서 도와주시니 더욱 열심히 보험의 중요성과 필요성으로 가정생활을 풍요와 즐거움으로 만들어 드리도록 노력하겠습니다.

새로운 자료가 나올 때마다 보내드리고 가끔 찾아뵙고 도움이 되는 정보도 드리겠습니다.

그럼, ○○○님! 하시는 사업 더욱 번창하시고 더운 날씨에 건강 유의하시기 바라며 다시 한번 감사의 말씀을 전합니다.

○○○님!

작렬하는 태양과 함께 신록이 아름다운 계절입니다.

몇 번의 방문 후에 오늘 드디어 열매를 맺어주신 ○○○님을 생각하며 다른 직원들이 퇴근해 텅 비어 있는 사무실에서 감사의 편지를 보냅니다.

○○○님께서 오래된 만남이 아닌데도 저를 믿고 계약해주셔서 더욱 감사드립니다.

늘 처음그대로의 자세로 성실하게 그리고 정열을 가지고 제가 맡은 일에 최선을 다하며 ○○○님에게 실망을 드리지 않도록 열심히 노력할 것을 약속드립니다.

가입하신 ○○○종합보험에 대해 궁금하신 점이 있으시면 연락 주세요. 그리고 앞으로도 각종 보험에 관해 열심히 알려드리겠습니다. 언제라도 불러주십시오.

아무쪼록 ○○○님의 하시는 모든 일에 보람과 기쁨, 그리고 행복이 함께 하시기 바라며…….

이 장마가 끝나면 본격적인 여름이 되겠지요.

○○○님! 안녕하세요?

어제는 제가 보험영업을 시작한 이래 가장 기쁘고 황홀했던 순간이었답니다.

○○○님께서 저에게 화재보험을 가입해주시겠다는 말씀을 듣는 순간 소낙비에 젖어 있던 제 옷이 화재 현장에라도 있는 듯이 한순간에 마르는 느낌이었답니다.

앞으로 지속적인 관리와 새로운 정보제공을 약속드리오며 ○○○님을 평생고객으로 소중히 모시겠습니다. 계속적인 지도 편달을 부탁드리면서 감사하는 마음으로 몇 자 적습니다.

그럼, ○○○님! 무더위 속에서 건강 유의하세요. 그리고 무료함을 재워 드릴 ○○화재 사보를 동봉합니다.

○○○님! 안녕하세요?

무더운 여름날씨에 시간을 내주셔서 저의 ○○화재 매직차 운전자보험에 계약을 해주셔서 대단히 감사합니다. 탁월한 선택을 하셨습니다.

모르는 사람에게 전화로 상담해 계약까지 이루어진 것은 ○○○님께서 제 목소리를 듣고 저를 믿어주신 것으로 생각들어 더욱 감사드립니다.

이제 ○○○님께서 제 고객이 되셨으니 저에 대한 신뢰에 금이 가지 않도록 가끔 안부전화도 드리고 도움이 될 수 있는 자료들도 보내드리겠습니다. 궁금한 것이 있으시면 언제든지 연락 주세요. 성심 성의껏 알려드리겠습니다.

그럼, ○○○님!

늘 안전운전하시고 다음 안부전화드릴 때까지 날마다 기쁨 가득하세요.

P.S. 보험증권은 다음 주에 우편으로 발송해드립니다.

뜨거운 태양이 내리쬐는 한여름날에 ○○○님! 안녕하세요?

어제는 예상 밖의 흔치 않은 계약이 이루어져 몹시 기뻤습니다.

운전자 보험은 반드시 필요한 필수적인 보험임에도 불구하고 계약 성립이 쉽지 않은데 한 통의 전화로 계약을 체결하고 나니 얼마나 흐뭇했던지요.

○○○님의 끊임없는 배려와 도움에 감사드립니다. 늘 고맙다는 말씀을 말로는 많이 했지만 이렇게 못 쓰는 글씨로 제 마음을 보여드리고 싶어 펜을 들었습니다.

○○○님의 협조에 보답해드리기 위해 새로운 정보는 즉시 보내드리고 가끔 문안인사도 드리겠습니다.

요즈음처럼 비가 많이 내리는 시기에는 노련한 운전자라도 시야가 좁아지므로 운전하는 데 많은 어려움을 느낍니다. 자동차 종합보험과 이번에 ○○○ 종합보험에 가입하셔서 다소 안심은 됩니다만 더욱 조심하시고 늘 안전운행하시기 바랍니다.

그럼, ○○○님! 나날이 늘 웃음 짓는 일만 있으시기를 바라며…….

한여름의 더위를 식혀주려고 비가 시원스럽게 퍼붓고 있습니다.

○○○과장님! 안녕하세요?

○과장님께서 도와주신 덕분에 저는 지금 내리는 이 비가 시원하게 느껴진답니다.

어제는 ○과장님께서 계약해주신 고액의 적금과 보장보험을 받아 가는 재미에 건성으로 고맙다는 인사말을 남기고 온 것 같아 이렇게 감사편지를 드립니다.

○과장님! 정말 고맙습니다.

늘 편안한 마음으로 대해주시고 제 서투른 이야기도 경청해주시는 ○과장님은 늘 제게 크나큰 용기와 희망을 주셨습니다. 또한 수시로 여러 가지 방법으로 저를 도와주시는 은혜에 보답하기 위해서라도 최선을 다해 열심히 활동하겠습니다. 더욱 용기 주시고 제가 ○과장님을 도울 수 있는 일이 있으면 언제라도 연락해주십시오. 즉시 달려가겠습니다. 앞으로도 도움이 되실 좋은 정보와 새로운 상품에 대한 자료를 정성껏 보내드리겠습니다.

그럼, ○○○과장님! 늘 행복하시고 건강하시며 하시는 사업 또한 날로 번창하시기를 바랍니다.

빛나는 태양을 위로하고 싱그런 초록의 나무들을 바라보면 기분이 상쾌해집니다.

○○○님! 안녕하세요?

어제는 예고 없이 갑작스럽게 ○○○님을 방문했습니다만 오랜 회포도 풀기 전에 제 입장을 이해해주시고 선뜻 "○○○ 종합보험" 계약부터 해주셔서 대단히 감사합니다. ○○○ 종합보험은 운전자뿐만 아니라 가족들에게도 많은 혜택을 드리는 ○○화재 대표상품으로서 현명한 선택을 하셨습니다.

다음 주중에 귀사 근처를 방문할 예정이라 다시 한번 찾아뵙고 그동안의 사정이나 형편을 두루 살피고 인사드리는 시간을 갖고 싶습니다. 그리고 가입하신 ○○○ 종합보험의 약관도 자세히 설명해드리고자 합니다. 혹시 그전에라도 보험에 관한 문의사항이 있으시면 언제든지 연락 주세요. 즉시 달려가겠습니다.

　그럼, ○○○님! 계속되는 무더위 속에서 건강하시고 하시는 일마다 발전이 있으시길 바랍니다.

　향기로운 꽃내음이 가득한 아름다운 계절입니다.

　○○○님! 어제는 갑작스러운 제 방문에 친절하게 대해주셔서 진심으로 감사드립니다.

　○○○님과는 첫 만남이지만 아주 오랫동안 알고 있는 지인知人과 같은 정을 느낄 수 있었던 것은 ○○○님의 친절함 때문인 것 같습니다.

　지루하고 어설픈 제 설명에도 귀를 기울여 들어주시고 곧바로 제 고객이 되어주신 점 깊이 감사드립니다. 혹 의문사항이나 더 자세하게 알고 싶은 일이 있으시면 언제든지 불러주세요. 즉시 방문해 만족시켜 드리겠습니다.

　그럼 ○○○님!

　언제나 건강하시고 아름다운 나날 보내시기를 바라며…….

　아름다운 신록의 계절이 다가왔습니다.

　○○○주임님! 안녕하십니까?

　직접 찾아뵙고 인사드려야 도리인 줄 아오나 우선 지면으로나마 ○주임님의 생일을 축하드립니다. 가족들과 즐거운 시간을 보내셨겠지요?

　많은 설계사 중에도 저를 선택해주시고 ○○연금에 가입해주셔서 진심으로 감사 드립니다. 종종 서신으로나마 인사드리겠습니다.

그리고 앞으로 저희 ○○생명 신상품도 알려드리고 보험업계 소식도 전해
드리겠습니다. 조만간 ○○○주임님이 근무하시는 회사를 방문하겠습니다.
그때 다시 찾아뵙고 인사드릴 것을 약속드리며…….

○○○주임님!

내내 건강하시고 하시는 일마다 뿌듯한 보람으로 이어지시기를 바랍니다.

P.S. 선물은 작지만 큰 정성을 담아 보내오니 기쁘게 받아주세요.

꽃내음의 향기가 코끝에서 짙게 느껴지는 5월에 제 고객이 되어주신 ○○
○사장님께 감사한 마음을 보내드립니다.

안녕하십니까?

항상 단정한 모습으로 바라보시던 ○사장님을 제 고객으로 모시게 되어 정
말 기쁩니다. 항상 부족하고 그리고 미완성인 듯한 저이지만 늘 배우는 입장
으로 서서 저희 ○○생명에서 지금보다 한층 발전하는 참신한 설계사로 인정
받도록 열심히 노력하겠습니다. 그리로 귀사에서도 늘 성실한 모습으로 정성
껏 안내해드리겠습니다.

끝으로 ○○○사장님의 계획하시는 사업들이 순조롭게 이루어지시기 바
라며 저희 ○○생명의 도움이 필요하시면 언제든지 연락해주십시오.

늘 건강하시며 출퇴근길 항상 차 조심 잊지 마세요.

P.S. 하루 세 번 이상 크게 웃으면 평생 의사를 멀리한다는군요!

초록빛 커튼처럼 희망의 빛깔 신록이 눈부신 계절입니다.

○○○사장님! 안녕하세요?

지난주 한강물산의 김사장님 소개로 마련한 ○사장님의 대출건은 마음의

부담이 무척 컸습니다. 왜냐하면 경쟁자도 많고 선순위 국민은행 융자한도가 높아 추가담보여력이 없었기 때문입니다.

하지만 제가 명함에 새긴 "대출 프리랜서" "바로바로 대출"이라는 문구가 무색하지 않게 최선을 다한 보람이 있어서 기쁩니다.

다른 설계사가 융자가 불가능하다고 판단한 ○사장님의 담보를 가지고 여러 금융기관을 섭외한 결과 한 금융기관에서 사장님의 필요한 자금은 물론 추가로 1억이라는 여유자금까지 신속하게 대출이 가능해 사채 압박에서 이자 부담을 줄일 수 있어 저 또한 이번 일에 대한 보람을 느낍니다.

○사장님! 저희 ○○생명에 월 80만 원의 적금식 상품에 청약해주셔서 대단히 감사합니다. ○사장님께서는 이번 가입으로 만기시 수익금이 은행에 비해 152만 원 정도가 더 늘어납니다.

융자금이 유익한 자금으로 쓰여 하시는 사업이 날로 번창하시기 바랍니다.

그럼, ○○○사장님! 더욱 건강하시고 나날이 복이 가득하시기를…….

○○○님!

초여름 햇살이 너무 강해서 이제 그늘을 더 찾는 계절입니다.

민영이와 관호가 중학교에서 같은 반이 되면서 학부모 회의에 참석하여 ○○○님을 알게 되어 대단히 기뻤습니다. 이러한 인연으로 ○○생명과 저를 믿고 민영이네 가정경제까지 맡겨주신 데 대해 항상 진심으로 감사드리며 마음 든든하게 생각하고 있습니다.

○○○님께서는 1월에 1억을 맡기시고 4월에 이자소득세가 부과된다고 하여 또 1억을 추가하셔서 ○○생명의 고액계약자가 되셨지요.

물론 ○○생명을 믿고 계약은 하셨지만 저를 믿기에 큰 액수를 맡겨주신

줄 알고 열심히 일하겠습니다. 계속적인 지도 편달을 부탁드리며 항상 ○○
○님 가정에 행운의 파랑새 레이디가 되도록 노력하겠습니다.

그럼, ○○○님!

항상 생활이 건강하고 즐거우시기를 바랍니다.

P.S. 다음달 중순경 고액계약자들의 초대행사가 있습니다. 초대장이 나오
는 대로 찾아뵙겠습니다.

06_ 의류 업종의 계약 감사

4월의 꽃향기가 실바람을 타고 옵니다.

○○○님! 안녕하세요?

지난 화요일에 저희 매장을 찾아주셔서 진심으로 감사드리며 그때 구입하
신 모피 코트는 만족하시는지요?

저를 잊지 않고 찾아주신 데 대해 다시 한번 감사드리며 혹시 모피 코트에
이상이 있거나 보관이나 클리닝에 대해 궁금하신 점이 있으시면 언제라도 연
락해주십시오. 최선을 다해 도와드리겠습니다.

꽃이 만발한 아름다운 계절 가방 하나 들고 즐거운 여행 한번 다녀오신다
면 생활에 활력소가 되시겠죠?

그럼, ○○○님! 나날이 늘 희망에 가득 차기를 바라며…….

P.S. 모피 손질법과 보관법 정보를 동봉하오니 참고해주세요.

장마가 끝난다는 일기예보를 들었습니다. 이제부터 본격적인 여름입니다.

○○○님! 안녕하십니까?

어제는 많은 대리점 중에서 저희 대리점을 찾아주시고 상품까지 구입해주셔서 더욱 감사드립니다.

구입하신 원피스는 잘 어울리시는지요? 가지고 계신 핸드백과 잘 어울려서 외출이 즐거우시리라 생각됩니다.

그럼 ○○○님, 언제나 꿈과 희망이 넘치시기 바라며, 이 근처를 지날 일이 있으시면 꼭 들러주시기 바랍니다.

○○○님!

아침저녁 서늘한 날씨가 옷깃을 여미게 합니다.

저희 회사의 가을 정장 제품을 구입해주셔서 대단히 감사합니다.

한 달이 지났는데 입어보셨겠지요? 옷은 잘 맞는지요? 그 제품은 모직을 소재로 만들었으므로 개성적인 ○○○님의 옷맵시를 더욱 돋보이게 해주리라 생각됩니다.

저희들이 권해드린 제품이 ○○○님의 마음에 꼭 들어 언제까지고 즐겨 입으시길 진심으로 바랍니다.

본 모직 제품의 손질법은 다음과 같습니다.

· 부분적인 더러움은 중성 세제에 담갔다가 부드러운 솔로 닦아 내십시오.

· 클리닝할 때에는 모직 제품이라고 지적해주십시오.

만일 조금이라도 불편하시거나 의문점이 있으시면 꼭 연락해주십시오. 즉시 해결해드리겠습니다.

다시 내점하실 때에는 구입하신 정장이 잘 어울리는 모습을 뵙고 싶습니다.

07_ 자동차 업종의 계약 감사

시원한 산들바람이 그리워지는 계절입니다.

○○○님! 안녕하십니까?
어제는 고가의 대형 자동차인 ○○○를 저를 믿고 계약해주셔서 대단히 감사합니다.

타사 제품에 대해서 관심이 있으셨고 또한 저보다 더 많은 부대용품 서비스를 제시한 영업사원이 있었음에도 불구하고 저를 신뢰하시고 더 성실한 활동을 채찍질해주셔서 무어라고 보답의 말씀을 드려야 될지 모르겠습니다.

이상 없는 좋은 차량으로 출고해드릴 것을 약속드리오며 전체 주문량이 많아 일주일 정도 납기가 예상되오니 조금만 기다려주세요.

○○○님! 단지 제품을 사고파는 사람으로서의 관계가 아니라 서로 정을 주고받을 수 있는 가족관계와 같은 친밀함을 유지할 수 있도록 열심히 노력하겠습니다.

그럼, 조만간 다시 연락을 드리겠습니다.

○○○님의 하루하루가 늘 뿌듯한 보람으로 이어지시기를 바라며 이만 줄입니다.

P.S. 여름 휴가 피서지 정보지를 동봉하오니 참고해주세요.

유별나게 심한 더위지만 다가올 가을을 생각하면 기분이 상쾌해집니다.

○○○님! 정말 감사드립니다.
어제 어머님의 소개로 ○○○님을 처음 뵙던 날 무척 바쁘신 모습이 눈에 선합니다. 첫 방문임에도 불구하고 친절히 맞아주시고 ○○○까지 계약해주셔서 어쩌나 기쁘던지요? 다시 한번 감사드립니다.

전달 받으신 자동차는 운전해보셨는지요? 불편하신 점이나 궁금하신 점이 있으시면 언제든지 불러주세요. 즉시 달려가겠습니다.

자동차를 통해 우연히 만났지만 늘 바쁘시게 생활하시는 ○○○님께 큼지막한 ,(쉼표)를 선물해드리겠습니다. 바쁘시더라도 하루 세 번 이상 큰 소리로 웃어보세요. 웃음은 의사를 멀리하게 만들 겁니다.

저도 프로라고 자부했습니다만 ○○○님의 바쁘신 모습을 보니 부끄럽게 느껴졌습니다. 앞으로 한수 가르쳐 주십시오. 저도 열심히 노력해 기억 속에 오래 살아 있는 ○○자동차 도우미가 되겠습니다.

그럼, ○○○님!
여름을 타지 않도록 건강에 유의하시고, 늘 웃음 지으며 결실을 맺으시기 바라며……

팥빙수와 바다가 생각나는 여름! 이 무더위 속에서도 ○○○님의 내일을 위해 뛰는 모습을 생각하며 이 글을 시작합니다.

○○○사장님! 안녕하십니까?
어제 계약해주신 자동차 ○○○는 ○사장님께 꼭 어울리는 현명한 선택이셨습니다. 요즈음처럼 어려워지고 있는 경제사정에 우리나라의 제품을 인정하고 선택해주셔서 감사드립니다.

참으로 인연이란 묘한가 봅니다. 한 통의 전화가 판매로 이어지고 또 그 인연이 또다른 판매로 이어졌으니 말입니다. 저를 소개한 친구이신 ○○○부장님과도 첫 전화 만남으로 자동차를 판매한 고객이었습니다.

5개의 자동차 회사 중에서 저희 ○○자동차를 그리고 수많은 영업사원 중에서 저를 선택해주신 ○사장님께 다시 한번 감사드립니다.

　한번 맺은 고객은 영원한 고객이라는 자세로 차량 폐차 및 대체시기까지 최선을 다해 자동차에 관한 모든 궁금증을 언제나 풀어드리겠습니다. 차량 출고시 3~4일 전에 미리 전화 연락을 드리고 출고에 차질이 없도록 최선을 다하겠습니다.

　그럼, ○○○사장님!
　무더위 속에서도 늘 새로운 기운으로 정진하시기를 바라며 항상 쾌적한 드라이브로 꼭! 꼭! 꼭! 좋은 일만 생기세요!

　○○○님! 안녕하세요?
　지루한 장마에 가끔씩 내비치는 햇살이 여름휴가를 기대하게 하는군요.
　○○○님께서는 올 여름휴가를 어느 쪽으로 가실지 결정하셨는지요? 알려주시면 그 지역에 대한 자세한 도로안내 지도를 구해드리겠습니다.
　○○○님!
　지난 수요일 저에게 ○○○를 계약해주셔서 감사한 마음을 전하려고 펜을 들었습니다. 부품회사의 파업으로 인한 출고에 약간의 차질이 있었던 점 다시 한번 사과드리며 앞으로 자동차의 사용법이나 불편한 점이 있으시면 언제든지 연락해주세요.
　출고 후에도 고객의 입장에서 성심 성의껏 관리해드리겠습니다. 그리고 ○○○님께 도움이 될 정보를 드리고자 매월 통신문을 발송할 예정입니다. 모아두시면 자동차 정비나 My Car 생활에 많은 도움이 되실 겁니다.
　내년 봄 태어날 아가와 함께 세 식구의 충실한 발이 될 하얀 ○○○를 그려보니 마음이 무척 흐뭇해지네요.
　그럼, ○○○님! 늘 건강하시고 가정에 평안과 기쁨이 늘 함께하시기를…….

곧이어 뜨거운 여름 햇살을 예고나 하듯 초여름의 상큼한 나날들이 계속 이어지고 있습니다.

○○○사장님! 안녕하십니까?
어제 대형차인 ○○○를 계약해주셔서 감사드립니다.
어제 돌아가는 길에 갑자기 퍼붓듯이 내리는 비 때문에 빗길 운전 미끄럽지는 않으셨는지요?

제가 어제 오후엔 ○사장님 사무실 주변에 볼일이 있었는데 미리 전화를 주셨으면 저희 지점까지 오시는 수고를 덜 수 있었는데…….
7년 동안 타시던 차를 처분하시고 새 차를 구입하시는 기분이 시원섭섭하시죠? 그래도 그동안 잔고장 없이 오랫동안 타셨으니 저희 자동차의 성능은 인정해주시리라 생각합니다. 새 차가 출고되면 제가 해드릴 수 있는 최상의 서비스를 약속드립니다. 그리고 원하시는 날짜에 차를 타실 수 있도록 잘 준비해놓겠습니다.

차량 출고시 필요한 서류는 미리 알려드렸으니 출고일까지 인도금과 함께 준비해주시면 감사하겠습니다.
그럼, ○○○사장님! 다가서는 무더위에 몸 건강하시고 항상 하루를 만족하게 보내시기 바라며…….

P.S. 출고시 필요한 본인 서류는 인감증명서 4통, 주민등록등본 1통, 주민등록(면허)증 사본 1통이며 연대보증인 서류는 인감증명서 3통, 재산세 과세증명서 3통입니다.

○○○사장님! 안녕하세요?

오늘 제 계약자가 되어주셔서 진심으로 감사드리며 축하드립니다.

부족한 제가 오늘 이만큼 성장한 것은 항상 도와주시고 격려해주시는 ○사장님 덕분이라고 생각하며 감사드립니다.

오늘의 이 계약이 저에게는 영광이요, 저를 아껴주시는 ○사장님에게는 기쁨으로 보답하고자 합니다. 앞으로 고객감동 한 차원 높은 서비스로 모시겠습니다. 한 번 맺은 인연, 평생 고객으로 모실 수 있도록 행복지킴이로서 최선의 노력을 다하겠습니다.

그리고 만나면 만날수록 정이 드는 사람, 항상 가슴에 남는 사람이 되도록 노력하겠습니다.

그럼, ○사장님! 내내 건강하세요.

○○○님! 안녕하세요?

어제는 "과연 계약을 하실까?" 의심하며 확신 없이 방문했는데 저를 보시자마자 선뜻 자동차 계약을 해주셔서 대단히 감사합니다.

주문하신 ○○는 예시 현황으로 볼 때 다음 주 수요일쯤 출고될 것 같습니다. 빠른 시간 내에 전달될 수 있도록 현황을 봐가며 자주 연락을 드리겠습니다.

부탁드린 서류가 준비되시면 곧 불러주십시오. 곧 처리해드리겠습니다.

복잡하고 각박한 사회에서 누구를 신뢰한다는 것이 쉬운 일이 아닌데 그 많은 영업사원 중에서 저를 믿고 계약해주셨으니 주문하신 ○○○가 폐차될 때까지 열심히 관리해드릴 것을 약속드립니다. 또한 자동차에 관한 한 신뢰받는 영업사원으로서 최선을 다하겠습니다.

그럼, ○○○님!

전반적인 경기 침체로 인하여 하시는 사업에 어려움이 있으시겠지만 늘 도전과 성취로 이어지시기를 바랍니다.

○○○님! 안녕하세요?

○○○님의 깊은 사랑과 관심으로 믿음과 신뢰 속에 꿋꿋이 성장해가는 ○○자동차 영업사원 ○○○입니다.

어제 계약해주신 ○○○는 다음 주초(7월22일경)에 출고될 예정입니다. 미세한 사항까지 점검하여 100% 하자 없는 차를 보내드리려고 노력하고 있습니다. 아무쪼록 저를 통해 자동차를 구입해주신 ○○○님께 감사드리며 ○○○님을 저의 최고 고객, 평생고객으로 모시겠습니다.

기온 차가 심한 장마철 부디 건강하시고 자동차를 보실 때마다 저를 기억해주십시오. 출고 전날 다시 연락을 드리겠습니다.

그럼, ○○○님! 신형차 ○○○와 함께 자연을 마음껏 즐기시는 올 여름 휴가 보내시기 바라며…….

가로수들이 나뭇잎을 모두 떨어내고 겨울 준비를 끝냈습니다.

○○○님! 안녕하십니까?

많은 자동차 세일즈맨 중에서 저를 선택해주시고 자동차를 구입해주셔서 대단히 감사합니다.

오늘쯤이면 쾌적한 드라이브를 즐기시리라 생각됩니다만, 혹시 주말에 야외를 달려보셨습니까?

자동차를 다루는 방법에 대해서는 일전에 설명해드렸습니다만 1개월 후에 한번 더 복습하시는 것이 후에 도움이 되리라 생각되오니 시간이 나실 때 꼭 한번 더 들러주십시오.

그럼 ○○○님! 항상 양보 운전과 안전 운행을 부탁드립니다.

08_ 전자 업종의 구입 감사

사방에서 풍기는 봄내음에 코끝이 시릴 지경입니다.

○○○님! 안녕하신지요? 저는 ○○전자 주부사원 ○○○입니다.

우선 저희 회사 ○○세탁기를 구입해주신 ○○○님께 깊은 감사를 드립니다.

○○세탁기를 사용해보셨는지요?

사용해보셨다면 기존 세탁기보다 성능이 월등하다는 것을 아셨을 것입니다. 저희 ○○○세탁기는 세탁력이 뛰어나서 세제를 조금만 사용하셔도 됩니다. 그리고 제가 설명해드린 것처럼 찌든 빨래, 특히 아이들 양말 때가 쏙쏙 잘 빠질 것입니다.

많이 사용해보시고 이웃은 물론 친척, 친지 분들께도 널리 소개해주시면 감사하겠습니다. 혹시 사용하시다가 궁금한 점이나 문제가 있으시면 언제든지 연락해주셔요.

그럼 ○○○님! 날마다 기쁨과 행복이 넘치시길 빌며 지나는 길에 들러주시면 따뜻한 커피 한잔 대접하겠습니다.

추신 : 참! 토막 상식 한 가지 알려드릴게요.
와이셔츠나 흰옷에 묻은 볼펜 자국은 물파스를 뿌려 천으로 두드리면 깨끗이 지워진답니다. 활용해보셔요.

가을도 제법 깊어가고 밤에는 한기마저 느껴지는 이때 ○○○님께서는 몸 건강히 지내고 계신지요?

지난주 비 오는 날인데도 아침 일찍 저희 점포에 오셔서 냉장고를 구입해 주셔서 진심으로 감사드립니다.

○○냉장고의 작동은 잘 되는지요?

○○○님께서는 타사 제품과 많은 비교 끝에 구입 결정을 하셨으므로 ○○○냉장고를 사용해보시면 틀림없이 만족하시리라 생각합니다.

가족들도 만족하시는지요? 특히 남편께서 생선회를 즐기신다고 하셨는데 횟감을 미리 냉동실에 넣어두시면 도움이 되실 것이라 봅니다.

그런데 냉동실엔 많은 식품들을 채워 놓으면 냉동기능이 떨어지므로 다소 공간에 여유 있는 것이 좋습니다.

사용하시다가 불편한 점이 있거나 만에 하나 어떤 불만스러운 점이 있으면 개의치 마시고 연락해주시기 바랍니다. 제품의 애프터서비스에 대해서는 회사에서도 만전 태세를 갖추고 있지만 담당인 저도 책임을 다하겠습니다.

앞으로 새로운 상품이나 도움 되는 정보가 있으면 다시 알려드리겠습니다.

그럼, ○○○님! 날마다 웃음 지으시기 바라며…….

○○○님! 안녕하셔요?

지난주에 저를 믿고 전자레인지를 구입해주셔서 대단히 감사합니다.

잘 사용하고 계신지 궁금해서 이렇게 글을 씁니다.

전자레인지는 요리하기도 간편하지만 무엇보다 생활의 편리함을 더해주는 제품이랍니다.

요즈음 날씨가 더워 빵이나 설탕 등이 눅눅해지는데 이럴 때 전자레인지에 넣고 '강'에서 30초마다 확인하면서 부드러워질 때까지 가열해보셔요. 아주

보송보송해진답니다.

전자레인지를 배달할 때 충분한 시간 동안 실습·설명해드려야 하는데 저의 바쁜 스케줄로 인해 짧은 시간 동안 여유 없이 실습을 해드려 대단히 송구스럽습니다.

원하신다면 다시 시간을 내어 ○○○님을 찾아뵙고 전자레인지 사용법을 좀더 상세히 알려드리겠습니다.

혹 전자레인지를 사용하시다가 불편한 점이 있으시면 주저하지 마시고 언제라도 전화 연락해주서요. 즉시 달려가겠습니다.

그럼 ○○○님, 건강에 유의하시고 가정에 늘 기쁨과 감사가 넘치시기 바랍니다.

○○○님! 안녕하세요?

지난주 구입하신 최신 VTR은 만족스러운지요?

타 제품과 비교도 아니하시고 저를 믿고 구입해주셔서 감사드립니다.

항상 인생을 즐겁게 사시는 ○○○님의 모습을 보면 저도 덩달아 기분이 좋네요. 언제나 깨끗하고 아름다운 화면을 간직하기 위해서는 월 1회 클리닝 테이프로 헤드를 청소해주서요.

근일 중에 찾아뵈어 VTR의 사용법에 대하여 다시 한번 설명해드리겠습니다. 그전에라도 의문 나는 사항이 있으시면 전화해주세요.

그럼 ○○○님, 하시는 사업이 날로 번창하고 항상 사랑과 행복이 충만하기를 진심으로 기원합니다.

09_ 중장비 업종의 계약 감사

○○사장님! 안녕하세요?

지난주 구입하신 장비는 잘 사용하고 계신지요?

제 딴에는 가격이나 제품의 성능 등 모든 점이 ○사장님께 흡족하리라고 봅니다만 혹시 불편한 점이 있으신지요?

한번 고객은 영원한 고객임을 명심하고 특히 사후관리만큼은 제가 열과 성의를 다해 도와드리겠습니다. 사용 중 불편하신 점이 있으시면 언제든지 연락해주십시오. 가능한 한 빨리 조치해드리겠습니다.

장마철도 이제 끝났으니 ○사장님의 사업도 더욱 바빠지리라고 생각됩니다. 뙤약볕 내리쬐는 무더운 여름에 현장에서 고생하시며 사업 번창을 위해 힘쓰시는 사장님의 얼굴이 눈에 선합니다.

○○○사장님! 무더위에 몸 건강하시고 하시는 사업 날로 번창하시기를 바랍니다.

P.S. 저와 저희 회사를 믿고 구입해주신 ○사장님께 다시 한번 깊이 감사드립니다.

○○○사장님! 안녕하세요?

저는 ○○중공업 크레인 영업부에서 근무하고 있는 ○○○입니다.

○○○사장님!

저희 ○○중공업의 대표적인 제품인 무정전차에 관심을 보여주시고 또한 계약까지 성사시켜주셔서 대단히 감사합니다. 앞으로 이 고마움을 마음 속 깊이 간직하고 ○사장님께서 사업하시는 데 차질이 없도록 도와드릴 것을 약속드립니다.

참고로 제품에 대한 "사용설명서"와 "부품사양서"를 동봉하오니 도움이 되었으면 좋겠습니다. 혹시 저희 장비를 사용하시다가 이상이 있거나 사용법에 의문이 있으시면 언제든지 연락주세요. 즉시 A/S 조치를 취해드리겠습니다.

앞으로도 변함없이 ○사장님과의 만남을 계속하며 서로의 발전에 도움이 되도록 최선을 다해 노력하겠습니다.

다음 만남을 기약하면서 항상 ○사장님께서 추진하시는 사업들이 나날이 발전하시고 늘 건강하시기를 바랍니다.

P.S ○사장님을 보고 싶은 마음으로 시 한 수 보내드립니다.

서시   윤동주

죽는 날까지 하늘을 우러러 한 점 부끄럼이 없기를
잎새에 이는 바람에도 나는 괴로워했다.
별을 헤는 마음으로 모든 죽어가는 것을 사랑해야지
오늘밤에도 별이 바람을 스치운다.

○○중공업 가족이 되신 ○○○사장님! 안녕하세요?

많은 어려움 속에서 저희 ○○중공업과 저와 인연을 맺어주시고 새로운 가족이 되어주신 ○○○님께 이 글로 다시 한번 고마움을 전합니다.

지난 3월 ○○중공업의 영업인으로 처음 인사드렸을 때 ○사장님과 직원들이 그동안 저희 장비에 대한 불신과 전임자에 대한 감정을 제게 토로하시면서 다시는 우리 장비를 구매하지 않겠노라고 말씀하셨을 때에는 무척이나 당황하고 힘들었습니다.

다섯 번 방문할 때까지도 ○사장님께서는 제게 눈길 한번 주시지 않아서

서럽기도 하였지만 말로서가 아니라 마음으로 영업을 하겠노라고 다짐하며 꾸준히 방문한 결과 ○사장님께서는 제 말을 믿고 계약을 해주셨습니다. 정말 감사합니다.

앞으로도 ○사장님의 마음을 영원히 기억하며 제가 약속한 모든 일들을 차질 없이 실천할 것을 약속드리며 더욱더 친절과 최상의 서비스 정신으로 정성껏 모시겠습니다. 혹시 사용하시다가 문제점이 생기면 저에게 꼭 연락 주세요.
○○○사장님!
항상 힘찬 나날 속에 귀사의 번창에 ○○중공업이 함께할 수 있기를 바라며 무더운 여름철 모쪼록 건강에 유의하시기를 바랍니다.

밤과 낮의 기온 차가 피부 깊숙이 느껴지는 요즈음,
○○○사장님! 건강하신지요?
지난달 저희 ○○중공업의 고객이 되어주셔서 대단히 감사드립니다.

출고한 ○○를 사용하시는 데 불편한 점은 없는지요? 불편한 점이 있으시면 언제든지 연락해주세요. 빠르게 조치를 취해드리겠습니다.
○사장님께서 ○○를 구입하신 후 동종업체에 많은 홍보가 되어 상담이 꾸준히 이어지고 있습니다. 다시 한번 감사드립니다.
그리고 ○사장님께서 저희 장비와 더불어 더욱 사업이 번창하셔서 보다 나은 장비, 필요한 장비가 생기도록 늘 기도하고 있습니다.
새로운 자료가 나올 때마다 보내드리고 가끔씩 찾아뵈면서 시장동향이나 도움이 되는 정보를 드리겠습니다.
그럼, ○○○사장님!
모쪼록 발전과 정진, 건강과 행복이 늘 함께하시기를 기원합니다.

벌써 여름의 진한 맛이 느껴지는 이때, ○○○사장님! 안녕하세요?

어제 저희 ○○중공업의 Airman Comp를 구입하여 주셔서 대단히 감사합니다.

제 마음 같아서는 ○사장님께서 요구하는 부속품을 추가적으로 드리고 싶었지만 기본사양 구입 때문에 사장님 요청을 받아드리지 못해 마음이 안타깝습니다.

○○○사장님!

이제부터 저는 부모가 딸을 시집보내면 항상 관심을 갖듯이 저희 장비가 사장님 사업에 반드시 일조가 되어 사장님의 구입 결정이 옳았다는 것이 증명되도록 최선을 다해 노력하겠습니다. 물론 정기적인 순회 서비스와 추가적인 고객관리도 열심히 하겠습니다.

○○○사장님!

아무쪼록 하시는 일마다 순풍에 배가 가듯이 좋은 열매 맺으시고 가내 두루 평안하시기를 바라며……

○○○사장님!

여름 휴가를 어디에서 보낼까 하는 계절이 다가왔습니다.

우리가 알게 된 지도 어언 2년이 넘었습니다만 늘 자상하게 대해주시는 ○사장님께 따뜻한 마음조차 제대로 전하지 못해 이렇게 펜을 들었습니다.

저희 ○○중공업 제품을 구입하실때 관련법규 내에서 처리할 수밖에 없는 저희 입장을 충분히 아시면서도 이번에 저희 회사와 계약하여 여러모로 도와주셔서 진심으로 감사드립니다.

저희는 최선을 다해 제품의 품질 및 성능은 물론 납기 이전에 장비를 납품하여 ○사장님의 고유 사업에 최대한의 지원을 아끼지 않겠습니다.

더운 여름에 건강 유의하시고 거리상의 제약 및 개인적인 게으름으로 자주 방문을 못해 죄송합니다만 이해해주시리라 믿으며 중간검사 때에는 ○사장님을 직접 모시고 공장에 가도록 하겠습니다.

그럼, ○○○사장님! 하시는 일마다 번창하시기 바라며……

P.S. 중간검사는 9월 중순경에 있을 것입니다. 정확한 날짜가 나오면 연락을 드리겠습니다.

10_ 화장품 업종의 구입 감사

온갖 꽃들이 만발하여 곳곳마다 꽃들의 축제로 아름다운 계절입니다.

○○○님! 안녕하십니까?

저희 ○○○화장품 "○○○세트"을 구입해주셔서 대단히 감사합니다.

매일 꾸준히 쓰신다면 피부에 스며드는 순간 마음과 피부가 동시에 휴식하고 피부가 더욱 윤택해집니다.

(상품 사용방법을 다시 한번 설명)

제품을 사용하시다가 언제라도 불편한 점이나 의문점이 있으시면 연락해주십시오. 최선을 다해 해결해드리겠습니다.

수많은 화장품 중에서 저희 ○○○화장품을 선택해주셨으니 앞으로 평생 고객으로 모시며 꾸준히 피부관리도 해드리며 미용관련 정보를 꾸준히 전해드려 ○○○님이 더욱 예뻐지도록 노력하겠습니다.

그리고 저희 사무실을 지나시는 걸음이 있으시면 들러주세요. 맛있는 커피 한잔 대접하겠습니다.

그럼, ○○○님! 날마다 나날이 기쁘고 보람 있게 보내시기 바라며……

P.S. 봄바람과 자외선이 강한 요즈음 팩의 사용이 많으실 텐데 팩은 냉장고에 보관하셨다가 사용하시면 더욱 효과가 좋습니다.

○○○님! 안녕하십니까?

싱그러움과 산뜻한 꽃들의 내음을 맡으면 어디론가 가고 싶은 계절의 여왕 5월입니다.

늘 저희 ○○○화장품을 애용해주셔서 감사드립니다. 좋은 제품을 구입하셨으니 꾸준한 제품 사용으로 맑고 투명한 피부를 유지하시기 바랍니다.

우리의 만남은 ○○○화장품으로 인해 더욱 뜻깊은 만남이 되었고 계속적인 만남을 통해 ○○○님의 인간적인 매력에 더욱 이끌리고 있습니다.

저를 늘 도와주시는 ○○○님의 기대에 어긋나지 않도록 자주 연락을 드리고 찾아뵙고 고운 피부, 깨끗한 피부, 건강한 피부를 간직하실 수 있도록 열심히 노력하겠습니다.

그럼, ○○○님! 늘 기쁨 가득, 행복 가득하시기 바라며…….

꽃내음이 물씬 풍기는 향기로운 계절입니다.

○○○님! 안녕하세요?

지난주 저희 ○○○화장품 "○○○"를 구입해주셔서 감사드립니다.

그리고 일주일 동안 제품을 사용해보신 후 좋은 반응을 보여주셔서 저는 행복합니다. 앞으로도 자주 찾아뵙고 좋은 제품으로 ○○○님 가까이에서 깨끗하고 아름다운 피부를 유지하실 수 있도록 더욱 열심히 노력하겠습니다.

그럼, ○○○님!

하시는 사업이 번창하시며 나날이 아름다워지시기를 바랍니다.

P.S. 구입하신 스킨은 냉장고에 넣어놓고 쓰시면 더욱 효과가 좋습니다.

영산홍 꽃잎이 빠알간 립스틱을 연상시키며 흐드러지게 피어 있는 계절에 ○○○님께 한 장의 마음의 편지를 띄워 봅니다.

　　안녕하세요? 자주 전화로 인사를 드렸지만 글을 쓰기는 처음이네요.

　　우선 지난주 저희 ○○○화장품을 구입해주셔서 감사합니다. 제품 사용 후 좀더 예뻐진 ○○○님을 빨리 보고 싶습니다.

　　그리고 솜사탕보다 더 희고 백설공주보다 더 예쁜 따님 애정이의 첫돌을 축하드립니다. 애정이의 재롱으로 ○○○님 가정에는 활짝 핀 꽃들만큼이나 행복이 가득하겠지요?

　　다음 주 화요일쯤 한번 찾아뵙고 ○○○님의 제품사용법을 점검해드리겠습니다. 오전, 오후 중 편리한 시간을 알려주시면 그 시간에 맞추어 방문하겠습니다. 앞으로도 저희 회사에서 나오는 좋은 제품들을 많이 소개해드려서 항상 아름다움을 추구하는 ○○○님의 좋은 친구가 되어드리겠습니다.

　　그럼, ○○○님!

　　보석 같은 애정이의 재롱으로 늘 웃음꽃 피시길 바라며…….

　　P.S. 애정이 돌 선물로 유아용 '베베' 로션을 보내드립니다.

　　꿈과 희망이 가득한 계절 5월에 ○○○님께 감사의 마음을 지면을 통해 전합니다.

　　항상 저희 ○○○화장품을 애용해주시고 부족한 저를 믿고 도와주신 점 다시 한번 감사드립니다.

　　○○○님!

　　저와 그리고 ○○○화장품과 함께 인연의 꽃을 피운 지도 벌써 몇 개월이 지났습니다. 처음 ○○○님을 만났을 때에는 얼굴에 잡티가 꽃처럼 피었는데 지금은 거의 없어져 장미꽃같이 아름다운 피부가 되었군요. 앞으로도 우리함께 좋은 동반자가 되어 또 다른 꽃을 피워 봅시다.

다음 주 ○○○님 댁 근처를 방문할 예정입니다. 서로 만나 따뜻한 차 한잔을 앞에 두고 대화할 수 있는 시간이 있었으면 좋겠습니다. 미리 전화연락을 드리겠습니다.

앞으로도 변함없는 지원을 부탁드리오며 ○○○님의 도움으로 제가 팀장으로 진급되었음을 보고드립니다.

그럼, ○○○님!
늘 화사한 모습으로 주위 사람들을 즐겁게 해주는 ○○○님이 되시기 바라며……

P.S. 제가 집에서 직접 담은 대추차를 가지고 찾아뵙겠습니다.

11_ 인사차 방문시 뜻밖의 주문을 받은 경우의 구입 감사

소나기 그치면 일제히 들려오는 매미 울음소리, 이제 본격적인 여름입니다.

○○○사장님!
어제는 면담 시간을 할애해주시고 뜻밖에 저희 ○○제품에 대한 주문을 ○○○○개나 받게 되어 말할 수 없이 기뻤습니다. 정말 감사합니다. 회사로 돌아온 즉시 보고 드렸더니 저희 상무님께서도 무척 기뻐하셨습니다.

납품은 본사에 재차 확인해보았습니다만 역시 30일이 될 듯합니다. 입하하는 대로 책임지고 납품시켜 드리겠습니다.

○○제품의 대량 주문에 대해 거듭 감사드립니다.

그럼 ○○○사장님, 무더위 속에서도 늘 새로운 기운으로 정진하시기 바라며……

12_ 부하사원의 고객에게 상사가 보내는 계약 감사

뜰에는 채송화며 붉은빛 칸나 꽃이 한창입니다.

○○○님! 안녕하십니까?

저는 이번에 ○○생명 ○○○영업소에 소장으로 부임한 ○○○입니다.

항상 저희 ○○생명을 사랑해주시고 ○○○설계사를 물심양면으로 도와주신 은혜에 감사드립니다.

여러분의 은혜에 조금이라도 보답하고자 앞으로는 더욱더 계약자 여러분에 대한 철저한 봉사 체제를 확립하고자 합니다. 의문 나시는 일이나 필요한 내용이 있으시면 언제든지 연락해주십시오. 신속하고 친절히 안내해드리겠습니다.

P.S. 다음 주 보험증서가 나오면 가지고 ○○○설계사와 함께 찾아뵙겠습니다.

가을 햇볕 아래 코스모스가 흔들리고 있습니다.

○○○사장님! 안녕하십니까?

저는 ○○주식회사의 ○○○ 상무입니다.

언제나 저희 회사를 성원해주셔서 감사합니다. 어제 영업부의 ○○○군에게 저희 회사제품 ○○○을 대량 주문해주셔서 정말 고맙습니다. 기대에 어긋나지 않도록 당사에서도 만반의 준비로 조치하겠습니다.

○○○군은 신입사원이라 아직은 여러 가지로 미숙합니다만 책임감이 강하고 항상 노력하는 장래성이 있는 사원입니다. ○○○사장님처럼 훌륭한 분과 만나게 되어 본인에게도 많은 도움이 되었으리라 생각합니다. 앞으로도 따스한 지도 편달을 부탁드리며 ○○○사장님의 무궁한 발전을 기원합니다.

맑고 높은 가을 하늘에 한들거리는 붉은 코스모스가 더욱 가을의 정취를 물씬 풍기는군요.

○○○사장님! 안녕하십니까?
저는 ○○자동차 ○○지점장 ○○○입니다.
먼저 찾아뵙고 인사드리는 것이 도리이나 우선 이렇게 서신으로 인사드립니다.

2주 전 저희 지점의 영업사원 ○○○대리를 통해 중형차 ○○○를 구입해주셔서 진심으로 감사드립니다.
출고한 후 운행하시면서 어떠셨는지요? 차에 불편하신 점이 있으시면 언제든지 저나 ○대리에게 연락주시면 가능한 빨리 해결해드리겠습니다. 뿐만 아니라 사장님의 자동차 생활에 안전함과 즐거움을 드리기 위해 아낌없는 노력을 경주할 것입니다.

저희 지점의 ○대리를 잠깐 소개해드립니다. ○대리는 젊음과 패기가 넘쳐흐르며 누구보다도 예의 바르고 성실한 스물아홉 살의 직원입니다. 그러나 아직은 부족한 점도 많아 다듬어야 할 부분도 많다고 생각합니다. ○사장님께서 자제 분을 가르치듯이 저희 ○대리를 계속 지도 편달해주시기 부탁드립니다.
그럼, ○○○사장님! 건강에 유의하시고 하시는 사업에 무궁한 발전을 기원합니다.

13_ 법인 고객에 대한 계약 감사

어느새 성큼 다가선 봄기운을 느낍니다.

○○○부장님! 안녕하십니까?

저는 ○○○주식회사 영업부 ○○○과장입니다.

나날이 발전하는 귀사의 소식을 접할 때마다 저는 한없이 기쁩니다.

지난주 저희 회사에 각별한 후원을 해주시어 진심으로 감사드립니다. 주문 계약이 이루어졌을 때 제 마음은 기쁨과 감사로 가득 찼습니다. 특히 귀사와 같은 일류 기업과 거래할 수 있었다는 점에서 저희들은 자신감을 얻어 앞으로 더욱더 노력하리라 다짐하고 있습니다.

제품은 지정하신 기일에 틀림없이 납품하겠습니다. ○○는 저희 회사에서도 자신 있게 권해드릴 수 있는 자랑할 만한 제품이므로 틀림없이 만족을 드릴 것입니다. 다시 한번 감사의 말씀을 전합니다.

이번 주문을 인연으로 앞으로도 계속적인 지도 편달을 부탁드리며 먼저 글로나마 감사드립니다.

그럼, ○○○부장님과 귀사의 계속적인 번창을 바라며…….

14_ 취미 활동에 열성적인 고객의 경우에 대한 구입 감사

○○○님!

오늘 저희 영업소까지 찾아오시어 ○○를 구입해주셔서 정말 감사합니다.

○○○님께서는 낚시를 좋아하신다는 말씀을 들었습니다. 가끔은 월척도 잡으신다니 얼마나 즐거우시겠습니까?

바다에서의 낚시는 맑은 공기와 더불어 마음까지도 편안해지리라 생각됩니다. 다음에 내점하실 때 낚시 이야기 많이 들려주십시오.

즐거운 마음으로 기다리고 있겠습니다.

그럼, ○○○님의 가정에 늘 기쁨과 행복이 가득하시기 바라며…….

P.S. 신문에 나온 유명한 낚시터 정보를 동봉합니다. 이미 아시는 곳인지요?

15_ 새해 첫 구매 고객에게 감사

○○○님!

파릇한 생명을 잉태하고 있는 겨울 땅을 생각하며 2003년의 첫 고객이 되어주신 ○○○님께 깊은 감사드립니다.

'새해를 맞아 꿈·희망·새로운 기회가 가득하시길…….'

지난해 ○○○님과의 뜻깊은 만남은 풍요의 곳간을 채움과도 같았습니다. 저희 대리점 전 직원은 어제처럼 내일도 주어진 일에 사명감을 가지고 늘 배우는 마음으로 최선을 다하겠습니다.

그럼 올해에도 변함없는 관심과 성원을 부탁드립니다.

전화 주문에 대한 감사 편지

○○○님!

유난히 무덥던 더위가 한풀 꺾이어 시원함이 느껴집니다. 전화로 주문해주셔서 감사합니다.

전화를 받은 즉시 택배편으로 보냈습니다. 만일 받으신 제품에 하자가 있거나 불편이 있으시면 교체해드리겠으니 꼭 연락해주시기 바랍니다.

무척 오랫동안 뵙지 못했습니다만 전화로 들은 ○○○님의 목소리에서 변함없는 건강을 느낄 수 있어 무엇보다도 기뻤습니다. 취미로 하셨던 다도는 많이 능숙해지셨겠군요? 다음에 뵈올 때 다도에 대한 이야기 꼭 들려주세요.

○○○님, 다시 한번 진심으로 감사드리며, 늘 웃음꽃이 피어나는 행복한 가정이 되시기를 바라며……

○○○사장님!

뜻밖에 귀사로부터 상품 주문을 받게 되어 정말 감사합니다. 주문하신 상품 ○○○개는 즉시 발송했습니다. 청구서는 상품과 함께 보냈습니다.

가까운 시일 내에 지역의 담당 영업과장으로 하여금 ○사장님을 찾아뵙도록 하겠습니다. 우선 담당 영업 과장의 명함과 다른 상품들의 카탈로그 및 회사 소개 자료를 보내드리오니 참고해주시기 바랍니다. 이번의 첫 거래를 계기로 귀사와 좋은 관계가 맺어지기를 저희 전 직원들은 간절히 바라고 있습니다.

그럼 ○○○사장님 늘 건강하시고 번창하시기 바라며…….

소개에 대한 감사 편지

··

01_ 소개해준 고객에게 감사

매미 울음소리가 더위를 재촉하고 있습니다.

○○○부장님! 안녕하십니까?
지난번 방문 때 제게 부장님의 옛 동료이셨던 ○○○님을 소개해주셔서 정말 감사드립니다. 어제 인사 차 찾아뵈었더니 ○부장님으로부터의 전화가 있었다고 하시며 바쁘신 중에도 시간을 내어 면담에 응해주셨습니다.

후일 다시 시간을 내어 만나기로 약속도 해주셨습니다. 모두 ○부장님께서 소개해주신 덕분입니다. ○부장님의 다양한 대인 관계에 다시 한번 존경을 표합니다. 또한 부장님께는 누가 되는 없도록 성심 성의를 다하겠습니다.

조만간에 찾아뵙고 자세하게 말씀드리겠습니다. 우선은 감사하는 마음에서 몇 자 적어 보냅니다.

그럼 ○○○부장님, 늘 기쁨과 행복이 가득하시기 바라며…….

○○○사장님!

싱싱한 생명력으로 돋아난 파룻파룻한 새싹이 봄기운을 풍성히 느끼게 해주는 계절입니다.

어제 판촉물을 드리려고 귀사를 방문했을 때 출장으로 매우 바쁘신 중에도 ○사장님과 면담할 수 있어 대단히 기뻤습니다. 무엇보다도 변함없이 건강하신 ○사장님의 모습이 무척 반가웠습니다.

소개해주신 ○○물산은 내일 방문할 예정입니다. 전부터 ○○물산을 방문해보고 싶었는데 기회가 없어서 고민하고 있었습니다만, ○사장님의 소개로 용기가 생겼습니다. 결과에 대해서는 다시 한번 보고드리겠습니다.

그럼 ○○○사장님, 하시는 모든 일에 보람과 기쁨, 그리고 행복이 있으시길 바랍니다.

○○○님!

오늘은 바람이 세차게 부는 추운 날씨였는데 저희 ○○ 대리점에 내점해주셔서 감사합니다.

지난번 내점하셨을 때 소개해주신 ○○○님께는 즉시 전화를 드렸는데 유럽 여행으로 부재중이었습니다. 그래서 인사 편지와 함께 제품 카탈로그를 우편으로 보내고 며칠 후에 다시 한번 연락을 드리고자 합니다.

추위도 점점 더 심해지고 감기마저 유행하고 있습니다. 건강에 더욱 유의하시길 빕니다.

그럼 ○○○님! 다시 뵐 때까지 건강하십시오.

노란빛, 주홍빛, 갈빛이 풍요로운 계절입니다.

○○○님! 안녕하십니까?

어제는 오랜만에 저희 ○○ 대리점을 방문해주서서 감사합니다.

변함없이 건강하신 점이 무엇보다도 반가웠습니다.

○○○님의 헤어스타일과 멋진 드레스의 조화가 눈길을 끌었습니다.

그날 저에게 소개해주신 대학 친구 ○○○님에게는 즉시 샘플을 동봉하여 편지를 띄웠습니다. 그리고 얼마 후에 ○○○님께서 가까운 시일 내에 저희 대리점을 방문하시겠다는 연락이 왔습니다.

훌륭한 분을 소개해주서서 정말 감사합니다.

그럼, ○○○님의 가정에 기쁨과 감사와 행복이 늘 함께하시기를 진심으로 기원하며…….

○○○부장님! 안녕하십니까?

지난번 ○부장님을 방문했을 때 출장 준비로 바쁘심에도 불구하고 시간을 할애해주서서 정말 감사합니다. 출장은 무사히 다녀오셨는지요?

○부장님의 소개라는 든든함을 안고 소개해주신 ○○기업을 즉시 방문했습니다. ○○기업은 경쟁사인 ○○주식회사와 오랫동안 거래해온 관계로 저희 회사와 빠른 거래가 이루어지지는 않겠지만 꾸준히 방문해 꼭 저희 회사와도 거래가 이루어지도록 노력하겠습니다.

○○기업을 소개해주서서 다시 한번 감사합니다.

그럼 ○○○부장님, 건강에 유의하시고 가정에 행운이 함께하시길 바라오며 다시 인사드릴 것을 기약합니다.

○○○님!

짙은 신록의 계절 그동안 안녕하세요?

우리가 인연을 맺은 지도 벌써 반년이 지났군요.

제가 처음으로 개척을 하겠다고 찾아갔던 ○○○님의 사무실, 문을 열자마자 많은 사람들이 컴퓨터 앞에서 일을 하고 있어 주눅이 들어 있는데 한구석에서 이제 막 학교를 갓 졸업하고 사회에 처음으로 적응하려는 ○○○님이 보였지요.

얼른 그쪽으로 가서 제가 자신 없게 내민 설문지를 받아들고 묵묵히 빈틈없이 응해준 태도가 어찌나 야무지고 예쁘던지요?

그때 저는 새로운 일에 대한 두려움과 불안이 없어지고 위안을 받았던 순간이었지요. 늦게나마 이 글을 통해 저에게 용기를 주신 ○○○님께 감사의 말씀을 전합니다.

그 후 ○○○님께서는 친구 두 사람을 소개해주셔서 제 영업활동에 활력을 불어넣어주셨습니다. 그때는 막연하게 고맙다는 말뿐이었지만 이 글을 통해 다시 한번 진심으로 감사드리며 앞으로도 잘 부탁드립니다.

다음 주중에 근처를 방문할 예정이오니 따뜻한 차라도 한잔 대접하겠습니다.

그럼, ○○○님! 나날이 늘 웃음 짓고 사시기를 바라며…….

P.S. 립스틱을 선물하고 싶은데 어떤 색을 좋아하시는지 알려주세요.

○○○님! 안녕하세요?

○○화재 ○○○입니다.

지난 5월 이후 이제까지 연락 한번 못 드려 죄송한 마음을 이 글로 전합니다. 그리고 또한 감사한 마음도 함께 보냅니다.

○○○님의 소개 도움으로 앞으로 모든 일이 잘 되어갈 것 같습니다. 이제까지 도와주신 것처럼 저를 계속 도와주세요. 주위의 친구들이나 동네 사람

중에 자동차를 구입하실 분이 계시면 저를 소개해주세요. 그리고 궁금하거나 하시고 싶은 말씀이 있으시면 언제든지 저에게 전화해주세요.

아참!

중요한 것 잊었네요. 출산이 얼마 남지 않은 것으로 알고 있는데 건강하신 지요? 순산하시기를 진심으로 바랍니다. 나중에 예쁜 아기를 보러 찾아뵙겠습니다.

그럼, ○○○님의 가정에 나날이 늘 기쁨이 가득하시기 바라며…….

P.S. 태몽은 꾸셨는지요? 꾸셨으면 전화 주세요. 해몽해드리겠습니다.

푸른 바다가 생각나는 여름입니다.

○○○과장님! 안녕하세요?

오랫동안 소식 전하지 못해 대단히 죄송합니다.

지난달 지친 제 모습이 안타까워 친구이신 ○○○님을 소개해주셔서 감사드립니다.

즉시 찾아뵙고 인사드렸습니다. ○과장님의 소개라는 말씀을 들으시고는 지금 당장은 힘들지만 다음 달 ○○○○ 연금보험을 가입하시겠다고 약속하셨습니다. 좋은 분을 소개해주셨으니 자주 찾아뵙고 생활설계에 도움이 되도록 열심히 관리하겠습니다.

다음 주 수요일경 ○과장님을 찾아뵙고 싶습니다만 어느 시간대가 좋으신 지요? 미리 전화연락을 드리겠습니다.

그럼, ○○○과장님!

아무쪼록 발전과 정진, 건강과 행복이 늘 함께하시기를 바라며…….

P.S. 오후 나른한 시간을 즐겁게 보내실 수 있도록 유머 뉴스를 동봉합니다. 15초 동안 마음껏 웃으면 이틀 동안 더 살 수 있답니다. 공짜로 수명을 연장해보세요.

○○○사장님! 안녕하십니까?

오늘 아침에는 하얀 눈가루가 바람 속에 휘날리더군요. 도로는 살짝 얼어 미끄러운데 월요일 출근길에 잘 도착하셨는지요?

또 다른 한 주의 시작, 즐겁고 새로운 마음으로 열어가시기 바랍니다. 이번 주는 중요하고 복잡한 일이 많다고 하셨지요? 문제 없이 뜻한 바대로 잘 진행될 수 있도록 기도드리겠습니다.

지난 주에 소개해주신 친구분인 ○○○상무님을 어제 찾아뵈었습니다. 때마침 점심시간이라 근처 한식집에서 점심을 함께 하며 여러 가지 말씀을 나누었습니다. 참 재미있고 친절한 분이시더군요. 친구를 보면 그 사람을 알 수 있다는 말이 정말 맞는다는 걸 알았습니다. 길지 않은 대면이었지만 ○사장님처럼 호방하고 유쾌하셔서 첫 대면이지만 전혀 서먹하지 않았습니다. 더구나 ○사장님께서 제 칭찬을 많이 해주셨더군요. 늘 저를 잘 봐주시고 아울러 제 PR까지 해주셨다니 다시 한번 감사드립니다.

○상무님께서는 중형차 ○○○에 관심이 있으셨답니다. 이전에 저희 자동차를 타 본 적이 없다고 하셨지만 저희 자동차의 장단점에 대해서는 상당히 많이 알고 계셨습니다. 어느 부분은 잘못 알고 계신 부분도 있어 제가 성심 성의껏 설명해드렸습니다.

계약 여부는 이번 주 안에 알려주신다고 말씀하셨습니다. ○사장님께서 일부러 소개해주셨는데 일이 잘 성사되어 ○상무님을 제 소중한 고객으로 모시고 싶습니다. 계속적인 진행사항을 알려드리겠습니다.

그럼, ○○○사장님! 만나뵐 때까지 안전운전하시고 건강하십시오.

창가에 비친 저녁노을을 바라보며 오늘 낮에 방문했을 때 ○○○사장님과의 대화를 생각해보니 늘 제 활동에 진정 도움을 주시는 소중한 분이라는 것을 다시금 느낍니다. 늘 잊지 않고 저를 이해하시고 마음을 헤아려주시는 사장님께 고개 숙여 감사드립니다.

지금까지 저에게 소개해주신 모든 분들이 커다란 힘이 되고 계시는데 오늘 또 친구이신 ○○○님을 소개해주심에 감사한 마음을 전하고자 이렇게 펜을 들었습니다.

신뢰가 없으면 다른 사람에게 소개해줄 수 없음을 잘 알면서도 어려운 부탁을 드렸는데 흔쾌히 소개해주셔서 감사합니다. 생명보다 귀한 것이 믿음이라는데 새로운 고객을 소개 받은 반가움에 앞서 제 인격을 믿어주신 것 같아 더욱 기뻤고 일하는 보람과 자부심을 느꼈답니다.

소개해주신 ○○○님에게도 인격적인 믿음을 얻을 수 있도록 조심스럽고 겸손한 마음으로 다음 주에 찾아뵙도록 하겠습니다.

가까운 시일 내에 찾아뵙고 경과를 보고드리겠습니다.

그럼, ○○○사장님! 만나뵐 때까지 건강하십시오.

○○○사장님!

바쁜 꿀벌은 슬퍼할 틈이 없다는 말이 있듯이 오늘 하루도 열심히 꿀을 만들기 위해 활동하다보니 달콤한 피곤함이 오히려 만족스럽습니다.

그동안 안녕하셨어요? 바쁘다는 핑계로 자주 찾아뵙지 못하는 저를 기억하시고 친지를 소개까지 해주시니 감사합니다. 어제 소개해주신 ○○○님을 뵙는 순간 훌륭한 분이시구나 하는 생각이 들었답니다.

바쁘신 중에도 제 상품 설명을 끝까지 들어주시고 조만간 결정을 하셔서 알려주시겠다고 말씀하셨습니다. 어렵게 훌륭한 분을 소개해주셨으니 ○사장님의 존함에 누가 되지 않도록 저도 더욱 정성스러운 마음으로 계속 찾아뵙겠습니다.

　고객에게 밝은 미래와 알찬 행복을 전한다는 자부심으로 늘 봉사하는 위치
에 있어야 함에도 불구하고 때론 오히려 고객에게서 도움을 받을 때 몸 둘 바
를 모르겠습니다. 항상 제 울타리 역할을 해주시는 배려를 어떻게 갚아야 할
지 모르겠습니다만 저도 항상 도움을 주는 사람으로 남고 싶습니다.

　그럼, ○○○사장님! 진행되는 사항을 낱낱이 보고드릴 것을 약속드리며
만나뵐 때까지 건강하십시오.

02_ 직접 동행해 소개해준 고객에게 감사

　○○○과장님!

　몹시 추운 날씨에도 불구하고 합창단 친구이신 ○○○님과 함께 내점해주
셔서 정말 감사했습니다.

　과장님의 소개 덕분에 첫 대면이면서도 취미가 같아 친구이신 ○○○님과
옛 친구처럼 허물없이 이야기를 주고받을 수 있었습니다.

　그리고 소개해주신 ○○○님도 즉시 고객 카드를 작성했으므로 ○과장님
과 같은 서비스와 혜택을 받을 수 있게 되었습니다.

　○○○과장님, 다시 한번 진심으로 감사드리며 늘 감사와 기쁨이 넘치시기
바랍니다.

　최고의 무더위를 나타내는 나날입니다. 차라리 지금 쏟아지는 따가운 햇살
이 빗줄기였으면 하는 생각도 해봅니다.

　○○○과장님! 안녕하세요?

이러한 더위에도 불구하고 동료이신 ○○○과장님을 직접 모시고 저희 쇼룸에 와주셔서 정말 감사드립니다. ○과장님의 소개 덕분에 별 부담 없이 이야기를 나눌 수 있었습니다. 또 동료 분은 저랑 관심 분야가 비슷해서 더 허물없이 느껴졌습니다.

저도 주말에 테니스를 자주 칩니다. 요즘은 날이 더워 그렇게 자주 게임을 못합니다만 집 근처 테니스 코트에서는 잘한다는 말을 곧잘 듣는데 나중에 한수 배워야 하겠습니다. ○과장님도 테니스를 가끔 치시니까 동료 분과 함께 자리 한번 만들어주십시오.

영업사원에게는 많은 인맥이 자원인데 ○과장님이 좋은 인연을 만들 기회를 주셔서 감사합니다. 자주 도움만 받고 사는 것 같습니다만 제가 도와드릴 수 있는 일이 있으시면 언제든지 알려주십시오. 새로운 정보가 나올 때마다 꼭꼭 챙겨 전해드리겠습니다.

그럼, ○○○과장님! 하시는 일마다 좋은 성과로 ∧∧짓는 나날이 많으시기 바라며…….

03_ 소개해준 고객에게 계약 체결 후 감사

이슬방울처럼 영롱하고 청람한 봄입니다.

○○○부장님! 안녕하세요?

1주일 전에 소개해주신 친구분인 ○○○님과 오늘 계약했습니다. 보험에 대한 필요성과 제가 하는 일에 대해 긍정적으로 인정해주시기도 하셨지만 그보다는 ○부장님의 권유가 가장 큰 힘을 발휘했으리라 믿습니다.

○부장님의 배려 덕분에 좋은 분을 알게 되었고 좋은 결과도 가질 수 있게 되었습니다. 다시 한번 감사드립니다. 그리고 두 분의 아름다운 친분이 더욱 빛나시기 바랍니다. 다음 주중에 찾아뵙고 다시 인사드리겠습니다.

그럼, ○○○부장님! 만나뵐 때까지 건강하십시오.

화창한 봄날입니다.

○○엄마 안녕하세요?

○○아빠도 사업이 안정되시고 ○○이도 무럭무럭 자라니 안심입니다.

어제는 보험을 7건씩이나 소개해주시니 너무너무 감사드립니다.

열심히 하라는 격려로 알고 "다시 태어나도 보험인이 되리라"는 각오로 더욱 정진하렵니다. 그리고 늘, 고객 가까이서 돕는 생활설계사가 되겠습니다. 변함없는 응원 부탁드립니다.

"감사합니다."

라일락 향기가 코를 즐겁게 하는 기분 좋은 날입니다.

○○○선생님! 안녕하십니까?

어제는 바쁜 스케줄 속에서도 면담에 응해주셔서 정말 감사합니다. 변함없이 밝고 건강한 ○○○선생님과 마주하고 있으면 저도 힘이 솟곤 합니다.

어제 소개해주신 ○○기업은 오늘 첫 방문을 했습니다만 ○선생님의 소개가 있어서인지 지금까지의 다른 첫 방문과는 달리 주문도 받았습니다. ○○기업을 소개해주신 데 대해 다시 한번 감사드립니다. 덕택에 ○○기업의 ○○○님과 많은 이야기를 나눌 수 있었습니다. 역시 좋은 인연은 좋은 인연을 낳는다는 생각이 들었습니다.

소개해주신 ○○선생님의 후의에 보답하기 위해 성의를 갖고 일을 처리하겠으며, 뜨거운 성원이 무산되지 않도록 열심히 노력하겠습니다.

끝으로 ○○○선생님의 하시는 일마다 좋은 성과 거두시기 바라며…….

풋풋한 싱그러움이 한껏 느껴지는 짙은 봄날입니다.

○○○님! 안녕하세요?

언제나 바쁜 와중에도 제가 방문할 때마다 반갑게 맞아주셔서 늘 감사한 마음 간직하고 있습니다.

그리고 지난주에는 친구이신 ○○○님을 소개해주셔서 직접 찾아뵙고 ○○○화장품 신제품인 "○○팩"을 권해드렸더니 기쁘게 구입하셨습니다. 직접 쓰시면서 타사 제품과 비교도 해주시고 좋은 점도 말씀해주셔서 제가 다른 고객에게 자신감을 가지고 "○○팩"에 대해 설명할 수 있게 되었습니다. 다시 한번 ○○○님께 감사드립니다.

지난번 방문했을 때 ○○○님의 얼굴이 푸석해 보였는데 지금은 회복되셨는지요? 지난달 구입하신 "○○○세럼"을 잘 쓰셔서 아름다운 피부를 계속 유지하시기 바랍니다. 다음 주 수요일쯤 전화드리고 찾아뵙겠습니다.

그럼, ○○○님!

하시는 모든 일 두루 많은 성과 거두시고 늘 환한 웃음 지을 수 있으시기 바라며…….

P.S. 수요일 방문시 피곤함을 모두 날려버릴 발 마사지를 해드리겠습니다.

곳곳마다 꽃들의 축제로 아름다운 계절입니다.

○○○사장님! 안녕하세요?

지난 15일 ○○○님을 소개해주셔서 진심으로 감사드립니다.

○○○님은 체격이 좋으셔서 옷 고르기에 좀 힘이 들었지만 그런대로 만족해하시는 스타일을 고르셔서 안심했습니다. 털도 좋은 것으로 잘 골라 드렸습니다.

그리고 며칠 전에 소개해주신 분당 ○○○님 같은 좋은 분들을 만나게 해주셔서 감사드립니다. 혼수로 좋은 모피를 선택했다고 흡족해하셨습니다.

또 아드님이 두 분 계신데 다음 혼수 때에도 연락해주시겠다고 말씀하셨습니다.

매번 이모저모 신경을 써주시고 따뜻한 관심을 베풀어주시는 ○사장님께 다시 한번 감사의 마음을 전합니다. 시내에 나오실 때 저희 영업소에 들러주시면 식사라도 대접하고 싶습니다.

○사장님! 저희 ○○가족이 되셔서 늘 새로운 분들을 소개해주셔서 진심으로 다시 한번 감사드립니다. 조금씩 다가오는 무더위에 건강에 유의하시고 하시는 일마다 보람과 기쁨, 그리고 행복이 늘 함께하시기를 기도드리며……

P.S. 감사의 표시로 장갑 한 벌 보내드립니다. 크기가 적당한지 모르겠습니다. 안 맞으시면 교환해 드릴 테니 연락 주세요.

설문지 협조에 대한 감사 편지

01_ 건강식품 업종

오늘도 첫날입니다. 나에게 주어진 남은 인생에…….

상쾌한 아침의 기운을 들이마시며 밝은 하루를 새롭게 시작합니다. 누구든지 어제보다 좀더 나은 오늘이기를 간절히 바라듯 저 또한 강한 태양광선에 도전이라도 하듯 마주 바라보며 하루를 시작한답니다. 때론 힘이 들고 지칠지라도 새롭게 시작하는 마음으로 풍성한 결실을 맺을 수 있도록 노력하는 사람이고 싶습니다.

○○○과장님! 안녕하십니까?

○○식품 ○○○지점에 근무하는 에이전트 ○○○입니다.

어제는 바쁘신 시간에 찾아간 저를 따뜻하게 대해주시고 부탁드린 설문지도 정성껏 작성해주셔서 감사드립니다. 짧은 시간이었지만 ○과장님과의 대화는 매우 유익했습니다. 베풀어주신 친절에 감사드리며 삭막한 도시 속에서 항상 여유를 드릴 수 있는 제 자신이 되도록 앞으로 열심히 노력하겠습니다.

그럼, ○○○과장님! 내내 건강하시고 하시는 일마다 뿌듯한 보람 늘 함께하시기 바라며…….

뜨거운 태양 아래 더욱더 짙어지는 신록을 보면 희망이 솟아오릅니다.

○○○님! 안녕하세요? 갑자기 낯선 사람에게서 편지를 받고 놀라셨지요? 저는 ○○○생식에서 이 지역을 담당하는 ○○○입니다.

어제 설문지 작성에 응해주셔서 감사드립니다. 다음 주에 감사의 보답으로 건강관련 정보지를 약속한 대로 갖다드리겠습니다. 항상 궁금한 사항이 있으시거나 부탁하실 일이 있으시면 연락해주십시오.

그럼, ○○○님! 베풀어주신 친절에 다시 한번 감사드리며 다음에 뵈올 때까지 늘 평안하시고 건강하세요.

○○○님! 안녕하십니까?

겨울을 재촉하는 비가 내린 후 기온이 떨어지고 더구나 바람까지 불어서 추웠던 ○월 ○일부터 ○일까지 저희 ○○알로에 ○○지사에서 개최한 알로에 시음회에 참석해주시고 바쁘신 중에도 설문지 작성에도 협조해주셔서 대단히 감사합니다.

신뢰할 수 없는 화장품과 건강식품의 범람으로 소비자들이 곤혹을 겪고 있는 요즈음 저희 ○○알로에 ○○지사에서는 ○○○님 가족의 건강을 위해 계속적으로 활동코자 하오니 앞으로도 많은 지도 편달을 부탁드립니다.

차후 저희 ○○지사에서 주최하는 또 다른 행사에도 ○○○님을 초대할 것을 약속드리며, 아울러 알로에 화장품 및 건강식품에 대한 문의는 언제든지 환영하오니 연락해주십시오.

찾아뵙고 감사의 인사를 드리는 것이 도리이겠으나 이 글로 대신하오며 차후 인사드리러 꼭 가겠습니다.

그럼, ○○○님의 가정에 건강과 사랑이 넘치시길 바라며…….

P.S. 신제품 샘플을 동봉하오니 사용해 보시고 소감을 부탁드립니다.

친구 ○○○아! 그 동안 잘 지냈니?

너에게 이렇게 편지를 써내려가는 느낌이 마치 학창시절에 쪽지 편지 쓰던 그런 느낌이구나. 옛날 기억들이 너무도 한꺼번에 스쳐 지나가니 가슴까지도 설레인단다.

○○아! 건강은 좀 어떠니? 지난주에 너를 만났을 때 설문지를 작성해주어 고맙다. 이를 기초로 여러 가지 상담결과가 나왔는데 병원검사 결과와 비슷한 것 같구나. 상담결과지를 동봉하니까 참고해보렴. 그러나 크게 걱정하지 말고 식이요법을 꾸준히 하고 좋은 식품을 병행해 먹으면 빠른 시간 내에 건강을 되찾을 수 있어.

내가 긴 말을 하지 않아도 건강이 얼마나 소중한지는 네가 직접 체험했으니 항상 조심하고 필요한 건강정보가 있으면 언제든지 연락 주렴.

그럼, 너희 가정에 화목한 웃음 가득하여 즐거운 나날 보내기를 내가 늘 기도한다는 것을 잊지 말며……

02_ 교육 업종

머리 위에는 푸른 하늘, 대지엔 땀의 결실들이 바다를 이루고 있습니다.

○○○어머님! 갑자기 낯선 사람에게서 편지를 받고 놀라셨지요?

저는 ○○출판 ○○지부에 근무하면서 이 지역을 담당하는 ○○○입니다. 어제는 설문지에 응해주셔서 정말 감사드립니다.

첫아이를 초등학교에 입학시켰으니 가슴 설레시죠? ○○어머님을 처음 뵈었을 때 순수한 이미지가 제 가슴에 긴 여운으로 남았습니다.

저도 아이를 키우는 엄마이다 보니 저만 알기에는 너무 아까운 정보들을 꾸준히 보내드리겠습니다. 그냥 무심히 버리지 마시고 내 아이에게 좀더 나은 교육환경을 만들어주시겠다는 생각으로 읽어주세요. 그리고 아이들이 각자의 단계에 맞게 체계적으로 학습이나 창작물들을 읽을 수 있도록 엄마가 환경을 만들어주시는 것이 중요합니다. 앞으로 저는 약속대로 저희 ○○출판에서 귀댁의 자녀를 소중한 재목으로 키우는데 도움을 주려고 만든 자녀교육 정보를 계속 보내드리겠습니다.

그럼, ○○○어머님! 늘 행복하세요.

P.S 감사의 표시로 단행본을 준비했습니다. 저희 사무실로 나오셔서 원하는 제목으로 골라가세요.

국화 향기 그윽한 계절입니다.

○○○님! 그동안 어떻게 지내셨는지요?

지난번 바람이 부는데도 마다 않고 설문지를 작성해주셔서 정말 감사드립니다. 저는 ○○출판 ○○지부에 근무하면서 이 지역을 담당하는 ○○○입니다.

설문지 작성 감사의 보답으로 ○○○님의 자녀가 남보다 앞서갈 수 있는 창의적인 아이로 자라나는 데 도움을 주는 자녀교육 정보지를 계속 보내드리겠습니다. 항상 궁금한 사항이 있으시거나 부탁하실 일이 있으시면 연락해주십시오.

○○○님! 베풀어주신 친절에 다시 한번 감사드리며 다음 뵈올 때까지 늘 평안하시고 건강하세요.

맑고 높은 가을하늘에 한들거리는 붉은 코스모스가 가을 정취를 풍기는 계절입니다.

○○○님! 안녕하세요? 저는 ○○출판에서 이 지역을 담당하고 있는 ○○○입니다.

바쁘신 중에도 소중한 시간을 내어주시고 또 설문지를 정성껏 답해주셔서 감사드립니다. 설문지를 작성했다고 곧 책을 사셔야 하는 것은 아니랍니다. 저희 ○○출판에서 자녀교육에 관심이 많으신 어머님께 교육정보를 매주 보내드리오니 많이 활용하십시오. ○○○님의 아이를 판매 대상이 아닌 내 아이의 교육을 설계한다는 마음으로 주어진 일에 사명감을 가지고 늘 배우는 마음으로 최선을 다해 도움을 주도록 노력하겠습니다.

늘 건강하시고 가정에 행복이 가득하시길 바라며 감사한 마음으로 몇 자 적습니다.

노랑, 주홍, 갈색이 풍요로운 계절입니다.

○○○님! 안녕하세요?

저는 ○○출판 ○○지부에 근무하면서 이 지역을 담당하는 ○○○입니다.

○○○님께서 성의 있는 관심을 가지고 설문지를 작성해주셔서 감사합니다.

시각매체나 인터넷 세상으로 좋은 정보들이 날로 늘어나고 있지만 상상력을 키워 생각의 폭을 넓혀주는 것이 교육의 근본입니다. 이를 위해 ○○출판에서는 귀댁의 자녀교육에 도움을 드리고자 꾸준한 정보를 보내드리겠습니다. 그리고 자녀의 독서지도 및 교육정보를 모을 수 있는 바인더와 함께 제가 곧 날아가겠습니다.

그럼, ○○○님! 언제나 꿈과 희망이 넘치시기를 바랍니다.

바람이 아직은 차가운 듯이 느껴지는 날입니다.

유미 어머님! 그동안 안녕하셨습니까?

며칠 전 갑작스러운 저의 설문에 당황하지는 않으셨는지요?

귀여운 아이들을 가슴에 안고 손잡고 가시는 모습이 정말 아름다웠습니다.

유미가 초등학교 1학년에 입학한 것을 우선 축하드리오며 저희 ○○수학을 권해드리고자 합니다. 저희 ○○수학은 다른 학습지와는 달리 응용력과 사고력을 위주로 한 생각하는 학습지랍니다.

그리고 앞으로 많은 유익한 정보를 드리고 또한 교육 세미나에 초대하고 싶은 마음으로 이 글을 드립니다. 다음 주 수요일 집 근처를 방문할 예정인데 한번 들리고 싶습니다.

그럼, 유미 어머님! 언제나 즐겁고 기쁜 나날로 보내시기 바라며…….

P.S. 4월초 학부모를 위한 자녀교육 세미나가 있습니다. 초대장이 나오는 대로 갖다드리겠습니다.

모든 초목들이 싱그럽게 짙어가는 계절입니다.

○○○님! 안녕하십니까?

어제 동네 공원에서 설문지를 작성해주신 ○○출판의 ○○○부장입니다.

태환이를 데리고 공원산책을 나오셔서 설문지 조사에 쾌히 응해주셔서 대단히 감사합니다. 태환이와 함께 즐거운 시간을 보내시는 모습이 무척 정감이 가고 아름다워 보였습니다.

저희 ○○출판에서는 자녀를 키우는 데 필요한 다양한 정보를 실어놓은 '메아리'란 월보가 있어 보내드립니다. 자녀교육에 도움이 되신다고 판단되시면 연락 주세요. 매월 보내드리겠습니다.

저는 ○○동 지역을 자주 순회하고 있습니다. 다음 주 수요일경 다시 순회 예정입니다만 편리하신 시간에 한번 찾아뵙고 싶습니다. 사전에 전화연락을 드리겠습니다.

그럼, ○○○님!

늘 기쁨과 행복으로 가득하시기 바라며…….

P.S. 감사 표시로 단행본을 한 권 갖다드리겠습니다. 태환이가 어떤 종류의 책을 좋아하는지 미리 알려주세요.

03_ 보험 업종

○○○님!

무덥고 지친 가뭄에 내리는 단비처럼 지쳐서 방문한 저에게 친절하신 말씀과 바쁘신 중에도 정성껏 작성해주신 설문지에 대해 진심으로 감사드립니다.

○○○님과 같은 분이 계시기에 저와 같은 햇병아리 생활설계사들이 힘을 얻고 용기를 내어 일할 수 있다고 생각합니다.

앞으로도 저는 ○○○님의 보험에 관한 모든 것을 위해 열심히 일하고 봉사하고 싶습니다. 다음 방문에는 새로운 정보를 가지고 찾아뵙겠습니다.

그럼, 다시 만나뵐 때까지 건강하고 행복한 하루하루를 일구시기를 바랍니다.

P.S. 자동차 운행에 특례법 10개 항목을 보내드리오니 차량운행 안전에 더욱 힘써 주세요.

풋풋한 싱그러움이 한껏 느껴지는 짙은 봄날입니다.

사내에서 제일 멋진 ○○○과장님!

안녕하십니까? ○○생명 ○○○ 영업소에 근무하는 설계사 ○○○입니다.

어제는 갑작스러운 방문이었는데도 설문지 작성에 협조해주셔서 대단히 감사드립니다.

과장님께서 작성하신 설문지를 토대로 한 달 동안의 바이오리듬을 동봉하오니 생활에 활력을 유지할 수 있도록 참고해보십시오.

앞으로도 저희 ○○생명의 새로운 정보를 수시로 알려드리겠습니다. 궁금하신 점이나 더 구체적으로 알고 싶은 내용이 있으시면 전화 연락해주십시오.

그럼, ○○○님!

하시는 모든 일 두루 많은 성과 거두시고 늘 환한 웃음 지을 수 있으시길 바라며……

문득 길을 가다가 가로수를 쳐다보았습니다. 며칠 전만 해도 느끼지 못한 푸르른 잎들이 바람에 흔들리고 있었습니다.

○○○과장님! 안녕하십니까?

○○생명 ○○○ 영업소에 근무하는 설계사 ○○○입니다.

어제 방문 때 도움을 주셔서 진심으로 감사드립니다.

그때의 설문지자료를 참고로 ○○○과장님의 여행 가이드를 몇 장 출력해 보았습니다. 혹시나 다음 주에는 부처님 오신 날도 휴일이므로 마음에 드시는 곳으로 여행 한번 다녀오세요.

푸르른 5월을 맘껏 느낄 수 있을 것 같습니다. 그리고 다음에 제가 방문했을 때 5월의 냄새를 이야기해주세요.

그럼, 앞으로도 ○○○과장님께 도움이 되는 필요한 정보를 출력해서 보내드릴 것을 약속드리며 조만간 다시 찾아뵙겠습니다.

하시는 모든 일 두루 많은 성과 거두시고 늘 환한 웃음 지을 수 있으시길 바랍니다.

유수지 잔디에 파릇파릇한 쑥들이 참 향기롭고 노랗게 핀 민들레가 새삼 아름답게 느껴지는 봄날입니다.

○○○사장님! 안녕하십니까?

어제 오후에 방문했던 ○○생명 ○○영업소 ○○○입니다.

어제는 예고 없이 찾아가 즐거운 점심시간을 빼앗아 죄송합니다. 그리고 바쁘신 중에도 설문지에 쾌히 응해주시고 시간을 내주셔서 진심으로 감사드립니다.

　○○○사장님께서는 유머 감각도 남다르시고 다정하셔서 사원들로부터 인기가 좋으시다고 들었습니다. 저도 귀사의 신입사원처럼 여겨주시고 많은 지도편달을 부탁드립니다. 15일에 다시 찾아뵙고 싶습니다. 전화로 사장님의 편리하신 시간을 묻겠습니다.

　그럼, ○○○사장님의 나날이 새로운 꿈과 샘솟는 희망으로 가득하시길 바라며…….

　○○○사장님! 안녕하십니까?

　어제 오후에 방문했던 ○○생명 ○○영업소 ○○○입니다.

　어제는 바쁘신 중에도 소중한 시간을 내주시고 또 설문지를 정성껏 답해주셔서 대단히 감사합니다.

　저에게 설문지를 작성해주셨다고 곧바로 보험을 드셔야 되는 것은 아니랍니다. 사장님께서 보험의 필요성이 느끼실 때까지 제가 앞으로 여러 가지 정보를 전해드리겠습니다. 그동안 많은 보험회사에 보험을 가입하셨지만 저희 회사와는 한 번도 거래가 없으셨군요. 앞으로는 타사에 없는 상품만을 골라 안내해드리겠습니다.

　작성해주신 설문지를 기초로 ○사장님의 생활설계를 준비해서 갖다드리겠습니다. 이번 주에 새로 나온 재무 정보와 함께.

　그럼, ○○○사장님!

　가정과 하시는 사업에 웃음 짓는 일이 많으시기 바라며…….

04_ 의류 업종

주홍빛 샐비어가 가는 여름을 못내 아쉬워합니다.

○○○님! 안녕하십니까?

지난번 추동복에 대한 설문지에서 ○○○님께서 신제품에 대한 귀중한 의견을 주서서 감사드립니다. 사장님 이하 모든 직원들이 ○○○님의 귀중한 의견을 반영시켜 가을 제품을 입하하는 중입니다.

○○○님께서 지적하신 대로 9호 사이즈를 중심으로 헐렁하게 입기 편한 원피스로 만들었습니다. 소재도 자연스러운 감촉을 살린 실크 · 면 · 마 등입니다. 여름의 패션 테마 '스포티, 엘레강스'를 즐기실 수 있도록 마련한, 산뜻하면서도 여성스러움을 연출하는 디자인입니다.

○○○님께서도 분명 만족하시리라 생각됩니다. 근처를 지날 일이 있으시면 꼭 들러주십시오.

그럼, ○○○님의 밝은 얼굴을 뵙길 고대하며…….

P.S. ○○○님의 성의에 감사하는 뜻으로 특별 할인해드리겠습니다.

05_ 자동차 업종

등줄기로 흐르는 작은 물방울이 여름의 시작을 알려줍니다.

○○○이사님! 안녕하세요?

어제는 예고도 없는 갑작스러운 방문으로 ○이사님의 시간을 빼앗아 죄송합니다. 그러나 바쁘신 중에도 시간을 내어 설문지에 응해주서서 진심으로 감사드립니다.

신입사원이라서 떨리는 마음과 두려움으로 인사드렸사오나 따뜻하게 응대해주셔서 저에게 큰 힘을 주시고 부하직원들까지 소개해주셔서 다시 한번 감사드립니다. 응해주신 설문지를 자료로 하여 ○이사님께 필요하실 만한 자료로 정리하여 다음 방문 때 찾아뵙겠습니다.

그럼, ○○○님!

날마다 기쁨과 행복이 넘치시기 바라며 감사하는 마음으로 몇 자 적어 보냅니다.

06_ 화장품 업종

○○○님!

패션쇼를 열듯이 거리에는 꽃들과 나무들이 화려하게 옷을 입고 한껏 폼을 내는 계절의 여왕인 5월이 왔습니다.

그동안 어떻게 지내셨는지 그리고 ○○○님의 얼굴이 많이 예뻐지셨는지 궁금하군요. 5월의 신부라는 말이 있듯이 요즈음 거리에 보이는 여성들의 얼굴이 화사하고 예쁘게 보이기만 하는군요.

○○○님!

지난달 사무실을 방문해서 처음 보자마자 설문지를 응해달라고 말하는 저 때문에 무척 당황하셨죠? 그런 저에게 아무런 불평 없이 미소로 응대해주셔서 너무나도 고마웠습니다. 늦게나마 제 무례함을 사과드리면서 앞으로 ○○○님의 미용을 위해 도움이 되는 정보를 계속 보내드리겠습니다. 열심히 활용하시고 더욱 예뻐지세요. 그리고 궁금한 사항이나 더 알고 싶으신 사항이 있으시면 언제라도 부담 없이 전화 주세요.

○○○님의 영원한 피부 매니저 ○○○화장품 ○○○이 간소하게 글을 띄웁니다.

다시 뵐 때까지 안녕히 계십시오.

P.S. 신제품 샘플을 동봉하오니 사용해보시고 소감을 부탁드립니다.

5월의 푸르름이 한껏 멋을 내는 계절입니다.

○○○님! 안녕하십니까? 저는 ○○○화장품 3본부에 근무하는 ○○○입니다.

지면을 통해 인사를 드리니 감회가 새롭게 느껴집니다.

지난번 알뜰시장 앞에서 행사시 설문지 작성에 협조해주셔서 대단히 감사합니다.

그때 부탁하신 카탈로그 몇 부와 도움이 되는 자료를 보내드리오니 읽어보시고 의문 나시는 점이나 더 알고 싶으신 사항이 있으시면 연락해주십시오.

다음 주 ○○○님을 방문하겠습니다. 지난번 드린 신제품 '○○○' 샘플은 써보셨는지요? ○○○님의 조언을 귀담아 듣고 싶습니다. 샘플 사용 느낌과 평가도 해주시면 고맙겠습니다. 저희 신제품 '○○○' 에 대한 자세한 안내는 그때 해드리겠습니다.

그럼, ○○○님!

내내 건강하시고 하시는 일마다 뿌듯한 보람이 늘 함께하시기를 바랍니다.

P.S. 화요일이 좋으세요? 목요일이 좋으세요? 연락 주시면 그 시간을 비워놓겠습니다. 그리고 사용소감을 말씀해주시면 조그만 선물을 드리겠습니다.

고객의 조언에 대한 감사 편지

언제나 많은 도움을 주시는 ○○○사장님!

연일 불볕더위와 가뭄현상이 이어지고 있습니다. 50년 만에 찾아왔다는 이 상기온 현상으로 모두가 힘겨움을 느끼고 있는 듯 합니다. 이런 기온에도 ○ 사장님께선 열심히 생활하시느라 병마에도 건재하신 모습은 늘 저에게 신선한 자극으로 다가옵니다.

어제는 날씨 탓도 있고 개척의 힘겨움에 눈물겹기도 한 제게 다시 추스를 수 있도록 사장님의 사업 초창기 어려웠던 이야기를 해주셔서 감사드립니다.

매순간이 자기와의 싸움이라고 생각됩니다. 모든 일이 생각처럼 쉽게 성취되지 않는다는 것을 알고는 있지만 항상 꾸준한 자세와 공부하는 습관을 요하는 세일즈의 세계는 더욱 어려움을 느낍니다.

그러나 ○○○사장님의 조언에 힘입어 이제 전심전력할 용기를 얻었고 앞으로 열심히 노력해 사장님에게 떳떳한 프로의 모습을 보여드릴 것을 약속드리겠습니다.

그럼, ○○○사장님! 무더운 날씨에 건강 유의하시고 늘 행복하세요.

○○○님! 안녕하십니까?

어제는 바쁘신데도 불구하고 저희 대리점까지 나와주서서 정말 감사했습니다.

조언해주셨던 점내의 진열에 대해 전 직원이 의논했는데 ○○○님의 조언에 따라 진열하는 것이 고객들에게 도움이 되리라는 데 의견을 모았습니다.

내달 중순에 내부를 약간 변경하기로 했는데 경험이 풍부한 ○○○님께서 말씀해주신 대로 고쳐보려고 합니다.

항상 가까이에서 저희 대리점을 성원해주시니 큰 힘이 되고 있습니다. 감사드리며 앞으로도 지속적인 지도편달을 부탁드립니다.

○○○님, 우선 이 글로 간단히 인사를 드립니다. 감기가 유행하고 있으니 건강 유의하십시오.

여름 햇빛에 눈부신 날이 계속되는데 ○○○님께서는 어떻게 지내십니까?

항상 저희 회사를 성원해주서서 감사합니다.

지난번 내점하셨을 때 경영에 대한 조언을 해주서서 많은 도움이 되었습니다. 여러 가지로 반성을 해보는 계기가 되었습니다. 말씀해주신 것 중 몇 가지 사항은 즉시 실행에 옮기고 있습니다.

항상 다방면으로 깊이 있는 충고와 격려를 해주서서 진심으로 감사드리오며 앞으로도 계속적인 지도 편달을 바랍니다.

그럼 ○○○님! 다시 뵐 때까지 안녕히 계세요.

○○○님!

　매우 바쁘신 업무 중에도 시간을 할애해주셔서 정말 감사했습니다.

　그동안 대인 관계와 리더십에 대해 고민하고 있던 중입니다만 ○○○님께서 해주신 말씀은 문제 해결에 도움이 되는 매우 유익한 내용이었습니다.

　앞으로 ○○○님의 조언을 제 리더십에 적용시켜 필히 좋은 성과가 나오도록 하겠습니다.

　다시 한번 감사드리며, ○○○님의 사업이 더욱 번창하시길 기원합니다.

내사 및 내점에 대한 감사 편지

01_ 영업사원이 사무실에 있을 때

○○○님!
유난히 춥고 눈도 많이 내린 오늘 저희 회사를 찾아주셔서 정말 감사했습니다. 몇 개월 만에 만나뵈었습니다만 변함없이 건강하신 모습이 무엇보다도 기뻤습니다. 그리고 오랜만에 ○○○님과 많은 이야기를 나눌 수 있어서 더욱 즐거웠습니다.
돌아가시는 길에 눈 때문에 미끄러지지 않으셨는지요?
○○○님! 요즈음 유행성 독감이 유행하고 있습니다. 과로를 피하는 것이 최상의 예방책이라고 합니다. 다시 뵐 때까지 건강하십시오.

○○○님!
몹시 추운 날씨에도 불구하고 저희 점을 방문해주셔서 정말 감사했습니다.
입고 오신 코트가 잘 어울리시던데 어느 상점에서 구입하셨는지요? ○○○님의 옷 입으시는 센스가 돋보였습니다.

큰따님의 수학 능력 시험으로 ○○○님의 심려가 크다고 들었습니다만 본인이 희망하는 학교에 입학할 수 있도록 진심으로 기원합니다.

그럼 ○○○님, 늘 웃음이 가득하시기 바라며……

○○○님!

비가 많이 내리는 중에도 저희 대리점을 찾아주셔서 감사했습니다.

댁에 돌아가실 때에도 비가 심하게 내렸는데 감기라도 걸리지 않으셨나 걱정스럽습니다.

○○○님께서 저희 대리점에 오셨다 가시면 직원들이 ○○○님 이야기로 한참 동안 웃음바다가 됩니다. 항상 유머가 넘치시는 ○○○님을 뵈올 때마다 생활에 활력을 느낀답니다.

○○○님, 늘 행복하시고 건강하시며, 하시는 사업 번창하시기 바랍니다.

들에는 온통 누런 결실이 넘실대고 있습니다.

○○○부장님! 안녕하십니까?

어제는 바쁘신 중에도 저희 회사까지 찾아주신 ○부장님을 오랜만에 뵙게 되어 정말 반가웠습니다.

변함없이 건강한 모습과 항상 밝고 유머 넘치는 이야기에 시간이 가는 줄도 몰랐습니다. 저는 늘 ○부장님의 다양하신 활동에 흥미를 느끼고 있었는데 사업 쪽이나 취미를 통해서 열심히 공부하고 계시다는 말씀을 듣고는 앞으로도 부장님에게서 배울 점이 많으리라 생각됩니다. ○부장님에 대해서는 점심시간이나 휴식 시간에 모두 모였을 때 가끔 화제가 되곤 합니다. 앞으로도 저희 회사에 대한 지속적인 사랑과 관심을 부탁드립니다.

그럼 ○○○부장님, 가내 두루 평안하시고 행복이 가득하시길 기원합니다.

겨우내 잠자던 개구리가 깨어나고 싱그러운 꽃향기가 더욱 좋은 봄입니다. ○○○대리님! 안녕하세요?

저는 어제 자동차 상담을 했던 ○○자동차 ○○지점의 ○○○입니다.

어제 궁금하신 점들을 제가 충분히 설명해드렸는지 모르겠습니다. 보통 많은 분들이 전화로만 문의하시는데 일부러 내점까지 해주셔서 대단히 감사드립니다. 또한 저를 기억해주시고 오래전에 드렸던 명함까지 가지고 저를 직접 찾아주셨으니 더더욱 감사드립니다. 사무실이 저희 지점 근처이시니까 앞으로 자주 찾아뵙고 새로운 정보가 나올 때마다 갖다드리겠습니다.

차량 정비나 A/S문제가 있으시면 언제나 저를 먼저 찾아주시고 부재중 일 때에는 메모를 남겨주시면 제가 즉시 연락을 드리겠습니다. 제 휴대폰은 010-111-1111입니다만 고객과 상담 중일 경우에는 꺼놓는답니다.

그럼, ○○○님! 다음 주에 새로 나오는 정보를 갖고 찾아뵙겠습니다. 일교차가 크고 변덕스러운 날씨에 건강에 유의하십시오.

○○○님! 오랜만에 저희 영업소를 찾아주셔서 감사합니다.

○○○님의 변함없이 건강하고 활기찬 모습을 뵙게 되어 무엇보다도 기뻤습니다. 더구나 귀여운 강아지 몽실이를 데리고 오셔서 잠시나마 즐거웠습니다.

○○○님께서 하시는 말씀을 모두 알아듣는 걸 보니 몽실이는 예쁘고 똑똑한 강아지더군요. 간식 준비를 해놓지 못해서 몽실이가 섭섭하지 않았을까 생각합니다. 다시 한번 데리고 오신다면 맛있는 간식도 준비해놓겠습니다.

그럼, ○○○님의 가정에 기쁨과 감사와 행복이 함께하시길 진심으로 바라며…….

갈대와 밤송이들이 한층 가을의 풍요로움을 자아내는 계절! 머리 위는 푸른 하늘, 대지엔 땀의 결실들이 바다를 이루고 있습니다.

○○○사장님!

오늘 저희 저점을 오랜만에 찾아주서서 정말 감사합니다. 거의 두 달 만이었는데 여전히 건강하고 활기찬 모습이시더군요. 모처럼 얼굴도 뵙고 밀린 이야기도 나누게 되어서 정말 즐거웠습니다.

참, 사모님께서 독감에 걸려 고생하신다고 말씀하셨는데 지금은 많이 나아지셨는지 모르겠습니다. 요즘 감기가 어찌나 심한지 저희 사무실 동료도 며칠째 출근도 못했습니다. ○사장님께서도 미리 감기예방주사라도 맞아 조심하시기 바랍니다.

큰아드님은 여전히 공부를 잘한다고 하니 정말 좋으시겠습니다. 자식 공부란 것이 부모 마음대로 잘 되지 않는 일인데 스스로 알아서 공부한다니 얼마나 대견합니까? 다음번에 뵐 때에는 제게도 자식교육의 비결 좀 알려주세요.

다시 한번 저희 지점을 찾아주서서 감사드리며 저는 언제나 ○사장님을 뵙기만 해도 좋다는 사실도 기억해주세요.

그럼, 항상 웃음이 넘치는 가정을 가꾸시고 행복하시기 바라며…….

P.S. 제가 드린 자가정비요령 책자는 도움이 되시던가요? 전문 용어가 좀 있는데 이해가 되지 않으시면 곧바로 연락 주세요.

02_ 영업사원이 부재중일 때

대지를 촉촉하게 적시는 봄비는 겨우내 움추렸던 우리들의 마음까지도 적셔주는 듯합니다.

○○○사장님! 안녕하세요?

오늘 저희 지점을 방문해주셨는데 제가 없어 그냥 돌아가셨더군요. 정말 죄송합니다. 미리 연락을 주셨더라면 제가 대기했을 텐데요. 사무실에서 연락을 받고 곧바로 사장님 휴대폰으로 연락을 드렸습니다만 연락이 되지 않았습니다. 제가 영업사원이라 늘 외근을 한다는 걸 아시면서도 혹시나 들르셨다니 더욱 죄송할 따름입니다. 늘 바빠서서 전화 통화도 마음 놓고 길게 못하시는 사장님께서 헛걸음을 하셨다니 더욱 제가 몸 둘 바를 모르겠습니다.

○○○사장님! 요즘 사업은 어떠신지요? 경기가 전반적으로 가라앉았다고 하는데 자금 사정이나 기타 다른 부문에서 모두 원활하게 돌아가는지 궁금합니다. 혹시 어려움이 있으시다면 제가 도와드릴 방법이 있겠는지요? 제가 많은 사람들을 만나다 보니 여러 분야의 전문가들을 알고 있답니다. 도움이 되어 드리고 싶습니다.

참, 자동차는 별 문제 없겠지요? 작은 문제라도 있으시면 알려주세요. 즉시 달려가겠습니다. 이번 달 말쯤 한번 찾아뵙고 간단한 점검을 해드리겠습니다.

그럼, ○○○사장님의 가정과 하시는 사업에 늘 웃음 짓는 나날이 많으시기 바라며…….

선물에 대한 감사 편지

○○○님!
　산과 들이 단풍으로 불타는 듯한 이 계절에 설악산 여행을 하셨다니 얼마나 즐거우셨겠어요?

　어제 저희 대리점에 오셔서 아름다운 설악산의 하늘과 바다 이야기를 해주실 때 저희들은 시간이 가는 줄도 모를 정도였습니다.

　그리고 저희들에게까지 그 지역 토산품인 오징어를 선물로 주셔서 정말 감사합니다. 오후 한가한 시간에 전 직원이 맛있게 나누어 먹었습니다.

　○○○님의 가정에 항상 웃음꽃이 피어나도록 저희 전 직원은 항상 기도하겠습니다.

○○○사장님!
　선선한 바람이 가슴을 스치는 가을입니다.

　안녕하십니까? 속초의 명산물인 '명란젓'을 보내주셔서 정말 감사합니다. '명란젓'은 저희 온 가족이 좋아하는 음식입니다. 맛있게 먹겠습니다.

　저희 회사는 귀사에 많은 도움을 드리지 못하는데 이렇게까지 마음을 써주시니 염치없을 뿐입니다.

　나날이 발전하고 계시는 사장님을 볼 때는 부럽기까지 합니다. 한편으로는

나도 사장님같이 되었으면 하는 생각도 해 본답니다

　○○○사장님의 변함없는 건강과 무궁한 발전을 기원하며 다시 한번 감사의 말씀을 전합니다. 다시 만날 때까지 안녕히 계십시오.

　○○○전무님!

　불쑥 높아진 하늘, 듬성듬성 옷을 갈아입는 나뭇잎들을 보며 풍요의 계절, 수확의 계절 속에 서있습니다.

　안녕하십니까? 어제는 바쁘신 스케줄 속에서도 저희 회사를 찾아주셔서 대단히 감사합니다. 언제나 변함없이 건강한 모습이 정말 기뻤습니다.

　○전무님의 회사에 납품하고 있는 ○○제품은 호평을 받는 저희 회사의 대표 제품입니다. ○전무님의 기대에 어긋나지 않도록 전 직원이 더욱 노력하겠습니다. 또한 항상 여러 가지로 신경을 써주시고 지역 특산물인 명과까지 선물로 주셔서 정말 고맙습니다. 점심때에 전 직원들이 둘러앉아 맛있게 먹었습니다.

　그럼 ○○○전무님, 내내 건강하시고 하시는 일마다 뿌듯한 보람 늘 함께 하시기를 바랍니다.

　○○○님! 오늘 보내주신 포도 선물을 잘 받았습니다.

　언제나 이처럼 자상한 마음을 써 주시니 감사합니다.

　이곳에서는 비싼 가격으로나 사먹어야 하는 고급 포도입니다. 포도가 정말로 달콤하고 맛이 좋았습니다.

　오랫동안 찾아뵙지 못했습니다만 댁내 두루 안녕하시겠지요? 다음 주중에는 꼭 찾아뵙도록 하겠습니다.

　그럼 ○○○님! 환절기에 건강 유의하시고 복된 나날만 계속 머무시길 기원합니다.

결제에 대한 감사 편지

○○○사장님!.

자주 찾아뵙지 못해 늘 죄송하게 생각합니다. 마음 같아서야 자주 찾아뵙고 불편하신 점이 없으신지 체크도 해드려야지 하면서도 마음으로 그치고 말았습니다. 저는 이렇게 부족해도 작년에 가입하신 ○○보험료를 제날짜에 꼬박꼬박 입금해주셔서 정말 감사드립니다.

보험에 대해 아직도 부정적인 시각을 가진 분들이 계셔서 활동하기 힘들 때가 있지만 ○사장님처럼 긍정적인 분들도 많아져 상당히 힘이 됩니다.

지금 무슨 일을 하시다가 이 편지를 보실지 궁금하군요?

점심식사 후 느긋한 커피타임? 아니며 퇴근 무렵의 잠깐의 휴식시간? 어쨌건 제 편지가 반가웠으면 좋겠습니다. 평소 도와주시는 만큼 도움을 드릴 수 있도록 열심히 노력하겠습니다.

그럼 ○○○사장님, 하시는 사업에 더욱 정진하시어 날마다 좋은 성과로 이어지시기 바라며…….

○○○사장님! 요즈음과 같은 무더위에 어떻게 지내시는지요?

○○구입 대금을 은행으로 송금해주셔서 대단히 감사합니다.

짜증이 날 정도로 더운 날씨에 월말이어서 혼잡했던 은행까지 나가시어 송금해주신 ○사장님의 성의를 생각할 때 저도 더욱 열심히 활동해야겠다는 다짐을 하게 됩니다.

귀사의 업무가 1년 중 가장 바쁜 시기이므로 귀가도 늦어지겠군요? 건강에 특히 조심하셔야 할 것 같습니다

내내 건강하시고 하시는 일마다 뿌듯한 보람 늘 함께하시길 바랍니다.

얼굴이 아련한 ○○○님!

꽃피는 봄을 느끼기도 전에 덥다고 시원한 수박이 먹고 싶은 무더운 여름이 왔어요! 이 무더운 여름 준비 잘하고 계신지 궁금하군요.

안녕하세요?

○○○님을 찾아뵌 지 너무 오래되어 얼굴이 아련합니다. 거리상 멀다는 핑계와 제 게으름 때문에 자주 소식 전하지 못해 대단히 죄송합니다.

늘 잊지 않으시고 ○○○님께서 가입하신 ○○○○연금보험료를 자동이체시켜주셔서 정말 감사드립니다. 후원 덕택에 저는 나날이 발전하는 활동을 하고 있습니다.

저희 영업소 근처를 지나는 걸음 있으시면 꼭 연락주세요. 시원한 냉커피 준비하고 기다리겠습니다.

그럼, ○○○님의 연락을 고대하며…….

조금씩 다가서는 무더위에 건강 유의하시고 무료함을 재워드릴 저희 회사 사보를 함께 보내드립니다.

○○○과장님!

지난주 납품한 제품 대금을 은행으로 직접 송금해주서서 감사합니다.

○과장님의 정확한 일 처리에 항상 감탄하고 있습니다. 28일 현재 귀사의 외상 잔고가 제로입니다.

그날은 대부분 회사의 월급날이어서 은행 창구가 상당히 혼잡스러워 많이 기다리셨으리라 생각됩니다.

○과장님의 기대에 어긋나지 않도록 저희 모두는 더욱 영업에 힘을 쏟겠습니다. 언제나 저희 회사를 성원해주서서 감사드립니다.

○○○과장님, 하시는 일마다 순조롭게 발전하시길 바랍니다.

○○○님!

춥고 강풍까지 부는 날씨에도 불구하고 상품 대금을 저희 회사까지 가져다주서서 대단히 감사했습니다.

오늘 직원조회에서 "이렇게 업무 처리가 정확한 훌륭한 고객과 거래한다는 것은 더없이 행복한 일이다"라고 전 직원에게 말했습니다.

다시 한번 진심으로 감사드립니다.

추위 때문인지 감기가 유행하고 있습니다. 예방책으로는 휴식이 가장 좋다고 합니다.

○○○님, 늘 즐거운 일이 가득하고 건강하시길 진심으로 바라며…….

주홍빛 샐비어가 가는 여름을 아쉬워하고 있습니다.

○○○사장님! 안녕하십니까?

업무로 바쁘신 중에도 어제는 미수금을 회사까지 직접 갖다주셔서 정말 감사했습니다.

저희 쪽에서 방문해 수금했어야 하는데 월말이라 영업사원들이 모두 바빠서 ○사장님께서 손수 가지고 오시게 했습니다. 정말 죄송합니다.

저희들도 ○사장님의 책임감 의식은 꼭 본받아야겠다고 생각합니다.

○○○사장님, 계절이 바뀌는 시기이오니 건강에 유의하시고 하시는 일마다 좋은 성과 거두시길 바랍니다.

이벤트 참가에 대한 감사 편지

아침저녁으로 제법 냉기를 머금은 가을바람이 어깨를 움츠리게 합니다. 머지않아 보도에 쌓인 낙엽을 밟는 즐거움과 쓸쓸함을 맛볼 수 있을 것 같습니다. 인간을 가장 시적으로 변모시키는 계절, 추억이란 단어가 가장 어울리는 계절 가을입니다.

○○○님! 안녕하세요?
어제 고객님들을 모시고 다녀온 도봉산의 모습이 아직도 눈에 선합니다. 어쩌면 온 산이 울긋불긋 물들었는지 새삼 자연의 섭리에 감탄하며 쌓인 스트레스도 다 날려버리고 돌아왔습니다.

○○○님께서는 평소에 등산을 많이 다니셔서인지 연세에 비해 매우 능숙하게 올라가시더군요. 저도 평소에 운동을 좀 해야겠다는 것을 뼈저리게 느꼈습니다. 아무래도 건강한 사람만이 모든 일에도 최선을 다할 수 있다는 생각이 들었습니다.

바쁘신 중에서 참석해주신 ○○○님께 다시 한번 고마움을 전합니다. 앞으로도 매달 산행을 주선할 예정이오니 지속적인 관심을 부탁드리며 하루 일정으로 다녀올 수 있는 좋은 산을 아시면 알려주시기 바랍니다.

그럼, ○○○님! 하시는 일마다 좋은 결실을 맺으시며 늘 웃음 짓는 나날로 가득하시기 바라며……

○○○님! 안녕하세요?

날씨도 점점 무더워지고 있는 이때에 바쁘신 중에도 저희 ○○모피를 위하여 공장 견학에 참가해주셔서 진심으로 감사드립니다. 이 공장 견학이 인연이 되어 앞으로 ○○○님의 모피 구입, 개조, 수선, 세탁 보관시 정성껏 도와드릴 것을 약속드리며 주위 사람들에게도 많은 소개 부탁드립니다.

그리고 올 봄에 새로 탄생한 사계절 의류 여성복 '크리스'도 계속 지켜봐주십시오. 앞으로 ○○○님 곁에서 조그만 일이라도 만족한 결론을 얻으실 수 있도록 끝까지 노력하겠습니다.

그럼, ○○○님! 항상 하시는 일마다 행운이 같이하시기 바라며 다시 뵐 때까지 안녕히 계십시오.

온 산야를 붉게 물들이는 진달래가 절정에 달하는 계절입니다.

○○○전무님! 안녕하세요?

저희 지점을 아껴주시는 많은 고객 덕분에 지난 토요일 ○○행사도 성황리에 마쳤습니다. 참가해주신 ○전무님과 가족 여러분께 다시 한번 감사드립니다.

바쁘신 중에도 짬 내어 가족동반으로 오셨는데 즐거운 시간이 보내셨는지요?

앞으로도 저희 지점에서는 한 달에 한 번씩 이렇게 가족들과 함께 참여할 수 있는 시간을 마련하려고 합니다.

사교성이 없고 사람 만나는 것을 두려워하시는 분, 주말에 갈 곳이 없으신 분, 주말을 정말 알차게 보내고 싶으신 분이 주변에 있으시면 다음 행사 때에는 동행해주셔도 환영합니다. 그럼 일정이 잡히는 대로 다시 알려드리겠습니다.

그럼, ○○○전무님! 늘 도전과 성취로 이어지시기 바라며……

P.S. 극비 정보 : 다음 행사시에는 노래자랑대회가 있을 듯합니다. 미리 가족들과 연습해두시면 푸짐한 상품을 타실 수 있습니다.

봄꽃에 들뜬 기분도 잠깐 벌써 푸른 잎들만 무성한 여름이 다가왔습니다.

○○○님! 안녕하십니까?

성원해주신 덕분으로 우수 고객 초청 행사를 성황리에 마칠 수 있었습니다. 정말 감사합니다. 앞으로도 좋은 특전 기회가 주어지면 ○○○님께 제일 먼저 알려드리겠습니다. 이제부터 시작될 무더위, 건강에 유의하시길 바랍니다.

○○○님! 저희 바겐세일에 참석해주셔서 정말 감사합니다.

진열된 상품들이 마음에 드셨는지요?

앞으로도 즐거운 행사나 이익을 안겨주는 이벤트가 있으면 ○○○님께 계속해서 알려드리겠습니다.

참여하신 감사의 마음으로 서비스 카드를 준비하여 함께 보내오니 저희 대리점에 오셔서 선물과 교환하십시오.

그럼, ○○○님의 가정에 기쁨과 행복이 가득하시길 바라며……

○○○상무님!

지난주 한국종합전시장에서 개최된 전시회에 참가해주셔서 진심으로 감사드립니다.

전시회를 준비하는 바쁘신 중에도 참가해주실지 걱정스러웠는데 입구에서 ○상무님의 모습을 뵙자 "역시 와주셨구나" 하고 안심했습니다.

꼭 짜인 스케줄 속에서 시간을 내주셔서 정말 고맙습니다. 전시회는 예상외로 많은 분들이 참석해주셔서 무사히 마칠 수 있었습니다.

다시 한번 감사의 인사를 드리며 ○상무님의 하시는 일마다 뿌듯한 보람 느끼시길 바라며…….

○○○사장님!

좀 선선해졌으나 때때로 더위도 느껴지는 요즈음입니다. 어제는 바쁘신 중에도 저희 회사의 신제품 ○○설명회에 참석해주셔서 정말 감사합니다.

이번에 개발한 신제품은 이미 매스컴으로부터 성능 면이나 디자인 면에 있어서 대단한 호평을 받았습니다. 고객들에게도 좋은 호응을 얻을 것이라고 확신하고 있습니다만, 한꺼번에 많은 고객을 상대하다 보니 충분한 설명이 되었는지 걱정스럽습니다. 좀더 알고 싶으신 점이나 의문 나는 점이 있으시면 개의치 마시고 언제든지 연락해주십시오. 앞으로도 ○사장님의 변함없는 후원을 부탁드립니다.

그럼, ○○○사장님, 하시는 사업 늘 번창하시기 바라며…….

방문에 감사드리며….

○○○님!

지난 ○월 ○일부터 엿새 동안 삼성동 코엑스 전시장에서 개최된 '○○한 국전자전'에 특별히 저희 ○○전자 종합관을 방문해주셔서 대단히 감사드립니다.

더욱이 전시 기간 중 성실히 응해주신 설문 조사는 매우 귀중한 자료로 사용하겠습니다. 이를 토대로 더 좋은 제품 개발과 더 나은 고객 서비스 실시 등으로 고객 만족 실현에 더더욱 정진하겠습니다.

지난 30여 년간 고객의 힘으로 자라 온 저희 ○○전자는 "고객 만족"을 경영 이념으로 매진하면서 21세기 세계적인 종합 전기전자 메이커로서의 위상을 다져나가고 있습니다. 인간이 첨단 기술에 의해 편리하고 행복하게 살 수 있는 사회─인간과 기술이 만나 풍요로운 삶을 설계하는 사회 - 테크노피아의 세계를 실현하기 위해 저희 ○○전자는 꾸준히 정진해나갈 것입니다.

하지만 이러한 저희의 노력도 고객 여러분의 관심과 격려가 있어야 비로소 가능하다고 믿습니다. 부디 하시는 일에 큰 발전이 함께하시기를 기원하며 배전의 지도 편달을 부탁드립니다.

다시 한번 저희 ○○전자 종합관을 방문해주신 데 대해 감사드리오며 이번을 계기로 더욱 성실히 봉사하는 ○○전자가 되도록 최선의 노력을 경주할 것을 약속드립니다. 감사합니다.

상품 문의에 대한 감사 편지

○○○님!

울타리에는 때 아닌 개나리가 꽃망울을 터뜨린 곳도 있어 겨울 속의 봄 날씨가 계속되고 있습니다.

어제 신제품 ○○에 관해서 문의해주셔서 감사합니다.

바로 납품 회사에 연락을 취해보았습니다만 그곳에서도 정확한 회답을 얻지 못해 메이커에 직접 문의했습니다. 곧 회답이 오리라 생각됩니다.

기다리게 되어 불편하시겠습니다만 조금만 참아주시기 바랍니다. 회답이 오는 즉시 연락을 드리겠습니다.

그럼 ○○○님, 하시는 모든 일마다 좋은 성과 거두시고 항상 밝은 웃음을 잃지 않는 좋은 날들이 이어지기를 바랍니다.

○○○님!

개울가에 버들가지가 향수를 느끼게 하는 계절입니다.

어제 저희 회사의 신제품인 ○○에 대해 문의해주셔서 감사합니다.

전화로 일단은 설명해드렸습니다만 혹시나 하는 마음에서 카탈로그를 보내드립니다. 가격은 기재되어 있습니다만 그 밖에 궁금한 점이 있으시면 전화해주십시오.

어느덧 자택을 신축하신 지 5년이 되는데 나무를 좋아하시는 사장님께서는 이미 멋진 정원을 꾸미셨으리라 생각됩니다. 꼭 구경시켜 주십시오.

그럼 ○○○님, 나날이 언제나 꿈과 희망이 넘치시기 바라며……

성원에 대한 감사 편지

○○○님! ○○전자 ○○○입니다.

이제야 지나간 한해의 날개를 접습니다. 정신없이 일에 열중하면서도 ○○○님의 따뜻한 격려와 성원을 잊은 적이 없으나 늘상 부족한 저는 바쁘다는 핑계로 삽니다.

2년 연속 전국 판매 여왕이라는 영광의 자리에 선 지금 제 고객들이 너무나 귀중하고 고맙게 생각됩니다. 시상식을 기다리는 가슴 떨리는 시간에 저는 제 고객들을 한분 한분 떠올리며 감사를 드렸습니다.

"오늘의 이 영광이 바로 귀하의 영광입니다"라고…….

지난 한 해는 제게 너무나 소중하고 귀중한 해였습니다. 2002년에 이어 2003년에도 주부 사원 중에 최고 매출로 연속 우승하였으며, 그 부상으로 승용차를 수상하게 되었습니다.

저는 한 기업의 직장인으로서 아침이면 마주치는 많은 이웃 중의 한 사람으로서 작은 일에도 최선을 다하고 작은 기쁨도 함께 나누려고 노력하고 있습니다.

○○○님의 커다란 은혜와 성원에 무엇으로 보답하겠습니까마는 제 작은 마음을 열린 가슴으로 받아주시리라 믿습니다. 2004년 한 해는 더욱더 분발하여 ○○전자의 훌륭한 사원으로서, 고객의 필요한 이웃으로서 열심히 매진하겠습니다. ○○○님의 가정에 평안과 행복이 가득하길 진심으로 기원하면서…….

햇빛이 따사로운 봄입니다.

무거웠던 겨울옷을 벗어버리고 마음껏 기분을 띄워 보셔요. 갑자기 희망과 새로움이 느껴지지 않으셔요?

○○○님! 반갑습니다. 저는 ○○회사 ○○대리점 ○○○사장입니다.

○○○님의 도움으로 지난해 '1억 원' 달성이라는 큰 영광을 안았습니다. 정말 감사합니다. 여러분의 도움이 없이는 있을 수 없는 이 영광을 고객 여러분과 함께 하고 싶습니다.

혹, 저희 대리점 앞을 지나가시면 부담 없이 들러주셔서 차 한잔 대접할 수 있는 기회를 주십시오. 그리고 올 한 해도 ○○○님께 꼭 필요한 사람이 되어 언제나 작은 도움이나마 드릴 수 있는 기쁨이 함께하길 간절히 바랍니다.

좀더 신속하고 착오 없는 업무 처리를 위하여 휴대폰을 장만했습니다. 언제라도 부르시면 최선을 다해 도와드릴 것을 약속드립니다.(010-111-11234)

그럼 ○○○님, 항상 축복이 함께하시기 바라며 늘 자만하지 않고 노력하는 ○○○이 되겠습니다. 고맙습니다. 안녕히 계십시오.

○○○님! 안녕하세요?

다사다난했던 2003년도 이제 보름 남았습니다. 올해를 어떻게 보내셨는지요?

세월이 유수처럼 흘러 어느덧 제가 ○○자동차에 입사한 지도 1년이 넘는군요. 그동안 고객님들과 전화상으로나 직접 만나면서 가깝게 개인적인 친분까지 맺은 분들도 백 명이 넘었습니다. 한분 한분 전화도 해주시고 격려도 해주시고 따끔한 충고도 해주시는 것이 저에게는 너무나 소중하고 고맙게 생각됩니다. ○○○님과 알게 된 지도 벌써 6개월이 다 되어갑니다만 좀더 나은 서비스를 제공하려고 노력했으나 여러모로 서툴렀던 것 같습니다. 그러나 내년부터는 저도 분발하여 최선을 다하고 작은 기쁨도 함께 나누도록 노력하겠습니다. 변함없는 지도 편달과 계속적인 관심을 부탁드립니다.

그럼 ○○○님, 남은 보름 동안 송년회로 바쁘고 피곤하실 텐데 건강 유의하시고 가족과 함께 성탄절과 신년 연휴 즐겁게 보내십시오.

Merry Christman & Happy New Year

P.S. 동봉하는 달력으로 멋진 새해 설계해 보시고 책상 위에 놓고 보시면 일년 내내 행운이 깃듭니다.

○○○사장님! 안녕하세요?

거리에 나가 보니 자선냄비가 등장했더군요. 구세군이 흔드는 방울소리를 들으며 주위를 둘러 보니 꼬마전구가 깜박이는 선물가게와 크리스마스 캐럴…. 또 한 해가 저물고 한 살의 나이테가 더 둘러야 할 때가 되었습니다.

연초에 차량 판매목표를 세우고 지금까지 나름대로 열심히 뛰었습니다. 지금까지 판매량을 헤아려 보니 목표 대수를 넘었더군요. 조금 벅찬 목표였는데 주위분들의 적극적인 도움으로 무난히 넘어설 수 있었던 것 같습니다. 특히 ○사장님의 도움과 격려는 저에게 많은 힘을 주었습니다. 이 기회를 빌어 다시 한번 고마움을 표합니다.

연말이라 여러모로 바쁘시겠군요. 망년회다 송년회다 모임도 많으시겠지만 음주운전은 절대 삼가해주세요.

새해에 인사드리러 찾아뵙겠습니다.

그럼 ○○○사장님, 날마다 기쁨과 행복이 넘치시기 바라며 감사하는 마음으로 몇 자 적어 보냅니다.

P.S. 탁상용 캘린더를 동봉합니다. 더 필요하시면 연락 주세요.

자신의 결혼식에 참석한 고객에게 쓰는 감사 편지

춥기에 오히려 따뜻함과 포근함이라는 매력을 느낄 수 있는 겨울입니다.

○○○사장님! 안녕하세요?

그리고 감사드립니다.

처음하는(?)결혼이라 경황이 없어 제대로 연락도 못 드렸는데 제 결혼식장에서 ○○○사장님을 뵙고 너무 고마웠습니다. ○사장님의 사려 깊으심은 이미 알고 있었지만 바쁘신 분이 특별히 시간을 내어 제 결혼식까지 참석해주시니 몸 둘 바를 몰랐습니다. 다시 한번 감사의 마음을 전합니다. 지금은 신혼여행에서 돌아와 친지 분들께 인사 다니고 있고 다음 주 월요일(15일)부터 출근합니다.

이제 저도 한 가정의 가장이 되었으니 총각 때보다 더 열심히 활동하겠습니다. 앞으로도 계속적인 관심과 지도편달을 부탁드립니다.

그럼, ○○○사장님! 아침저녁 제법 냉기를 머금은 찬바람이 옷깃을 여미게 합니다. 올겨울 감기는 매우 지독하다니 미리 예방주사를 맞으시는 것이 좋을 것 같습니다. 다음 주 수요일쯤 안사람과 동행해 인사드리겠습니다.

P.S. 새 달력을 동봉합니다. 더 필요하시면 연락 주세요.

CHAPTER 3

각종 안내 문안

영업은 모든 사람에게 자신이 하는 일과 상품을 알려 파는 일이다. 그러나 사람들은 내 직업에 대해서 일반적인 사실밖에는 모른다. 매일 매일 하는 일을 자세히 모르므로 광고하지 않으면 안내하지 않으면, 어느 누구도 영업사원의 일과 제품이 존재한다는 것을 알지 못하며 기발한 이벤트를 계획했더라도 알리지 않으면 참여하지 못한다.

보통 일반 TV, 라디오, 신문, 잡지 등의 대중 광고에서는 소비자에게 광범위하고 신속하게 전달되지만 상품의 구체적이고 명확한 내용을 전달하기 어렵다. 또한 회사 차원이 아니라 한 개인의 영업에서는 비용부담 때문에 대중광고를 이용하기도 어렵다. 이때 DM이나 편지를 이용하면 대중광고보다 높은 효과를 볼 수 있다. 영업 활동을 효과적으로 수행하기 위해 각종 안내나 신제품 홍보, 이벤트 안내 등에도 천편일률적인 인쇄물이 아니라 편지 형식을 취하면 받는 사람의 마음을 움직이고 감동시키고 사고 싶은 충동을 불러일으킬 수 있다.

어떤 상품이나 서비스는 편지만 보내도 쉽게 팔 수 있다. 즉, 편지로만 가망고객과 연락할 수 있어 편지를 받은 후 가망고객이 전화로 주문하거나 전시장이나 이벤트 장소로 나오게 하는 것이다.

또한 사람의 기억력에는 한계가 있으므로 말보다 글로 보내면 당장 상대방은 내가 하는 일에 관심이 없을지 모르지만 그 사람 주변에는 내가 하는 일을 매우 알고 싶어하는 사람이 있을 것이므로 정확한 정보제공으로 모르는 가망고객을 소개 받을 수도 있다.

가격 안내

01_ 가격 인상 안내

○○○과장님!

따뜻한 봄을 맞이하여 귀사 여러분의 건강하심을 기원합니다. 수많은 회사 중에서 매번 저희 회사를 각별히 후원해주셔서 깊이 감사드리고 있습니다.

그런데 갑자기 그것도 일방적으로 통보해드리는 점을 정말 송구스럽게 생각합니다만 이번에 원료비·운반비 등의 인상으로 인하여 ○○제품이 종래와 같은 가격으로는 채산성을 유지할 수 없게 되었습니다. ○월 ○일을 기하여 별도로 첨부한 내용대로 ○○의 가격을 인상하게 되었음을 알려드립니다.

앞으로도 계속적인 후원을 부탁드립니다.

그럼 ○○○과장님, 늘 새로운 기운으로 정진하시기 바랍니다.

온갖 꽃향기가 대지에 가득한 봄!

봄의 따사로운 햇살이 마음속에 넉넉한 여유를 주는 좋은 하루입니다.

○○○사장님! 안녕하세요?

품위와 품격을 겸비한 저희 중형차 ○○○에 관심을 갖고 계신 ○사장님께 항상 감사드립니다.

지난번 보내드렸던 견적서의 내용에 다소 변경된 금액이 있어 다시 보내드립니다. 그 동안 원자재비, 인건비, 엔화의 상승 등을 이유로 ○월 ○일을 기해 자동변속기의 가격이 인상되었습니다. 저희 자동차의 자동변속기는 미션이 성능면에서 상당히 좋은 편이고 가격인상이 되었더라도 타사의 중형차에 비해 큰 차이가 없으므로 비교해보시면 금방 아실 수 있을 것입니다.

보내드리는 견적서를 천천히 살펴보시고 이번 주 안에 연락주시기 바랍니다. 앞으로도 저희 ○○자동차는 좀더 나은 품질, 좀더 나은 서비스로 ○○자동차를 아껴주시는 고객들을 위해 더욱더 노력하겠습니다.

그럼, ○○○사장님! 늘 가정에 기쁨과 감사가 넘치시기 바려며 좋은 소식 기다리겠습니다.

P.S. 혹시 신문광고를 보셨는지요? 이번 달 말일까지 저희 자동차를 구입하시면 '대나무 시트(시중가 5~6만 원)'을 무상으로 드리오니 이번 기회를 꼭 이용하십시오.

02_ 가격 인하 안내

○○○상무님!

여기저기서 진달래와 개나리가 한창입니다.

○상무님께서도 나날이 발전하시리라 믿습니다.

이번에 저희 회사에서는 제반 사정을 감안하여 ○○의 가격을 별도 첨부한 바와 같이 가격을 인하하기로 결정했습니다.

이것은 제조 공정의 합리화에 따라 코스트 다운이 가능해진 점도 있습니다만, 아울러 평소부터 저희 제품을 애용해주신 여러분의 성원에 보답하고 싶은 마음에서 이루어졌다고도 할 수 있습니다.

앞으로도 계속적인 지원을 부탁드리오며 ○○○상무님의 하시는 일마다 번창하시기 바라며…….

계절의 변화마저 무심케하는 도시의 삭막함 속에서도 낙엽과 단풍은 사색과 애상의 여유를 잊지 않게 해주고 있습니다.

○○○사장님! 안녕하세요?
가족 여러분들도 모두 건강히 잘 지내시죠? 제 안부 전해주세요.

○사장님께서 저희 ○○자동차를 사랑해주시고 늘 관심을 가져주셔서 감사드립니다. 그 덕분인지 사장님께서 특히 관심 있으신 소형차 ○○가 신형이 나오면서 오히려 가격이 인하되었습니다. 구형에 비해 편의사항도 늘고 모델도 훨씬 산뜻해졌습니다.

이것은 제조공정의 합리화에 따른 코스트 다운이 가능해진 점도 있습니다만 평소 저희 소형차를 사랑해주신 고객들의 성원에 보답하고 싶은 마음에서 이루어졌다고 할 수 있습니다. 그리고 올해부터 실시되는 정부의 소형차 지원정책으로 더욱 경제적인 차를 지향하게 되었습니다.

모델에 따라 가격 차이가 있으므로 가격표를 동봉하오니 잘 검토하시고 이 기회에 그토록 자동차 갖기를 소원하는 아드님께 소형차 선물해주시는 것이 어떨까요?

그럼 ○○○사장님, 하시는 일마다 좋은 결과로 웃음 짓는 나날이 많으시기 바라며…….

P.S. 이번 달 말일까지 구입하시면 6개월 무이자 할부도 가능하오니 이 기회를 놓치지 마세요.

개점 및 개업 안내

○○○님!

새봄을 맞이하여 원하시는 일이 모두 이루어지시길 바랍니다.

그동안 안녕하십니까?

항상 여러 가지로 후원해주셔서 감사드립니다.

이번에 ○○의 대표적인 메이커인 ○○회사와 대리점 계약을 체결하여 ○월 ○○부터 대리점 업무를 시작하게 되었습니다. 지역에서는 당사가 유일한 ○○의 대리점이라는 점에서 전 제품의 서비스에도 더욱더 노력하고자 합니다.

앞으로도 ○○○님의 변함없는 후원을 부탁드리오며 날마다 기쁘고 보람차게 보내시기를 바랍니다.

○○○사장님!

늦가을의 냉랭한 바람 속에서 ○사장님 가족 모두 안녕하신지요?

이번에 저희 회사에서는 ○사장님의 성원에 힘입어 ○월 ○○일 부터 인천에도 점포를 신설하게 되었습니다.

앞으로도 계속적인 후원을 부탁드립니다. 개점 당일부터 10일 동안은 개점

기념 감사 세일을 실시합니다. 물론 선물도 푸짐하게 준비했습니다.

이 기간 중에 주위 여러분과 함께 들러주시길 기다리고 있겠습니다.

그럼 ○○○사장님! 건강에 유의하시고 가정에 늘 기쁨과 감사가 넘치시길 빕니다.

○○○님께.
알려드립니다.

여기 작은 시작이 있습니다.
평소 아껴 주시던 마음에 감사드리며
바쁘신 중에도 잊지 않으시고 격려해주시면
영광으로 알겠습니다.

개 업 일
20○○년 ○월 ○일 토요일 오후 2시

장 소
○○구 ○○동 ○○○백화점 건너편
○○○회관(☎ 594-3531)

○○○올림

■ 주차 안내
차량은 ○○백화점 건너편에 있는 ○○주차장을 이용하시고 주차권은 받아오세요. 무료입니다.

뜨거운 태양의 열기 속에서 어느덧 꿋꿋이 이겨낸 초목들의 초록색 ♣(잎 사귀)들이 빨간색의 ♣(잎)으로 물들게 될 청아한 가을의 문턱입니다.

　　○○○님! 안녕하세요?

　　저는 EDITUM ○○대리점 판매사원 ○○○입니다.

　　Sensitive + Contemporary + Sporty = EDITUM

　　생소한 듯하면서도 친근하고 흔한 듯하면서도 흔하지 아니한 옷 EDITUM, 창의적인 오늘을 살아가는 당신께 개성과 품위를 보장해줄 EDITUM.

　　오는 8월 22일 ○○동에 새롭게 문을 열게 되었습니다. 개성 있는 세대, 확실한 세대, 나를 아는 세대라면 누구든 환영하오니 꼭 방문하여 주세요. 매장에 오셔서 저를 찾아주시면 최대한의 서비스와 함께 선택을 도와드리겠습니다.

　　그럼, ○○○님!

　　환절기에 건강 유의하시고 하시는 모든 일에 보람과 기쁨 그리고 행복이 있으시길 바랍니다

　　P.S. 매장 약도와 방문선물 교환권을 동봉합니다.

　　특별한 날에 특별한 분인 ○○○님께!

　　안녕하세요? 저는 EDITUM ○○대리점 판매사원 ○○○입니다.

　　"무덥고 짜증스러운 여름, 어떻게 시원하게 보낼 수 없을까" 하는 생각이 드는 그런 날씨입니다. 기우는 여름과 상큼함으로 다가서는 가을의 문턱에서 그 풍성함만큼의 큰 만족으로 8월 22일 ○○○님과 만나기를 기대합니다.

　　특별한 분들을 위한 Brand인 EDITUM Open 행사에 참여하셔서 격려해주세요.

　　고객 여러분들을 최선으로 모실 수 있도록 만반의 준비를 하고 있으니 꼭 방문하셔서 ○○○님을 위한 특별한 자리를 빛내주시기 바랍니다.

　　장소 : 시청 건너편 EDITUM ○○대리점(☎ 594-3531-2)

일시 : 8월 22일 오전 10시부터 오후 8시까지
그럼, ○○○님! 매일 매일 꿈과 희망으로 넘치시기 바라며….

P.S. 방문하신 고객 중 선착순 100명에게는 멋진 특별선물이 있습니다. 서둘러 오세요.

신선한 바람이 가슴을 스치는 가을이 다가옵니다.
○○○님! 안녕하세요?
불볕더위 속에서 어떻게 지내셨는지요? 저는 여름을 정신없이 지냈습니다.
그동안 저희 미용실을 사랑해주신 덕분으로 이번에 「일산점」을 새롭게 오픈했습니다. ○○○님께서 격려해주시고 도와주셔서 이 가을에 좋은 열매를 맺게 된 것입니다.
그래서 고객들에게 보답하는 뜻에서 개점 기념으로 9월 한 달 동안 파마 고객들에게 행운권을 나눠드리고 9월 30일 추첨해 푸짐한 상을 드리려고 합니다. 국화상으로는 한 명에게 비디오카메라를, 들국화상으로는 두 명에게 핸드폰을, 코스모스상에는 6명에게 의상 티켓을, 또한 행운상으로 120명을 뽑아서 파카 만년필을 드립니다. 이 기회를 놓치지 마시고 혜택을 받으시기 바랍니다.
그동안 사랑해주셨던 것처럼 앞으로 일산점에도 아낌없는 조언과 격려를 부탁드립니다. 꼭 오셔서 개점을 축하해주세요.
그럼, ○○○님! 이 가을에 행복하세요.

P.S. 좋은 문화공간도 마련했습니다. 도서실을 운영하며 헤어와 메이크업, 코디네이션에 관한 정보를 충분히 보실 수 있답니다.

이전 안내

○○○님! 안녕하십니까?

조금씩 아랫목이 귀찮아질 때입니다. 거리를 걷다 보면 어디에서나 봄을 찾아볼 수 있습니다. 싱싱한 봄나물이 이미 시장에 나와 있더군요.

그동안 ○○○님의 성원 덕택으로 조금 넓은 사무실로 이전했습니다. 근처를 지나시면 꼭 들러주십시오.

맛있는 차 한잔 대접하겠습니다.

새 주소 : ○○구 ○○동 ○○번지 ○○빌딩 301호

　　　　　(제일은행 3층)

○○○님!

파릇파릇한 잎사귀들이 풍성한 신록의 계절에 모두 변함없이 건강하신지요?

이번에 저희 회사의 ○○영업소가 아래의 주소로 이전하게 되었음을 알려드립니다.

저희들도 이를 기회로 더욱더 발전을 기하며 열심히 노력하겠습니다. 앞으로도 많은 지도편달을 부탁드립니다.

또한 이전한 영업소에서는 ○월 ○○일부터 영업을 개시하오니 용무가 있으시면 그곳으로 연락해주십시오.

새 주소는 ○○구 ○○동 ○○번지 ○○빌딩 3층, 전화번호는 594-3531~2, FAX는 536-6666로 바뀌었습니다.

그럼 ○○○님! 늘 새로운 기운으로 충만하시기 바라며, 근처에 오실 일이 있으면 꼭 들러주시기 바랍니다.

제품 서비스 안내

....

01_ 보증 수리 기간 안내

○○○과장님! 안녕하십니까?

○과장님께서 저희 중형차 ○○○를 구입하신 지 벌써 3개월이 되어 갑니다. 그동안 운전하시면서 불편하신 점은 없으셨는지 궁금하네요.

일반적으로 자동차를 구입하셨을 때 등록일로부터 1년 주행거리 2만 킬로미터 이내에서는 무상보증수리 서비스를 받으실 수 있습니다. 다만 소모성 부품은 제외됩니다. 차에 약간의 이상이라도 발견하셨을 때에는 큰 무리가 가기 전에 주저하지 마시고 가까운 저희 회사 지정 정비사업소를 이용해주십시오. 많이 바쁘실 때에는 저에게 연락해주시면 제가 처리해드리겠습니다.

그럼 ○○○과장님, 항상 댁내 평안하시기 바라며……

P.S. 현재 이상이 없으시더라도 점검은 꼭 받아보세요.

오늘은 봄바람이 꽃향기를 실어오는군요.

○○○님! 안녕하십니까?

저는 ○○시계 ○○대리점 ○○○입니다.

○월 ○일 ○○○님께서 맡기신 소중한 시계를 정성껏 수리했습니다. 며칠간 사용해보시고 만일 상태가 좋지 않으면 다시 가지고 오십시오. 구입 후 1년간은 보증기간이라 언제라도 무료로 재수리를 해드리겠습니다. 정확한 시간을 기분 좋게 알려주어 만족을 드리기 위해 만들어놓은 보증기간입니다.

꼭 이용해주십시오.

그럼 ○○○님, 늘 도전과 성취로 이어지시기 바라며……

02_ 보증수리기간 만료 안내

새로운 생명들이 시작되는 계절, 지나가는 겨울을 안타까워하듯 오늘은 봄눈이 내리는군요.

○○○부장님! 안녕하세요?

바쁘다는 핑계로 자주 찾아뵙지 못해 죄송합니다.

작년 ○월 ○일 저를 통해 구입하신 중형차 ○○○를 출고한 지도 벌써 1년이 다 되어가는군요. 그 동안 운행하시면서 혹시 불편한 점은 없으셨는지요?

그동안 자동차를 고장 없이 매우 잘 쓰시기는 하셨지만 자동차가 출고된후 1년이 되면 여러 부분을 점검해야 합니다. ○부장님의 차는 아직 1년이 지나지 않았기 때문에 이상이 있는 부분은 무상점검을 받으실 수 있습니다. 이번 기회에 총점검을 하셔서 최상의 상태로 자동차를 유지하는 것이 사고예방을 위한 안전운행의 첫걸음이라고 생각됩니다. 부디 이번 기회를 놓치지 마시고 필히 점검 받으십시오. 만약 바쁘시다면 저에게 연락주시면 제가 대신 처리해드리겠습니다.

그럼, ○○○부장님! 매일 매일 안전운전으로 건강하시고 즐거운 나날을 보내시기 바라며……

P.S. 무상수리 기간은 ○월 ○일 만료됩니다. 앞으로 2주간 남았으니 서둘러주세요.

○○○님! 안녕하십니까?

저는 ○○전자 ○○대리점 ○○○입니다.

오늘 ○○○님이 살고 계시는 동네를 지나치다가 노란 개나리꽃이 화사하게 피어 있는 것을 보았는데, 멋진 꽃동산 속에서 사시는 ○○○님이 부럽다는 생각이 들었습니다.

○○○님께서 저희 대리점에서 텔레비전을 구입하신 지 2년이 되어가고 있습니다. 그동안 사용 중에 불편하신 점은 없으셨는지요? 잘 아시겠습니다만 가전제품은 무상 서비스를 받을 수 있는 기간이 2년입니다.

오는 ○월 ○○일은 저희 대리점에서 텔레비전을 구입하신 지 만 2년이 되는 날로 제품에 대해 무상 수리를 받을 수 있는 마지막 날입니다.

무상 점검 보증기간이 끝나기 전에 저희 대리점에서 ○○○님 댁을 방문하여 종합적으로 점검해드리고자 합니다. 전화로 편하신 점검 날짜를 알려주시기를 부탁드립니다.

다시 한번 저희 대리점을 이용해주셔서 감사드리면서 가내 두루 행복이 충만하시길 바라며……

○○○부장님!

저희 회사 복사기를 구입하신 지 벌써 1년이 되어 갑니다. 저희 복사기가 그동안 ○부장님의 업무에 충분히 도움이 되었는지요?

만일 조금이라도 상태가 좋지 않은 점이 있다면 빨리 연락해주세요. ○○월 ○○일까지 무료 보증기간입니다.

물론 무료 보증기간 후에도 애용해주시는 동안 책임을 지고 보증해드립니다만, 수리를 하시거나 부품을 교체하실 때에는 실비를 받는 유료 보증으로 바뀌게 됩니다. 무료 보증 서비스 기간이 앞으로 10일 남았습니다. 무료 서비스를 이용하실 수 있도록 다시 한번 안내해드리는 것입니다.

그럼 ○○○님, 소식을 기다리며…….

P.S. 현재 복사기에 이상이 없더라도 보상기간이 끝나기 전에 점검을 받아보세요.

03_ 무료점검 서비스 안내

○○○님!

신록의 계절, 오늘도 성공적인 미래를 향해 열심히 노력하시는 귀하의 모습이 눈에 선합니다.

저는 ○○주식회사 영업부 ○○○과장입니다.

세월은 빨라 ○○○님께서 저의 ○○컴퓨터를 구입하신 지도 어느덧 1년이 되었습니다. 그 동안 저희 ○○컴퓨터가 ○○○님의 업무에 도움이 되었으리라 확신합니다. 제품을 사용하시는 데 불편하셨거나, 불만스러운 점이 있으시면 개의치 마시고 언제든지 말씀해주십시오. 가까운 시일 내에 한 번 찾아뵙고 점검해드리려고 합니다. 다음 주중에 ○○○님께서 편리한 시간을 통보해주시면 가능한 한 그 시간에 맞추어 방문하겠습니다.

그동안 소식 전하지 못한 점, 깊이 사과 드리며 늦게나마 소식을 전합니다. 그럼 ○○○님, 늘 도전과 성취로 이어지시기 바라며…….

○○○님!

겨우내 잠만 자던 개구리 기지개 켜고, 개나리도 화사한 웃음을 머금은 채 얼굴을 내미는 따뜻한 봄이 왔습니다. 안녕하십니까?

저는 지난 3일 ○○○님 댁에 비디오를 설치해드렸던 ○○전자 ○○대리점 ○○○주임입니다.

저희 대리점을 이용해주신 점 거듭 감사드립니다. 제품을 사용하시는 데 불편함은 없으신지요?

혹시라도 불편한 점이 있으면 저에게 즉시 연락해주십시오. 그리고 저희 대리점에서는 오는 ○월 ○○일 오후에 ○○○님 댁의 전자제품 무료점검 서비스를 위해 귀댁을 방문하고자 합니다.

혹시 외출하실 계획이 있으시면 저희 대리점으로 미리 연락해주시기 바랍니다.

그럼 ○○○님, 내내 가정에 행복과 평화가 충만하시길 기원하며 이만 줄입니다.

향긋한 봄나물이 입맛을 돋우는 계절! 마음속에 해묵었던 감정들을 다 털어버리고 누구와도 웃으며 만나고 싶은 봄입니다.

○○○님! 안녕하셔요?

○○자동차 ○○지점 ○○○ 인사드립니다. 그동안 물심양면으로 도와주

심에 감사드리면서 조금이나마 도움을 드리기 위해 다음과 같이 A/S캠페인을 실시하고자 합니다.

모든 기계가 마찬가지이지만 특히 자동차는 제때의 점검이 수명을 좌우합니다. 바쁘시더라도 꼭 한번 나오셔서 지금 타고 계시는 차에 고장이나 불편한 점이 있으면 나오셔서 무료점검을 받아주시기 바랍니다. 특별 무상점검이므로 간단한 소모성 부품은 무료로 교환해드립니다.

조그만 선물도 준비가 되어 있으니 받아가시고, 자동차를 효율적으로 사용하시는 방법도 배우시기 바랍니다.

장 소 : 주공 아파트 내 ○○슈퍼 앞 공터
일 시 : 2003년 3월 14일(금) ~ 15일(토) 2일간
시 간 : 오전 11시부터 오후 5시까지

10분이면 OK
안경 클리닉 서비스

《 무료입니다. 》

찌든 때를 없애주고 테와 나사 조정도 합니다.
약간 손질하면 신제품처럼 사용하실 수 있습니다.
정기 휴일인 수요일 이외에는 매일 실시하고 있으니
많은 이용 바랍니다.

○○○안경점
☎ 594 3531-2

04_ 계절상품 사전 점검 안내

○○○님.

지난달 구입하신 텔레비전의 상태는 어떻습니까?

상태가 좋지 않으시면 언제든지 연락해주십시오.

이제 곧 무더운 계절이 다가옵니다. 저희 ○○대리점에서는 고객에 대한 서비스 차원에서 매년 냉방기를 본격적으로 사용하시기 전에 미리 무료로 점검해드리고 있습니다. 사전에 연락을 드리고 찾아뵙도록 하겠습니다.

또한 냉방기를 새로 구입하실 의향이 있으시면 한번 연락해주십시오. 금년에도 신제품을 여러 종류 갖춰놓았습니다. 꼭 한번 내점해주십시오.

05_ 제품에 대한 상태 문의

푸르름이 넘치는 유월! 신록의 향연을 마음껏 즐길 수 있는 계절입니다.

○○○사장님! 안녕하십니까?

지난 월요일 저희 ○○자동차 ○○○를 구입해주셔서 감사드립니다. 여러 번 전화를 드렸으나 부재중이시라 사장님과 직접 통화를 할 수 없었습니다.

한 열흘 정도 지났습니다만 구입하신 차를 운행하시면서 불편함이 없으신지요? 차에 조금이라도 궁금한 점이 있거나 불편하신 점이 있으시면 즉시 제게 연락해주십시오. 최선을 다해 해결해드리겠습니다.

이제 제 VIP고객이 되셨으니 도움이 될 만한 자동차 생활 정보를 계속 드리겠습니다. 그리고 다음 주중에 한번 방문하겠습니다. 구입하시기 전과 구입하신 후의 의견을 듣고 싶습니다. ○사장님의 의견이 저희 ○○자동차의 발전에 밑거름이 될 수 있습니다. 저희 ○○자동차를 사랑하는 마음으로 진심 어린 충고를 부탁드립니다.

모쪼록 저희 자동차가 ○사장님의 생활을 편리하게 해드리고 사업 번창에도 일익을 담당하는 데 도움이 되기 바랍니다. 앞으로 저희 ○○자동차는 언제나 고객과 함께하기 위해 열심히 노력하겠습니다.

그럼 ○○○사장님, 항상 댁내 평안하시기 바라며…….

P.S. '오너드라이버를 위한 간단한 자가 정비요령' 책자를 동봉합니다. 혹시 급한 일이 생기셨을 때에는 도움이 될 것 같아 보내드립니다.

06_ A/S 후 만족도 확인

국화향기가 그윽한 아름답고 향기로운 계절입니다.

○○○과장님! 안녕하세요?

지난 월요일 자동차 고장으로 심려를 끼쳐드려 대단히 죄송합니다. 다행히 저에게 금방 연락을 주셔서 즉각 A/S맨에게 조치를 취해드렸는데 그 후 자동차 상태는 좋습니까?

여러 번 연락을 드렸지만 사무실에 부재중이시라 이렇게 글로 씁니다. 여직원이 자동차를 계속 타고 계신다는 말을 들었습니다만…….

항상 정성을 다해 모시겠다고 맹세하지만, 본의 아니게 이번과 같은 경우가 생기는군요. 다시 한번 고개 숙여 사과를 드립니다. 차량수리 후에도 불편하신 점이 있다면 즉시 제게 연락해주십시오. 곧바로 조치를 취해드리겠습니다. 저는 고객 편에 서서 항상 노력하고 있습니다.

그럼 ○○○과장님, 하시는 일에 좋은 성과로 늘 웃음 짓는 날이 가득차시기 바라며 소식을 기다립니다.

며칠 전에 흠뻑 뿌렸던 빗줄기 탓인지 한층 더 높푸른 하늘이 마음을 풍요롭게 만듭니다.

○○○님! 안녕하십니까?

저는 ○○주식회사 ○○대리점 ○○○대리입니다.

항상 저희 회사 제품을 이용해주셔서 대단히 감사합니다. 부족하지만 언제나 최선을 다하여 사용하시는 제품에 불편한 점이 없도록 봉사하고자 노력합니다만 미흡한 점이 많습니다. ○월 ○일자 A/S를 받은 제품은 사용하시기에 애로 사항이 없으신지요. 혹시 만족스럽지 못한 점이 있으시면 아래 전화로 연락을 주시면 빠른 시간 내에 재방문하여 처리해드리도록 하겠습니다.

저의 ○○대리점은 ○○○님 댁의 서비스를 맡아 관리하는 대리점이오니 동봉한 스티커를 잘 붙여놓으시고 언제나 이용하십시오.

앞으로도 신제품 구입이나 고장 제품에 도움이 필요하시면 언제든지 연락해주십시오. 힘껏 도와드리겠습니다.

그럼 ○○○님, 조금씩 다가서는 무더위에 건강 유의하시고 무료함을 달래드릴 사보를 함께 보내드립니다.

01_ 자동차 업종의 이벤트 초대 안내

국화 향기가 그윽한 아름다운 계절입니다.

○○○과장님! 안녕하세요?

찾아뵌 지도 벌써 몇 주가 지났군요. 바쁘다는 핑계로 죄송한 마음으로 이 글을 올립니다.

이번 저희 ○○자동차에서는 수출 100만 대 돌파 기념으로 고객들의 성원에 보답하고자 다양한 기념행사를 마련했습니다. 푸짐한 사은품과 행운권 추첨이 있으니 부디 참가하셔서 행운을 잡으시기 바랍니다.

기념행사 안내는 ○월 ○일 ○○일보 ○면을 참고하시거나 저희 회사 홈페이지 WWW.aaaCAR.COM을 참조해주세요.

참가인원이 제한되어 있으니 참가여부를 빨리 알려주세요.

그럼, ○○○과장님의 전화를 기다리겠습니다.

P.S. 행운권 두 장을 동봉하오니 기록하셔서 그날 지참해주세요.

밤 사이에 가득 내린 눈! 잎이 진 수목의 가지마다 겨울밤의 하얀 눈이 가득 쌓여 닶니다.

○○○사장님! 안녕하십니까?
그동안 저희 ○○자동차를 아껴주시고 사랑해주셔서 진심으로 감사드립니다.
올 겨울 저희 ○○자동차에서는 고객의 성원에 보답하고자 겨울철 스키캠프의 장을 마련했습니다. 가족과 함께, 연인과 함께 하얀 설원에서 겨울 스포츠의 참맛을 느껴보시기 바랍니다.

○사장님! 올해도 바쁜 일과에 시달리면서 가족과의 어울림에 인색하지는 않으셨는지요? 이번 기회에 꼭 참석하셔서 사모님과 아이들과 행복한 시간을 보내시며 그동안 메말랐던 정서를 되찾으셨으면 합니다. 넓은 하얀 들판에서 갖는 자신만의 시간은 지나간 일에 대해서도 재정립하시는 데에도 도움이 되리라 생각합니다.

- 스키 캠프 안내 -
기　　간: 2003년 1월 18일(금) ~ 19일(토) 2일간
장　　소: 강원도 ○○○ 스키장
출발장소: 1월 18일 오전 11시 강남역 ○○빌딩 앞

그럼 ○○○사장님, 독감이 유행중이라고 하오니 건강에 유의하시기 바라며….

P.S 인원이 제한되어 있으니 참가하시려면 빨리 연락해주십시오.

소매 끝을 파고드는 날씨가 제법 쌀쌀합니다만 피부를 스치는 한기가 오히려 상쾌합니다.

○○○사장님! 안녕하십니까?
깊어가는 겨울날, 새생명이 탄생합니다.
새로운 왕자, 새로운 뉴○○○ 탄생을 축하해주세요.
부디 참석하셔서 정상의 품격과 만나시기 바랍니다.

신차 발표회
날　짜 : 2003년 12월 18일(금) 18:00
장　소 : 서울 삼성동 코엑스 전시관

P.S. 초대권을 두 장 보내오니 사모님과 동반하십시오. 맛있는 저녁식사와 행운권 추첨도 있습니다.

02_ 화장품 업종의 이벤트 초대 안내

노란 개나리와 같은 밝은 화장을 하고 싶어지는 계절입니다.
○○○님! 안녕하세요?
○○○화장품 ○○지부 ○○○지부장입니다.
저희 ○○○화장품에서는 신상품 발매를 축하하면서 홍보차 이런 편지를 띄웁니다.
옷차림이 얇아지고 환해지면서 화장도 화사해지는데 겨울 동안의 소홀한 관리 때문에 피부에 각질과 피지가 일어나고 화장이 잘 먹지 않아 고민하고 계시죠?
그래서 저희 ○○○화장품에서는 4월 한 달 동안 무료 서비스 기간을 만들어 현대아파트 주부들에게 올바른 피부관리법과 화장법에 대해 알려드리려고 합니다.

제가 방문할 때 관심이 있으시면 문의해주시고 예약하시면 최대한 시간을 조정해드리겠습니다.

일시 : 4월 1일 ~ 4월 30일

시간 : 11:00 ~16:00

장소 : 현대아파트 놀이터 앞

휴대폰: 010-111-1111 ○○○ 화장품 ○○지부 ○○○지부장

안녕하십니까?

저는 지난달 부녀회관에서 봄철 피부관리에 대해 강의했던 ○○화장품 직판사업부 ○○○입니다.

지난번 봄철 피부관리는 광범위한 MAKE-UP이었지만 이번 여름철 피부관리는 더 나은 자료를 가지고 여러분을 모시고자 합니다.

바쁘시겠지만 시간을 내서 들어주신다면 알찬 내용으로 보답하고자 합니다. 초면으로 끝나는 악연보다는 구면으로 만나 필연으로 연결되었으면 하는 바람입니다.

강의날짜 : 2003년 5월 21일

강의시간 : 오후 2시부터 4시까지

강의장소 : 아파트 단지 내 부녀회관 사무실

강의내용 : 1. 마사지법

           2. 섹시한 MAKE-UP

           3. UV 차단방법에 대한 관리법

P.S. 좌석수가 한정되어 있으니 미리 전화로 참석 여부를 알려주십시오.

○○○님! 안녕하세요?

아름답던 가을풍경을 뒤로 하고 군고구마가 그리워지는 계절이 서서히 다가오네요. 이제 조금 있으면 연말이고…….

12월이 되면 왠지 마음이 들뜨고 외출을 많이 하는 달이죠? 특히 여성들은 사계절 항상 외모에 관심이 많지만 12월은 유난히 특별하지요. 또 우리 여성들은 심리가 남보다 더 예쁘고 싶고 튀고 싶고……. (외적으로나 내적으로나)

우리가 일반적으로 하고 다니는 메이컵은 속옷을 입지 않고 겉옷만 입고 다니는 격이 많습니다.

옷차림도 중요하지만 메이컵을 어떻게 했느냐에 따라 그 사람의 분위기가 틀려지지요. 자신의 결점을 극복하고 자신 있는 부분을 더욱 아름답게 표현할 수 있다면 얼마나 신날까요?

○○○님을 위해 저희 ○○○화장품에서는 메이컵 교실을 마련했습니다. 일주일에 두 시간만 넉주 동안 투자하시면 더욱 아름답고 세련된 미모를 갖출 수 있습니다.

주　　제 : 기초 메이컵부터 파티 메이컵까지
강　　사 : ○○○강사(현재 현대백화점 문화센터 강사)
일　　시 : 매주 토요일 오후 3~5시(4주간)
장　　소 : 강남역 사거리 ○○빌딩 8층(☎555-5555)
준비물 : 몸만 오세요. 실습용 화장품은 무료 제공
회　　비 : 2만 원(도중하차 방지위한 회비)
선　　물 : 신제품 섀도우(21500원)-4주 수료시
궁금하신 점이 있으시면 전화 주세요.

P.S. 참가인원을 한정하오니 빨리 예약해주세요.

"예뻐질 수 있는 특별한 기회를 드립니다"

○○○님! 안녕하세요?

결혼할 때의 신부화장보다 더욱 세련되고 아름답게 만들어 드립니다. 그 설렘을 다시 한번 느껴 보세요.

저희 ○○○화장품에서는 여성용 기초화장품 부문에서 고객만족도 1위 기업으로 상을 받고 고객에게 감사의 보답으로 메이컵 교실을 운영하고 있습니다.

눈썹수정은 물론이고 새도우하는 법, 볼터치하는 법 등을 자상하게 가르쳐 드립니다. 눈썹수정으로 분위기를 조절하고 볼터치와 파운데이션 투웨이로 얼굴형을 조절하고 새도우로 눈을 더욱 예쁘게 만들어 보세요. 아무것도 할 줄 모르는 초보자도 이 메이컵 교실을 수료하시면 프로가 될 수 있습니다.

최소한 수십만 원을 들여야 배우는 메이컵을 무료로 배울 기회이오니 이 기회를 놓치지 마세요. (회비는 2만 원이지만 4주 참석하신다면 21,500원짜리 신제품 새도우를 드립니다) 궁금하신 점이 있으시면 전화 주세요.

주 제: 기초 메이컵부터 파티 메이컵까지
강 사: ○○○ 강사(현재 현대백화점 문화센터 강사)
일 시: 매주 토요일 오후 3~5시(4주간)
장 소: 강남역 사거리 ○○빌딩 8층(☎555-5555)
준비물: 몸만 오세요. 실습용 화장품은 무료 제공

P.S. 1인당 한 사람만 초대할 수 있습니다. 빨리 예약해주세요.

"내일 모레 남편친구들과 부부동반 망년회를 한다는데,

왠지 내가 너무 초라해 보이면 어떻게 하지?'

이러한 고민을 하시는 분들을 위해 ○○○화장품에서는 사랑스런 눈의 그
윽함, 오똑한 콧날, 홍조된 볼, 앵두 같은 입술을 연출하시도록 메이컵 교실
을 준비했습니다.

때와 장소에 맞는 센스 있는 화장을 위해 ○○○화장품으로 오세요.

주 제: 기초 메이컵부터 파티 메이컵까지

강 사: ○○○ 강사(현재 현대백화점 문화센터 강사)

일 시: 매주 토요일 오후 3~5시(4주간)

장 소: 강남역 사거리 ○○빌딩 8층(☎555-5555)

준비물: 몸만 오세요. 실습용 화장품은 무료 제공

회 비: 2만 원(도중 하차 방지 위한 회비입니다)

선 물: 신제품 섀도(21,500원)-4주 수료시

03_ 공장(생산지 견학) 안내

꽃이 피고 새가 우는 봄은 윤삼월 이른 햇빛 속에서 훈풍과 더불어 우리 곁
에 점점 가까이 다가오고 있습니다.

○○○님! 안녕하셔요?

기다리는 마음으로 간단한 인사로 봄을 노크해봅니다.

1. 3월에는 본사 공장 방문을 겸한 봄나들이가 준비되어 있습니다. 함께 가셔서 거
   대한 현대 문명의 현장을 관람하고 깨어나는 자연의 품에 안겨 마음속에 겨우내
   낀 때를 씻어봅시다.

♣ 날 짜 : ○월 ○○일 −9시 출발, 오후 6시 도착 귀가

(○○온천 경유)

♣ 회 비 : 3,000원 – 중식, 기념품 등 제공

2. 새봄을 맞아 '신선한 ○○○냉장고'와 함께 산뜻한 꽃향기가 넘치는 가정을 꾸미셔요. 환경을 보호하는 신발매 냉매 냉장고 ○○가 꽃씨를 나누어 드립니다.

♣ 올봄 신선한 냉장고 계획은 저에게 상담해주세요.
특별 가격으로 알뜰 가계를 꾸리도록 도와드리겠습니다. 전화를 주십시오.
상세한 내용이 실린 카탈로그를 보내드리겠습니다.

상담 안내: 담당 ○○○(☎ 594 3531-2)

04_ 건강식품 시음회 안내

○○○님! 안녕하십니까?

저희 ○○식품에서는 ○월 ○일~○월 ○일까지 알뜰 슈퍼 앞에서(또는 320동 201호 ○○네 집에서 오후 2시부터 4시까지) ○○○건강차 시음회를 실시하오니 많은 참여 부탁드립니다.

○○○ 건강차는 국내에서만 자생하는 ○○를 특별 가공한 차로 우리 인체 내부에 쌓여 있는 노폐물을 배설시켜 줍니다. 한 잔으로도 그 놀라운 효과를 볼 수 있는 다이어트용 차입니다. 특히 변비로 고생하시는 분들에게는 기분 좋은 나날을 약속드립니다.

그럼 ○○○님, 기쁨과 행복, 가득하시기 바라며……

추신 : 설문지를 작성해주신 분들께 선물을 드립니다. 또한 행운권 추첨도 있습니다.

05_ 홈파티 안내

"잔치에 초대합니다"

○○○님! 안녕하십니까?

0월 0일 11시부터 3시까지 반포 주공아파트 320동 105호에서 우리네 스타일의 잔치를 열고자 합니다. 부담 없이 모여서 서로를 알고 정성껏 만든 음식을 나눠 먹으며 얘기할 수 있는 '만남의 장'을 마련하는 잔치입니다. 옆집, 앞집 주부들과 함께 오셔도 좋습니다. 미리 알려만 주세요. 바쁘시더라도 모처럼 여는 잔치에 오셔서 유익한 시간을 보내시기 바랍니다.

그럼 ○○○님, 오늘도 사랑이 넘치는 가정을 만드시기 바라며…….

추신 : 행운권 추첨도 있습니다.

06_ 자녀교육 세미나 안내

녹음이 짙어 가는 신록의 계절 6월입니다.

○○○님! 안녕하십니까?

2년 전 첫 방문을 시작으로 그동안 물심양면으로 후원해주셔서 감사드리며 어제는 갑작스러운 방문에도 친절히 응대해주셔서 대단히 감사합니다.

한참 자라나는 버들이의 교육에 큰 관심을 갖고 계시는 ○○○님의 교육열에 감탄했습니다. 그리고 저희 회사 사보를 보시고 자투리 글이나마 스크랩하여 이웃 어머님들과 함께하신다니 그리고 상품에 대한 자녀교육정보를 나누신다니 참으로 반갑습니다.

항상 ○○○님의 격려와 충고는 잊지 않겠습니다. 앞으로 열흘 후 자녀교육 정보교실이 열리는데 ○○○님을 초대하고 싶습니다. 꼭 오셔서 자녀교육에 대한 정보도 나누시고 아낌없는 격려도 부탁드립니다. 따뜻한 마음으로 만나 정보교환의 시간을 가질 수 있기를 바랍니다. 그리고 이웃어머님과 함께 오십시오.

날 짜 : 2003년 5월 21일
시 간 : 오후 2시부터 4시까지
장 소 : 명동 한성빌딩 8층 교육장
강 사 : ○○○ 박사(○○대 교수, 교육학 박사)
주 제 : "자녀들의 독서습관"

그럼, 항상 자녀교육에 관심이 많으신 ○○○님의 가정에 늘 평안과 행복이 가득하시길 진심으로 바라며 또 소식 전하겠습니다.

P.S. 이웃집 엄마들의 주소와 연락처를 알려주시면 제가 그분들께도 저희 초대권을 각각 보내드리겠습니다.

나무 끝에 한해의 결실이 영글고
청아한 바람뒤로 황금빛 추수들녘이
가슴을 넉넉히 채우는 계절,
하여,
색색으로 옷을 두른 산하의 아름다움 속에
우리들의 풍요로운 삶을 위하여
귀한 만남의 자리를 마련하고
○○○님을 초청하오니
부디 오셔서 뜻깊은 교제와 기쁨을

나누시기 바랍니다.

♣ 언　제 : ○월 ○○일 12:00-15:00
♣ 어디서 : ○○출판 ○○지사 교육장
　　　　　　(서울 반포4동 뉴코아백화점 옆 건물)
♣ 　왜　 : 구연동화 실연과 레크레이션

· 30명만 초대하오니 미리 예약바랍니다. 행운상 추첨이 있습니다. 선물도 푸짐합니다.

07_ 신도시 입주 주민을 대상으로 한 이벤트 안내

○○○님!
봄빛이 뜰 아래 소복하게 내려 쌓이는 춘삼월입니다.
이 좋은 계절에 저희 지역 ○○아파트에 입주하신 ○○○님 가족을 진심으로 환영합니다.
저희 ○○전자 ○○대리점에서는 귀댁의 전자제품 일체를 무료로 점검 및 클리닝 서비스를 해드립니다. 부담 갖지 마시고 언제든지 연락해주시기 바랍니다.
생활에 풍요로움을 주는 ○○대리점과 함께 행복한 출발이 있으시길 빌며…….
○○○님의 전화를 기다리겠습니다.

08_ 창립 주년 기념 세일 안내

○○○님! 안녕하셔요?

무더운 여름 건강하게 보내셨는지요?

자주 찾아뵙고 인사를 드리지 못해서 죄송합니다.

이번 저희 ○○○대리점에서는 창사 5주년을 맞이하여 고객 여러분의 성원에 보답코자 기념행사로서 9월 한 달 동안 빅 세일을 마련했습니다.

앞으로도 고객 여러분께 최선을 다하는 ○○대리점 ○○○이 되겠습니다.

푸짐한 사은품과 행운권 추첨이 있으니 부디 참가하셔서 행운을 잡으세요.

의문 나시는 점이나 궁금한 것이 있으시면 언제든지 연락해주십시오. 성심껏 답변해드리겠습니다.

그럼 ○○○님, 꼭 뵙길 바랍니다.

P.S. 행운권 추첨 참가표를 동봉하오니 꼭 이용하세요.

09_ 모피 코트 할인 판매 안내

○○○님! 안녕하셔요?

지난 연말 저희 ○○모피가 폭발적으로 판매되는 바람에 고객들의 욕구를 충족시켜드리지 못해 죄송합니다.

그 성원에 감사하는 마음으로 미처 구입하지 못하신 분들께 특소세 인하와 함께 사과하는 마음으로 저희 본점에서만 다시 한번 할인 판매를 단행합니다.

올 겨울 추위를 마감합니다!

연말에 보내주신 성원에 감사드리며 앞으로도 철저한 서비스로 보답하겠습니다.

 2월 15일부터 28일까지(14일간) 저희 ○○모피 제품을 구입하시는 데 3가지 특전을 드립니다.

 특전1 : 권장 소비자 가격의 20% 할인
 특전2 : 다용도 백 & 밍크장갑 증정
 특전3 : 공장 견학

 P.S. 갖고 계신 모피의 개조, 수선, 세탁도 20% 할인해드리오니 많이 이용해주시고 타사 제품이나 무스탕 세탁도 저희에게 맡겨주세요.

10_ 가전 대리점의 기획 판매 안내

 ○○○님! 안녕하세요?
 햇볕이 따사로운 봄입니다.
 그동안 별고 없으셨는지요?
 꾸준한 관심과 애정으로 저희 ○○대리점을 아껴주시는 귀하께 보답하는 마음으로 저희들은 언제나 더욱 튼튼하고 고장이 없는 제품, 쓰기에 편리하고 친근한 제품을 공급하고자 노력하고 있습니다.
 ○○○님께서 도와주신 덕택으로 저의 3월 매출이 1억 원을 돌파했습니다. ○○○님의 도움이 없었던들 이런 기쁨은 없었을 것입니다.
 정말 감사드리면서 이번 ○월 ○○일부터 3일간 '1억 원 돌파 기념 사은 잔치'를 계획하고 있습니다.

 1. 세탁기 교환 판매 : 중고 세탁기는 상태에 따라 5만 원까지 보상
 2. 냉장고 10회 무이자 판매

3. 에어컨 6회 무이자 판매(기본 설치비 무료)

앞으로 더욱 최선을 다해 ○○○님의 성원에 보답할 것을 약속드립니다.

언제나 나날이 건강하고 행복하시기 바랍니다.

11_ 가전 대리점의 에어컨 특별 기획 판매 안내

○○○님! 안녕하셔요?

저는 ○○○대리점 영업사원 ○○○입니다.

평소 저희 ○○○대리점을 아끼고 애용해주심에 진심으로 감사드립니다.

저는 에어컨 상담 전문 요원으로 귀하를 저희 우수 고객으로 모시고자 합니다.

기상청과 매스컴의 발표에 의하면 금년 여름은 열대야 현상이 많이 나타나는 무더운 여름이 예상되어 에어컨 수요가 생산업체의 공급 능력을 훨씬 초과하고 있습니다.

- 에어컨을 서둘러 설치하십시오.

  성수기에는 설치가 늦어질 수도 있습니다.
- 기능을 꼼꼼이 따져 보고 구입하십시오.

  아무리 따져도 에어컨은 역시, 저희 회사 제품이 단연 으뜸입니다.

저는 귀하의 올 여름 냉방 계획에 다음과 같은 특별 서비스로 함께하고자 합니다.

〈기간 ○월 ○○일~○월 ○○일〉

- 기본 설치비 무료
- 무이자 12회 분할 판매
- 우수 고객에 대한 서비스 프로그램에 의한 기타 제품 우대 판매

올 여름 냉방 계획을 저와 상담해주십시오. 기쁨과 만족을 준비하고 기다리고 있습니다.

즉시 전화해주십시오. 상세한 내용의 카탈로그와 함께 상담에 응하겠습니다.

12_ 가전 대리점의 겨울용품 기획 판매 안내

○○○님!
겨울!
자칫 움츠러들기 쉬운 계절
○○겨울 용품으로 활기를 찾으셔요.

실내 구석구석 항상 따뜻하고 아늑한 분위기
이제 겨울 추위쯤은 문제없습니다.
사랑하는 아내에게는 더욱더 편안함을,
소중한 자녀에게는 가정의 따뜻함을,
존경하는 남편에게 가정의 안락함을,
저희 ○○ 대리점은 항상 관심과 사랑을 드리고 있습니다.

사랑하는 아내에게는
최신의 세탁기, 만능 요리가 가능한 전자레인지를,
소중한 자녀에게는 엄마의 사랑 팬히터를,
존경하는 남편에게는
알뜰한 아내의 정성 어린 최신 오디오를….

○○전자 ○○○대리점에 오셔서 겨울용품의 모든 것을 구경하시고 기념

품 및 푸짐한 상품과 함께하세요.

○○백화점 5층 전시관에서 귀하를 기다리겠습니다.

■ 언　제 : 2003년 ○월 ○일 10:30 ~18:30
■ 어디서 : ○○백화점 5층 문화관
■ 담　당 : ○○○대리점 ○○○ (☎ 594 3531-2)

13_ 가전 대리점의 가정의 달 기획 판매 안내

○○○님!

봄의 향기가 아름다운 계절의 여왕 5월입니다.

어린이로부터 어른들에 이르기까지 모두다 가슴 뛰게 기다려온 가정의 달이기도 하지요.

오월이 되면 무엇보다도 '가족 단합 대회'를 열어보세요.

그냥 선물이나 카네이션 한 송이로 끝내지 말고 가족들 모두 손을 잡고 김밥을 싸서 가까운 공원으로 소풍을 나가는 겁니다. 한창 물오르는 새싹의 속삭임과 돌돌 흐르는 샘물 소리, 반갑게 지저귀는 새들의 노래 속에 그동안 가슴에 담아왔던 가족 간의 대화를 나누어보세요. 단합 대회를 하고 난 다음날부터 왠지 모를 다정한 미소가 피어오르는 걸 느끼실 겁니다.

저희 ○○대리점은 귀하께서 꾸미신 '가정의 달'에 한몫을 하고 싶습니다. 이번 가정의 달 기념 선물은 더욱 새로워진 ○○대리점 선물용품으로 준비해보세요. 세련된 모습과 편리한 쓰임새가 더욱 선물로서의 가치를 높여줄 것입니다. 물론 받으시는 분께서도 의외의 갖고 싶었던 귀한 선물을 받아 더욱 깊은 감사의 정을 느끼실 것이고요.

♣♣♣♣ 선물용품은 이런 것으로… ♣♣♣♣

어린이날(5월 5일)—소형 카세트, 말하는 전자 사전, 카메라, 보온 도시락, 헤어 드라이어, 소형 라디오, 컴퓨터

어버이날(5월 8일)—체중계, 전기면도기, 스팀다리미, 주스믹서, 카세트, 카메라, 식기건조기, 포터블 가스레인지, 압력솥

스승의날(5월15일)—면도기, 다리미, 소형 카세트, 전화기, 카메라, 주스믹서, 전기포트, 체중계, 영상 가요 반주기

원하는 제품이 있으시면 언제라도 문의해주세요. 오월의 싱그러운 바람과 함께, 좋은 소식 기다리고 있겠습니다. 언제나 건강하시길 기원하며…….

○○○님!

봄의 향기가 그윽한 계절의 여왕 5월입니다.

늘 푸른 마음으로 새로운 삶을 훈풍에 실어 가득 채워 보십시오.

초순인가 했는데 날들이 벌써 중순이 넘었습니다.

하지만 언제나 고객을 향한 고마움이 있기에 이 달의 소식을 봄바람에 실어보냅니다.

♣ 가정의 달 특전

냉장고 · 세탁기 교환 보상 판매 실시

● 구모델 교환 보상 : 5만 원 (타사 제품도 가능)
● 구　입　조　건 : 12개월 무이자
● 에　　어　　컨 : 6개월 무이자

P.S 한바탕 웃음으로

영원한 맞수--
언덕에서 철길을 바라보던 맹구와 오서방
오서방: 맹구야, 철길은 갈수록 좁아지는데 저 큰 기차는 잘도 가네.
맹　구: 바보야! 기차는 멀리 갈수록 오므라들잖아.

14_ 추석 선물 기획 판매 안내

추석 선물용품, 전화 1통이면 OK !

고향의 축제 가락이 들리는
그런 선물용품이 지금 인기입니다.
금년도 추석은 ○○슈퍼의 '향토물산전'에서 선택해주십시오.
○○○농협의 협력으로 추석 선물로 잘 어울리는 명산물을 갖추었습니다.
○월 ○일~○일의 '고향 축제'에 오십시오.
고향 전화 무료 서비스도 있습니다.
힘찬 목소리로 무더위 안부를…….
그리고 고향 냄새 가득한 선물에 대해서도 한 마디.
※ 전시 품목
　　배, 사과, 곶감, 대추, 꿀, 영지버섯, 잣, 각 지역 토속주 등

　　　　　　　　　　　　　　　　○○○○년 ○월 ○일
　　　　　　　　　　　　　　　○○슈퍼 ○○○점장 올림
　　　　　　　　　　　　　　　　☎ 594-3531

15_ 신제품 출시 기념 기획 판매 안내

○○○사장님!

저는 ○○기업 영업부 ○○○대리입니다.

요즈음 날씨도 별로 고르지 못한 데 건강하신지요?

다름이 아니라 지난번 ○사장님께서 저희 회사를 방문하여 지적해주셨던 점들이 보완된 신제품이 출시되었습니다. 제품의 기능·디자인·가격이 ○사장님께서 구입하여 사용하시면 꼭 어울릴 것 같아 신제품 카탈로그를 동봉해드립니다.

또한 이번에 저희 ○○기업에서는 신제품 출시 기념으로 우수 고객 20분에 대해 ○월 ○일부터 3일간 특별 우대 판매를 실시하고 있습니다. 이번 기회를 꼭 이용해주시길 바랍니다.

그럼, ○○○사장님의 가정에 기쁨과 감사와 행복이 머무시길 진심으로 기원하며…….

감사합니다.

신제품 안내

01_ 교육 업종의 신제품 안내

○○○님! 그 동안 안녕하세요?

거리 어디서나 훈훈한 봄기운을 느낄 수 있습니다. 상일이가 올곧은 아이로 성장하기 바라는 부모님의 한결 같은 바람 속에 밝고 씩씩하게 자라주는 예쁜 상일이와 함께 봄날의 가벼운 산책을 해보시면 어떨까요?

기나긴 겨울을 이겨낸 앙상한 나뭇가지에 따스한 봄 햇살이 내리듯이 어머님의 상일이에 대한 사랑이 좋은 결실을 맺기를 저는 늘 기도합니다.

유난스레 호기심이 많은 ○○이에게 과학적 탐구력을 자극할 수 있는 좋은 책인 '○○○과학동화'가 신제품으로 나와 소개해드립니다. 동봉한 참고자료를 열람하시어 미래의 과학자 ○○○(자녀 이름)에게 좋은 자양분으로 활용해주시기 바랍니다. 다음 주 수요일경 샘플 책자 몇 권 갖다 보여드리겠습니다.

그럼, ○○○님의 가정에 평안과 화목으로 늘 훈훈한 향기가 넘치시기 바라며…….

국화 향기 그윽한 계절입니다.

○○○님! 그동안 안녕하세요?

○○(자녀 이름)이가 아침을 까르륵 까르륵, 하하, 호호 웃음으로 시작한다면 얼마나 즐겁겠습니까?

웃음은 좋은 영양제로 마음 놓고 웃을 때 어린이의 감성(EQ)은 봄비 만난 들판의 풀처럼 무럭무럭 자랄 수 있습니다.

특히 21세기에는 감성이 높은 사람이 성공할 수 있으므로 저희 회사에서는 아이들의 감성을 높여주는 '감성의 천재들'이라는 신상품을 내놓았습니다.

책 제목에서도 알 수 있듯이 개성 있는 인물들의 이야기를 코믹하게 담아 다양한 삶을 간접적으로 경험하게 하여 ○○(자녀이름)이에게 긍정적인 세계관을 갖게 하고 상상의 세계를 넓혀주며 적극적으로 생각하고 행동하게 만드는 명랑감성동화로 전세계적인 EQ훈련서로서 센세이션을 일으키고 있습니다. 책 60권과 테이프 15개로 구성된 이 '감성의 천재들'을 ○○(자녀 이름)이가 읽다 보면 엄마의 잔소리가 줄어듭니다. 일단 책 카탈로그를 동봉하오니 살펴보십시오.

그럼, ○○○님!

늘 웃음이 넘치는 행복한 나날 보내시기 바라며……

P.S.

· EQ(Emotional Quotient)는 자기감정을 조절할 줄 알고 타인의 정서를 잘 읽어내고 효과적으로 조절할 수 있는 능력입니다.

· 출시기념으로 구입 고객 중 선착순 5000명에게 'EQ를 길러주는 전래동화 CD-ROM 한세트(2매)'를 선물로 드리오니 이 기회를 놓치지 마세요.

02_ 미용실의 최신 유행 안내

○○○님! 안녕하세요?

이번 가을과 겨울의 유행색은 짙은 갈색과 보라색입니다. 조용하면서도 가슴 깊숙이 파고드는 느낌은 현격히 다르지요.

보셨어요?

들녘에 흐드러지게 피어 있는 국화를. 노을 속에 하늘거리는 들국화의 가녀린 줄기와 흰 꽃잎이 옛 여고시절을 연상케 하지 않던가요?

책을 사랑하고 인생을 논하던……

영화 속의 주인공과 수학선생님의 텁텁한 턱수염을 좋아하면서 밤을 새우던 단발머리 소녀의 기억도 바람 속에 배어 나옵니다.

이 가을, 갈색으로 어우러진 옷차림과 책을 들고 바람이 이끌어주는 곳으로 여행을 떠나 보시면 어떨까요?

돌아올 땐 인생의 무게만큼이나 나를 발견한 모습과 한 손에 국화 한 다발을 들고서 생활 속으로 돌아와 보세요.

단발이 다시 유행이라고 합니다. 이집트라는 나라에 푹 젖어보냈던 여고시절, 그래서 제 작품에 이집트 여인들의 헤어스타일이 많이 등장하지요. 다시 유행 속에서 만나볼 수 있는 내 꿈들로 요즘 제 가슴을 설렙니다.

○○○님! 미니스커트, 뾰족 구두, 단발머리 올가을과 겨울 어느 거리에서 나 볼 수 있는 모습이 될 것입니다. 유행을 앞서 가는 것도 좋지만 우리들은 조금씩만 흉내를 내는 것도 좋으리라 생각합니다.

가을은 누군가에게 펜을 들게 하고 심성을 울리게 하는 계절인가 봅니다. 읽어주셔서 감사합니다.

○○○님의 가정에 편안함과 건강을 바라며……

03_ 보험 업종의 신제품 안내

맑고 따사로운 햇살이 완연한 봄으로 무르익고 있습니다.

○○○님! 안녕하세요?

언제나 저희 ○○화재 ○○대리점을 격려해주셔서 보답하고자 열심히 노력하고 있습니다.

지난달 가입하신 ○○○운전자 보험의 2회분 영수증을 보내드립니다. 그리고 생활에 큰 힘이 될 또 하나의 획기적인 신상품 ○○○안심보험의 안내지를 동봉합니다.

월 납입액 39,740원으로 주택화재(1억 원)는 물론 화재시 위로금, 가스 폭발로 인한 배상책임, 구급차 이용시 응급비용, 도난사고, 일상생활 배상은 물론 자녀의 상해, 자녀의 손해배상 등 가정생활의 구석구석까지 세심한 배려가 있는 상품입니다. 채 4만 원도 안 되는 적은 보험료로 내 집 화재와 내 가정의 안심! 매력 있지요?

안내지를 자세히 검토해보시고 궁금하신 점이 있으면 전화주세요.

진심으로 감사드리며 ○○○님의 변함없는 건강과 무궁한 발전을 바라며…….

매미 울음소리가 더위를 재촉하고 있습니다.

○○○님! 그동안 안녕하세요?

제가 ○○화재에 근무한 지도 벌써 4개월이 지나고 있습니다. ○○○님께서 많이 도와주셔서 덕분에 좋은 성과를 내고 있습니다.

이번에 저희 ○○화재에서는 "○○매직차"라는 새로운 운전자 종합보험이 개발되었습니다. ○○매직차는 운전자뿐만 아니라 가족들을 위해 기타 새로운 서비스와 큰 위험을 보장해주는 우수한 상품입니다.

　요즈음 우리 사회에서는 정말로 꼭 필요하다는 생각에 ○○○님께 꼭 알려드리고자 이 글을 씁니다. 저도 전에는 이 운전자 보험이 그렇게까지 필요한지 몰랐습니다만 제가 보험을 알게 된 후 방송이나 신문에서 보도되는 기사를 보면서 다시금 깨닫게 되었답니다. 우리나라의 결손가정의 50% 이상이 교통사고로 인해 발생된다는 통계를 듣고 볼 때마다 이 운전자 보험이 꼭 필요하다고 생각합니다. 자세한 안내문과 설계서를 동봉하오니 검토해주시기 바랍니다.

　이제 여름휴가가 시작되는 계절입니다. 항상 안전운전하시고, 생활의 활력소가 넘칠 수 있는 즐거운 휴가를 보내시기 바랍니다. 그리고 휴가 때 즐거웠던 이야기도 들려주세요.

　그럼, ○○○님! 늘 웃음 짓고 사시기 바라며…….

　결실의 계절 가을입니다.
　○○○사장님! 안녕하세요?

　항상 저희 ○○생명에 관심과 격려를 베풀어주셔서 감사드립니다. 저는 00생명에 근무하는 ○○○입니다.
　다름이 아니라 ○사장님께 재(財)테크＋세(稅)테크를 안내해드리려고 이 글을 씁니다.

2001년부터 금융소득 종합과세가 실시되어 5년 이상 유지된 보험에서 발생된 보험 차익은 조세감면 규제법/소득세법상 비과세 혜택을 드립니다.

○사장님의 귀한 돈을 효과적으로 안전하게 늘릴 수 있는 저희 ○○생명 재테크 상품에 투자해주십시오. 고율의 이자소득세는 물론 금융소득 종합과세에서 제외되는 신상품만 모아 안내해드립니다.

사장님의 귀한 돈을 분산투자하십시오. 사장님의 자산의 일부는 고(高)이율의 위험한 투자처보다는 안전한 저의 ○○생명에 투자해주십시오.

동봉해드리는 안내문을 참조하시고, 구체적인 설명을 드리기 위해 다음 주 화요일에 전화드리겠습니다.

그럼, ○○○님! 하시는 사업 나날이 번창하시고 건강과 행복이 늘 함께하시기 바랍니다.

P.S. 제가 전화했을 때 전화를 연결해달라고 비서에게 부탁해주시겠습니까?

04_ 부엌 가구 업종의 신제품 안내

○○○님! 안녕하십니까?
저는 ○○부엌가구 영업사원 ○○○입니다.

아름다운 부엌은 아름다운 생활을 만든다고 합니다.
시스템 키친에 대해서라면 누구보다도 독특하고 정교한 기술을 가지고 있는 저희 회사 ○○와 상의해보십시오.

당신의 개성과 가정에 어울리는 아름답고 멋진 부엌의 설계와 함께 가장 합리적인 가격에 마련하실 수 있는 방법을 친절하게 안내해드립니다.

이제 아름다운 생활에 투자하십시오.

주부가 언제나 즐겁고 행복한 마음으로 일할 수 있는 공간, 일을 다 끝냈을 때 밀려드는 성취감과 함께 행복함을 느낄 수 있는 부엌, 이것이 바로 시스템 키친입니다.

시간을 내서서 저희 전시장에 오시면 많은 제품을 구경하실 수 있습니다.

그럼 ○○○님! 바쁘신 중에도 항상 명랑한 웃음이 넘치시기 바라며…….

· 가정생활의 중심은 주부 바로 당신입니다.
· 전화 한 통화로 새로운 생활을 시작하십시오.
· 담당자 부재중에는 메모 부탁합니다.

05_ 사무기기 업종의 신제품 안내

○○○총무부장님! 안녕하십니까?

어제는 바쁘신 중에도 귀중한 시간을 내주셔서 정말 감사했습니다.

○○○부장님께 안내해드린 저희 회사 신제품 ○○○은 귀사의 사무 부문의 효율화 · 코스트 다운에 큰 도움이 되리라 저는 확신하고 있습니다. 꼭 검토해주시도록 다시 한번 부탁드립니다.

다음번에는 약속드린 대로 제안서를 지참하여 귀사를 방문하도록 하겠습니다. 아무쪼록 잘 부탁드립니다.

그럼 ○○○부장님, 다시 뵐 때까지 몸 건강하시고 하시는 일마다 뿌듯한 보람이 함께하시길…….

06_ 의류 업종의 신제품 안내

○○○님! 초여름 햇살이 따갑습니다.

지난 주 저희 ○○대리점을 방문하셨을 때 말씀하셨던 신제품 흰색 블라우스가 오늘 입하되었습니다.

소재는 견사이며 9호 사이즈도 있습니다.

분명히 ○○○님의 마음에 꼭 드시리라 생각됩니다.

3일 후에는 점포에 진열합니다만 만일 그전에 나오실 때에는 저에게 연락을 주십시오. 미리 준비해놓겠습니다.

이 밖에도 초여름 제품이 여러 가지 갖추어져 있습니다. 바쁘시겠지만 시간을 내어 저희 ○○ 대리점을 들러주십시오. 기다리고 있겠습니다.

그럼 ○○○님, 언제나 웃음꽃이 피기 바라며…….

○○○님! 안녕하세요?

저는 ○○회사 ○○대리점의 판매사원 ○○○입니다.

늘 저희 대리점을 찾아주셔서 대단히 감사합니다.

이번 가을 신상품이 새로 나왔습니다. 한번 나오셔서 천천히 구경하십시오. 매장에 오셔서 저를 찾아주시면 계속 구입하시는 고객을 위한 할인혜택도 드리고 ○○○님께 가장 잘 어울리는 제품의 선택도 도와드리겠습니다.

저희 새 브랜드인 ○○○를 늘 사랑해주셔서 다시 한번 감사드리며 ○○○님의 가정에도 항상 좋은 일만 가득하시길 빕니다.

유별나게 심한 더위이지만 다가올 가을을 생각하면 기분이 상쾌해집니다.

○○○님! 안녕하세요?
지난 주 ○○○님께서 구입하신 셔츠와 바지는 잘 입고 계신지요?
혹시 불편하신 점이 있으시면 알려주십시오. 가능한 일이라면 즉시 해결해
드리겠습니다.
저희 ○○○에서는 가을을 위한 신상품이 입점되었습니다. 전 품목이 전시
되어 있으니 많은 품목이 있을 때 시간을 내셔서 한번 들러주시고 내점하시
면 꼭 저를 찾아주십시오. 기다리고 있겠습니다.

그럼, ○○○님!
다가온 가을 문턱에 서서 새로운 기운으로 충만한 나날 보내시기 바라
며……

주면 줄수록 한결 넉넉히 해지는 결실의 계절입니다. 벼이삭이 고개를 떨
군 누런 들판의 풍성함은 가을 무게를 한결 더해줍니다.

○○○님! 안녕하세요?
한 사람을 안다는 것이 얼마나 보배로운지 알면서도 그동안 자주 연락을
드리지 못하고 코앞에 닥친 급한 일에만 연연하다 보니 마음으로만 그쳤습
니다.
부족함이 많은 저이지만 그동안 ○○○님께서 도와주셔서 꾸준히 성장하
고 있습니다. 계속 좋은 상품을 소개해드리는 것이 제 일인 듯싶습니다.

올가을 선보인 특종 상품 속에는 **심플한 모직정장**과 **불란서 하비 비로드
투피스**, 품격을 끌어올린 **프라다 햄스터를 리버시블 시킨 7부 코트**가 준비되

어 있습니다.

　그동안 성원해주셔서 올해는 본사에서 상도 받았습니다. 앞으로도 많은 지도 부탁드립니다.

　그럼, ○○○님! 늘 건강하시고 행복하시기 바라며 저희 매장에 나오셔서 따뜻한 차 한 잔 함께하고 싶습니다.

07_ 장난감 전문점의 신제품 안내

　아이들이 손을 꼽으면서 기다리는 크리스마스가 다가오고 있습니다.
　성스러운 꿈을 꿀 수 있도록 당신 아이의 머리맡에 살짝 놓아주는 선물……. 작은 마음속에 언제까지나 남아 있을 '사랑의 새싹'이라는 모토를 가진 저희 ○○장난감 전문점은 금년에도 멋진 장난감을 상점 가득 준비했습니다.
　동봉한 팸플릿은 일부에 지나지 않지만 참고해주십시오. 자녀들의 정서를 풍요롭게 키워주며 안전한 상품만을 중심으로 갖추었습니다. 금년에도 크리스마스 선물 준비는 "○○"장난감의 집에서 구입해주십시오.
　기다리겠습니다.

　※ 내점하실 때 이 봉투를 지참하시면 재미있는 선물을 드립니다.

08_ 전자 업종의 신제품 안내

○○○님! 선선한 바람이 기분 좋은 가을입니다.

○○노래방을 아십니까?
선풍적 인기를 끌고 있는 노래방을 가정에서도 즐길 수 있게 되었습니다.
집들이 · 돌잔치 · 회갑연 등에서 ○○노래방은 값진 모임을 더욱더 흥겹게 해드립니다.
기존 텔레비전만 있어도 연주가 가능하다는 것을 알고 계십니까? 귀하의 궁금한 점을 풀어 드리겠습니다.
언제든지 연락해주십시오.
○○○님, 건강에 유의하시고 가정에 늘 기쁨과 행복이 넘치시길 바랍니다.

○○○과장님! 안녕하세요?

상큼한 꽃내음과 함께 봄이 열리는 요즈음…….
저도 희망과 꿈을 갖고 새로운 각오로 프로는 아름답다는 야무진 꿈을 품고 봄을 맞고 있습니다.

이봄에 저희 회사에서는 디자인 성능 면에서 뼈를 깎는 수련의 자세로 에어컨 신제품을 출시하여 설레는 마음으로 봄을 열었답니다.
○○○과장님의 세련된 감각과 선견지명을 저희 회사의 제품으로 만족시켜 드리겠습니다.

신제품 카탈로그를 동봉하오니 검토해주십시오.

다음 주중에 더 자세한 자료를 지참하고 찾아뵙고 진심에서 나오는 성실한 답변과 희망을 약속드리며, ○○○과장님의 건강과 가정의 행복을 빌고 있겠습니다. 만나뵐 때까지 안녕히 계십시오!

봄에 적습니다.

진달래 망울 부풀어 발돋음 서성이고……

여중시절 국어시간 선생님의 권유로 외웠던 시구가 계절을 일깨워줍니다.

○○○과장님! 안녕하십니까?

자연과 가장 가까이 접할 수 있는 지역에 살고 계시는 ○과장님이 부럽습니다. 기업이 주는 이미지만큼이나 ○과장님의 인상이 참으로 신선하게 느껴집니다.

오늘도 봄을 맞는 공장현장에서 ○과장님의 손길을 기다리고 있는 생산설비기기들이 있을 거라 느껴집니다.

지역이 멀고 교통이 복잡하고 지리도 익숙하지 못하여 귀사를 쉽게 찾아갈 수는 없지만 늘 기회를 기다리며 시간을 맞고 보내왔습니다.

그러나 바로 지금이 ○과장님을 뵙고 에어컨 설비에 대한 보수와 추가 구입물량에 대해 의논할 시기라고 생각합니다. 이번 달 구입고객에게는 10개월 무이자할부 특혜가 있거든요.

뵐 때는 향기와 예쁜 물감으로 그려야 할 꽃을 한 다발 안겨 드리겠습니다. 그리고 꽃다발만큼이나 화사한 복장으로 제 모습을 소개드릴까 합니다.

하루보다 일주일, 일주일보다 한 달, 한 달보다 일 년, 일 년보다 평생이 행복하신 ○과장님의 일과 보내시기 바라며 이만 줄입니다.

P.S. 신제품 카탈로그를 동봉합니다. 다음 주 화요일쯤 전화드리겠습니다.

○○○님! 안녕하세요?

저는 ○○기업 ○○대리점에서 이 지역 고객 관리를 담당하고 있는 ○○○ 입니다.

다름이 아니라 ○○○님께 도움을 드릴 수 있는 제품이 있어 이렇게 글을 올리게 되었습니다.

이번 저희 회사에서는 6가지 기능을 겸비한 국내 최초의 ○○축소판 전자 사전이 나왔음을 알려드립니다.

문법체 위주로만 공부했던 기존의 공부 방식에서 talking과 함께 발음도 정확하게 나오는 최첨단 기술로 대체시켜 공부하면 학습 효과는 물론 실력 향상이 월등하리라 생각됩니다. 48만 7천 개의 국내 최다 어휘에 정통 미국식 영어 발음을 버튼 하나로 보면서 들으면서 공부할 수 있어서 더욱 편리합니다. 또한 암기식이 아닌 사고력 배양 위주의 공부가 가능한 전문 전자 사전입니다.

상세한 내용을 담은 카탈로그를 동봉해드립니다. 아무쪼록 저희 ○○○전자 사전이 ○○○님의 어학 공부에 도움이 계속되기를 바랍니다.

검토해보시고 지금 바로 전화해주십시오. 감사합니다.

안녕히 계십시오.

P.S. 신제품 발매 기념으로 선착순 10명에게 특별 선물을 드립니다. 서두르세요.

사방 어디고 머물러 있는 봄 내음에 코끝이 시릴 지경입니다.

○○○원장님! 안녕하세요?

서신도 몇 달 만이죠? 하시는 사업도 잘 되시는지 궁금합니다. 새 학기가 되어서 무척 바쁘시죠? ○원장님께서 봉고를 직접 운전하시는 모습은 늘 다 정다감합니다.

저를 작년에 많이 도와주셔서 올해 지부장으로 승진했어요. 감사드립니다.

올해 ○원장님께서도 에어컨도 구입하셔야죠. 1차 예약 때 DM을 보내드렸는데 여유가 없으셔서 못 보셨는지요? 아직 2차 예약이 조금 남았습니다.
업무에 바쁘시더라도 미리 준비하셔도 여유로운 생활에 도움이 되었으면 합니다.
함께 동봉한 신제품 카탈로그를 참조해주십시오.

저희 ○○전자 에어컨의 장점만 몇 가지 메모하겠습니다.
1. **절전이 되고**
2. **디자인이 매우 좋고**
3. **바람이 아주 좋습니다**(설악산 기슭에서 부는 바람같이 항상 시원하고 촉감이 좋습니다)

○원장님, 날마다 기쁜 마음으로 지내시기 바랍니다.

P.S. 다음 주초에 연락을 드리고 찾아뵙겠습니다.

봄비의 촉촉함이 아주 부드럽게 느껴지는 계절입니다.

모든 것이 생동하는 이즈음에 녹색바람의 이상향을 추구하는 ○○전자 영업사원 ○○○ 인사드립니다.

○○○이사님!

못 뵌 동안 많이 건강해지셨으리라고 믿습니다. 운동은 열심히 하시는지요? 건강해지신 모습으로 다시 한번 2003년 한 해를 활짝 웃으시기를 두 손 모아 기도합니다.

그리고 지난해 망설이시다 여름을 다 보낸 안타까움을 올해에는 기대하시던 모델을 가지고 찾아뵙겠습니다.

먼저 저희 신모델 공기청정 기능을 갖춘 에어콘 카탈로그를 보내드리오니 미리 살펴보시길 부탁드립니다.

오는 3월 20일 전후로 귀댁 근처를 방문예정이므로 전화드리고 찾아뵙겠습니다.

반갑게 제 손을 잡아주시는 이사님을 기대하며…….

날마다 날마다 행운이 함께하세요.

P.S. 3월 중 구입고객에게는 10개월 무이자 할부혜택이 있으니 서두르세요.

♬ "……개구리 소녀 개구리 소녀 ♪

♪네가 울면 무지개 연못에 비가 온단다. ♬

♬비바람 몰아쳐도 이겨내고 ♪

♪일곱 번 넘어져도 일어난다……" ♪

09_ 화장품 신제품 안내

○○○님!

티 없이 맑은 파란 하늘에서 가을을 느끼고 있는 요즈음 어떻게 지내십니까?

○월 ○일자 여성 월간지 '○○'에

"거칠어진 피부의 스피디한 회복법"이 실렸습니다만 보셨는지요?

그중에 저희 회사의 신제품 ○○시리즈 제품이 상당한 인기를 모으고 있습니다. ○○○님께서도 꼭 한번 써보십시오.

틀림없이 행복한 가을을 맞이하실 수 있을 것입니다.

저희 ○○화장품 전문점에서는 클린싱에서 팩 · 피부 손질까지 코스로 되어있는 ○○ 시리즈 제품을 갖추고 ○○○님의 외출을 기다리고 있습니다.

건강과 스태미나가 넘치는 ○○○님의 온 가족의 늘 명랑하고 특이한 웃음소리가 귓전에 쟁쟁합니다. 그 웃음소리에 복이 들어 있나 봅니다.

○○○님! 항상 저희 ○○화장품을 애용해주셔서 진심으로 감사드립니다.

이번에 저희 회사에서 신제품이 출시되어 카탈로그를 새롭게 만들었기에 한 부 보내드립니다. 내용을 꼼꼼히 읽어보신 후 마음에 드시는 것이 있으시면 체크해놓으시고 연락 주시면 즉시 달려가 자세히 설명해드리겠습니다. 또한 방문한 김에 신제품으로 마사지도 해드리며 사용해보실 기회도 드리겠습니다. 편리한 시간을 알려주세요. 기다리겠습니다.

그럼, ○○○님! 언제나 주님의 크신 은총이 함께하시기 바라며…….

10_ 개인에 대한 신제품 발매 안내

○○○님.

곳곳에 개나리와 진달래가 만개했습니다.

이번에 저희 회사에서는 수년간의 연구 성과가 열매를 맺어, 종래 제품보다도 몇 배나 성능이 뛰어난 신제품 ○○를 발매하게 되었습니다.

전에 ○○○님에게서 이런 제품이 있으면 좋겠다는 말씀을 들은 적이 있습니다만, ○○는 틀림없이 ○○○님을 만족시킬 수 있다고 확신하고 있습니다.

카탈로그를 보내드리오니 검토해주시기 바랍니다. 의문사항이 있으시면 전화를 주세요. 자세히 설명해드리겠습니다.

그럼, ○○○님, 늘 행복하시고 건강하시며 하시는 사업 번창하시기 바라며…….

11_ 거래처에 대한 신제품 발매 안내

○○○사장님! 바야흐로 봄입니다.

나날이 성장하는 귀사의 발전을 진심으로 기쁘게 생각하고 있습니다.

당사에서는 이번에 타사에 한발 앞서 획기적인 신제품을 발매하게 되었습니다. ○○는 당사의 기술진이 오랜 시간에 걸친 연구와 마케팅 리서치에 의해 얻은 소비자의 요망에 따라 개발된 것이므로 틀림없이 소비자들로부터 좋은 반응을 얻으리라 확신하고 있습니다.

○○○사장님, 앞으로도 많은 이해와 협력을 부탁드리오며 신제품 발표회와 판매 설명회 등의 일정은 추후 알려드리겠습니다.

아무쪼록 발전과 정진·건강과 행복이 늘 함께하시길 바라며…….

자료 발송 안내

01_ 고객에게 도움이 될 자료를 보낼 경우

○○○사장님! 항상 저와 저희 회사를 성원해주셔서 늘 감사드립니다.

어제 서점에 볼일이 있어서 갔다가 이전에 ○사장님께서 말씀하셨던 ○○에 관해 상세한 설명이 되어 있는 책이 눈에 띄기에 이미 구입하셨는지도 모르지만 혹시나 하는 마음에 동봉합니다. 참고가 되었으면 좋겠습니다.

그럼 ○○○사장님, ○사장님께서 지금 혼신의 힘을 쏟고 계신 일이 순조롭게 이루어지시길 바라며 환절기에 건강 유의하시길 바랍니다.

○○○사장님!

지난번 만나뵌 후 변함없이 건강하십니까? 오늘 이 지역 신문을 읽고 있다가 동봉하는 기사가 눈에 띄었습니다. 요즈음 ○사장님께서 관심을 가지고 계신 일에 도움이 되지 않을까 해서 오려두었습니다. 이미 스크랩하셨을지 모르지만 혹시나 해서 보냅니다.

그럼 ○○○님, 계절이 바뀌는 시기이오니 건강에 유의하시며 하시는 일마다 번창하시기 바라며…….

02 _ 견적서를 제출할 경우

크림빛 감도는 목련의 4월입니다. 거리엔 개나리 빛 어린이들이 나들이를 나오고 연초록 잎새들이 한껏 기지개를 펴고 있습니다.

○○○사장님! 안녕하세요?

작년에 실시했던 세계품질 평가단을 기억하시죠? 안타깝게도 ○사장님께서 선발이 되지 않으셔서 제가 쿠폰을 보내드렸지요? 그 쿠폰으로 자동차 구입시 할인 혜택을 받으실 수 있습니다.

특히 이번 달에는 중형차 ○○○를 구입하실 때 가장 경제적인 가격으로 구입할 수 있는 특혜가 있습니다. 그래서 견적서를 두 가지 보내드립니다. 하나는 보통 때의 견적서이고 다른 하나는 이번 달에 구입하실 수 있는 좋은 조건으로 뽑은 견적서입니다.

그리고 할인쿠폰의 유효기간은 이번 달말까지이오니 꼭 이용하셔서 많은 할인 혜택을 받으시기 바랍니다. 인도금은 지금 소유하고 계신 자동차를 중고가격으로 대체하시면 그리 큰 부담은 아닐 것입니다.

그럼 ○○○사장님, 노곤해지기 쉬운 날씨에 안전운전하시고 일교차가 큰 요즈음, 감기 조심하세요.

P.S. 다음 주 수요일쯤 미리 연락을 드리고 찾아뵙겠습니다. 견적서를 검토하시고 궁금한 점 모두 풀어드릴게요.

향긋한 봄나물이 입맛을 돋우는 계절! 마음속에 해묵었던 감정들을 다 털어버리고 누구와도 웃으며 만나고 싶은 봄입니다.

○○○사장님! 안녕하세요?
저는 ○○자동차 ○○지점의 ○○○입니다.
먼저 찾아뵙고 인사드려야 도리이지만 직접 방문을 부담스러워 하시는 것 같아 이 글을 올립니다.

이 달은 작년 ○사장님께서 검토하시는 중형차 ○○○를 좋은 조건으로 구입할 수 있는 절호의 기회입니다. 선착순 100대 한정 특별가격을 적용해주는 본사 정책이 오늘 발표되었거든요.
그동안 타사 차량과 비교해 가격 면에서 만족하지 못하셨지요? 이번 달에 구입하시면 타사 자동차 가격에 비해 상당히 좋은 편입니다. 그래서 할부 개월 수와 옵션 종류에 따른 중형차 ○○○의 견적서를 몇 가지 뽑아 보내드립니다.
특히 사모님과 두 자녀 분과 함께 주말여행을 자주 다니시는 편이라고 하시니 쾌적하고 넓은 공간, 넓은 트렁크를 가진 ○○○가 안성맞춤입니다.

○사장님! 견적서를 검토해보시고 이 좋은 기회를 잡으세요. 궁금하신 점이 있으시면 언제라도 연락 주세요. 빨리 달려가겠습니다.

그럼 ○○○사장님, 나날이 꿈과 희망이 넘치시기 바라며…….

○○○사장님! 더위에 지쳤던 몸도 활기를 찾아갑니다. 건강에 유의하셔서 즐거운 나날 보내시기 바랍니다.

지난 주 목요일에는 귀중한 시간을 내주셔서 진심으로 감사드립니다. ○사장님께서 문의해주셨던 ○○건에 대해 견적서를 제출하오니 검토해주시기 바랍니다.

생각하고 계신 예산보다 다소 가격이 높아진 것은 ○○부분의 재료를 고려해서 좀 넉넉하게 예산을 짰기 때문입니다. 물론 이 부분의 변경은 가능합니다만, 내구력이나 사용하셨을 때의 느낌이 완전히 다르므로 저희 견적대로 하시는 것이 결국은 이익이라 생각됩니다. 그 밖에 다른 의문점이 있으시면 언제든지 연락해주십시오.

그럼 ○○○사장님, 하시는 모든 일 두루 많은 성과 거두시길 바랍니다.

03_ 즉석 복권을 보낼 경우

골목마다 봄 내음이 물씬 풍겨오는 향기로운 계절입니다.

○○○사장님! 그동안 안녕하셨습니까?

새봄, 제 고객들에게 무엇인가 재미있고 색다른 서비스를 제공해드리려고 곰곰이 생각하다가 아주 특별한 몇 분의 고객을 선정해서 GOOD LUCK 즉석 복권을 만들었습니다. 지금 곧 동전으로 화살표 방향으로 긁어보세요. 제 이름이 나오면 당첨되신 것입니다.

○사장님! 당첨되셨죠? 곧바로 010-1111-1111로 연락해주세요. 늘 반복되

는 일상에 약간의 자극을 줄 선물을 준비했습니다. 연락해주시는 대로 가지고 찾아뵙겠습니다.

그럼, ○○○사장님! 아무쪼록 건강하시고 하시는 일마다 좋은 성과로 이어지시기 바라며…….

GOOD LUCK

P.S. GOOD LUCK은 포커 게임을 할 때 마지막 카드를 돌릴 때 행운을 기원하는 뜻에서 하는 말입니다.

04_ 카탈로그를 보낼 경우

○○대리님! 안녕하세요?

저희 ○○자동차의 소형차 ○○○는 지금 유럽에서 선풍적인 인기를 끌고 있는 차종입니다. 승차감과 차의 외형은 중형차에 버금가고 차량가격은 저렴해 경제적으로 무엇보다도 여성들에게 가장 알맞은 차라고 생각합니다.

지난 봄 제 동료도 소형차 ○○○를 구입했는데 잔고장도 없고 주행성이 좋아 만족도가 99%라고 하더군요.

일단 카탈로그와 가격표를 첨부하오니 잘 살펴보시고 연락주세요. 저를 믿고 선택해보시죠?

짙은 청색의 ○○○를 몰고 코스모스가 피어 있는 가을길을 연인과 함께 달려보실래요? 원하시면 구입하시기 전에 시승할 수 있도록 해드리겠습니다.

그럼 ○○○대리님, 화목한 웃음 가득하여 즐거운 나날 보내시기 바라며…….

○○○사장님!

항상 저희 회사 제품을 애용해주셔서 진심으로 감사드립니다.

이번에 저희 회사 전제품 카탈로그를 새롭게 만들었으므로 한 부 첨부하여 보내드립니다.

꼭 봐주시기 바랍니다. 혹시 마음에 드시는 것이 있으면 이번을 기회로 갖고 계신 ○○를 신제품과 대체해보면 어떠실지요.

이번 신제품은 성능도 한 단계 높아진 획기적인 제품입니다. 찾아뵙고 자세한 설명을 드리겠습니다. 의문 사항이 있으시면 언제든지 연락해주시기 바랍니다.

그럼 ○○○사장님, 하시는 일마다 뿌듯한 보람 느끼시길 바라며…….

○○○사장님! 평소 계속적인 후원에 깊은 감사를 드립니다.

이번에 신제품의 출하로 자사 제품의 카탈로그를 새로 만들었습니다. 몇 부 보내드리오니 참고해주십시오. 또한, 신규 주문은 동봉한 카탈로그에 의해 주문해주시길 부탁드립니다.

○○○님, 하시는 사업 늘 번창하시길 빕니다.

05_ 사보를 보낼 경우

○○○님! 안녕하서요?
항상 바쁘게 살아가는 ○○○입니다.
저희 회사의 사보 ○월호가 나왔어요. 정말 볼 것이 많습니다.
회사 소식은 물론이고 건강에 대한 여러 가지 독립 기사도 많이 실려 있습니다. ○○○님께 도움이 될 것 같아 한 부 보내드립니다.

우선 건강을 위한 지혜를 한 가지 알려드릴게요.
남편의 건강을 위하여 마늘을 전자레인지에 익혀서 매일 식사 때마다 드시게 하면 간 기능이 참 좋아진다더군요. 한번 실시해보세요.

그럼, 다음에 만날 때까지 건강하서요.

기타 안내

01_ 보험 만기 안내

시원스럽게 비가 쏟아지더니 아스팔트를 깨끗하게 청소해놓았습니다.
○○○님! 안녕하세요?

저는 파룻파룻 새싹이 움터오던 계절에 ○○화재에 입사하여 여러 고객여러분과 친숙해진 지 3개월이 지난 생활설계사 ○○○입니다.

직접 찾아뵙은 것이 도리인 줄 아오나 먼저 이 지면을 통해 인사드립니다.

우선 ○○○님께서 소유하신 자동차 종합보험의 만기일이 7월15일로 다가옴을 알려드립니다.

보험료를 산출해 보내드리오니 편리하신 시간을 알려주시면 찾아뵙고 자세한 안내를 해드리겠습니다. 갱신 계약과 함께 저희 ○○화재의 신상품인 매직차 종합보험도 소개해드리고 자동차 종합보험에 관한 기본 상식과 사고처리 대처에 관한 정보지도 드리겠습니다. 이 정보가 ○○○님께 특히 도움과 참고가 되리라 생각됩니다.

○○○님! 자동차 종합보험을 저희 다시 한번 ○○화재와 저에게 맡겨주시면 영광으로 알고 최선을 다해 도움을 드리도록 노력하겠습니다.

그럼, ○○○님의 가정에 평안과 행복이 가득하시기를 진심으로 바라며 빠른 연락을 기다리겠습니다.

02_ 연체보험금 입금 안내

　　도심 속에 매미 소리가 유난히도 무성했던 여름도 아침저녁으로 시원한 기운으로 잊혀져가나 봅니다.

　　○○○님! 휴가는 즐겁게 보내셨는지요?

　　다름이 아니라 매월 25일 자동이체로 입금하시던 보험료가 휴가로 인해 늦어진 듯싶어 알려드립니다. 계약 유예나 실표가 되시면 ○○○님께 언제 어느 때 누가 될지 모르오니 이 글을 받으신 후에 다음 달 5일까지 은행 잔고를 확인해주십시오. 불편함이나 문제가 발생하지 않도록 제가 처리해놓겠습니다. 가부간 전화연락을 주세요.

　　그럼, ○○○님!
　　환절기 건강에 유의하시고 하시는 일마다 발전이 있으시기를 바랍니다.

　　P.S. 요즈음 0-157 식중독이 유행하고 있으니 육류 등 잘 조리된 음식을 드십시오.

03_ 보험료 인상 안내

○○○님!
언젠가 해야 할 일이라면…… 지금 하십시오!

암……건강과 경제적 파탄까지도 몰고 올 무서운 질병인데
암보험……하나쯤 있어야 할 것 같은데…….
그렇다면 지금 신중히 결정하십시오!

○○○님께서는 3월31일이 되면 보험연령이 올라가면서 보험료가 인상됩니다.

어차피 평생을 보장받을 것이라면, 한 살이라고 젊고 건강할 때 가입하는 것이 유리합니다.

내 가족에게 아무 일도 없을 것이라는 확신만 있다면…….

그러나 불안한 미래, 우연한 위험을 염려하신다면…….

나와 가족을 위한 안심을 찾으십시오. 동봉한 안내지를 잘 검토하시고 3월 31일 전에 가입하셔서 저렴한 보험료 혜택을 받으시기 바랍니다.

그럼, ○○○님! 항상 건강하고 즐거운 생활 보내시기를 바랍니다.

P.S. 현실을 직시하는 여섯 가지 사항
1. 인생에서 금전적인 문제는 피할 수 없다.
2. 생활을 위해서는 현금이 필요하다.
3. 저축과 이자로 장래를 보장할 수 있는 재산을 모으려면 무리가 따른다.
4. 우리 모두 언젠가는 이 세상을 떠난다.
5. 언젠가는 보험에 가입할 자격을 잃는다.
6. 장래를 준비하기 위해서는 오늘 어떠한 희생을 해야 한다.

04_ 이자 지급 안내

신록의 계절, 여름이 성큼 우리의 곁으로 다가왔습니다.

○○○님!

그동안 저희 ○○은행에 베풀어주신 격려와 성원 덕택에 날로 고객이 늘어나 힘을 얻고 있습니다. 그동안 ○○○님께서 예치해주신 귀중한 자금은 당사에서 신중하게 심사, 평가하여 결정된 중소기업에 대출되어 소정의 이익이 발생했으며 ○○○님께 약속한 이자를 지급해드리고 있습니다.

○○○님께서 저희 ○○은행에 절대적인 신뢰를 보내주셨으니 저희 임직원들은 혼신의 노력을 다해 더욱 발전해 고객 여러분들의 소중한 재산 운용에 만전을 기울일 것을 약속드립니다. 아무쪼록 저희 ○○은행의 발전을 지켜봐주세요.

혹시라도 이자 지급 및 기타 사항에 문의하실 사항이 있으시면 언제라도 연락해주세요. 즉시 성심성의를 다해 처리해드리겠습니다.

저희 회사를 이용해주시고 사랑해주신 점 다시 한번 진심으로 감사드리며 저도 열심히 공부하여 늘 새로운 모습으로 ○○○님께 도움이 되도록 노력하겠습니다.

그럼, ○○○님! 내내 건강하시고 늘 도전과 성취로 이어지시기 바라며…….

P.S. 이자는 월요일 10시부터 금요일 오후 4시까지 지급받으실 수 있습니다. 미리 연락 주시면 제가 미리 사무 처리해놓고 금방 수령하실 수 있도록 준비하겠습니다.

○○○님!

늘 저희 ○○○대리점을 후원해주서서 감사합니다.

○월 ○일부터 ○일까지 본사에서 주최하는 세미나에 참석하는 관계로 제가 3일간 자리를 비우게 되었습니다.

불편을 드려서 죄송합니다만 그동안 저를 대신해 ○○○대리가 ○○○님을 상담해드릴 것입니다.

이번 세미나에서는 훌륭한 판매원이 되기 위한 공부를 하고 돌아와 배운 것을 실전에 열심히 활용하겠습니다.

그럼, 제가 없는 동안에도 ○○○님의 계속적인 후원을 부탁드리오며 다시 뵐 때까지 안녕히 계십시오.

○○○님!

항상 저희 회사를 후원해주서서 대단히 감사합니다.

지루한 장마가 계속 이어지고 있습니다. 어떻게 지내고 계십니까?

별안간 죄송스럽습니다만, 다음 주 ○월 ○일부터 인터내셔널 디자인 스쿨의 세미나에 출석하기 위해서 프랑스 파리로 출장을 가게 되었습니다. 약 2주일 동안 자리를 비우게 될 것입니다.

그동안 ○○○과장이 제 업무를 대신하기로 했습니다. 귀국 후에는 공부한 성과를 살려 더욱 열심히 일하겠습니다. 제가 부재중일 때에도 저희 ○○대리점을 많이 이용해주시길 부탁드립니다.

그럼 ○○○님, 건강에 유의하시고 가정에 행운이 함께하시길 바라오며 다시 인사드릴 것을 기약합니다.

06_ 점의 휴가 안내

태양 앞에 나서는 것조차 두려울 만큼 무더위가 연일 이어지고 있습니다.

○○○님! 안녕하십니까?

올 여름휴가 계획은 어떠신지요?

그동안 저희 ○○자동차 ○○지점은 고객들의 성원을 등에 업고 발전에 발전을 거듭해왔습니다. 진심으로 감사드립니다.

다음 주 8월 1일(금)부터 5일(화)까지 5일간 저희 지점 전원은 더욱 질 좋은 서비스를 제공하고자 재충전의 기회를 가지려고 합니다. 다소 불편한 점이 있으시더라도 이해해주시고 휴가 다녀와서 더욱 밝은 모습으로 ○○○님을 찾아뵙겠습니다.

만약 제가 부재 중에 A/S문제가 생기시면 언제라도 02-○○○-1111로 연락해주셔서 ○○○과장을 찾으세요. 빠른 조치를 해드릴 것입니다.

그럼, ○○○님께서도 알찬 휴가 보내신 후 즐거웠던 이야기 나누는 날을 기다리면서……

P.S. 오너 드라이버를 위한 전국 3박 4일 코스의 여행코스와 여행지 정보를 보내드립니다.

○○○님.

무더운 날씨에 인사드립니다.

언제나 저희 ○○기업을 이용해주셔서 감사합니다.

다가오는 8월 1일부터 5일까지 전 직원의 여름휴가로 인하여 5일 동안 휴업을 하게 됩니다.

불편을 드리게 되어서 죄송하게 생각합니다. 8월 6일부터는 초가을 제품을 준비하여 더욱 열심히 일하겠습니다. 앞으로도 변함없는 성원 부탁드립니다.

그럼, ○○○님께서도 건강하고 즐거운 여름을 보내십시오.

○○○님! 안녕하십니까?

여름휴가를 보람 있게 보내셨는지요?

입추도 지나 더욱 건강에 신경 쓰실 때인 줄 아오나 저희 ○○지사가 25일, 26일(이틀간) 휴가로 쉴 계획입니다. ○○○님의 넓은 아량으로 이해하여 주십시오.

27일부터는 건강 배달을 더욱 열심히 할 것을 약속드리겠습니다. 감사합니다.

07_ 자신의 승진을 알릴 때

○○○사장님! 안녕하세요?

새해가 시작한 지 어느덧 한 달이 지났습니다.

어제까지는 비교적 포근한 날씨였는데 오늘은 소매 끝을 파고드는 바람이 꽤 쌀쌀합니다. 전형적인 삼한사온의 날씨를 보여주는 것 같습니다. 감기 조심하세요.

저는 ○○○사장님과 큰 기쁨을 나누고 싶어서 두서없이 몇 자 적지만 약간은 쑥스럽군요.

직장인들은 두툼한 보너스와 승진에서 크나큰 기쁨을 느낀다고 하는데 제가 2월1일자로 대리로 승진하게 되었습니다. 제가 열심히 했다기보다는 ○○○사장님을 비롯한 주위 분들이 많이 도와주신 결과입니다. 승진했다고 자만하거나 나태해지지 않고 더욱 열심히 뛸 각오를 했습니다. 앞으로도 계속적인 관심과 지원 부탁드립니다.

　그럼, ○○○사장님! 올해 하시는 사업과 가정에 좋은 일이 많으시도록 저도 열심히 도와드리겠습니다. 매일 새로운 기운으로 충만하시기 바랍니다.

　P.S. 대리 직급으로 다시 만든 명함 한 장 동봉합니다.

08_ 자신의 결혼을 알릴 때

　○○○사장님! 안녕하세요?

　아침뉴스를 들으니 설악산 정상이 아름답게 물들었더군요. 저 단풍전선이 서울에 당도할 때쯤이면 제게는 형언할 수 없는 기쁨이 있답니다.

　그동안 ○사장님과 직원들이 많이 도와주신 덕분에 가정을 꾸미게 되었습니다. 다음 주 수요일 결혼합니다.

　사랑하는 사람과 평생을 함께할 수 있다는 기쁨이 있는 반면 제가 한 가정의 가장이 된다고 생각하니 설렘과 함께 어깨가 무거워지는군요. 이제는 혼자가 아닌 둘이 되었으니 앞으로 더 부지런하고 더 열심히 뛰겠습니다. 앞으로도 계속적인 관심과 지도편달을 부탁드리며 인생선배로서의 충고와 경험담도 귀담아 듣겠습니다.

　○사장님, 신혼여행을 다녀온 다음 찾아뵙겠습니다. 제가 부재중일 때 A/S 문제가 생기시면 02-594-3531로 연락해주셔서 ○○○과장을 찾으세요. 빠른 조치를 해드릴 것입니다.

　그럼, 하시는 일마다 좋은 성과로 늘 웃음 짓는 나날이 많으시기 바라며……．

○○○ 사장님!

추위가 점점 더 심해지는 요즈음 사장님의 건강은 어떠신지요?

평소 저희 제품을 애용해주시고 또한 저를 적극적으로 후원해주셔서 항상 감사드리고 있습니다.

다름이 아니옵고 다음 달에 결혼하게 되었습니다.

○사장님께서는 저에게 업무 협조뿐만 아니라 가끔 귀중한 인생 교훈도 주셔서 제가 많은 것을 배우고 있습니다. 앞으로는 원만한 가정생활을 하기 위한 비결 등에 대해서도 일깨워주십시오.

이제 저도 한 가정의 가장이 된다고 생각하니 어깨가 무겁습니다. 그러나 분투하고 노력할 각오가 되어 있습니다. 앞으로도 많은 지도편달을 부탁드립니다.

그럼 사장님, 다음 주중에 제 아내로 맞이할 사람과 함께 찾아뵙겠습니다.

09_ 전임 안내

○○○님!

새봄을 맞이하여 원하시는 일 모두 이루길 바랍니다.

다름이 아니라 제가 ○월 ○일부로 서울 본사 영업부에서 부산 지사로 발령을 받아 무사히 전임했습니다.

서울 본사 재임 중에 여러 가지로 후원해주셔서 정말 감사했습니다. 급히 이동하느라고 찾아뵙지도 못하고 이 글을 통해 진심으로 머리 숙여 인사드립니다. 새 근무지에서도 ○○○님의 기대에 어긋나지 않도록 최선을 다하겠습니다. 앞으로도 변함없는 지도편달을 부탁드립니다.

성큼성큼 여름을 접어가면서 고즈넉이 가을을 열어가는 계절입니다.

○○○님! 안녕하세요?
저는 ○○투자신탁 ○○지점에 근무하는 ○○○입니다.
직접 찾아뵙고 인사드려야 도리인 줄 아오나 이렇게 먼저 지면을 통하여 인사드립니다.
이번 저희 회사 인사이동 관계로 얼마전까지 ○○○님의 저축에 관한 모든 일을 자세히 상담했던 ○○○씨가 ○○지점으로 전출하여 앞으로는 제가 ○○○님을 상담해드릴 담당자로 지정되었음을 알려드립니다.
앞으로 저축뿐만 아니라 다른 궁금한 점이 있으시면 저에게 언제든지 전화주세요.

그럼, ○○○님! 얼마 남지 않은 중추절을 즐겁게 보내시기를 바라며…….

P.S. 일교차가 심할 때 건강을 지키는 요령에 관한 정보지를 보내니 참고해 보십시오.

○○○님! 안녕하세요?
저는 ○○자동차 ○○지점에 근무하는 ○○○입니다.

동료인 ○○○ 대리가 부득이한 개인사정으로 퇴직한 관계로 앞으로 제가 ○○○님을 모시게 되었습니다. 절친했던 ○대리가 다른 길을 걷게 되어 무척 아쉽고 섭섭하지만 ○○○님을 제 고객으로 모시게 된 것은 저에게는 더 없는 행운입니다.

○대리에게서 ○○○님에 관한 이야기는 평소 많이 들었습니다. 늘 친절하

게 대해주시고 소개도 많이 해주셨다고 자랑이 대단하더군요. 워낙 모든 일에 열정적이었던 ○대리만큼이야 못 되겠지만 앞으로 제 나름대로 최선을 다해 ○○○님을 모시겠습니다. 다음 주에 연락을 드리고 직접 찾아뵙고 다시 인사드리겠습니다.

그럼, ○○○님! 쌀쌀한 날씨에 감기 조심하시고 늘 웃음 짓는 일 많으시기 바라며…….

10_ 담당자 변경 안내

○○○님! 안녕하세요?
저는 ○○생명 ○○영업소에 근무하는 ○○○입니다.
그동안 꾸준하게 ○○○님을 담당했던 설계사 ○○○가 갑작스러운 건강 악화로 근무할 수 없게 되어 앞으로 제가 ○○○님을 모시게 되었습니다. 연락을 드릴 수 없이 진행된 일이라 ○○○ 설계사가 미처 연락을 드리지 못해 죄송합니다만 너그럽게 양해해주시리라 믿습니다.
제가 ○○○님의 지팡이가 되어 저희 ○○생명을 따뜻하게 대하실 수 있도록 미력이나마 노력하겠습니다.
그럼, ○○○님! 계절이 바뀌는 시기이오니 건강에 유의하시고 하시는 일마다 번창하시기 바라며…….

P.S. 때마침 도움이 되는 자료가 나왔기에 동봉합니다.

11_ 직장 이전 안내

이제 난로가 필요한 계절이 되었습니다. 난로를 중심으로 빙 둘러앉아 이야기꽃을 피우는 것도 겨울철 낭만 중 하나인 것 같습니다.

○○○사장님! 죄송한 말씀을 드립니다. 제가 그동안 몸담았던 ○○자동차를 떠나게 되었습니다. 제 친지 한 분이 사업을 시작하는 데 제 도움이 꼭 필요해서 부득이 퇴사하게 되었습니다.

끝까지 ○사장님의 자동차를 관리해드려야 하는데 죄송합니다. 그러나 제가 담당했던 모든 업무와 고객관리는 제 동료인 ○○○대리가 대신 맡게 되었습니다. ○○○대리는 앞으로 사장님의 차량에 대한 모든 사항을 책임질 것입니다. ○○○대리는 저보다 훨씬 부지런하고 성실하므로 제가 미처 챙기지 못했던 부분까지 신경 써드릴 것입니다.

그동안 저를 찾아주시고 사랑해주신 은혜에 다시 한번 감사드리며 ○○○대리에게도 지속적인 관심과 사랑을 부탁드립니다. 새 직장에서 자리가 잡히는 대로 연락을 드리겠습니다.

그럼 ○○○사장님, 하시는 일 더욱 번창하시며 가정에 평안이 가득하시기 바라며…….

○○○선생님! 화창하게 개인 봄날이 계속 이어지고 있습니다만 ○선생님께서는 여전하시리라 생각됩니다.

　　이번에 저는 지금까지 다니던 ○○회사를 퇴직하고 새롭게 ○○○주식회사 영업부에 취직하였습니다. 이 ○○○회사에서의 업무가 저로서는 전혀 경험하지 못했던 분야이므로 열심히 노력할 각오를 하고 있습니다.

　　○○회사 재임 중 ○선생님께서 베풀어주신 각별한 정에 심심한 감사드리며 앞으로도 더욱 두터운 정을 베풀어주시기 바랍니다.

　　우선 약식이지만 서면으로 인사드리며, 조만간 찾아뵙고 인사를 올리겠습니다

　　그럼 ○○○선생님, 하시는 일마다 뿌듯한 보람으로 이어지시길 바라며……

12_ 취임 안내

　　○○부장님!

　　날로 번창하심을 축하드립니다.

　　저는 이번에 ○○영업소 ○○○소장의 후임으로 취임하게 된 ○○○소장입니다.

　　미력하나마 새로운 직무에 전심전력하겠습니다. 전임자에게 베푸셨던 것과 마찬가지로 각별한 지도편달을 부탁드립니다.

　　먼저 약식이지만 서면으로 인사드리오며, 조만간 찾아뵙도록 하겠습니다.

13_ 연휴 배달 안내

○○○님! 안녕하십니까?

매주 ○○○님께 ○○학습지를 발송하는 담당자 ○○○입니다.

다름이 아니라 오는 ○월 ○일부터 ○월 ○일까지는 추석 연휴인 관계로 학습지를 매주 보내드리는 날짜에 맞추어 발송할 수가 없기에 양해를 구하고자 편지를 띄웁니다.

따라서 2주 분을 한꺼번에 동봉해드리오니 널리 양해하시고 받아보시는 데 착오가 없으시기를 바랍니다.

일일이 뜻을 여쭙지 못하고 임의로 처리하게 되어 죄송하게 생각합니다.

여러분의 사랑과 관심에 늘 감사드리며 더욱더 알찬 학습지를 보내드릴 것을 약속드리겠습니다.

우리 조상들의 지혜와 사랑이 가득 담긴 추석 한가위, 평안히 지내시기를 바랍니다.

CHAPTER 4

각종 축하 편지

누구나 자기 생일이나 기념일을 기억해주면 좋아한다. 그런데 전화나 직접 만났을 때 축하한다는 말을 하는 것보다 글로 축하의 메시지를 보내는 것은 더 효과적이다. 진심으로 쓰여진 축하편지는 호의를 키워나간다. 사람들은 대개 부모님이나 배우자, 형제간에서만 생일카드를 받기 때문에 자신의 생일이나 기념일을 기억해줄 영업사원에게 호감을 갖게 된다. 고객은 사소한 관심에서 우러나는 세심한 배려에 고마워하고 감동한다. 또한 영업사원의 이름을 빨리, 쉽게 기억한다. 계속적으로 축하편지를 쓰면 상대방의 마음속에 늘 기억된다. 세일즈에서 이름을 알아준다는 것은 경쟁자보다 훨씬 유리하게 만들므로 대단히 중요하다. 그래서 어느 회사에서는 고객생일날 방문했을 때 가장 큰 주문을 받는다고 한다.

고객이나 가망고객의 생일이나 기념일에 각종 축하편지를 보낸 후 자사를 방문해 무료선물을 주거나 직접 방문해 특별한 일을 해주면 편지 보내는 비용이 낭비가 아니라 이익을 낼 수 있다.

생일 축하 편지

○○○님! 생일을 축하합니다.

5월 10일이 생일이시더군요.

○○○님이 태어날 때의 모습을 상상해봅니다.

축복된 탄생! 모두들 기뻐하셨겠지요.

참 좋은 계절에 태어나셨습니다. 요즈음은 날씨가 너무 좋아 활동하다 보면 "참 아름다운 세상에 살고 있구나!" 하는 생각이 들곤 한답니다.

이런 좋은 계절에 태어나셔서 ○○○님께서는 항상 밝은 동심을 지니고 계신 것이 아닌가 하는 생각도 드는군요.

자녀 양육이나 가사를 견실하게 꾸려 나가시는 ○○○님을 보면 항상 존경심이 우러나곤 합니다. 그에 비하면 저는 아직도 배울 점이 많은 것 같습니다.

그럼 ○○○님, 생일을 즐겁게 보내시길 바라면서…….

P.S. 남편분과 함께 영화구경 다녀오시라고 극장표 두 장을 보냅니다. 나중에 영화감상 소감도 듣고 싶군요.

○○○님!
따님 ○○이의 생일을 축하해요.
오늘부터 ○○이는 다섯 살이 되었네요.
점점 예쁘고 밝은 ○○이의 생일을 축하하기 위해
○○출판의 ○○○선생님이 멋진 선물을 보냈어요.
그럼 즐거운 시간 보내세요.

○○○님!
이슬방울처럼 영롱하고 청롱한 봄입니다.
○○○님 댁 구석구석에도 봄의 향취가 스며 있겠지요?

○○○님의 생일을 축하합니다.
양띠시더군요. 양띠는 이지적이고 어린이의 순결함을 언제까지고 잃지 않는다고 합니다.

○○○님! 어제를 돌아보고 내일을 설계하는 보람 있는 하루 지내시기 바라며…….

추신 : 조그마한 선물을 준비했습니다. 이 엽서를 지참하고 오셔서 받아 가셔요.

싱그러운 4월 ○○○님께!

라일락 향기 피어나는 4월, 작은 꽃망울이 흩어지는 시간 속에서 향기로움이 풍기는 4월 15일.

보랏빛 향기로 ○○○님의 생일을 축하드립니다.

이 세상에서 가장 소중하고 중요한 날 기쁨을 마음껏 펼치시기 바라며……

추신 : 생일 축하 선물로 마사지를 해드리겠습니다. 시간을 내어 방문해주십시오.

햇빛처럼 찬란히 샘물처럼 드맑게
온누리 곱게 곱게 퍼지옵소서.
뜨거운 박수로 축하합니다. 당신의 생일을 축하합니다.

○○○님! 안녕하세요?

어린 시절 배운 생일축하 노래를 ○○○님의 29번째 생일에 편지로나마 불러드립니다. 마음으로 받아주시면 더없이 기쁘겠습니다.

앞으로 ○○○님의 미래가 더하거나 줄지 않고 언제나 샘솟는 옹달샘 같은 행복이 오늘처럼 이어지기를 바랍니다

○○○님!
오늘같이 뜻 깊은 날을
마음속 깊이 축하드리며
앞으로의 나날 행복과 건강으로
가득하시길 기원합니다.

우리나라의 가을 하늘은 정말 아름답습니다.

○○○님! 안녕하셔요?

활기차고 생동감 넘치는 계절에 태어나신 ○○○님의 21번째 생일을 진심으로 축하드립니다.

젊은 ○○○님의 인생에 새로운 희망의 한 페이지가 새롭게 시작되는 좋은 날! 축하의 박수를 보냅니다.

미소를 가득 안고 저희 화장품 코너를 처음 찾아주셨던 날이 잊혀지지 않는군요. 그때처럼 항상 미소를 잃지 않는 예쁘고 명랑한 숙녀가 되시기 바랍니다.

사랑하는 분들과 함께하시는 이날, 뜻 깊은 추억을 만들어가시기를 기원하며……

P.S. 저희 ○○○화장품 코너에 오시면 생일을 맞이하신 분께 기초 화장품을 10,000원에 할인해드리고 있으니 이용해보세요. 항상 저희 제품을 애용해주셔서 감사드립니다.

○○○님!

꽃 한 송이 은은한 향기로 ○○○님의 25번째 생일을 축하드립니다.

앞으로의 나날도 탄생의 그 순간처럼 축복과 환희가 가득하시길 진심으로 기원합니다.

늘 저희 제품을 애용해주서서 깊은 감사드리며 오늘 생일을 맞이하신 ○○○님께 작은 선물을 준비했습니다. 바쁘시겠지만 들러주십시오.

그럼, 기다리겠습니다.

○○○님! 생일을 축하해요.

오늘부터 한 살 더 먹은 언니가 되었군요.

점점 예뻐지는 ○○○님, 정말 축하해요.

당신의 생일을 축하하기 위해 멋진 선물을 보냈어요.

즐거운 마음으로 기다려보서요.

○○○님! 안녕하세요?

○월 ○일 ○○○님의 생일을 축하해요.

매일 반복되는 하루 중 어쩌다 한 번쯤 가장 특별한 날을 꾸며 보면 어떨까요?

이 세상에서 가장 소중하고 중요한 '젊음'을 마음껏 펼쳐 소망한 꿈들을 모두 이루시기 바랍니다.

다시 한번 진심으로 생일을 축하드리며 즐거운 하루 보내십시오.

수정같이 깨끗한 마음을 꽃밭처럼 가꾸어
못 다한 축하를 꽃으로 말하게 하시고
못 다한 기쁨을 꽃으로 하여금 말하게 하소서.
축복의 노래가 촛불처럼 타오르는 오늘
진심으로 ○○○님의 생일을 축하드립니다.

○○○님! 생신을 축하합니다.

올해는 드디어 집도 장만하셨으니 더욱 뜻 깊은 생신이 될 것 같습니다. 자녀분들도 벌써 고등학생이니 새삼 나이 생각도 드시겠지요?

항상 바쁘게 활동하시는 분이라 생신을 찾는 것이 별 뜻 없을지 모르겠으나 한 살이라는 중량감과 함께 1년을 뒤돌아보는 것도 의미 있는 일이라 생각됩니다.

마침 올해는 ○○○님의 생신이 일요일이니 자녀들과 즐거운 시간을 보내실 수 있으시겠습니다.

항상 도와주심에 감사드리며 조그마한 생일 선물을 마련해 인편에 보내드리오니, 기꺼이 받아주십시오.

차후 전화연락을 드리고 찾아뵙겠습니다.

9월 5일 생일을 맞은 ○○○님께 축하의 마음을 전합니다.

지금껏 살아오신 것처럼 ○○○님의 미래가 축하 케이크의 불꽃처럼 앞으로도 더욱 복되고 행복한 나날이 계속 이어지기를 빕니다.

○○○과장님의 생신을 진심으로 축하드립니다.

○과장님께서 세상 구경을 시작한 35년 전의 오늘,

온 동네가 떠들썩하게 울렸을 울음소리를 상상해봅니다.

오늘 하루는 ○○○님의 날입니다.

가장 소중한 사람과 멋진 추억을 남기시도록 감동적인 영화 티켓 두 장을 보내드립니다. 사모님과 함께 보시고 나중에 영화감상 소감도 들려주세요.

오늘처럼 기분 좋은 날, 화려한 파티는 없어도 사랑하는 사람과 함께한다는 사실 하나만으로도 충분히 기쁘고 행복한 날이겠지요?

다시 한번 제 마음을 모아 큰 목소리로 "생신을 축하드립니다"

○○○님! 생신을 축하드립니다.

5월 4일이 생신이시더군요. 싱그러운 녹음이 온 세상에 퍼져 가며 푸르름이 짙어가는 참 좋은 계절에 태어나셨습니다. 이토록 아름다운 계절에 태어나신 ○○○님은 아름다운 마음씨를 가지셨을 듯합니다.

실제로 서양의 별자리를 보면 5월4일은 황소자리인데 이때 태어난 사람은 마음이 여리고 고우며 꿈이 많고 아름다운 마음씨의 소유자라고 하더군요.

자녀 양육이나 가사를 견실하게 꾸려나가시는 ○○○님을 뵐 때마다 존경스럽고 제가 배울 점이 많습니다.

아름다운 계절만큼이나 아름다운 마음씨를 가지신 ○○○님의 생신을 다시 한번 진심으로 축하드리며 케이크 하나 보내오니 가족과 함께 드시면서 즐겁게 보내시기 바랍니다.

결혼 축하 편지

01_ 결혼기념일 축하

○○○님! 결혼기념일을 축하드립니다.

온 세상 가득한 사람들 중에
단 둘이 만나
결혼으로 사랑의 꽃을 피운 분들이시여,

오늘 푸르른 하늘 아래
축복으로 쏟아지는 햇볕과 같이
행복으로 가득하시기 바랍니다.

삶의 창가에 언제나
아름다운 모습 비추시기 바라며
두 분의 결혼기념일을 다시 한번 축하드립니다.

6월 10일 ○○○님의 결혼기념일을 축하드립니다.

하늘 아래 땅위에 별과 같이 총총한 그 수많은 사람 가운데 두 분께서 이렇듯 잉꼬같이 행복한 부부가 되심을 진심으로 축하드립니다.
어쩌다 멀리 떠나가 있어도 늘 두 분은 마음과 마음속에 있기에 이제 두 분은 혼자가 아니라 한 마리 잉꼬와 같습니다.
두 분의 ♥만큼이나 ♣을 보내드리고 싶습니다.
두 분의 소중한 결혼기념일,
"늘 잉꼬부부가 되시길" 이라는 말로 축하인사드립니다.

P.S. 두 분의 정이 더 두터워지도록 긴 베개를 보내드립니다.

○○○님!
중추가절 풍요의 계절에 ○○번째 결혼기념일을 맞이하시게 된 것을 진심으로 축하드립니다.
언제나 변함없는 두 분의 행복한 미소를 떠올립니다.
오는 11일은 아무 생각 마시고 두 분만의 좋은 시간을 마련하는 게 어떠실는지요?
세월이 지날수록 두 분이 함께하신 사랑과 믿음이 더욱 가정을 행복하게 만드시길 바랍니다.
늘 건강하고 행복하시길 기원합니다.

"우리 가정에 사랑이 있다면, 우리 발은 비록 가정을 떠나도 우리 마음은 가정을 떠나지 않는다."

-올리버 웬델 홈즈-

○○○님!
다섯 번째 맞이하는 결혼기념일을 축하드립니다.

두 분이 많은 시간을 지금까지 함께 해오신 것처럼 지금보다 더 많은 시간을 보내야 하는 이 시점에서 지난 결혼생활을 되돌아보시고 더욱 훌륭하고 행복한 결혼생활이 되시기 바라며 아름다운 결혼생활을 그린 영화 티켓 두 장을 보내드립니다. 사모님과 함께 보시고 결혼 전 아름다운 추억을 되새겨보십시오. 그리고 저에게도 들려주세요.

○○○선생님! 축하드립니다.
○월 ○일이 결혼기념일이라고 들었습니다.
사모님의 아름답던 신부 모습이 바로 엊그제 같으실 텐데 벌써 10년이 되었다니 감회가 새로우시겠습니다. 결혼 10주년을 석혼(夕婚)이라고 하더군요.
회사 일로 분주하시겠지만 이런 날은 부인과 함께 외식이라도 하시며 신혼시절을 회상해보시는 것도 좋은 일일 듯합니다.
○○○선생님의 가정에 오래오래 행복과 평안함이 함께하시길 빌며…….

○○○님!

○월 ○일은 ○○○님의 결혼기념일, 축하드립니다.

결혼하신 지가 바로 엊그제 같으실 텐데 벌써 ○○주년이 되었다니 감회가 새로우시죠?

젊은 날의 열정이란 활활 치솟지만 연기 내며 타는 장작은 시간이 지날수록 깨끗한 숯이 되어 맑게 타는 사랑으로 승화되리라 생각합니다. 두 분의 꺼지지 않는 불빛 같은 사랑으로 항상 따뜻하고 행복한 가정이 되시길 바라며 금혼식까지 더욱더 행복한 생활을 보내시기 바랍니다.

○○○님! 안녕하세요?

먼저 결혼기념일을 축하합니다!!

풀벌레 소리가 높아지고 달빛이 밝아만 가는 계절입니다. 참 좋은 계절에 결혼하셨습니다.

7년 동안 훌륭히 남편을 내조하시고 가정의 행복을 가꾸어오신 ○○○님께 경의를 표합니다.

행복한 가정, 안락한 가정은 모든 사람의 꿈인 것 같습니다. 훌륭하신 바깥분을 만나서 남편 내조와 자녀의 양육에 바쁘신 분께 결혼기념일의 축하가 무의미할지도 모르겠으나 경의를 표하는 뜻에서 조그마한 선물을 하나 보내오니 받아주십시오.

사랑으로 이루고 가꾸어오신 가정, 언제나 사랑으로 넘치고 행복하시기 바라며……

02_ 고객 본인의 결혼 축하

화창한 봄날 ○○○님의 결혼을 축하드립니다.

○○○님의 새로운 인생 출발을 위해 울려 퍼지는 축복의 노래 소리가 우리들의 가슴을 따뜻하게 해줍니다.

최대한의 사랑을 서로의 가슴속에 심어주어 나날이 새로운 모습, 새로운 사랑으로 한 방향을 둘이서 바라보며 함께 걸어가는 행복한 가정을 만드시기를 진심으로 바라며 두 분이 내딛는 발자국마다 소중한 축하의 마음을 띄어 보냅니다.

○○○님의 결혼 축하 선물을 준비했습니다. 시간 내시어 한번 저희 대리점을 방문해주십시오.

조만간 ○○○님의 화사한 얼굴을 뵙길 기대하며…….

깊은 골짜기 속에서도, 산꼭대기를 볼 수 있는

칠흑 같은 암흑 속에서도 빛을 찾는,

온통 혼란 속에서도 신의 가호가 있음을 믿는

○○○님의 진실된 결혼 생활이 되시길 ○○화장품 ○○○이 두 손 모아 기도드립니다.

○○○님의 결혼 축하선물로 클린싱 크림을 보내드립니다. 짙은 화장을 하실 기회가 많으실 텐데 귀가 후 꼭 꼼꼼하게 세안하시기 바랍니다.

조만간 ○○○님의 화사한 얼굴을 뵙길 기대하며…….

○○○님!

어느덧 하얀 목련잎이 하나둘 떨어지고 튤립 봉오리가 탐스러운 계절입니다.

이 아름다운 계절에 흑장미보다도 고귀하고 백합보다 순결하고, 아카시아보다 신선한 신부가 되어 새로운 인생을 향해 출발하심을 진심으로 축하드립니다.

언제까지나 행복하시길 빕니다.

○○○님! 안녕하서요?

새로운 출발인 결혼을 진심으로 축하드립니다.

결혼 전의 보랏빛 아름다운 꿈이 현실로 다가와 부디 잘 어울리는 한 쌍의 원앙처럼 영원한 사랑을 맺는 잉꼬부부로 매일 매일이 행복하시길 바라며……

P.S. 마침 ○월 ○일에는 저희 코너가 오전 근무만 하오니 내점해주시면 ○○님의 아름다움을 위해 마사지를 해드리겠습니다. 내점 여부를 전화로 알려주시면 좋겠습니다.

○○○님! 결혼을 진심으로 축하드립니다.

5월의 화창함이며 난만한 꽃들이 모두 새로운 인생을 시작하시는 ○○○님의 앞날을 축하하는 듯합니다.

어려운 환경에서 스스로의 노력으로 대학까지 마치고, 이제 결혼까지 하시는 ○○○님을 보면 항상 제 아이들에게 귀감이 되게 해야겠다고 생각합니다. 성실과 각고의 노력이 우리의 삶을 행복하고 풍요롭게 해주는 요체가 아니겠습니까?

그러한 ○○○님께서 이제 훌륭한 내조자까지 얻으셨으니 앞날이 더욱더 밝기만 하군요. 두 분이 하나 되어 사랑밭을 가꾸며 아픔도 시련도 기쁨도 함께 나누며 언제나 잔잔한 기쁨 속에 행복한 가정을 이루시기 바라며…….

결혼이라는 새로운 출발을 위해 세상 가득 울려 퍼지는 축복의 노랫소리로 많은 이들의 가슴을 따뜻하게 감싸줄 ○○○님의 결혼을 진심으로 축하드립니다.

나날이 새로운 모습과 새로운 사랑으로 언제까지나 행복을 만들어나가시길 두 손 모아 기도드리며 두 분이 내딛는 발자국마다 소중한 축하의 박수를 보내드립니다.

P.S. 영문학자 윌리엄 라이언 펠프스는 "지상의 최고급 행복은 결혼이다. 즐겁게 결혼생활을 하고 있는 사람은 비록 그가 다른 분야에서 실패했다고 해도 성공적인 사람이다."라고 말했습니다.

○○○대리님! 안녕하세요?

○월 ○일 ○대리님의 새로운 출발인 결혼을 진심으로 축하드립니다. 결혼은 새로운 인생의 시작이라고 말합니다. 그런 만큼 ○대리님의 결혼은 중요하고 의미 있는 행복한 결혼 가꾸시기를 빌겠습니다.

라일락 향기가 그윽하고 온갖 꽃들이 서로 시샘이나 하듯이 만발한 좋은 계절입니다. 이런 좋은 계절에 결혼하시니 두 분의 앞날도 이 봄날처럼 화창하고 아름다울 것이라는 생각이 드는군요. 꽃과 새들도 ○대리님의 결혼식을 앞 다투어 축하하는 듯합니다.

아무쪼록 부부 간에 서로 아끼고 사랑하셔서 행복하시고 아름다운 앞날을 만들어가세요.

○○○님! 안녕하세요?

○월 ○일 결혼을 진심으로 축하드립니다.
결혼으로 행복한 신혼생활을 시작해보세요.
시작이라는 단어는 언제 들어도 희망차고 자신 있는 말입니다. 봄에는 새로 시작하는 일이 더욱 많죠.
학업의 시작, 사회생활의 시작, 둘이 하나 되는 소중한 가정의 시작 등 시작에는 많은 의미가 담겨있죠.
이 신선한 만남에 큰 축복을 기원합니다.

03_ 고객 자녀의 결혼 축하

○○○님!
자제 분의 결혼소식을 접하고 이렇게 축하드립니다.

훌륭하게 키운 자제 분의 결혼을 앞두고 신경 쓰이시는 일이 한두 가지가
아니셨겠지요? 부모의 경황 없는 마음은 곧 자식에 대한 끝없는 사랑의 내비
침이라 생각합니다.
손안의 자식을 밖으로 내보낼 때 마음 한구석에 자리 잡는 알지 못할 불안
감, 그리고 다른 한편에 자리 잡은 자식에 대한 기대감……. 이 복잡한 감정
이 서로 같이 자리할 수 있는 유일한 공간이 자식 결혼을 앞둔 부모의 마음뿐
일 것입니다. 지금 ○○○님께서도 이렇게 느끼시겠죠?
자제 분의 결혼식에는 그 마음 환한 웃음꽃에 담아 새 출발하는 신랑 신부
의 앞길에 뿌려주시면 좋을 것 같군요.
다시 한번 자제 분의 결혼을 축하드립니다.

○○○님!
큰따님 ○○양의 결혼을 진심으로 축하드립니다.
성대한 결혼식이었다고 들었습니다. ○○양의 밝은 모습은 분명 아름다웠
을 것입니다. ○○○님께서는 결혼 및 피로연 등 여러 가지로 준비하시느라
수고하셔서 아직 피로를 털어내지 못하셨으리라 생각됩니다.
따님의 결혼사진이 나오면 꼭 보고 싶군요.
따님의 결혼을 진심으로 축원합니다.

○○○님! 따님의 결혼을 진심으로 축하드립니다.

한껏 높아만 가는 가을 하늘이 따님의 결혼과 잘 어울리는 것 같군요. 참 훌륭한 결혼식이었다고 들었습니다.

어머님을 닮아 평소 얌전하면서도 짜임새 있는 따님이셨기에 훌륭한 주부가 되리라 믿어 의심치 않습니다. 그동안 키우신 정 때문에 섭섭한 마음도 드시겠지만 이것이 인생살이가 아닌가 합니다. 결혼사진이 나오면 꼭 보여주십시오. 따님께서 즐거운 신혼 생활을 보내길 기도하겠습니다.

그럼 ○○○님, 푹 쉬셔서 큰일 치르시느라 누적된 피로 다 날려보내서요. 조만간 찾아뵙고 인사드리겠습니다.

○○○님!

아드님 결혼식을 하시느라 정신없으셨지요?

많은 사람들과 신랑 신부에게 쏟아지는 축하 인사, 와자지껄한 피로연, 결혼식 끝난 후까지 이어지는 손님 접대 등 하루 동안 무척 많은 일을 해내셨을 것입니다.

어렸을 때 기쁜 결혼식 날 우시는 어른들을 보며 의아해했는데 ○○○님의 감정은 어떠셨는지 궁금합니다. 그동안 지성으로 키운 정 때문에 섭섭하신 마음도 드시겠지만 훌륭하게 성장해 어엿이 가정을 꾸민 아드님을 보고 대견하고 흐뭇하셨겠지요?

지방 연수교육 중이어서 결혼식을 참석하지 못했지만 늦게나마 축하드립니다. 다음 주중에 한번 찾아뵙겠습니다.

회갑 축하 편지

01_ 고객 자신의 회갑 축하

○○○님! "회갑을 진심으로 축하드립니다."

유난히도 추운 겨울이지만 ○○○님께서 회갑을 맞이하시니 댁에는 즐거운 활기가 가득 차있으리라 생각됩니다.

○○○님께서 성실하게 지내오신 60평생을 회고하여 보시면 감회가 새로우시죠? 기쁜 일 혹은 좋지 않은 일도 많으셨겠지만 다 흐르는 강물에 흘려보내시고 앞으로는 좋은 일만 있으시기 바랍니다.

자녀들도 모두 장성해 열심히 활동하고 있으니 얼마나 기쁘시겠습니까?

이제 ○○○님의 앞날에는 모진 바람이나 풍파가 없는 편안한 일만이 함께 하시길 빌며 가족들과 함께 즐거운 회갑 보내시길 바랍니다.

P.S. "인생은 60부터"라는 말이 있습니다. 앞으로도 왕성한 활동을 기대합니다. 한국의 명산 100곳을 소개한 책을 보내드리오니 산에도 가끔씩 다녀오시기 바랍니다.

02_ 고객 부모의 회갑 축하

○○○님! 축하드립니다.

5월 18일이 아버님의 환갑이라고 들었습니다.

평소 효성이 지극하시더니 무척 기쁘시겠습니다.

인간의 다섯 가지 복 중에서도 수(壽)가 첫째 가는 복이라고 하더군요. 자녀들 모두 키워 놓고 그 자녀들이 베풀어주는 회갑 잔치를 맞는 분은 얼마나 흐뭇하시겠습니까?

찾아뵙고 인사드리는 것이 도리일 테지만 그날 마침 자동차 출고 일정 때문에 지방 출장이라 서신으로나마 축하의 인사드리오니 이해하여 주시기 바랍니다.

조만간 찾아뵙겠습니다. 아버님의 만수무강과 경사스러운 일을 맞아 행복이 댁내에 충만하시길 빕니다.

P.S. 〈한국의 명의 30인〉이라는 건강책자를 보내드리오니 아버님께 전해 주십시오.

탄생 축하 편지

○○○님!
아드님의 탄생을 축하합니다.
첫아기를 보신 아빠, 엄마의 기분은 어떻습니까?
귀여운 얼굴을 보고 계시니 즐거우시겠습니다.
엄마처럼 예쁘고 아빠처럼 멋진 아이로 키우셔요.
삼칠일이 지나면 아기를 보러 찾아뵙겠습니다.
엄마의 빠른 회복을 빌며 아드님이 건강하고 튼튼하게 자라나길 기원합니다.

P.S. 당분간 미역국을 많이 드시는 것이 피를 맑게 해준다는군요. 속초에서 사온 미역을 보내드립니다.

○○○님!

온 세상의 기쁨을 다 모은 언어로 아드님의 탄생을 축하드립니다.

거룩한 고통에서 끝없는 환희를 동시에 누릴 수 있다는 것은 역시 엄마의 특권입니다. 분만 진통이 심하셨을 텐데 잘 참아내셨겠지요?

이 세상에서 제일 큰 것은 부모님의 은혜라고 했던가요? 자식을 낳아봐야만 부모의 은혜를 알 수 있다고 하잖아요? ○○○님 부모님과 시부모님께 감사 표현을 해보시면 어떨까요?

그럼, 산후 조리 잘 하시고 3주일 후 찾아뵙겠습니다.

P.S. 누구나 자녀는 키울 수 있으나 누구든지 훌륭한 부모가 될 수 없다는 글을 읽은 적이 있습니다. 부모 역할에 관한 책을 한 권 보내드리오니 잘 읽으시고 훌륭한 부모 되시기 바라며…….

안녕하세요?

○○○님께서는 앞으로 올 한해가 무척 의미 있는 해로 기억되겠지요?

출산을 통해 한 생명의 어머니가 되셨으니까요! 출산은 모든 여인에게 부여된 기쁨이지만 '내 자리' 이기에 더욱 소중하실 겁니다.

신이 곳곳에 갈 수 없기 때문에 어머니라는 존재를 만드셨다는 글을 읽은 적이 있습니다. 그토록 거룩한 직분을 받으셨고 생명의 신비라는 새로운 학문을 시작하셨으니 제가 앞으로 도움이 되는 정보를 계속 드리겠습니다.

아드님의 탄생을 마음속 깊이 축하드리며 모자의 건강과 가정의 평안을 기도드리겠습니다.

산후조리를 하시는 동안 푹 쉬시고 건강한 모습을 뵐 날을 기다리겠습니다.

○○○님!

건강한 아드님의 탄생을 진심으로 축하드립니다.

사랑하게 되면 세상이 밝아지고 그 사랑이 결실을 맺으면 세상을 얻는 것 같을 거예요. 이 기쁨과 행복이 아기와 모든 가족에게 항상 함께하기를 바랍니다.

아빠가 되신 게 실감 나시나요?

아빠로서 할 일은 참 많지만 가장 중요한 일은 자녀를 위한 기도라고 생각해요. 맥아더 장군이 쓴 '아버지의 기도문'을 보내드립니다. 아직 어린아기이지만 이 기도를 매일 듣는다면 훌륭한 사람으로 성장할 것입니다.

"내게 이런 자녀를 주옵소서"

약할 때 자기를 돌아볼 줄 아는 여유와
두려울 때 자신을 잃지 않는 대담성을 가지고
정직한 패배에 부끄러워하지 않고 태연하며
승리에 겸손하고 온유한 자녀를 내게 주옵소서.

원하옵나니 그를 평탄하고 안이한 길로 인도하지 마시고
고난과 도전에 직면해 분투 항거할 줄 알도록 인도해주소서.
그리하여 폭풍우 속에선 용감히 싸울 줄 알고
패자를 관용할 줄 알도록 가르쳐 주소서.

자기 자신에 지나치게 집착하지 말게 하시고
겸허한 마음을 갖게 하시고
참된 위대성은 소박함에 있음을 알게 하시고
참된 지혜는 열린 마음에 있으며
참된 힘은 온유함에 있음을 명심하게 하소서.

○○○님! 축하드립니다.

어젯밤에 순산해 따님을 보셨다는 소식을 들었습니다. 참으로 경사스러운 일이군요. 엄마가 되신 기분이 어떠세요?

첫딸은 살림 밑천이라는 말도 있습니다만 처음엔 따님인 편이 키우기도 쉽고 더 귀엽다고 하더군요.

아마도 엄마를 닮아 예쁘게 생겼겠지요.

예쁘고 건강하게 자라나서 ○○○님 가정에 행복을 가져다주는 복덩이가 되기를 바라겠습니다.

아기도 볼 겸 조만간 찾아뵙고 인사드리겠습니다.

부디 몸조리 잘하십시오.

○○○님!

아기의 탄생을 진심으로 축하드립니다.

순산하셨다는 소식을 들었습니다. 특히 아들이라니 5대 독자라 항상 걱정하고 계셨던 시부모님의 소원도 이루어드려서 얼마나 기쁘시겠습니까?

이제 훌륭하게 키워서 자랑스러운 아들로 만드는 일만 남은 것 같군요. 추위도 이제 조금씩 물러가는 듯합니다만 아직 고르지 못한 날씨이므로 특히 몸조리 잘하십시오.

건강이 모든 일에 필수이니까요.

변변치 않지만 아기를 위해 조그마한 선물을 마련했습니다. 가까운 시일 내에 찾아뵙고 축하 인사드리겠습니다.

그럼, ○○○님의 가정에 아기의 재롱으로 항상 웃음꽃이 피길 바라며……

○○○님!
"아드님의 탄생을 진심으로 축하드립니다!"

첫아이를 보신 소감이야 이루 형언할 수 없으시겠지요? 저도 아이가 건강하고 씩씩하게 자라도록 빌겠습니다. 아이가 건강한 것만큼 부모에게 고마운 일은 없을 것입니다.

아기의 아빠, 엄마가 모두 미남미녀니까 아기도 무척 예쁠 것 같습니다. 아드님이 눈에 선해서 회사 일이 손에 잘 안 잡히시지는 않는지요?

기뻐하시는 모습도 뵙고 만나서 축하인사도 드릴 겸 다음 주 수요일경 찾아뵙겠습니다.

그럼, ○○○님! 아기 엄마의 조속한 회복과 가정의 화목과 행복을 바라며……

P.S. 유태인의 자녀교육방법인 〈자식을 천재로 만드는 법〉을 동봉하오니 아기 엄마에게 전해주십시오.

고객 자녀의 돌 축하 편지

지루했던 여름의 무더위도 계절의 흐름에 밀려 꼬리를 감추고 있습니다. 바야흐로 천고마비의 계절, 수확의 계절인 가을입니다.

○○○과장님! 안녕하세요?
○월 ○일이 ○과장님의 첫아이의 돌이라는 소식을 들었습니다. ○과장님이 애기 아빠가 된다면서 웃던 때가 엊그제 같은데, 떡두꺼비 같은 아들을 낳았다고 저를 잡고 자랑하시던 일이 지금도 눈이 선한데 벌써 1년이 흘렀군요. 제가 방문할 때마다 아들 자랑에 여념이 없으셨고 그러한 ○과장님을 보면서 부러워 저도 빨리 장가가야겠다고 생각하기도 했습니다.

아드님 돌잔치에 참석해 아드님도 꼭 보고 싶었는데 공교롭게도 그날 지방에 일이 생겨 참석하지 못할 것 같습니다. 아드님이 씩씩하고 튼튼하게 자라기 바랍니다.

P.S. 아드님 첫 생일을 축하하며 돌반지 하나 보내드립니다. 나중에 돌잔치 찍은 사진을 꼭 보여주세요.

입학 축하 편지

01_ 고객 본인의 입학 축하

○○○님! 대학 입학을 축하합니다.

당신의 빛나는 미래가 약속된 최상의 날을 진심으로 축하드립니다.

앞으로 시작될 학교생활은 건전한 몸과 마음을 만드는 일입니다만, 아름다움 또한 중요하다고 생각합니다.

건강한 자연미를 유지하기 위해 처음 사용하는 화장품은 충분한 연구 단계를 거친 품질 좋은 기초 화장품을 선택하세요.

저희 ○○화장품에서 ○○○님의 화장품 선택을 도와드리겠습니다. 10대가 익혀두어야 할 매너 화장법 건강 관리 등에 관한 자료집인 '○○'(다이제스트 번역판)를 준비했으니 받아가시기 바랍니다.

그럼 ○○○님, 언제나 웃음 가득하시기 바라며……

추신 : 부담 없이 들러주세요. 기다리고 있겠습니다. 저도 같은 학교 제30회 졸업생입니다.

02_ 고객 자녀에게 입학 축하

○○아! 초등학교 입학을 축하해!

어느덧 ○○이가 이렇게 커서 엄마의 품을 떠나 새로운 시작을 할 때가 되었구나. 입학하는 ○○를 생각하니 ○○출판 ○○○아줌마는 너무 대견스럽기만 하단다.

○○이는 얼굴만큼이나 마음씨도 예뻐서 앞으로도 무엇이든지 열심히 잘할 수 있을 거야. 앞으로도 더 좋은 친구 많이 사귀고 건강하고 씩씩하게 학교생활을 잘 할 수 있으리라 믿으며……

예쁘고 착한 공주 ○○아! 다시 한번 축하해!

03_ 고객 자녀의 입학 축하

○○○님!

첫 따님 ○○이의 초등학교 입학을 축하드립니다.

따뜻한 햇살과 살랑이는 바람이 새 생명의 탄생과 시작을 축복하는 계절, 기나긴 겨울은 병아리 같은 아동들의 줄줄이 걸음 때문에 물러나지 않을 수 없을 겁니다.

이제 ○○이도 당당하게 남들과 같이 학교에서 어깨를 겨루고 공부하게 되니 든든한 생각이 드시겠네요.

자녀를 힘들여 가르치는 목적은 행복하게 사는 길을 알려주는 데 있다는 말이 있듯이 이제 ○○이가 시작하는 배움의 여정에 저도 도움이 될 수 있도록 많은 정보를 계속 공급해드리겠습니다.

항상 ○○○님의 행복과 더불어 ○○가 예쁘고 밝은 모습으로 자라나길 바랍니다.

○○○님! 안녕하세요?

3월에 아드님이 초등학교에 입학한다지요? 축하합니다.

아이가 무척 좋아하겠습니다.

학부형이 되시는 소감이 어떠신지요?

　가방을 들고 학교에 가는 모습을 보면 무척이나 대견하실 겁니다. 그런데 아드님이 다니실 ○○초등학교 통학길에 있는 쇼핑 센터 뒷길은 차량통행이 많고 신호기가 잘못되어 있어 사고위험이 크니 아드님께 꼭 주의하도록 일러 주시기 바랍니다.

　뒷바라지에 애쓰실 사모님과 씩씩한 모습으로 학교에 다닐 아드님의 건강 그리고 가정의 평안을 늘 기원합니다.

　P.S. 비싼 것은 아니지만 아이들이 좋아할 만한 학용품을 몇 가지 보냅니다. 모쪼록 아드님에게 요긴하게 쓰였으면 합니다.

○○○님! 안녕하세요?

　하얀 손수건을 가슴에 달고 어머니 손에 이끌려 입학식 했던 어린 시절의 제 모습을 한번 떠올려봅니다. 그때에는 왜 그리도 운동장이 넓어보였던지요?

　아마 ○○○님의 입학식 모습도 비슷했으리라 생각합니다. 그런데 이제 세월의 비늘이 하나둘 쌓이더니 어느덧 학부형이 되셨군요.

"아드님 ○○이의 초등학교 입학을 축하드립니다."

　아드님 ○○이가 튼튼한 몸과 건강한 정신을 지닌 이 나라의 일꾼으로 자라나도록 저도 힘껏 도와드릴 것을 약속드리며 깊은 마음으로 축하드립니다. 안녕히 계십시오.

　P.S. '초등학교 1학년 등교 요령'에 관한 정보지를 동봉하오니 참고해보세요.

○○○님! 안녕하세요?

기나긴 겨울의 잠은 아동들의 병아리 같은 줄줄이 걸음 때문에 물러나지 않을 수 없을 것입니다.

우선 ○○○님 따님의 초등학교 입학을 진심으로 축하드립니다. 이제 어쩌면 고단한 인생항로의 첫발을 내딛는 것 같아 마음을 졸이시지 않았는지요?

또 우리 아이도 당당하게 남들과 같이 학교에서 어깨를 겨루고 공부하게 되니 든든한 생각도 드시겠지요?

하여튼 인생은 줄곧 배움이라고 하지 않습니까? 배움의 여로에 본격적으로 올라선 따님의 앞날에 영광이 찾아오기를 바랍니다. 며칠 후에 찾아뵙고 인사드리겠습니다.

P.S. 문구점을 들렀다가 따님처럼 귀여운 연필이 있어 한 다스 보냅니다.

○○○님! 우선 축하드립니다.

큰 아드님이 중학교 다닌 때만 해도 어린애 같았지만 어느새 고등학생이라 생각하면 자식 다 키운 것 같아 흐뭇하시죠?

우리 부모들은 자녀들이 밝고 씩씩하고 건강하게 자라나는 재미 또한 사는 보람인 것 같습니다.

이제 아드님도 학창시절을 새롭게 시작할 것입니다. 약간의 설렘으로 학교생활을 시작할 ○○이에게 좋은 일들만 일어나기 바랍니다.

아무쪼록 아드님께서 학창시절을 알차고 밝게 보내실 수 있도록 저도 도움을 드리도록 노력하겠습니다.

○○○님! 축하드립니다.

오는 3월이면 드디어 ○○이가 초등학교에 입학을 하니 참으로 기쁘시겠습니다. ○○이도 무척 좋아하겠지요? 저희 집 아이도 초등학교에 입학할 때 어찌나 좋아하던지 지금도 눈에 선하답니다.

학부형이 되신 ○○○님과 아드님에게 진심으로 축하 인사드립니다.

이름표를 가슴에 달고 책가방을 메고 달그락거리며 뛰어가는 아드님의 모습을 바라보시면 얼마나 대견스러우시겠습니까?

"무엇이 적당할까?" 여러 가지로 축하 선물을 생각하다가 학용품을 준비해 보내드립니다. 아무쪼록 아드님에게 긴요하게 쓰였으면 좋겠습니다.

끝으로 아드님 학교 뒷바라지에 애쓰시는 ○○○님의 행복한 모습과 씩씩한 모습으로 학교에 다닐 아드님의 건강을 빌겠습니다.

○○○님! 축하드립니다.

장남인 ○○군이 ○○대학교에 경사스럽게 입학해 무척 기쁘시겠습니다.

수험공부 중에는 ○○○님께서도 매우 걱정하셨겠지만 이제 안심하시겠군요.

"아드님의 대학 진학을 진심으로 축하드립니다!"

아드님께서는 앞으로 요즈음처럼 어려운 시대를 헤쳐가고 더불어 힘차게 살아갈 지혜를 배우시겠지요.

이제부터는 졸업 준비, 입학 준비, 대학생활 설계로 바쁘시겠지만 기쁜 일이어서 가족 모두가 즐거우리라 생각됩니다.

다음에 만나면 입학식에 대한 이야기를 들려주세요.

그럼 ○○○님, 온 가족이 기쁨으로 충만하시기 바라며…….

추신 : 한가하실 때 한번 저희 매장을 들러주십시오. 아드님의 입학기념으로 작은 선물을 준비했습니다.

○○○님! **따님의 대학 입학을 축하드립니다.**

세월이 무척 빠르군요. 아직도 따님의 초등학교 모습의 기억이 생생한데…….

따님의 입학 소식을 듣고 저도 대학 시절의 옛 추억을 떠올렸답니다. 제 옛 모습의 언저리를 차고 싶은 마음에 빛바랜 사진첩을 오래간만에 들춰보았습니다. 앨범 한귀퉁이의 입학사진은 저를 보며 환히 웃고 있었습니다. 그렇게 길게 느껴진 학교 생활이 언제인가 모르게 끝나고 이제는 사회생활에 익숙해진 새로운 내 모습으로 익어가고 있습니다.

이제 따님도 학창시절을 새롭게 시작할 것입니다. 약간의 설렘과 두려움으로 대학교생활을 맞이하는 따님의 앞날에 기쁨과 행복, 성숙이 함께하기를 빌겠습니다. 그럼 ○○○님, 온 가족이 기쁨으로 충만하시길 바랍니다.

P.S. 축하의 뜻으로 무료 마사지 쿠폰을 동봉합니다.

졸업 축하 편지

01_ 고객 본인의 졸업 축하

○○○님! 안녕하십니까?

먼저 ○○○님의 졸업을 축하드립니다.

이제 성인으로서 새롭고 푸르른 세계로의 꿈의 나래를 마음껏 펴시고 앞으로 ○○○님께서 하는 모든 일에 보람과 기쁨, 그리고 행복이 있길 바랍니다.

언제 어디서나 노력하는 최선의 사람이 되시기 바라며…….

02_ 고객 자녀의 졸업 축하

"마땅히 행할 길을 아이에게 가르치라. 그리하면 늙어도 그것을 떠나지 아니하리라."

-잠언 22장 6절-

○○○님! 안녕하십니까?

먼저 따님 ○○이의 유치원 졸업을 축하드립니다.

    사람의 일생 가운데 배우고 익히는 학창생활이 가장 행복한 시절이요 열심히 노력해서 하나의 과정을 마치고 건강한 모습으로 졸업한다는 것은 참으로 소중합니다. 하나의 과정을 통과한다는 것은 다음 단계를 향하는 출발이기 때문에 시작과 마지막이 또한 중요합니다. 세상에 때가 묻고 마음이 굳어지기 전에 좋은 양서들로 아름다운 꿈의 세계를 향해 깊은 뿌리를 내리는 것은 참으로 훌륭한 일입니다.

    ○○이가 큰 재목으로 성장하기를 바랍니다.

    ○○○님! 안녕하십니까?

    "아드님의 졸업을 축하드립니다!"

    아드님 ○○이가 초등학교에 입학한다며 좋아하시던 일이 엊그제 같은데 벌써 졸업이니 시간은 정말 빨리 흘러가는 것 같습니다. 이제 ○○군도 어린 아이 티를 벗고 의젓한 중학생이 되겠군요.

    원체 건강하고 활달하니까 중학교에 가서도 잘 생활할 것입니다. 며칠 남지 않은 겨울방학을 알차게 보내도록 도와주세요. 졸업식 날은 날씨가 좋아야 할 텐데…….

    ○○○님! 늘 화목하고 행복한 가정 이루시기 바라며 아드님에게 드릴 작은 선물 하나 동봉합니다.

○○○님!

안녕하십니까? 지나가는 겨울이 아쉬운 듯 오늘은 봄눈이 내리고 있습니다.

○○이가 벌써 초등학교를 졸업하게 되는군요. 축하드립니다. 얼마 전까지만 해도 코흘리개 개구쟁이였는데 이제는 의젓해진 아드님이 자랑스러우시겠습니다.

자녀들의 씩씩한 성장은 부모님들에게 가장 큰 기쁨이며 보람일 것입니다. 아무쪼록 ○○이가의 더욱 씩씩하게 성장하길 바라며, 힘차게 자라나는 아드님처럼 ○○○님 사업도 더욱 더 번창하시길 바랍니다.

다시 한번 아드님의 졸업을 축하드립니다.

○○○님.

조금씩 아랫목이 귀찮아지는 계절입니다. 시장에는 벌써 싱싱한 봄나물들이 나왔습니다.

"따님의 고등학교 졸업을 정말 축하드립니다!"

잠깐인가 싶었는데 어느덧 성장한 따님을 보시면 대견스러움과 함께 새삼 세월의 빠름이 느껴지시리라 생각됩니다. 졸업은 시작이라고 하더군요. 이제 ○○양은 대학에서 마지막 학창 시절을 보내게 되겠지요.

부디 밝고 활기찬 생활로 따님도 어머님처럼 자애로운 성인이 되기를 기원하겠습니다.

○○○님!

아드님의 대학 졸업을 정말 축하드립니다.

활짝 핀 노란 개나리도 아드님의 졸업을 축하하듯 그 연한 꽃입술로 봄을 노래하고 있습니다.

○○○님 내외분의 기쁨이야 오늘이 있기까지를 보람으로 살아오신 것같이 즐거우시리라 생각합니다. 모두가 밤낮으로 애써 오신 부모님들과 아드님의 노력이 합하여 이루어진 것임을 생각할 때 고개가 숙여집니다.

이제 사회인으로서의 첫출발! 부디 아드님의 앞날에 행운만이 함께하시길 기원합니다.

다시 한번 아드님의 대학 졸업을 축하합니다.

○○○님!

따님이 벌써 대학 졸업을 눈앞에 두고 있군요. 16년간의 학창 시절을 마감하고 성인으로써 사회에 첫발을 딛는 따님이 밝고 활기차며 건강한 사회인이 되기를 기원합니다.

그동안 ○○○님께서 밤낮으로 애쓰시던 마음의 짐도 졸업과 더불어 사라지리라 믿습니다.

"수고하셨습니다!"

어느덧 성장해 졸업하는 따님을 보시면 대견스러움과 함께 서운한 마음도 드시겠지요. 그러나 출가하기 전 소중한 시간들을 만끽하시기 바랍니다.

안녕히 계십시오.

취직 축하 편지

01_ 고객 본인의 취직 축하

코트 차림을 한 사람들이 하나 둘 눈에 뜨이더니 거리 행인들의 발걸음도 빨라졌습니다.

○○○님! 안녕하세요?

"축하드립니다!"

요즘 공사시험은 고시 공부하듯 해야 한다던데 그동안 열심히 공부하신 보람이 있어 우수한 성적으로 합격하셨다지요?

그러나 직장생활도 새로운 시작이므로 입사 후 뜻하는 일들을 마음껏 펼치시려면 자기 개발도 게을리 해서는 안 된다는 것도 물론 아시겠죠?

항상 뵐 때마다 성실하고 부지런하셔서 하는 일마다 잘 되시리라 생각했습니다. 앞으로도 열심히 하셔서 인정받는 직장인이 되시고 나날이 발전과 행복이 가득하시기 바라며……

P.S. 그동안의 피로도 풀고 충분한 휴식도 취할 겸 좋은 곳으로 드라이브시켜 드릴 테니 저를 불러주세요.

"○○○님의 취직을 정말 축하드립니다!"

그토록 간절히 바라던 회사의 원하던 부서에 입사하셔서 얼마나 기쁘실지 짐작이 갑니다.

취업 전쟁이라는 말이 있을 정도로 치열한 경쟁을 뚫고 장래가 촉망되는 ○○회사에 당당히 입사하신 ○○○님을 보고 좋아하실 부모님의 모습이 눈에 선하군요.

그동안 취직시험 준비로 남보다 먼저 일어나고 늦게 주무셨다고 들었는데 말로는 쉬워도 참 어려운 일이지요. 하지만 그런 노력하여 좋은 결과를 얻었으니 다시 한번 축하드립니다.

그동안 쌓인 피로 충분히 푸시고 입사 후 뜻하던 일들 마음껏 펼치고 무한한 발전이 있으시기를 바랍니다.

서늘한 가을의 쓸쓸함이 옷깃을 여미게 하는 이 시간, 황금물결이 출렁이는 가을 들녘을 바라보며 이토록 기쁜 축하의 인사를 전하게 되어 기쁩니다.

요사이 취직은 전쟁이라고 해도 과언이 아니건만 어려운 관문을 뚫고 대기업인 ○○회사에 입사하신 ○○○님께 축하의 큰 박수를 보내드립니다.

나날이 어려워지는 직장 구하는 큰일을 치르기 위해 밤낮으로 공부하고 졸린 눈을 깨웠을 ○○○님의 노고에 아낌없는 박수 보냅니다. 또한 그 곁에서 함께 노심초사 걱정하셨을 부모님의 마음을 이젠 한순간 바람소리로 날려보내십시오. 하루 날 잡으셔서 가벼운 옷차림으로 경춘선을 타고 그동안의 일들을 되새겨 보는 것도 그간의 쌓인 피로를 푸는 데 도움이 될 것입니다.

입사 후에는 뜻했던 일들 마음껏 펼치고 무한한 발전이 있으시기를 바랍니다.

P.S. 멋진 드라이브 코스 안내책자를 동봉하오니 활용해보세요.

02_ 고객 자녀의 취직 축하

○○○님! 장남 ○○군의 취직을 진심으로 축하합니다.

아드님이 취직된 ○○회사는 장래가 유망한 회사라고 들었습니다. ○○○님도 무척 기쁘시겠습니다. ○○군은 영리하고 성격이 좋아 사회에서도 인정받는 한 사람이 되리라 믿습니다. ○○군은 중학생 때에 두세 번 저희 대리점에 온 일이 있는데 너무 오랫동안 만나지 못했군요. 길에서 마주쳐도 알아볼 수 없을 정도로 지금은 무척 멋진 청년이 되었으리라 생각됩니다.

그럼, ○○○님의 가정에 행복이 항상 함께하시길 바라며 아드님의 취직을 다시 한번 축하드립니다.

P.S 아드님이 사회에서 자신의 능력을 십분 발휘하는 데 도움을 드리는 인터넷 정보를 동봉하니 전해주십시오.

○○○님! 안녕하세요?

막내따님의 취직을 진심으로 축하드립니다.

마지막 자녀의 취업으로 밖은 찬바람이 불어도 온 집안이 훈훈하시겠습니다. 안 그래도 집안 분위기가 좋았는데 이번 일로 가족 모두가 더욱 화목하게 이야기꽃을 피우시겠군요.

○○○님의 큰아드님, 작은 아드님도 모두 훌륭한 회사에 입사해 능력을 인정받고 승승장구하신다고 들었습니다. 막내 따님도 성격이 좋고 대인관계가 원만하시다니 상사와 동료 간에 신임받는 사원이 되겠지요.

더욱이 입사한 회사는 인화단결을 무척 강조한다고 하더군요. 회사가 저희 지점과도 가까운 거리에 있으니 제가 나름대로 사회의 선배로서 도와줄 수 있었으면 좋겠습니다.

요즘은 취직하기가 대학에 합격하기보다 훨씬 힘들다고 합니다. 이제 ○○○님은 한시름 놓으시고 마음이 든든하시겠습니다.

다음 주중으로 찾아뵙고 인사드리겠습니다.

그럼, 항상 가내 두루 평안하시고 행복이 가득하시기 바라며…….

승진 축하 편지

○○○실장님!

영전을 진심으로 축하 인사드립니다.

평소 정력적으로 일하시더니 본사 기획실장님으로 영전하시게 되었군요.

항상 영업일선에서 궂은 일 마다하지 않으시고 땀을 흘리시면서도 자기개발에 항상 힘쓰시던 ○○○실장님의 모습은 부하직원들뿐만 아니라 주위사람들에게 귀감이 되었을 것입니다.

기획실은 회사의 머리와 같은 곳이 아닙니까? 그곳에서도 지금까지처럼 상사에게 신임받고 부하에게 존경받는 ○실장님의 특유의 친화력을 발휘하시리라 믿습니다.

드디어 본 무대로 진출하신 것이므로 앞으로도 밝은 미래가 있을 것입니다. 새로운 환경에서 일하시게 된 것을 진심으로 축하드립니다.

그럼, 올 한 해도 승승장구하시고 하시는 일마다 기쁨 속에서 만족과 성취를 느끼시기 바라며…….

P.S. 제가 보내드린 여행안내 자료와 달력은 받아보셨는지요? 다음 주에 전화드리겠습니다.

○○○부장님! 진심으로 축하드립니다.

이번에 ○○○님께서 영업 부장님으로 승진하셨다는 소식을 듣고 무척 기뻤습니다.

우리가 살아가면서 주변 사람들에게 인정받고 명성을 얻는 것은 기쁜 일입니다. 그리고 정말 기쁠 때는 자신을 이겨냈을 때라고 생각합니다. 그동안 어려운 여건 속에서도 열심히 일하셨으므로 당연한 결과라고 생각합니다. 앞으로도 남다른 순발력과 아이디어 뱅크로서의 특기를 유감없이 살리어 더욱 더 발전하시기 바랍니다.

간단하나마 우선 이 글로 축하를 대신하고 조만간 직접 찾아뵙겠습니다. 사모님께도 축하 인사 전해주십시오.

○○○이사님!

○이사님의 승진을 축하드립니다.

이번에 순조롭게 임원으로 승진하신 것을 다시 한번 진심으로 축하드립니다.

평소 자상하시고 부하직원들을 이해해주시는 애틋한 마음이 이번 인사에도 큰 몫을 차지했을 것이라고 생각하며 또한 열심히 일하셨으므로 당연한 결과라고 생각합니다. 더 큰일을 맡으셨으나 ○이사님의 탁월한 능력으로 볼 때 충분히 소화해내시리라 믿습니다.

직장생활을 하면서 가장 즐거운 일이 승진이라고 하는데 그동안 말 못할 어려움들을 묵묵히 이겨낸 ○이사님의 노고를 인정받은 값진 승리라고 생각합니다.

많은 활약을 기대하면서, 저희 회사에 대해서도 전보다 더욱 많은 후원을 거듭 부탁드립니다.

개업 · 이전 · 창업 축하 편지

01_ 개업 축하

○○○님! 개업을 축하드립니다.

봄이 와서 그런지 거리는 한결 활기가 도는 것 같습니다. 모든 것이 활기에 찬 이때에 ○○○님의 평소 계획이 실현됨을 진심으로 축하드립니다.

더구나 그곳은 중심지이고 ○○○님의 기발한 아이디어만 합쳐진다면 번창하리라 확신합니다.

처음 하시는 일이니 어려운 일도 많으리라 생각됩니다만 제가 도와드릴 일이 있으면 언제든지 연락해주십시오. 저도 힘자라는 데까지 도움을 드리겠습니다.

사업이 날로 번창하시길 빕니다. 하지만 건강도 열심히 돌보시기 바랍니다. 재산을 잃는 것은 조금 잃는 것이요, 명예를 잃는 것은 많이 잃는 것이요, 건강을 잃는 것은 모두 잃는 것이라는 말도 있으니까요.

계속되는 무더위 속에서도 성공을 위해 애쓰시는 ○○○사장님의 모습이 눈에 선합니다.

○사장님! ○○컴퓨터 지사의 개업을 축하드립니다.

등촌동에 컴퓨터 지사을 내셨다고요? 개업식에 참석하지 못해 죄송합니다. 근처에 학교가 많이 있어 방학이 되면 학생들 컴퓨터 수요도 늘어 더욱 더 바빠지겠군요?

더운 날씨에 개점하시느라 힘드신데 바빠지실 테니 건강관리에 특히 신경 쓰셔야 합니다. 제가 도와드릴 수 있는 일이 있으시면 아무때고 불러주세요.

P.S. 그 근처에 제 고객이 몇 분 계시니까 소개해드리겠습니다.

"개업을 축하드립니다!"

○○○사장님! 안녕하세요?

움츠렸던 만물이 기지개를 펴는 생명이 태동하는 시기에 개업하신 것을 축하드립니다. 개업하시는 커피숍 이름이 'Top' 이라고 들었습니다. 이름의 뜻이 정상이듯 주위 업소 중에서 고객들에게 가장 사랑받는 명소가 되기 바랍니다.

○○○사장님께서 택하신 위치는 신흥 강북 상권 중심으로 그동안 주목받지 못했지만 향후를 생각한다면 장래가 밝은 곳이라고 생각합니다. 지하철에서 가까우며 인근 도로가 확충되어 교통도 편리하므로 모임을 하기도 좋을 것 같군요.

평소 업소를 성실하고 친절하게 운영하시는 사장님이시라 나날이 번창하시리라 생각합니다. 초창기가 바쁘시지만 건강관리에 만전을 기하시기 바라며 다음 주에 인사드리겠습니다.

02_ 독립 개점 축하

○○○사장님! 개업을 축하드립니다.

독립하실 때 많은 용기와 결단이 필요하셨을 줄 압니다. 새로운 각오로 많은 계획을 세우셨겠지만 회사의 힘은 상품력도 중요하지만 영업력이 좌우합니다. "영업이 7, 상품이 3"이란 말도 있잖아요?

다행히 ○사장님께서는 직장생활시 영업부서에 오래 근무하셨으니 틀림없이 성공하시리라 생각합니다.

뜻 깊은 개업이 늘 번창하시길 빌겠습니다.

○○○사장님!

어제 전에 근무하시던 사무실에 갔다가 반가운 소식을 들었습니다. 독립하셔서 사무실을 냈다고요.

먼저 축하드립니다.

한편으로는 반갑기도 하지만 섭섭하기도 하네요.

왜냐하면? 그동안 그토록 자신의 일을 하시고 싶으셨으니까 기뻤지만 저에게는 연락도 없이 옮기셨으니까요.

개업식 할 때에는 저에게 전화 주시겠지요? 제가 도움이 될 수 있는 일이 있으시면 언제든지 연락 주세요.

앞으로 하시는 일 크게 번창하시기를 두 손 모아 기다리며 다음 주에 전화 드리겠습니다.

○○○사장님!

우선 독립을 진심으로 축하드립니다.

드디어 ○월 ○일을 기하여 독립 개점하신다고요. 다년간의 고생이 결실을 맺어 이제 한 업체의 주인이 되셨군요. 앞으로 ○사장님의 더 큰 활약을 기대해봅니다.

요즈음 ○사장님께서 취급하시는 상품은 가정생활과 밀접한 관련이 있어 크게 인기를 끌고 있더군요.

평소 성실하고 친절이 몸에 배어 있는 ○사장님이시므로 훌륭한 서비스로 많은 고객을 확보하실 수 있으리라 생각됩니다.

아무쪼록 이 무더운 여름의 나뭇잎처럼 하시는 일이 번창하십시오. 또한 왕성한 활력으로 사업에 임하실 수 있도록 건강에도 유의하시길 바랍니다.

개점일에 찾아뵙고 인사드리겠습니다.

03_ 신축 개업 축하

○○○사장님!

○사장님의 사업이 나날이 번창함을 축하드립니다.

드디어 신축된 새 점포로 옮기셨다고 연락받았습니다. 참으로 경사스러운 일입니다. 그 동안 밤낮없는 노력의 결실이라고 믿어 의심치 않습니다. 어려운 여건을 이겨내며 매진하시어 이 정도의 기반을 마련하신 ○사장님께 많은 것을 배우고 있습니다. 평소 항상 미소짓는 얼굴로 상대방을 편안하게 해주시는 사장님이시기에 앞으로의 발전도 불을 보듯 환한 일입니다.

더 한층 분투를 빌겠습니다. 여러 가지로 바쁘실 듯하므로 며칠 후 찾아뵙고 자세한 축하의 말씀 올리도록 하겠습니다.

04_ 이전 축하

"사옥 이전을 축하드립니다!"

○○○사장님! 안녕하세요?

환절기에 이전하시느라 몸에 무리는 가지 않았는지 염려됩니다. 그 동안 숙원이시던 사옥을 지으셨으니 대단하십니다. 나날이 번창하는 사업을 보면서 사장님의 인내가 "이제야 빛을 보는구나"라고 생각했습니다. 그 동안 어려운 여건에도 꾸준히 참아내셔서 주위 사람들의 칭찬이 자자합니다.

공장을 옮기는 이천은 서울에서 가깝고 아직은 땅값이 싸서 최적의 장소인 것 같습니다. 다들 생각은 있어도 엄두를 못내는 일을 과감히 실행하신 것은 어려운 결단이었지만 성공적인 것 같습니다.

제가 자주 찾아뵙기에는 어려워졌지만 자주 소식 전해드리겠습니다. 아무쪼록 이전하신 새 사옥에서 더욱 사업 번창하시고, 나날이 오아시스처럼 귀하고 달콤한 기쁨이 넘치시기 바라며…….

긴 겨울을 이겨낸 꽃들이 만발할 봄, 그 계절을 맞이할 길목에서 겨울의 혹한을 이겨낸 버들강아지에 곱게 물이 올라 있습니다.

○○○사장님! 안녕하세요?

그동안의 노고를 생각하면 뭐라고 축하의 말씀을 드려야 할는지요. 이전하시느라 백방으로 뛰어다니시며 정신적으로나 육체적으로도 많이 피곤하시리라 봅니다. 이전한 매장 정리는 다 하셨는지요.

제가 신입사원 시절 적은 점포로 시작하셨는데 곁에서 보기에도 빠른 성장을 하신 것은 사장님의 근면하신 생활 자세라고 생각합니다.

그러한 사장님의 모습을 보면서 저도 늘 자극받고 있습니다. 하필 그날 출고건이 있어 이전하시는데 도움을 드리지 못해 죄송합니다.

새봄을 맞아 사장님 사업도 더욱더 번창하시기 바라며 다음 주에 찾아뵙겠습니다. 안녕히 계십시오.

05_ 창업 ○○주년 축하

○○사장님!

귀사의 창업 ○○주년을 진심으로 축하드립니다.

또한 저에게까지 창업 ○○주년 기념 축하 파티에 초대해주셔서 영광입니다.

다시 한번 ○사장님의 창업 ○○주년을 축하드리며 축하 파티는 기쁘게 참석하겠습니다.

귀사의 끊임없는 발전과 여러분 모두의 행운을 삼가 기원합니다.

○○○사장님! 안녕하세요?

개업 ○주년을 진심으로 축하드립니다!

업소를 개업하신 지 어느덧 ○년이 흘렀으니 저와 사장님의 인연도 ○년이군요.

언제나 얼굴에 함박웃음을 지으시며 간판을 달고, 물건을 정리하시던 모습이 지금도 선하네요. 매일 아침 일찍 가게문을 여시고 유리창을 닦고 앞길을 청소하시는 것을 보고 "며칠 하시다 마시겠지" 하고 생각했으나 사장님은 365일 한결같으시더군요.

사장님께서는 귀찮을 법한 제 잦은 방문을 늘 반겨주셨고 제가 힘들 때에는 힘을 북돋아주셨습니다. 그래서 저는 사장님을 인간적으로 좋아하게 되었고 친형님처럼 진심으로 존경하고 있습니다.

○○○사장님! 하시는 사업이 나날이 번창하시기를 바라겠습니다. 환절기에 감기 조심하세요.

집 장만 · 입주 축하 편지

01_ 집 장만 축하

○○○님! 축하드립니다.

새로이 단독 주택을 마련하셨다고요. 새 집을 빨리 구경하고 싶지만 이사 정리에 바쁘실 것 같아서 우선 서면으로 인사드립니다.

동년배로서 부러운 생각까지 드는군요. 다 노력의 차이겠지요. 돈이 인생의 목적은 아니지만 가족의 행복과 삶이 불편하지 않을 만큼은 필요한 것이 아니겠어요.

사랑하는 아내와 자녀들의 풍요로운 미래를 위해 열심히 노력해 오신 ○○○님께 경의를 표합니다.

아무쪼록 이를 계기로 더욱더 정진하시어 무한한 발전 있으시길 기원합니다.

"만족하게 살고 때때로 웃으며 많이 사랑한 사람이 성공한다."

　　　　　　　　　　　　　　　　　　　　　　　　　－A. J. 스탠리 부인－

○○○님! 정말 축하드립니다.

그토록 간절히 바라시던 꿈을 이루셨으니 얼마나 기쁘시겠어요. 좋아하실 ○○○님 내외분을 생각하니 저도 절로 흐뭇해집니다. 제가 처음으로 집을 마련했을 때가 생각나기 때문입니다.

아이들도 무척 좋아하겠지요?

빠듯한 생활 중에도 열심히 노력하며 저축해온 결과가 이렇게 나타난 것 아니겠어요.

남보다 조금 먼저 일어나서 조금 늦게 잔다는 것이 말로는 쉽지만 참 어려운 일임을 저는 늘 느끼곤 한답니다.

하지만 그렇게 노력하는 사람만이 좋은 결과를 얻겠지요. 곧 찾아뵙고 인사드리겠습니다.

그럼 ○○○님, 항상 가내 두루 평안하시고 행복이 가득하시길 바라며…….

○○○님! 안녕하세요?

파아란 싹이 상큼하게 보이는 아름다운 봄에 풀피리 소리처럼 저에게 날아온 봄의 향기, 집장만 소식…….

깜짝 놀랐습니다. 그토록 바라시던 아파트 입주 소식을 듣고 제가 집을 장만한 기분이 드는 것은 그동안 고생한 ○○○님의 사연을 알기 때문이겠지요?

새 아파트로 이사하신 것을 손뼉치며 축하드립니다.

새 집에서 지내실 많은 날들이 앞으로 ○○○님과 가족 모두에게 평안과 기쁨으로 다가오기를 진심으로 기도드리겠습니다.

P.S. 집들이 계획이 있으시죠? 저도 꼭 초대해주세요. 새 둥지를 장식할 의미 있는 선물을 이미 준비해놓았습니다. 연락 주실 날만 기다리며…….

02_ 입주 축하

○○○님! 안녕하세요?

아파트 입주를 진심으로 축하드립니다.

역시 늘 부지런히 사시더니 더 크고 좋은 보금자리를 마련하셨군요. 부럽습니다.

얼마나 아파트를 예쁘게 꾸며놓으셨는지 궁금하기만 합니다. 정리되는 대로 꼭 초대해주십시오. 저도 ○○○님 댁의 넘쳐 흐르는 행복을 느끼고 싶습니다.

새로운 보금자리에서 온 가족이 건강하고 평안하시기를 바랍니다.

P.S. 입주를 축하드리려고 난을 사왔습니다. 집들이하실 날을 기다리며……. 손님 초대할 때 불러주세요. 제가 요리 솜씨가 좀 있거든요. 손을 좀 보태겠습니다.

퇴원 축하 편지

○○○님!

오늘 ○○○님의 퇴원 소식을 사모님으로부터 전해들었습니다. 우선 축하드립니다. 지난번 문안 차 병원으로 찾아뵈었을 때에는 상당히 오랫동안 입원하셔야 될 것 같아 무척 걱정했습니다만, 회복이 순조로웠나 봅니다.

업무에 열성적이신 ○○○님이시라 벌써 출근하신 것은 아니실까 걱정스럽습니다. 세상을 얻어도 건강을 잃으면 소용없다는 옛말도 있습니다. 일도 좋지만 이제 건강을 먼저 돌보시기 바랍니다. 곧 인사 차 찾아뵙겠습니다.

○○○사장님! 안녕하십니까?

　일전에 한 출판사를 방문했더니 회의용 탁자에 약병 두 개가 놓여 있더군요. 보통 약병을 한쪽 구석에 치워놓는데 이상하다 싶어 물어보았더니 손님 접대용이라고 하더군요. 약도 손님 접대용이 있나 하고 의아해했더니 출판사 관계 손님치고 위나 간장이 성한 사람이 없어 소화제와 간장약을 손님 접대로 쓴다는 것이었습니다.

　얼마 전 제가 책에서 본 기억으로는 아플 때 약을 복용하는 것보다는 몸의 자연 치유력에 맡기는 것이 인체에 더 이롭다는군요. 예를 들어 상한 음식을 먹었을 때 토하거나 설사하는 것은 유독물질이 장에 흡수되기 전에 몸밖으로 빼내려는 자연치유과정이라는 것입니다.

　또한 환자가 나을 수 있다는 꿈과 확신을 갖고 치료받으면 치료의 잠재력을 극대화시켜 빨리 낫는다고 합니다.

　○○○사장님께서도 낫는다는 굳은 믿음과 희망을 가지셨기에 빨리 회복하신 것 같습니다. 어서 자리를 툭툭 털고 일어나셔서 전처럼 인심 좋은 시골 아저씨의 너털웃음을 보여주세요.

　다음 주 화요일쯤 전화 드리고 찾아뵙겠습니다.

CHAPTER 5

기타 문구

(소개 부탁 · 권유 · 요청 · 촉구 · 사과 · 거절 · 격려 · 병문안)

좋은 소식은 말로 전하기 쉽다. 그러나 부탁이나 요청, 촉구, 사과, 거절 등의 말은 잘못하면 상대방을 불쾌하게 만들기 쉬우며 격려나 병문안 등은 자기 마음을 말로 표현하기 어렵고 잘못하면 입에 발린 말이 되기 쉽다. 이러한 때에 정감 어린 마음에서 묻어나는 진솔한 편지를 보내면 말보다 글이 더욱 신뢰성이 있으므로 서로의 감정을 승화시키고 닫혀진 마음을 봄눈 녹이듯이 녹여주는 촉매제 역할을 할 수 있다. 말로 전달하기 곤란한 자신의 생각을 글로 표현해 의사소통수단으로 활용해보자.

소개 부탁

01_ 기존 구입고객에게 새로운 가망고객 소개를 부탁할 경우

○○○과장님!

나뭇잎들이 붉은 옷을 갈아입는 계절이 다가옵니다. 별고 없으신지요?

저희 회사의 ○○를 구입해주셔서 정말 감사합니다.

○○는 업계에서도 평판이 우수한 제품으로 ○과장님께 자신 있게 권해드린 제품입니다. 과장님이 사용하시는 데 틀림없이 만족하시리라 확신하고 있습니다. 혹시 사용 도중 의문점이 있으시면 언제라도 연락해주십시오.

그리고 ○과장님 주위에 계신 친구, 친지분 중에 ○○가 필요한 분이 계시면 한 분만 제게 소개해주시길 부탁드립니다. 구입과 관계없이 다만 상품에 관한 정보를 소개해드리고 싶습니다. 소개해주시는 분에게 절대로 부담감 드리지 않고 과장님께 폐를 끼치지 않도록 행동하겠습니다.

한참동안 망설이다가 용기를 내어 소개를 부탁드립니다. 염치없지만 부탁드립니다.

그럼 ○○○님, 하시는 일마다 기쁨 속에서 만족과 성취를 느끼시길 빕니다.

P.S. 다음 주 화요일 전화드리겠습니다.

○○○님!

계속되는 장마에 피해는 없으신지요?

그동안 소식 전하지 못하여 정말 죄송합니다.

여름 동안 사용하지 않으셨던 보일러 상태를 살펴보고자 다음 주중에 서비스 사원과 함께 ○○○님 댁을 방문하려고 합니다. 사전에 연락을 드릴 테니 좋은 시간을 알려주십시오.

아울러 혹시 아시는 분 중에 ○○○보일러로 바꿀 의향이 있으신 분이 계시면 ○○○님을 방문할 때 제게 소개해주십시오. 항상 신세만 지고 있으면서, 또 다시 이런 부탁까지 드리게 되어 정말 죄송스럽습니다.

그럼 ○○○님, 건강하고 알찬 가을을 맞이하시길 소망하며 좋은 소식을 기다립니다.

○○○사장님!

맑고 따사로운 햇살이 완연한 봄으로 무르익고 있습니다. 안녕하십니까?

저는 ○○주식회사 영업부 ○○○과장입니다.

○사장님께서 나날이 발전하시는 모습은 신문 지상이나 동업계 분들로부터 자주 듣고 기쁘게 생각하고 있습니다.

제가 ○○주식회사의 영업부서에 근무한 지가 어느덧 5년이 되었습니다. 사장님과 같은 협력자 분들이 항상 따뜻하게 대해주시고 도와주셔서 즐겁게 일하고 있습니다. 그런데 올해는 불황이 심해 열심히 노력하고 있습니다만, 판매 목표 달성에 어려움을 겪고 있습니다.

혹 주변 친구나 친지 중 저희 제품 가망고객이 있으시면 소개를 받고 싶어서 망설이던 끝에 이렇게 펜을 들었습니다. 다른 사람을 소개해준다는 것이 얼마나 조심스럽고 어려운 일이라는 것은 저도 잘 알고 있습니다. 소개해주신 분에게 성심 성의껏 상담해드리고 관련정보를 제공해드려 누를 끼치지 않도록 노력하겠습니다.

이제까지 ○사장님께 여러 가지로 도움을 받았습니다만 다시 한번 도와주셨으면 합니다. 당돌한 부탁이라서 죄송스럽습니다만, 많은 후원을 부탁드립니다.

그럼 ○○○님, 내내 건강하시고 하시는 일마다 뿌듯한 보람 늘 함께 느끼시길 바랍니다.

P.S. 다음 주 화요일 전화드리겠습니다.

○○○부장님! 그 동안 안녕하셨습니까?

친구이신 ○상무님 소개로 ○부장님을 만난 지도 벌써 1년이 넘었군요. 오늘 지하철을 타고 출근하면서 처음 보는 사람과 우연히 마주친 웃음이 왠지 낯설지 않게 느껴지면서 ○부장님과 같은 인연이 되지 않을까 가슴이 설레었습니다. 전혀 모르던 인연에서 ○상무님의 소개로 ○부장님과 새로운 인연을 만들었으니까요.

인생은 인연의 연속이고 그 인연을 어떻게 가꾸어나가는가에 따라 삶의 질과 행복의 높낮이가 달라진다고 생각합니다.

그동안 ○부장님께서 저를 도와주셔서 오늘의 제가 있는 것 같아 고마운 마음은 늘 잊지 않고 지냅니다.

그동안 제 활동을 보셨으니 저에게 또 다른 인연의 끈을 만들어주십시오. 부장님이 아시는 분들과도 아름답게 수를 놓으면서 이어가고 싶습니다. 입사 동기분이나 동창 중 두 명만 소개를 부탁드립니다. 그냥 그분들이 마음의 문을 열 수 있도록 전화 한 통만 부탁드립니다.

다음 주 화요일 연락을 드리고 찾아뵙겠습니다.

그럼, ○○○부장님! 하시는 일마다 기쁨으로 가득하시길 바라며⋯⋯.

대지가 온통 푸르름으로 넘치고 나무 아래 그늘이 시원해 보이는 여름이 어느덧 우리 곁에 왔습니다.

○○○사장님! 그동안 안녕하세요?

저는 ○사장님께서 늘 성원해주시는 덕분에 잘 지내고 있습니다. 날이 무척 더워 일을 적당히 마무리하고 싶은 생각이 자주 들지만 특히 바삐 지내다가 제가 미처 연락을 한동안 드리지 못한 고객에게서 먼저 소개 전화가 오면 하루 종일 힘이 나고 그렇게 반갑고 좋습니다. 제 안이한 마음을 쫓아내고 더 열심히 뛰라는 격려로 들리거든요.

○사장님에게도 소개전화를 받고 싶습니다. 사장님 동창생이나 친지 중 한두 분만 소개해주신다면 큰 힘이 되겠습니다. 이제까지 제가 하는 활동을 보셨으니 그분들에게도 사장님처럼 최선의 서비스를 해드릴 것을 약속드립니다. 또한 제가 ○사장님을 도와드릴 수 있는 일이 있으시면 언제든지 말씀만 해주세요. 곧장 달려가겠습니다.

그럼 ○○○사장님! 무더위 속에서도 날마다 도전과 성취로 이어지시기 바라며 좋은 소식을 기다립니다.

02_ 의뢰했던 가망고객 소개를 재촉할 경우

○○○이사님!

피부에 와 닿는 바람만으로도 가을을 흠뻑 느낄 수 있습니다. ○이사님께서는 한층 더 발전하시고, 또한 건강하시리라 생각됩니다.

다름이 아니라 지난번에 말씀하시던 친구 분 ○○○님의 소개 건에 대해서 그 후 이야기가 어느 정도 진척되었는지 궁금합니다. 재촉하는 것 같아 송구스럽습니다.

바쁘신 ○이사님께 이런 부탁까지 드리게 되어 무척 죄송하지만 창사 10주년 기념으로 20%의 할인된 가격으로 ○○○를 구입하실 좋은 기회입니다. 그래서 이번 달 안에 거래가 이루어졌으면 합니다.

○이사님! 제 스타일 아시죠? 소개해주신 분께 절대 부담을 드리지 않는다는 것 말입니다.

○이사님께서 늘 바쁘시겠지만 한 번만 더 친구 분께 연락해주시길 부탁드립니다.

평소 늘 마음 써주시고 도와주셔서 항상 고마운 마음을 간직하고 있습니다.

그럼 ○○○님, 하시는 일 순조롭게 이루어지시길 바라며 다음 주 화요일 경 연락을 드리고 찾아뵙겠습니다.

03_ 거래처에 잘 아는 세일즈맨을 소개할 경우

○○○사장님!

올 여름 길목은 유별나게 더위가 심합니다. 그간 안녕하신지요?

항상 여러 가지로 저희 회사를 후원해주셔서 감사합니다.

다름이 아니라 제가 아는 ○○○라는 친구가 귀사에 부탁하고 싶은 일이 있다면서, 저와 ○사장님과의 관계를 알고 소개를 의뢰해왔습니다.

이 친구는 저의 대학 동창으로 20년간 교제를 해오고 있는데, 이야기를 들어보니 귀사에도 도움이 될 만한 것 같아 소개장을 써주었습니다.

곧 ○○○쪽에서 ○사장님을 뵙기 위해 전화 연락을 드릴 예정이오니 만나주시기를 부탁드립니다.

그럼 ○○○사장님, 늘 웃음 짓고 사시기 바라며…….

04_ 고객에게 도움 되는 일을 소개할 경우

○○○님!

햇볕이 따사로운 봄입니다. 안녕하십니까?

지난번에 ○○○님을 찾아뵈었을 때 서울에 따님이 하숙할 곳을 찾고 계시다는 말씀을 하셨지요? 서울에 살고 있는 제 누이에게 알아보았더니 마침 적당한 곳이 있다고 합니다. 전문적인 하숙집은 아니지만 노부부의 가정이라 조용한 분위기랍니다. 혹시 좋으시다면 소개해드리려고 하는데 어떠실는지요.

다음 주 화요일경 지난번의 상담 건으로 찾아뵙도록 하겠습니다. 그때 하숙집에 대한 자세한 이야기를 나누지요.

그럼, ○○○님! 안녕히 계십시오.

05_ 신임 담당 영업사원을 소개할 경우

○○○님! 안녕하십니까? 항상 저희 ○○회사를 아끼고 성원해주셔서 대단히 감사합니다.

다름이 아니라 저희 대리점의 주부사원 ○○○씨가 개인 사정으로 인해 퇴사하게 되었습니다. 이후로는 ○○○주임이 귀댁을 방문하여 제품 상담 및 A/S 처리를 해드리게 되었음을 알려드립니다.

더욱 좋아진 제품과 친절한 응대로 고객 여러분의 마음을 편안하게 해드릴 것을 약속드리면서 일간 ○○○주임이 귀댁을 방문하여 인사드리도록 하겠습니다.

그럼 ○○○님의 앞날에 기쁨과 만족이 넘치기 바라며…….

06_ 인사이동으로 인하여 후임자를 소개할 경우

간밤에는 소리도 없이 눈이 내려 온통 은세계로 만들었습니다.

○○○사장님! 안녕하십니까?

재임 중 ○사장님께서 베풀어주신 각별하신 후원에 진심으로 감사드립니다.

이번에 제가 경북 지사로 전근 발령을 받아 내일 대구로 급히 떠나게 되었습니다. 갑작스러운 이동으로 인하여 우선 서면으로 보고 인사드립니다. 저의 후임으로 ○○○ 대리가 오게 되었습니다. 앞으로도 귀사와의 거래에 실수가 없도록 만전을 기할 것을 당부해놓았습니다. 계속 저희 회사에 대한 변함없는 후원을 부탁드립니다.

혹시 대구 근처를 방문할 일이 있으면 꼭 한번 들러주십시오.

그럼 ○사장님, 하시는 사업이 나날이 번창하시길 바라며 다시 한번 감사의 말씀을 전합니다.

07_ 자신의 거래처에 고객을 소개할 경우

눈이 봄날 꽃송이처럼 흩날리고 있습니다.

○○○부장님, 안녕하십니까?

늘 도움을 받고 있으면서도 바쁘다는 핑계로 소식 자주 전하지 못해 정말 죄송합니다. ○부장님께 항상 신세만 지고 있어 어떻게 은혜에 보답할까 생각하고 있었는데 마침 저희 거래처에서 귀사가 취급하고 있는 ○○을 구입하고 싶어하는 분이 계셔서 귀사에 대한 이야기를 해드렸더니 꼭 부장님을 소개받고 싶다고 했습니다. 거래를 원하는 분은 ○○사업을 하시고 있는 신용 있는 분입니다. 부장님 앞으로 소개장을 써드렸으므로, 가까운 시일 내에 귀사를 방문하리라 생각합니다. 배려를 부탁드립니다.

그럼 ○○○부장님, 다시 뵐 때까지 건강하십시오.

08_ 타사의 영업사원을 고객에게 소개할 경우

○○○사장님!
개울가의 물잠자리와 고추잠자리 떼가 수를 놓고 있는 계절입니다.
언제나 우리 회사 제품을 애용해주셔서 감사드립니다.
지난번 찾아뵈었을 때 자동차 세일즈맨으로 좋은 사람이 있으면 소개를 부탁하신다는 ○사장님의 말씀을 듣고 생각해보니 제 친구인 ○○○군이 적당한 인물인 듯하여 소개해드립니다.
○○○군은 ○○회사에서 1, 2위를 다투는 세일즈맨으로 ○사장님께 큰 도움을 드릴 수 있으리라 생각됩니다. 즉시 찾아뵙도록 이야기해놓았습니다. 만나보시고 이야기 나누시기를 바랍니다.
그럼 ○○○사장님,
하시는 일마다 성공하시고, 행복과 사랑이 늘 충만하시길 바라며……. 다음 주 수요일쯤 다시 연락을 드리겠습니다.

권유

01_ 건강식품 정기적인 복용 권유

> ♣ 내가 심은 꽃씨가 처음으로 꽃을 피우던 날의 그 고운 설렘으로
> 며칠을 앓고 난 후 창문을 열고 푸른 하늘을 바라볼 때의
> 그 눈부신 감동으로
> 못 견디게 힘들 때에도 다시 기뻐하고 다시 시작해
> 끝내는 꽃씨를 닮은 마침표 찍힌
> 한 통의 아름다운 편지로 매일을 살고 싶다.♣
> 시인 이해인님의 '꽃씨를 닮은 마침표처럼' 중에서

○○○님! 안녕하세요?

겨우내 움츠렸던 일상의 단조로움을 깨고 새로운 희망의 기지개를 켜는 좋은 계절입니다.

며칠 동안 계속 연락을 드렸지만 전화통화를 할 수 없어 이렇게 글로 인사드립니다.

저도 ○○○님과 같은 증상으로 우리 회사 건강식품을 먹기 시작해 건강을 되찾고 작년부터 ○○에서 일을 하기 시작했답니다. ○○○님께서는 저희 건강식품을 정말로 잘 선택하셨는데 정기적인 복용을 하지 못해 효과를 늦게

보시는 것 같습니다.

○○○님! 저를 믿고 꾸준히 복용해보세요. 분명히 변화가 올 것입니다. 체질 개선이 하루아침에 되는 일이 아니니까요. 최소한 6~9개월 꾸준히 드신다면 예전의 건강한 모습을 회복하실 수 있답니다. 그리고 매일 챙겨드시는 일이 쉽지 않으시겠지만 저도 가끔 연락을 드려 체크해드리겠습니다.

저희가 만난 지는 얼마 안 되지만 동생과 언니처럼 서로 도움을 주고받을 수 있는 관계가 되고 싶습니다. 그리하여 하루빨리 ○○○님의 건강한 모습, 예쁜 모습을 보고 싶습니다.

그럼, ○○○님! 행복한 가정이 되시기를 늘 기도하고 있습니다.

P.S. 이 편지를 받으시면 제 휴대폰으로 연락 부탁드립니다.

02_ 신규 거래 권유

○○○사장님!

햇살이 그윽하여 기분 좋은 계절, 봄입니다.

저희 회사는 ○○제품을 제조, 판매하고 있습니다. 특히 ○○제품은 소비자의 호응이 대단하여 베스트셀러 상품이 된 점은 ○사장님께서도 이미 알고 계시리라 생각됩니다.

저희 회사의 판매망은 수도권에서는 무척 견실하게 이루어져 있습니다만 지방에서는 아직은 미약합니다.

그래서 귀점과 같은 일류점에서 저희 제품을 취급해주신다면 감사하겠다는 생각으로 펜을 들었습니다.

다음 주중에 저희 회사 영업 담당자로 하여금 ○사장님을 찾아뵙도록 하겠습니다. 그동안 잘 검토해주시면 감사하겠습니다.

그럼 ○○○사장님, 하시는 사업이 날마다 번창하시길 바라며……

○○○님! 안녕하십니까?

저는 ○○회사 ○○○사장입니다.

다름이 아니옵고 저희 회사와의 신규 거래를 부탁드리고자 실례인 줄 알면서도 서면상으로 부탁드립니다.

저희 회사는 ○○의 제조 판매를 시작해 30년간의 실적을 쌓았고, 현재도 각지에서 열심히 노력하고 있습니다. 이 지역에서 유력한 거래처를 얻고 싶어 하던 차에 귀점의 눈부신 발전 이야기를 듣고 귀점과 저희 회사가 손을 잡고 함께 일하면 서로 많은 도움이 될 것이라 확신하여 부탁드립니다.

며칠 후 영업 담당인 ○○○대리를 보내겠습니다. 각별한 배려를 부탁드리며 귀점의 무궁한 발전을 기원합니다.

그럼 ○○○사장님, 귀점과 좋은 인연을 맺기를 고대하며…….

03_ 단골 고객에 대한 내점 권유

○○○님! 안녕하세요?

앞으로 한 달만 있으면 크리스마스로군요. 올 한해 어떻게 지내셨는지요?

일전에 구입해주신 바블 원피스에 잘 어울리는 '파티용 옵션 장신구' 를 매칭시키면 멋진 파티용 드레스가 될 수 있습니다.

지난 주 장신구 신제품이 많이 입하되었습니다.

꼭 한번 나오셔요. 분명히 만족하실 것입니다.

기다리고 있겠습니다.

좋고 싫음이 분명할 수 있는 가치관, 자기 것을 선택하는 여성은 아름답습니다.

오렌지 빛 태양과 상쾌한 바람결은 마음에 파문을 일으키는 이 봄에 자연주의의 느낌을 가지세요.

아카펠라 같은 여인으로 표현하고 싶으실 때 저희 ○○○미용실에서 도와드리겠습니다.

○○○님! 안녕하세요?

그 동안 저희 ○○○미용실을 자주 이용해주셔서 감사합니다. 감사한 마음으로 할인권 2매를 보내드리오니 마음을 나눌 수 있는 분과 동행해주세요. 꼭 한번 나오세요. 분명히 만족하실 것입니다. 기다리고 있겠습니다.

P.S. 할인권은 3월 한 달만 적용됩니다. 서두르세요.

요청

....

01_ 상품 설명회 주선 요청

○○○사장님! 안녕하세요?

지난 주 수요일 귀사를 방문했을 때 어떤 바람에도 능히 버티어낼 수 있는 뿌리 같은 것이 있다는 안정감을 느꼈습니다. 새들에게 편안한 보금자리요 사람에게는 쉴 만한 그늘을 만들어주는 나무처럼 우뚝 서있는 모습이 듬직하기만 합니다. 그동안 이렇게 사업을 일구어오신 ○사장님의 노고에 찬사를 보냅니다.

사람이 살아가면서 힘을 얻고 잃는 것은 모두 사람에게서 나오는 듯합니다. 저는 많은 사람들을 만나면서 재충전하기도 하고 그 반대로 조금은 힘을 잃기도 합니다만 ○사장님께서 늘 제게 힘을 주시는 것에 항상 고마움을 느낍니다. 사장님의 믿음을 힘 삼아 앞으로 더욱 열심히 뛰겠습니다.

그런데 ○사장님! 지난달 저희 신상품이 나왔는데 귀사의 직원들에게 도움이 될 수 있을 것 같아 상품 설명회를 갖고 싶습니다. 점심시간 중 20분 정도면 됩니다. 홍보차원의 여러 자료를 보여주면서 설명할 수 있도록 기회를 주십시오. 절대 귀찮게 하거나 번거롭게 하지 않겠습니다.

그럼, ○사장님! 건강하신 모습을 뵙기 원하며…….

P.S 이 편지를 읽으실 때쯤 전화 드리겠습니다.

02_ 제품 대금 지불 요청

○○○과장님!

지난번에 저희 ○○를 주문해주셔서 대단히 감사합니다.

주문하신 상품을 ○월 ○일에 발송했으므로 이 편지에 앞서 도착했으리라 봅니다. 다음과 같이 주문 명세표를 동봉하오니 살펴보신 후에 ○월 ○일까지 대금 지불을 부탁드립니다. 대단히 감사합니다.

그럼 ○○○과장님, 하시는 일마다 발전이 있으시길 빕니다.

03_ 납품한 제품 반환 요청

○○○님! 인사는 생략하겠습니다.

지난 주 목요일까지 3차에 걸쳐 ○월 ○일에 납품해드린 ○○의 대금 지불을 부탁드렸습니다만 아직까지 송금해주시지 않고 계십니다.

잘 알고 계시는 것처럼 ○○는 현재 품귀 상품으로 타사로부터도 많은 거래가 이루어지고 있는 가운데 귀사로부터 간청이 있어 납품해드렸던 것입니다.

따라서 만약 귀사에서 대금을 지불하지 않을 경우 당사에서는 제품을 도로 인수하겠습니다. ○월 ○일까지 송금해주시지 않으면 당사에서 납품한 제품을 모두 회수할 예정이오니 양지하시길 바랍니다.

그럼 ○○○님, 빠른 회답으로 양사의 신뢰에 금이 가는 일이 없도록 거듭 부탁드립니다.

촉구

01_ 납품 촉구

○○○님! 여기저기 꽃들이 난만한 봄입니다.

귀사의 발전을 진심으로 기쁘게 생각합니다.

다름이 아니라 귀사에 주문하였던 ○○를 ○월 ○일까지 납품해주시겠다고 약속하셨습니다만, 지금까지도 당사에는 도착되지 않았습니다.

즉시 발송해주실 수 있도록 수배를 부탁드립니다.

만에 하나 납품이 불가능한 경우에는 가능한 납품 일시를 확실하게 알려주실 것을 부탁드립니다.

그럼 ○○○님, 하시는 일마다 뿌듯한 보람을 느끼시기 바랍니다.

02_ 미수금에 대한 지불 촉구

○○○님! 안녕하세요?

할부금을 3개월 동안 연체하셔서 계속 전화 연락을 드렸지만 통화할 수 없어 이렇게 서신을 보냅니다.

오는 ○○일까지 지불하지 않으시면 회사 규정상 보증보험회사에 청구할 수밖에 없습니다. 보증보험 청구를 할 경우엔 ○○○님의 신용에 심각한 타격을 입습니다. 제 고객이 신용사회에서 불이익을 당하시는 것을 저는 원치 않습니다.

부디 이 서신을 받으시는 즉시 저에게 연락 주시기 바랍니다.

그럼 연락 기다리겠습니다.

P.S 명함을 동봉합니다. 통화가 되지 않으면 휴대폰에 메모 남겨 주세요.

○○○님! 인사는 생략합니다.

이미 3차에 걸쳐 청구해온 귀사의 미수금에 대한 내용입니다.

○월 ○일 자사의 ○○를 납품한 대금 오백만 원에 대해 ○월 ○일까지 지불하시겠다고 ○○○님께서 약속하셨습니다만 입금이 되지 않아 ○월 ○일에 판매 담당 책임자 ○○○군이 찾아뵙고 부탁드렸으며, 그 후 ○월 ○일에 서면상으로 다시 한번 청구를 부탁드렸습니다만 지금까지 정확한 회답마저 없으셨습니다.

앞으로 ○일 이내에 명확한 회답을 해주시기 바랍니다. 만일, 회답이 없으실 때에는 자사로서는 법률 고문과 상담한 후에 단호한 조치를 취할 수밖에 없습니다. 그러니 바람직한 해결을 바랍니다.

○○○님!
항상 저희 회사를 후원해주셔서 감사드립니다.
다름이 아니라 귀사의 지불 지연에 대한 내용입니다.
지난달 납품한 ○○대금을 ○월 ○일까지 송금해주십사고 청구서를 보냈습니다만 기일이 지난 오늘까지도 입금이 되지 않았습니다.
귀사에도 사정은 있으시리라 생각됩니다만, 저희 회사도 요즈음 자금에 큰 곤란을 겪고 있는 상황입니다.
앞으로 며칠 내로 전액을 송금해주시기 바랍니다. 만일 이것이 어려우실 때에는 확실한 송금일을 알려주시길 부탁드립니다.
그럼 ○○○님, 나날이 새로운 일에 대한 기대가 가득하시기 바라며…….

03_ 구입 촉구

○○○사장님!
한바탕 비가 뿌릴 때마다 조금씩 봄이 다가서는 듯한 요즈음입니다.
지난번 만나뵈었을 때 말씀하셨던 저희 회사 제품과 ○○회사 제품과의 비교에 대한 내용입니다. 의견을 주신 즉시 공정하게 양사 제품의 장단점을 다음과 같이 비교 정리해보았습니다.

(제품 비교를 지면이 허락하는 한, 각 종목별 도표 삽입 등 여러 가지로 고안해서 쓴다.)

이상과 같은 점에서 볼 때 역시 저희 회사 제품이 ○사장님의 기호와 여건에 더 적절하다고 생각합니다.
이젠 망설이지 마시고 결심해주시길 부탁드립니다.
그럼 ○○○사장님, 하시는 모든 일 두루 많은 성과 거두시고 늘 환한 웃음 머금으시길 빕니다.

여름이라고는 해도 아침저녁으로 제법 쌀쌀해졌습니다.

○○○부장님! 요즈음 어떻게 지내시는지요?

자주 찾아뵙지 못한 죄송함을 이 글을 통해 전합니다.

지난달 검토하셨던 저희 회사의 ○○에 대해 이제는 구입 결단을 내려주셨으면 합니다. 저희 회사의 ○○를 구입하시면 ○부장님의 업무에 정말 유익하실 것입니다. 이것만큼은 확실히 약속해드릴 수 있습니다.

며칠 후, 다시 한번 찾아뵈려 생각하고 있습니다만 그때에는 꼭 좋은 소식을 들려주십사 간절히 부탁드립니다.

내내 건강하시길 기원하며…….

○○○사장님! 안녕하십니까?

어제는 바쁘신 중에도 제 설명을 끝까지 들어주셔서 감사드립니다. 제가 드린 설명을 잘 생각해보셨습니까? 결단을 내리시기 힘드시지요? 어제 미처 말씀드리지 못한 보험료, 기름값 등 차량유지비에 대한 자료를 정리해보았습니다.

(자료 정리)

안전성과 성능, 경제성을 따져 보았을 때 ○사장님에게 가장 적합한 차량이라고 생각됩니다. 봄이 오면 야외 나들이를 자주해야 하실 텐데 지금 구입하시면 편안한 나들이를 즐기실 수 있습니다.

그럼 ○○○사장님, 꽃망울을 터뜨리는 개나리처럼 하시는 사업이 활짝 피기를 바랍니다.

P.S. 3월말까지 계약을 하셔야 특별할인 혜택을 받으실 수 있습니다. 일주일 정도 남았으니 서둘러주세요.

입추가 지나서인지 아침저녁 서늘한 날씨가 옷깃을 여미게 합니다.

○○○님! 안녕하십니까?

어제는 바쁘신 중에도 제 이야기를 끝까지 들어주셔서 대단히 감사합니다. 어제 제가 드린 설명 잘 생각해보셨습니까? 결단을 내리시기가 힘이 드시지요.

○○○님의 의견을 참고로 하여 댁의 가정에 꼭 맞는 플랜을 다시 꾸며 보았습니다. 가벼운 기분으로 읽어주시면 고맙겠습니다. 읽으시다가 의문점이나 궁금한 점이 있으시면 언제든지 불러주시기를 바라며 며칠 후에 찾아뵙겠습니다.

그럼, ○○○님!

환절기에 건강 유의하시고 늘 새로운 기운으로 충만하시기를 바랍니다.

○○○과장님! 안녕하세요?

모든 사람이 좋은 꿈과 멋진 인생을 꿈꾸지만 내일 또는 다음이라는 말에 속아 인생을 그저 그런 삶으로 허비하는 것을 많이 봅니다.

오늘 내가 하지 못한 일은 내일에도 할 수 없습니다. 다음이라는 기회에 속지 마십시오. 다음이 오지 않은 채 우리의 인생이 끝날 수도 있습니다. 내일은 없다고 생각하고 해야 할 좋은 일을 지금부터 시작하십시오.

일을 미루다 보면 게으름의 군살이, 성장보다는 퇴보가, 맑은 정신보다는 혼탁함이, 기쁨보다는 한숨이 더 빨리 찾아옵니다. 그리고 미루던 일을 시작하고 보면 기대하지 않았던 자신감과 기쁨이 찾아올 것입니다.

○과장님! 더 이상 망설이지 마시고 첫 마음으로 돌아가 저희 제품이 드리는 편리함을 누리시기 바랍니다. 다음 주 화요일경 다시 찾아뵙겠습니다.

그럼 ○○○과장님, 일상의 먼지를 털고 튀어 오르는 잉어처럼 나날이 꿈과 희망이 넘치시기 바라며….

영어!

고통인가, 기쁨인가?

○○○님! 안녕하세요?

사람은 누구에게나 작은 기회부터 큰 기회까지 수시로 찾아옵니다. 그러나 그것이 지금 나에게 얼마나 중요하고 소중한 기회인지조차 모르고 놓쳐버리는 경우가 많다고 합니다. 그래서 "소 잃고 외양간 고친다"라는 속담까지 나왔지요.

영어로 인해 한번쯤은 고민에 빠지신 적이 있으시죠? 당황했던 경험이 있으시죠? 그러나 이제 너무 힘들어하지 마십시오.

저희 회사에서 개발한 '○○○○'라는 새로운 영어의 문이 활짝 열렸습니다.

잡아야 할 기회가 언제인지 모르시겠다구요?

영어로 인해 열등감을 느끼시고 계시다면 바로 지금이 기회입니다. 연령이나 환경, 상황은 상관없습니다. 포기는 인간이 가지고 있는 가장 값싼 권리중에 하나이고 누구나 할 수 있는 것이지만 노력후의 보람과 자신감은 아무나 느끼는 것이 아닙니다.

뜻이 있는 곳에는 반드시 길이 열려 있습니다. ○○○님은 누구나가 아닌 아무나에 해당되는 분이 아니시기를 바랍니다.

지금 바로 두드리세요.

그럼, ○○○님! 오아시스처럼 귀하고 달콤한 기쁨이 나날이 넘치시기 바라며….

P.S. 전화(☎ 010-111-1111) 앞에 마음을 활짝 열고 기다리겠습니다. 이번 달 중에 구입하시면 여러 가지 특전이 있습니다.

어떤 이들은 "내일이 없다는 듯이 살아가라"고 말합니다. 그러나 나는 그러지 않을 것입니다. 나는 내일을 기다리며 영원히 살 것처럼 생각하고 행동할 것입니다. 그래야 내 소망이 높아지고 오늘 쌓은 작은 노력들이 더욱 소중해지기 때문입니다.

어떤 이들은 "인생에는 한때가 중요하다"고 말합니다. 그러나 나는 그렇게 생각하지 않습니다. 삶의 한때를 통해서 보는 나 자신보다 내 평생을 통해보게 될 내 모습이 더 귀하기 때문입니다.

어떤 이들은 "멈추지 말고 쉼없이 달려가라"고 말합니다. 그러나 나는 그렇게 하지 않을 것입니다. 삶에 대한 순결의 긴장은 늦추지 않겠지만 생활 속의 자유를 소중히 여기며 충분한 휴식으로 활기찬 생활을 하고 싶기 때문입니다.

어떤 이들은 "그냥 이대로가 좋다"고 말합니다. 그러나 나는 그렇게 말하지 않을 것입니다. 내 삶 속에는 지금보다 훨씬 더 좋은 것들이 많이 있다고 믿기 때문입니다.

어떤 이들은 "시간이 없다"고 말합니다. 그러나 나는 그렇게 생각하지 않습니다. 없는 것은 시간이 아니라 내 마음의 소망과 확신으로서 이런 마음만 준비되면 시간은 언제라도 충분하기 때문입니다.

○○○님! 안녕하세요?

추석 연휴도 끝나고 가을바람도 산들산들, 공부하기 좋은 계절이 되었습니다. 그만 방황하시고 결정하시기 바랍니다. 그리고 1년 후에 유창한 영어로 주위사람들을 놀라게 해주세요.

그럼, ○○○님! 어제를 돌아보고 내일을 설계하는 보람 있는 하루 보내시기 바라며…….

P.S. 영어공부는 무리하셔서 절대 후회하시지 않습니다. 다음 주 화요일에 전화 드리겠습니다.

사과

01_ 협력자에게 사과 편지

한 사람을 안다는 것이 얼마나 소중하고 보배로운지…….

작년 구민회관에서 첫 만남이 인연이 되어서 지금까지 꾸준히 나를 도와주시는 고객으로 항상 우리 ○○○화장품을 애용한 ○○○님!

안녕하세요?

아름답고 소중한 분이기에 이 글로나마 고마움을 전합니다.

작년 △△△님을 소개해주셔서 제 고객이 되셨고 □□□님 역시 ○○○님의 도움으로 지금까지 꾸준한 단골고객으로 저를 많이 도와주고 계십니다.

그런데 정작 소개자인 ○○○님을 소홀하게 관리해드려서 죄송합니다. 늘 많은 사람을 만나다 보니 고마움을 표현하지 못한 저를 용서해주세요.

이해인 시집 중에서 한 부분으로 제 마음을 담아 보냅니다.

♥ 비온 뒤의 햇빛 속에 나무들이 들려주는
그 깨끗한 목소리로 별것 아닌 일로
마음이 꽁꽁 얼어붙었던 친구와
오랜만에 화해한 후의 그 티 없는 웃음으로
나는 항상 모든 사람을 사랑하고 싶다. ♥

앞으로도 이제까지처럼 저와 우리 ○○화장품을 많이 사랑해주세요.

그럼, ○○○님! 늘 주님이 주시는 평안 속에서 온 가족 소망과 사랑이 나날이 넘치는 되시기를 바랍니다.

○○○님! 안녕하세요?

문득 문득 생각났던 고마움에 미뤄왔던 펜을 들었습니다.

늘 저를 좋게 봐주시고 ○○○화장품을 써보시고 소개까지 해주셔서 늘 감사드립니다.

○○○님을 처음 만났을 때 유난히 희고 맑은 피부이셨지만 건성이 심하고 잔주름 관리가 필요했으며 부분적으로 검게 타버린 부분이 있으셨지요. 건성과 주름은 기초 제품과 재생크림을 쓰시면 되겠지만 검게 상처 입은 피부는 진피까지 상해 있을 경우에는 아무리 재생이 뛰어난 제품이라고 해도 세포 재생이 되지 않기 때문에 무척 걱정했습니다. 그런데 놀랍게도 상처가 차차 치유되면서 재생되어가는 과정을 지켜보면서 저는 ○○화장품에 대해 놀랍기도 하고 자부심을 갖기도 했습니다. 정말 ○○화장품에서 일하는 것이 신나기까지 했답니다.

그런데 지금도 아쉬운 점은 잦은 해외출장으로 수분 손실이 많고 피부가 지쳐 건성이 완전히 잡힐 때까지(1년 6개월~2년) 밀고 나갔어야 했는데 제가 신입사원 시절의 일이라 경험이 부족해 너무 빨리 링클 제품으로 바꾸는 실수를 하고 말았지요. 저의 상품지식과 경험 부족으로 ○○○님의 피부관리를 제대로 보완 관리해드리지 못해서 지금도 죄송스럽고 안타깝게 생각합니다. 지금만 같아도 어찌할 바를 알았을 텐데 모든 것이 이론만 가지고 안 되며 경험이 참 중요한 것 같습니다. 누구보다도 더 잘해드리고 싶은 분인데 늘 죄송한 마음뿐입니다.

그동안 근무하면서 상품지식과 경험도 많이 늘었고 또 특수 석고 마사지

를 배워 고객들에게 해드리고 있는데 모두들 효과를 보시고 있답니다. ○○
○님께서 다시 한번 기회를 주신다면 꼭 해드리고 싶은 마음이 굴뚝 같습니
다. 다음 주중에 전화 드리겠사오니 편리한 시간을 알려주시면 방문하겠습
니다.

그럼, ○○○님! 부디 저의 죄송한 마음을 받아주시기 바라며 안녕히 계
세요.

02_ 납품 지연에 대한 사과

○○○사장님! 안녕하셨습니까?
지루했던 장마는 서서히 막을 내리고 하얀 포말을 일으키며 다가오는 물가
가 그리워지는 뜨거운 태양의 계절이 우리 앞에 섰습니다.
○사장님과의 첫 계약을 하고 들뜬 마음에 최선을 다하려고 했으나 공장의
생산 차질 등으로 인하여 납기가 지연된 점에 대해 저의 마음속 깊이 죄송함
을 금할 수 없었을 때 ○사장님께서는 저를 다시 불러 또 한번의 계약을 해주
셔서 대단히 감사합니다.
그러나 이번에는 제 업무 차질로 인한 도색이 잘못되어 ○사장님께 크나큰
폐를 끼쳐 드렸습니다.
○○○사장님!
이와 같이 있을 수 없는 실수로 인해 하시는 사업에 막대한 손해를 끼쳐 드
린 데 대해 말로는 표현하기 어려운 죄송함을 지면으로나마 전해드리면서 다
음에는 이러한 일이 발생하지 않도록 최선을 다하겠습니다. 조만간 다시 한
번 찾아뵙겠습니다.
그럼, ○○○사장님! 무더운 날씨에 건강 조심하시고 아무쪼록 가정과 회
사에 행운이 가득하시기를 기원합니다. 다시 한번 감사드리며……

○○○님!

늘 저희 제품을 이용해주셔서 항상 감사드립니다.

주문해주셨던 ○○를 ○월 ○일까지 납품해드리겠다고 약속했습니다만, 기일 내에 납품해드리지 못해 정말 죄송스럽습니다.

지난 주 주문해주신 ○○제품은 메이커의 사정에 의해 납기일이 늦어지고 있습니다만 ○부장님의 업무에도 지장을 드려서 대단히 죄송합니다. 또한 몇 번이나 전화해주셨으나 미안한 마음에서 제대로 응하지 못한 점 역시 재삼 사과드립니다.

저희 회사에서도 메이커에 매일 독촉하고 있으므로 ○월 ○일까지는 틀림 없이 납품할 수 있으니 조금만 더 기다려주시길 부탁드립니다. 앞으로는 절대로 이런 일이 일어나지 않도록 철저히 주의하겠습니다.

우선 사과의 말을 전하오니 넓으신 아량으로 이해해주시고 앞으로도 계속적인 후원을 부탁드립니다.

그럼, ○○○님의 하시는 모든 일에 보람과 기쁨, 그리고 행복이 있으시길 바랍니다.

03_ 납품한 물품의 파손에 대한 사과

○○○님! 지천으로 너울거리는 짙푸른 초목의 흔들림이 유난스러운 계절입니다.

매번 저희 회사를 각별히 성원해주셔서 항상 감사드립니다.

다름이 아니라 의뢰해주신 제품 파손 건입니다. 저희 회사 측의 부주의로 포장이 완전치 못해 내용물이 파손되었다고 생각합니다.

○○○님께 불편을 끼쳐 정말 죄송하오며 앞으로는 이런 일이 없도록 주의하겠습니다. 이번 일에 대해서 관대히 용서해주십시오.

교체 상품은 오늘 발송했습니다. 즉시 사죄하러 찾아뵙는 것이 도리이오나 먼저 서면으로 용서를 빌며 제품 발송에 대한 보고를 드립니다.

그럼 ○○○님, 바쁘신 중에서도 항상 명랑한 웃음이 넘치시기 바라며…….

04_ 대금 지불의 지연에 대한 사과

○○○사장님! 귀사의 발전을 기원합니다.

항상 저희 회사에 대하여 각별하고 깊은 배려해주심을 진심으로 감사드립니다.

○월 ○일에 보내주신 귀사 제품 ○○건에 대해 ○월 ○일까지 대금을 지불하겠다고 약속했습니다만 대단히 죄송합니다. 현재 저희 회사의 자금 사정이 좋지 않아 앞으로 20일간 여유를 주셨으면 하는 부탁을 드리는 바입니다. 20일간의 여유를 주시면 두 번 다시 약속을 위반하는 일이 없을 것입니다.

정말 죄송스러운 부탁입니다만 저희 회사의 갑작스러운 사정을 이해해주시고 저희 부탁을 들어주시길 바랍니다.

그럼, 사장님, 좋은 소식을 기다리겠습니다.

05_ 불량품을 판매한 것에 대한 사과

○○○님! 하시는 모든 일들이 번창하시길 바랍니다.

○○○님의 귀중한 주문을 받아 보내드린 제품이 불량품이어서 정말로 죄송합니다. 진심으로 고개 숙여 사과드립니다. 그리고 문제의 상품에 대해서는 즉시 교환해드리겠습니다.

앞으로는 절대로 이런 일이 없도록 주의하는 것은 물론이고, 애프터서비스
면에서도 특히 주의하겠습니다.

부디 저희의 실수를 넓으신 마음으로 이해해주시고 앞으로 저희 상품을 계
속 애용해주시길 부탁드립니다.

○○○부장님!

귀사의 지속적인 발전을 진심으로 기쁘게 생각하오며 매번 저희 대리점을
후원해주셔서 항상 감사드립니다.

그런데 ○월 ○일부로 반송해주셨던 당사의 ○○가 귀사에서 지적하신 대
로 불량품이어서 정말이지 면목이 없습니다.

거듭거듭 사과드립니다.

성능 불량의 원인에 대해서는 포장 불량으로 인한 수송 중 손상인지, 제조
공정상 실수인지 지금 규명 중이므로 판명되는 대로 보고해드리겠습니다만,
어떤 경우이건 당사의 책임이므로 즉시 신상품으로 교환해드리겠습니다.

앞으로는 두 번 다시 이런 일이 일어나지 않도록 만전을 기하겠습니다. 부
디 관대하게 살펴주시어 앞으로도 변함없는 이용을 부탁드립니다.

또한 반송에 대한 모든 경비는 저희 회사에서 책임지겠으므로 죄송스럽지
만 별도로 청구해주시길 바랍니다.

다음 주중으로 직접 찾아뵙고 정식으로 사과드리겠습니다. 정말로 죄송합
니다.

그럼 ○○○부장님, 안녕히 계십시오.

06_ 갑자기 방문해 상대방을 화나게 만든 경우

계속되는 무더위 속에서 오늘도 성공을 위해 애쓰실 ○○○전무님의 모습이 눈에 선합니다.

안녕하십니까?

오늘은 대단히 큰 실례를 했습니다.

바쁘신 ○전무님을 약속도 없이 갑자기 방문해 죄송합니다. ○전무님께서 화내신 것은 당연하며 지금 저의 미흡함을 깊이 반성하고 있습니다.

마감기간이 얼마 남지 않아 빨리 전해드릴 정보라고 판단되어 무작정 방문한 것이오니 넓으신 마음으로 용서해주시고 앞으로는 미리 전화로 약속 시간을 정한 후 찾아뵙겠습니다.

○전무님께 꼭 필요한 정보를 동봉합니다. 자세히 살펴보시고 궁금하신 점이 있으시면 연락 주십시오.

그럼 ○○○님, 늘 도전과 성취로 이어지시기 바라며…….

어제 갑작스러운 방문으로 ○부장님의 마음이 상하셨는지요?

○부장님에게 좋은 인식도 심어드리지 못하고 짧은 홍보시간마저 얻지 못하고 나온 뒤 곰곰이 생각해보았습니다.

너무 어설프게 만나뵙고 저에 대한 신뢰감도 채 쌓이지 못한 상태에서 드린 제 설명이 얼마나 어색하셨습니까?

제가 사회 경험이 없어 의욕만 앞서서 미처 ○부장님의 회사상황에 대한 배려도 없이 다가선 것을 사과드립니다.

그러나 부족한 저에게 사회 경험이 많으신 인생의 선배로서 가르침을 주신 것 감사드리며 저도 고객들의 입장에 서서 정말 어떤 일을 해드려야 하는지 열심히 연구하여 프로가 되도록 노력하겠습니다.

그럼, ○○○부장님! 다시 뵐 때까지 안녕히 계세요.

봄비가 촉촉이 세상을 적시고 있습니다. 곳곳에서 봄의 기운이 물씬 느껴지고 향긋한 내음이 감도는 듯합니다.

○○○사장님! 안녕하십니까?

저는 어제 회사로 방문했던 ○○자동차 ○○○입니다.

어제는 무척 바쁘신데 제가 연락도 없이 찾아가 귀찮게 해드려서 죄송합니다. 또 제가 회사 분위기나 사정 파악을 금방 하지 못해 시간을 빼앗고 결과적으로 기분마저 좋지 않게 해드린 것 같습니다.

저는 제 할 일을 열심히 해야겠다는 마음이 앞서서 ○사장님께서 하셔야 할 더 중요한 일이 있다는 걸 헤아리지 못했습니다. 하나는 알고 둘은 모르는 모습으로 비쳐줬을 제 자신을 생각하니 부끄럽기 짝이 없습니다. ○사장님이 무표정하고 조금은 냉담해 보이기는 했지만 마음속 깊은 곳에는 따뜻함이 있으시리라 생각합니다.

입장을 바꿔 생각하면 저도도 한참 바쁜 시간에 찾아온 낯선 사람이 반가울 리 없을 것입니다. 정말 죄송합니다. 아직 젊고 뭘 몰라서 그러려니 하고 너그러이 봐주시기 바랍니다. 앞으로 나보다 다른 사람의 입장을 먼저 헤아릴 수 있은 사람이 되도록 많이 노력하겠습니다. 부디 계속적인 지도편달을 부탁드립니다.

그럼 ○사장님, 하시는 사업 번창하시고, 늘 화목한 가정이 되시기를 빕니다.

07_ 상사가 고객에게, 영업사원의 부주의에 대한 사과

푸르름이 둘러싼 화창한 하늘, 계절의 여왕 5월입니다.

○○○사장님! 항상 저희 회사를 성원해주셔서 감사드립니다.

어제 저희 회사 영업부에 근무하는 ○대리가 큰 실수를 저질러 정말 면목이 없습니다. ○사장님의 연락을 받고 자세한 내용을 파악해보니 저희 회사쪽에서 잘못했다는 것이 명확해졌습니다.

거듭 사과드립니다.

본인도 자기 잘못을 깨달아 깊이 반성하고 있습니다.

저희로서도 다시는 이런 일이 없도록 철저한 감독을 하겠습니다. 아무쪼록이번 일만은 너그럽게 이해하여 주시길 바랍니다. 곧 ○대리를 동반하여 사과차 찾아뵐 것을 약속드리며 우선은 서면으로 용서를 빕니다.

그럼 ○○○님, 하시는 일마다 발전이 있으시길 빕니다.

08_ 약속 시간에 늦은 데 대한 사과

밤에는 소리 없이 내린 눈이 온 세상을 은빛으로 만들어놓았습니다.

○○○님! 안녕하십니까?

어제는 바쁘신 스케줄 속에서도 귀중한 시간을 할애해주셔서 진심으로 감사했습니다.

그런데 제가 약속 시간에 늦어 귀중한 시간을 30분이나 지체하게 되어 정말로 죄송했습니다. 거듭 사과드립니다.

그런데 부탁드렸던 ○○에 대해서는 어떻게 생각하고 계십니까?

만일 어떤 의문점이 있으시다면 언제든지 상담해주십시오.

그럼 ○○○사장님, 날마다 기쁨과 행복이 가득 넘치시기 바라며…….

09_ 약속을 어긴 것에 대한 사과

○○○사장님!

어제는 미팅 약속을 하고도 자리를 비워서 대단한 실례를 범했습니다.

사실은 급한 용무가 있어 부득이 외출하게 되었습니다. 약속 시간까지 귀사하려 했습니다만 일 처리가 늦어지고 돌아오는 길에 교통마저 혼잡해서 ○ 사장님과의 약속시간 내에 귀사하지 못했습니다. 먼 길을 마다 않고 일부러 찾아주셨는데 정말 죄송했습니다.

그리고 놓고 가신 견적서를 살펴보았습니다만 두세 가지 질문 사항이 있습니다. 죄송합니다만 이 편지를 받으시는 대로 전화를 주셨으면 합니다.

내내 건강하시고 하시는 일마다 뿌듯한 보람 늘 함께하시길 바랍니다.

10_ 자신의 부주의에 대한 사과

하늘에서 내리쬐는 태양의 불꽃이 점점 거세지고 있습니다.

○○○사장님! 그동안 안녕하세요?

지난주 ○○○사장님께서 직접 저희 ○○자동차를 방문해주시고 저를 찾아주셨을 때 정말 흥분하지 않을 수 없었습니다. 저는 그때의 기분을 지금도 잊을 수가 없습니다.

지난달에 입사한 신입사원이라서 일처리를 매끄럽게 하지 못하는 저에게 "그럴 수도 있는 거야. 경험 속에서 성장하는 거지 뭐!" 라는 격려의 말씀에서 아버지와 같은 자애로움을 느끼며 ○○○사장님과 함께 일하는 종업원들이 부럽기까지 했습니다.

○○○사장님! 다시 한번 감사드리며 앞으로는 같은 실수를 하지 않도록

열심히 노력하겠습니다. 계속적인 지도 편달을 부탁드립니다.

　이제 곧 피서철입니다. 해변으로 가실 때에는 다녀오신 후 꼭 차체 하부세차를 해주십시오. 그래야 바닷물로 인한 하부 부식을 방지할 수 있습니다.

　사장님의 애마는 제가 입사 후 처음 출고한 명마이기에 더욱 애착이 갑니다. 앞으로 사용하시는 도중에 이상이 있거나 문제가 생기면 언제든지 연락 주세요.

　다음 주에 사장님을 찾아뵙고 점검을 해드리겠습니다.

　그럼, ○○○사장님!
　하시는 사업 나날이 발전하시고 가정에 평안과 행복이 가득하시길 빕니다.

　○○○과장님! 안녕하세요?
　싱그러운 녹음이 우거지는 신록의 계절입니다.
　엊그제 바쁜 업무 중에도 저희 ○○중공업을 찾아주셔서 감사드립니다.
　첫마디가 "○○○씨! 나 알겠소?"라고 말씀하셨을 때 당연히 ○과장님의 목소리를 알아 맞추었지요. 제가 맞추어서가 아니라 ○과장님께서 그렇게 물어봐주셔서 정말 고마웠습니다.
　한편으로 지난번 출고시 언성 높였던 것도 생각났구요. 저는 파는 입장이고 ○과장님은 사는 입장으로 서로 협조할 관계인데도 회사 녹을 먹는 입장만 내세웠던 것 같아 제 스스로 부끄러웠습니다. 용서해주시고 이해해주시기 바랍니다. 어찌 보면 요즘 세상이 각자의 금전적 필요 또는 대가만을 생각하는 세태인 것이 제 행동에 묻어 있었던 것 같습니다.
　○○○과장님!
　아무쪼록 무더운 여름 즐거운 일만 함께하시기를 바라며 저는 앞으로 성실한 모습으로 일신하겠습니다.

겨울입니다. 하지만 꽁꽁 언 땅속에서도 파릇한 생명은 잉태되고 있습니다.

○○○사장님! 안녕하십니까?

○사장님께서 항상 저를 후원해주셔서 진심으로 감사드립니다.

그런데 어제 그러한 선생님의 깊은 후의를 저버리는 듯한 부주의를 저질러 정말 죄송합니다.

진심으로 사과드립니다. 이제 와서 변명을 한다고 해도 저희 쪽에서의 일방적인 실수가 바뀌질 리 없겠습니다만, 앞으로는 절대로 이런 일이 일어나지 않도록 열심히 노력하겠습니다.

어제의 일은 너그럽게 용서해주시기를 다시 한번 부탁드립니다.

이번 실수를 교훈 삼아 앞으로는 정확하게 일을 처리하도록 노력하겠사오니 앞으로도 변함없는 지도편달을 부탁드립니다.

그럼 ○○○사장님, 늘 건강하시고 가정에 행운이 함께하시길 빕니다.

11_ 접대 좌석에서의 실언에 대한 사과

선선한 바람이 가슴을 스치는 가을입니다.

○○○사장님! 안녕하십니까?

어제는 바쁘신 중에도 저희 부서 회식에 합석해주시어 진심으로 감사드립니다.

그런데 그 좌석에서 술이 과해 평소에 아낌없는 후원을 해주시는 ○사장님께 예의에 벗어난 언동을 하고 말았습니다. ○사장님께서 무척 화가 나셨으리라 보입니다.

지금 저는 제 자신의 언동을 부끄럽게 생각하며 인격의 부족함을 깊이 반성하고 있습니다.

이를 계기로 이제부터는 술은 적당히 마시고 몸가짐을 바르게 가질 것을 약속드립니다.

　앞으로도 변함없는 지도편달을 부탁드리오며 우선 서면으로나마 사과드립니다.

　그럼 ○○○사장님, 하시는 사업 날로 번창하시길 바라며 이만 줄입니다.

12_ 주문 받은 제품이 품절 되었을 경우의 사과

이슬방울처럼 영롱하고 청롱한 봄입니다.

○○○대리님! 안녕하십니까?

항상 저희 회사를 성원해주셔서 정말 감사드립니다.

지난주에 주문해주셨던 ○○는 저희 회사 재고 파악 미흡으로 인해 미처 재고가 없는 줄도 모르고 주문을 받았습니다.

메이커에도 문의해보았습니다만, 성수기라 주문이 밀려서 며칠 내로는 출하가 곤란하다고 합니다.

○대리님의 주문을 받으면서 저희 부주의로 폐를 끼쳐드리게 되어 정말로 죄송합니다.

아무쪼록 용서해주시기 바랍니다.

그러나 ○월 ○일까지는 출하가 가능하오니 그때까지만 여유를 주시기 간곡히 바랍니다.

진심으로 거듭 사과드립니다.

그럼 ○○○대리님, 늘 새로운 기운으로 충만하시기 바라겠습니다.

13_ 희망하는 상품이 없었을 경우의 사과

○○○님!

저희 대리점을 찾아주시고 주문해주셔서 정말 감사합니다.

그런데 공교롭게도 돌아가신 후 확인해보니 ○○○님께서 원하시는 상품이 품절되었더군요.

대단히 죄송합니다. 확인 즉시 메이커에 주문을 했으므로 제품이 들어오는 대로 보내드리겠습니다.

이번 일로 상품 관리의 미숙함을 깊이 반성하게 되었습니다. 앞으로는 자만하지 않는 마음으로 열심히 일하겠습니다. 계속적인 지도 편달을 부탁드립니다.

감사합니다.

14_ 클레임을 해결한 후의 사과

알록달록한 꽃들이 향기를 내뿜어대는 계절입니다.

○○○님! 안녕하십니까?

저는 ○○화장품 사업부에 근무하는 ○○○입니다.

지난주 다시 바꾸신 제품이 ○○○님 피부에 맞는지요?

부작용 없이 잘 사용하시는지요? 바쁘다는 핑계로 제대로 관리해드리지 못해 대단히 죄송합니다.

피부 라인에 맞게 첨부된 제품이었지만 직장생활하시기에 약간의 부작용이 있어 견디기 힘드셨을 텐데 이제부터는 계속적으로 관리해드리겠습니다.

저희 ○○화장품에서 나오는 정보지와 신제품 안내 등 ○○○님께 도움이 될 자료를 모아서 ○○○님을 방문하고자 하오니 다음 주중에 편리하신 시간을 전화로 알려주시면 그때 찾아뵙겠습니다.

　그럼, ○○○님! 늘 발전과 정진, 건강과 행복이 늘 함께하시기를 바랍니다.

　설악산 단풍소식을 들은 지 얼마 되지 않았는데 서울 근교 산들도 어느새 노랗게 물들었습니다.

　○○○님! 이 좋은 계절에 심려를 끼쳐 드려 정말 죄송합니다.
　'워서 물통 교체 A/S' 문제로 번거로우셨죠? 저는 고객들에게 최상의 서비스를 해드리려고 노력하고 있습니다만 가끔 얼굴을 찌푸리게 하는 일이 생겨 속상하기만 합니다. 현장에서 어떤 사정이 있었던 간에 ○○○님께서 느끼신 불편함과 짜증스러움에 대해 제가 회사를 대신해서 사과드립니다. 제가 내일 ○○공업사에 조치 결과를 점검해 만약 조치가 미흡했다면 즉시 해결해드리겠습니다. 이 편지가 도착할 즈음 전화드리겠습니다.

　그럼, ○○○님! 항상 양보운전과 안전운전으로 건강하고 즐거운 생활보내시기를 바랍니다.

　P.S 기분전환하시는 데에 도움을 드리고 싶어 단풍구경으로 적합한 곳의 자세한 정보를 보내드립니다.

진달래가 만개하여 온 산을 분홍빛으로 물들이고 있습니다.

○○○님! 안녕하십니까?
지난주 차량을 인도해드릴 때 자세한 기능설명을 해드리지 못했을 뿐만 아니라 차량 인도 전에 모든 기능을 확인해야 했는데 바쁘다는 핑계로 꼼꼼히 살펴보지 못했습니다. ○○○님께서 운전 중 조작이 되지 않았을 걸 생각하니 정말 죄송스러운 뿐입니다.

또한 바쁘신 가운데 두세 차례나 전화를 주셨음에도 처리가 늦었습니다. 당연히 화를 내시리라 생각하고 긴장했었는데 너그럽게 용서해주셔서 정말 감사합니다.

이번 일을 교훈삼아 자만하지 않는 마음으로 앞으로는 이런 일이 다시 일어나지 않도록 최선을 다하겠습니다. 넓으신 마음으로 모두 용서해주시고 앞으로도 지속적인 지도편달을 부탁드립니다.

그럼 ○○○님, 아무쪼록 발전과 정진, 건강과 행복이 늘 함께하시길 기원합니다.

P.S. 서울시내 교통지도책을 동봉합니다. 자동차에 비치하시면 유용하게 쓰실 수 있습니다.

○○○사장님!
짙은 녹색의 계절에 귀사의 무궁한 발전을 기원합니다. 우선 지난번에 구입해주신 당사의 ○○이 많은 불편을 드린 점 깊이 사과드립니다.

이번 일에 대해서는 저희 회사 측에서 전면적으로 책임을 지고 신속하게 신제품으로 교체해드릴 것을 약속드립니다. 이번과 같은 경우는 아주 드문 일입니다.

앞으로 이러한 일이 다시는 발생되지 않도록 더욱 노력하고 연구하겠습니다. 넓으신 아량으로 이해해주시고 앞으로도 계속적인 지원을 부탁드립니다.
우선은 서면으로 노여움을 풀어드리고자 몇 줄 적습니다.

　　그럼 ○○○사장님, 늘 기쁨과 행복이 가득하시기 바라며…….

　　○○○부장님!

　　귀사의 번창을 기쁘게 생각하고 있습니다.

　　구입해주신 당사의 ○○에 대한 ○부장님의 지적 사항을 저희 회사 쪽에서
도 신중하게 검토해보았습니다.

　　솔직하게 말씀드리면 ○부장님의 지적 사항에 어떤 오해가 있으신 듯하여
그 점에 대해 설명해드리고자 합니다.

　　(지면이 허락되는 만큼 사실을 구체적으로 쓴다.)

　　구입 당시 자세한 상품설명이 부족했다고 생각합니다.

　　위와 같은 이유로 해서 회사 차원에서는 ○○를 교체해드릴 수 없다는 결
론에 도달했습니다.

　　귀사에서는 이와 같은 사정을 이해해주시어 재고해주시길 부탁드리오며
○○를 사용하시다가 불편하신 점이나 의문 사항이 있으시면 언제든지 연락
해주십시오.

　　그럼 ○○○부장님의 소식을 기다리며…….

15_ 취급하지 않는 상품을 구입하러 내점한 고객에 대한 사과

○○○님!

어제는 바쁘신 중에도 저희 대리점에 내점해주셨는데 ○○○님께서 찾는 상품을 취급하지 않아 미안한 마음 금할 수가 없었습니다.

앞으로 저희 ○○대리점에서도 그 제품을 취급해보려고 곧바로 사입처와 가격 등을 타진하고 있습니다.

그러므로 그 제품을 판매하기 시작하면 ○○○님께 연락해드리겠습니다.

언제나 저희 회사가 발전하도록 이끌어주시는 점 다시 한번 진심으로 감사드립니다.

16_ 문의에 빨리 응대하지 못한 점에 대한 사과

○○○님!

모든 초목들이 싱그럽게 짙어가는 계절이군요.

안녕하십니까?

희욱, 희준 두 아드님은 여전히 건강하고 씩씩하게 잘 자라고 있겠죠?

늘 ○○화장품을 애용해주셔서 감사드리오며 제품에 대해 늘 좋은 평을 해주셔서 감사드립니다.

일전에 '컬러 베이스 1'에 대한 색깔에 대해 문의해주셨는데 즉각 응대해드리지 못해서 대단히 죄송합니다. 색깔을 전화상으로 설명드리기 곤란하오니 2~3일 내로 방문해 ○○○님의 궁금증을 확실히 풀어드리겠습니다.

그럼, ○○○님!

늘 새로운 기운으로 충만하시기를 바라며……

거절

01_ 방문시 거절 받았을 때

물결이 출렁이는 인파를 헤치고 사무실로 향했습니다. 종종걸음으로……
그리고 텅빈 공간의 조그만 제자리에 앉아서 가만히 ○○○님과의 만남을 떠올려보았습니다.

제 나름대로는 최선을 다했다고 생각했지만 많이 부족했나 봅니다. ○○○ 님께서 하신 말씀을 더욱 성장하고 발전하는 계기로 삼겠습니다.

세상에서 가장 아름다운 모습은 자신의 일을 소중하게 여기며 최선을 다하는 것이라고 알고 있습니다. 더욱 성숙한 모습으로 ○○○님의 마음을 열 수 있는 자신감을 발견할 때 다시 찾아뵙겠습니다.

그럼, 다시 뵐 때까지 건강하시고 하시는 일 번창하시기 바랍니다.

○○○사장님!

어제는 바쁘신 와중에서도 시간을 내주셔서 감사드립니다. 늘 바쁘시게 일하시는 모습에 저도 도전받습니다.

○사장님과 대화를 나누면서 저는 "한 번에 만족스런 답변을 드릴 수 없구나!"고 생각했습니다. ○사장님이 저희 제품에 대해 마음이 많이 닫혀 있는 것 같았습니다.

"어떤 곳에서, 어느 누구에게 잘못된 상품 설명을 들으셨구나!" 하는 생각에 마음이 아팠습니다. 앞으로 제 활동을 보시고 마음이 열리시면 다시 한번 저에게 충분히 설명해드릴 기회를 주시기 바랍니다. 제가 답변해드리지 못한 부분을 자세히 설명한 자료를 동봉하오니 검토해보시고 궁금하시면 연락 주십시오.

그럼, ○○○님! 하시는 일마다 뿌듯한 보람이 넘쳐나고 나날이 즐거우시기 바라며…….

어제 ○○○과장님을 방문한 후 이것저것 많이 생각해보았습니다. 제 말씨나 태도 그리고 상대방을 생각하는 마음가짐 등 낱낱이 뜯어보았습니다.

"내가 부족한 것이 무엇이었나? 어떤 점이 ○과장님의 신뢰를 얻지 못했는가?"를 따져보면서 제 자신의 모습을 볼 수 있었습니다. ○과장님의 입장도 충분히 생각해보고 상품설명으로 인한 어떤 오해도 없게끔 하는 사전 준비가 있어야 했는데 정말 죄송합니다.

사람이 사는 세상이기에 마음을 보이면 서로 믿음이 생기는 법인데 제 마음을 다 보이지 못했고 너무 부족했던 것 같습니다.

다음 주중에 유리처럼 투명한 마음과 ○과장님의 입장을 충분히 고려한 대안을 가지고 다시 한번 찾아뵙겠습니다.

○○○사장님! 안녕하세요?

어제 방문했던 ○○생명 생활설계사 ○○○입니다.

저를 보시자마자 "이 상품은 필요 없다"고 하신 말씀을 곰곰이 생각해보았습니다. 분명 어떤 계기가 있어 그토록 그 상품에 대한 인상이 나빠지셨겠지요?

제가 그 나쁜 인상을 바꿀 수 있는 계기를 마련했으면 좋겠습니다. 이 상품은 아시고 나면 꼭 필요하고 좋은 것이랍니다. 제 고객들은 모두 이 상품을 계약하셨거든요.

보험에 대한 인식은 아직도 상당 부분이 부정적입니다. 그러나 우리 현대사회가 이미 보험을 필요로 하고 있다고 저는 알고 있습니다.

○사장님이 이 상품에 대해 긍정적인 생각을 갖도록 올바른 정보를 제공하는 것이 제가 이 일을 하는 이유이고 목적이랍니다. 다음 방문시에는 구체적인 증거로 고객소감문을 보여드리겠습니다.

그럼, ○○○님! 건강하세요.

○○○님과 만나고 돌아오는 길에 가슴을 쓸며 힘들었습니다. 찾아뵈었을 때 "시간이 없다"고 하시면서 저와의 만남을 피하셨을 때 제 자신과 제 일에 대해 돌이켜보았습니다.

혹 제가 무리한 부탁을 한 것은 아니었는지, 제 나름대로는 ○○○님께 도움이 될 수 있다고 생각했는데…….

그것은 저만의 생각이었나 봅니다. 갑자기 불쑥 방문해 일에 방해가 되었다면 정말 죄송합니다. 앞으로는 사전 연락을 한 후에 방문하겠습니다.

○○○님! 사과의 뜻으로 웃음을 선사할 유머 정보지를 보내드립니다. 다음번 방문에서는 밝은 미소로 만나뵙기 바라며…….

달리는 전철 안에서 한강을 내려다보신 적이 있으신지요?

때론 강물 위에 금빛 찬란한 희망이 떠 있기도 하고 정지된 시계 같은 고요함도 있지요.

오늘 ○○○님을 만나고 돌아오면서 강물을 바라보며 안타까웠습니다. 한편 서글프기도 하고 제 자신에게도 화났지만 제가 너무 부족했다는 반성을 했습니다.

제가 권해드린 상품은 ○○○님에게 가장 적합한 상품이었지만 상품 설명이 미흡했던 것 같습니다. 그러나 보험은 정직한 투자이며 든든한 준비라는 점은 분명합니다. 예측할 수 없는 사고가 많이 발생하는 요즈음 보험을 가입해두신다면 언제라도 경제적인 도움을 받을 수 있고 안전하게 생활하실 수 있기에 보장성 보험은 필수입니다.

다음에는 더 구체적인 자료를 가지고 편리한 시간에 찾아뵙겠습니다.

그럼, ○○○님! 가정에 평안과 행복이 가득하시기 바라며…….

02_ 소개를 받고 방문했지만 거절당한 경우

○○○님! 안녕하십니까?

지난주 목요일 귀사를 방문했을 때 ○○○님께서 귀중한 시간을 할애해주시고 대단히 유익한 의견을 들려주셔서 진심으로 감사드립니다.

저희 자동차가 당분간은 필요하지 않으신 이유를 들려주셨습니다만, 앞으로 사정이 바뀌어 구입 계획이 있으시면 꼭 저를 불러주십시오.

저도 차를 가진 소비자의 한 사람으로서 자동차라는 것은 자신의 필요성과 적절한 구입 시점, 경제적 사정과 잘 부합이 되어야 한다고 봅니다. 모든 것을 잘 고려해보시고 따질 것도 충분히 따져보신 후에 구입하시는 것이 바람직할 것입니다.

대신 그 과정에서 근거 없는 소문들을 믿기보다는 객관적인 자료나 전문가의 의견 참조가 필요하실 테니 제가 ○○○님의 현명한 판단에 일조할 수 있다면 영광이겠습니다.

앞으로도 많은 지도 편달을 바라며 자주 연락을 드릴 것을 약속드리겠습니다.

그럼 ○○○님, 날씨가 점점 추워지는데 몸 건강하시기 바랍니다.

03_ 면담을 거절당한 경우

○○○사장님! 안녕하세요?
저는 ○○생명 ○○영업소에 근무하는 설계사 ○○○입니다.

매우 바쁘신 것 같아 편지로 인사드립니다. 성공하신 분들은 항상 바쁘시더라구요. 대부분 업무적으로 바빠서 가족의 미래에 관해 진지하게 생각할 시간을 갖지 못하시더군요. 그래서 제가 일하게 되었습니다. 제 고객들도 처음에는 제 방문을 싫어하셨지만 꾸준히 본인과 가족의 생활설계를 위한 정보를 제공해드렸더니 지금은 모두 제 고객이 되어주셨답니다.

○○○사장님께도 도움이 될 수 있는 정보자료를 계속 제공해드리겠습니다. 당장은 필요를 못 느끼시겠으나 앞으로 사정이 바뀌어 필요성을 느끼시면 저를 찾아주십시오.

어느 책에선가 오솔길과 아스팔트 도로를 비교한 글을 본 적이 있습니다. 오솔길은 걸으면서 주위를 살피는 과정의 길이고 아스팔트 도로는 목적지만이 있는 결과의 길이라는 내용이었습니다.

살아가시는 동안 탄탄대로 중간마다 갈래갈래 예쁜 오솔길을 몇 개쯤은 가지시고 마음의 여유를 즐기시기 바랍니다.

그럼, ○○○사장님! 오늘도 하루 즐겁고 알차게 보내시기 바랍니다.

P.S. '재테크 요령' 정보지를 보내드립니다. 특별한 관심 분야를 알려주시면 관련 정보를 보내드리겠습니다.

○○○사장님!
아침저녁 서늘한 날씨가 옷깃을 여미게 합니다.
어제는 사전 약속도 없이 불쑥 방문하여 ○사장님의 중요한 일을 방해하게 되어 정말 죄송합니다.
귀사는 업계에서도 익히 알려져 있는 견실 기업이기에 이전부터 늘 방문하고 싶었습니다.
거래 유무에 관계없이 ○사장님을 자주 찾아뵙고 업계 동향이나 경영 무용담을 듣고 싶습니다.
끝으로 하시는 일마다 순조롭게 이루어지시기를 바라며 다시 한번 죄송하다는 말씀 전합니다.

04_ 가격 인하 요청에 대한 거절

○○○님!
뜨거운 태양 아래 신록이 더욱더 짙어지는 계절입니다.
지난번에는 귀중한 시간을 할애해주셔서 감사했습니다.
그때의 가격 인하에 대한 말씀에 대해서입니다만, 그 자리에서 말씀드렸던 것처럼 역시 무리인 듯합니다.

그날 귀사 즉시 지점장님과 의논해보았습니다만 현재의 할인폭 이상으로는 힘들다는 결론이 났습니다. 회사의 전반적인 가이드라인이 있기에 저희 임의대로 인하 폭을 결정할 수가 없다고 하는군요.

아무쪼록 저희들의 사정을 이해해주시고 현재 가격에서 결정해주시길 부탁드립니다.

그럼 ○○○님, 하시는 일마다 번창하시기 바라며…….

P.S. 다음 주 월요일 아침에 전화 드리겠습니다.

나무 끝에 한해의 결실이 영글고 청아한 바람 뒤로 황금빛 추수 들녘이 가슴을 넉넉히 채우는 계절입니다.

○○○님! 안녕하세요?

일주일 전에 요청하신 가격할인 건에 관해 계속 저희 지점장님과 의논했습니다. 그동안 ○○○님께서 제게 베푸신 은혜를 강조하며 강력히 요청했습니다. 저희 지점장님도 도와주시려고 여러 경로를 통해 알아보았지만 현재 제시된 금액 이하로는 불가능하다고 결론을 낼 수밖에 없었습니다.

○○○님에게 만큼은 꼭 혜택을 드리고 싶었는데…….

저희 사정을 이해해주시고 그 대신 차량을 구입하신 후에는 제가 확실한 관리를 해드리겠다고 약속해드립니다. 앞으로 3~4년 이상 타야 할 차에 대해 완벽한 관리가 더 중요하다고 생각합니다.

여기 다시 정리한 견적서를 동봉합니다. 다시 한번 검토해주시고 좋은 소식 듣기 원합니다.

그럼, 수확의 계절에 ○○○님에게도 나날이 풍요로우시기 바라며…….

P.S. 고향 가실 때 새 차를 타고 가시려면 서두르셔야 합니다. 출고하기까지 시간이 걸리니까요. 사흘 후에 전화드리겠습니다.

○○○님!
귀점의 계속되는 발전을 기쁘게 생각하고 있습니다.
○○가격 인하를 요청하는 편지는 잘 받아보았습니다. 그러나 요즈음 원료 및 인건비의 상승으로 이익 비율에 심각한 도전을 받고 있어 어려운 점이 한두 가지가 아닙니다. 그래서 저희로서는 현재 가격을 더 이상 내릴 수 없는 형편입니다. 좋은 소식을 전하지 못해 대단히 죄송합니다만 저희 회사의 사정을 잘 이해해주시고 앞으로도 많은 성원 부탁드립니다.

그럼 ○○○님, 나날이 꿈과 희망이 가득하시기 바랍니다.

05_ 반품 요청에 대한 거절

○○○부장님!
귀사가 나날이 발전하심을 기쁘게 생각합니다.
○월 ○일에 귀사에 납품한 저희 회사 제품 ○○를 반품하고 싶으시다는 말씀을 전해들었습니다. 하지만 안타깝게도 저희로서는 ○부장님의 뜻을 받아들일 수 없음을 알려드립니다. 물론 여러 가지 사정이 있으시리라 생각됩니다만, 이미 구입하신 지 한 달 가까이 경과했고 또한 제품의 성능에 문제가 있는 것도 아니므로 요망하신 대로 해드릴 수 없음을 알려드립니다.
아무쪼록 이상과 같은 사정을 잘 이해해주시길 부탁드립니다.

그럼, ○○○부장님! 하시는 모든 일 두루 많은 성과 거두시고, 늘 환한 웃음 머금을 수 있으시기 바랍니다.

위로와 격려

01_ 어려움을 당한 고객에게 위로

○○○님! 안녕하세요?

가게 때문에 큰 어려움을 당하셨지만 꿋꿋하게 이기고 보다 더 나은 내일을 향해 달려나가시는 ○○○님의 모습을 그려봅니다.

아드님 ○○이도 많이 컸지요?

이제는 길에서 만나도 몰라볼 것 같아요. 보고 싶네요.

○○○님을 만나뵌 지도 오래되었는데 요즈음 피부 상태는 어떠신지요?

늘 저희 ○○화장품을 사용해주시고 사랑해주심을 늘 감사하게 생각하고 있습니다. 다음 주에 찾아뵙고 봄맞이 피부관리 요령을 알려드리겠습니다.

그럼, ○○○님! 올 한 해에도 계획한 모든 일이 이루어지기를 소망하며…….

P.S. 올해 초 나온 신제품 샘플을 동봉합니다. 한번 사용해보세요. 스킨 로션 에센스 영양크림 순으로 두드려 바르시면 확실한 효과를 보실 수 있습니다.

02_ 자녀가 대입 수능에 불합격한 고객에게 위로

아주 오래도록 생각하고 또 생각했습니다.

솔직한 마음은 얼마 전부터 축하의 글을 준비했어요.

○○○님!

어렵게 펜을 든 만큼 이 글로 조금은 위로를 드릴 수 있을까 해서 '소금이 야기'를 전해드립니다. 전에 제가 어려운 일을 당했을 때 누군가 보내준 글귀 인데 짧지만 너무나 많은 생각을 할 수 있게 했답니다.

감히 아드님의 미래를 생각해보며…….

잠시의 아픔과 실패를 이기고 …… 더 거센 파도와 만나게 되어도 그 후엔 세상으로 나와 꼭 필요한 소금과 같은 사람이 될 것이라 믿습니다. 동봉한 글 귀를 아드님에게 전해주세요.

그럼, ○○○님! 더 힘냅시다!

소금

소금이
바다의 상처라는 걸
아는 사람은 많지 않다.

소금이
바다의 아픔이라는 걸
아는 사람은 많지 않다.

세상의 모든 식탁 위에서
흰 눈처럼
소금이 떨어져 내릴 때
그것이 바다의 눈물이라는 걸
아는 사람은 많지 않다.

> 그 눈물이 있어
> 이 세상 모든 것이
> 맛을 낸다는 것을……

03_ 거래처의 도산을 위로, 격려

○○○사장님!

보내주신 편지는 잘 받았습니다. 폐업하시게 된 이유를 진심으로 안타깝게 생각하고 있습니다.

평소에 견실한 경영으로 명성이 높았던 귀하의 대리점이 이러한 사정에 놓이게 된 것을 생각해보니 요즈음 경제 사정의 심각성을 다시 한번 통감합니다.

○사장님 점포가 지금까지 해온 활약을 생각해볼 때 분명 권토중래의 재기를 하시리라 믿습니다.

'뛰어난 지혜는 고난으로부터 떠오른다'는 말도 있습니다. 아무쪼록 하루라도 빨리 재기하시길 기원합니다.

04_ 병으로 휴직하고 있는 부하를 격려

○○○과장!

무더위에 병원에서 고생이 많을 듯싶네.

○과장이 회사 일에 대해 상당히 신경 쓰고 있는 것 같은데 지금은 일에 관해서는 완전히 잊고 치료에만 전념해주게. 나도 자네처럼 일에 몰두하다 장

기 입원했던 경험이 있기에 자네의 마음을 잘 알고 있네.

그때 윗분으로부터

'모퉁이가 없는 길은 없다. 급하게 서두르지 말라.' 는 말씀을 듣고 상당히 마음이 편했던 일이 떠오르네.

인생은 길고 여러 가지 일들이 일어난다네.

하나님에게서 부여 받은 보너스 휴양이라고 생각하고 많은 재질을 갈고 닦아 재기를 도모하길 바라네.

일간 다시 한번 들리겠네. 몸조심하게.

05_ 조사 위로 인사

○○○님!

갑작스러운 남편의 사고에 무어라 위로의 말씀을 드려야 좋을지 모르겠습니다.

○○○님의 아픔에 함께하지 못하고 편지로 위로의 말씀을 드리게 되어 송구스럽습니다.

기쁨은 두 배로 나누어 갖고 슬픔은 반으로 나누는 것이라고들 합니다. 그래서 ○○○님의 슬픔을 제가 나누고 싶은 마음 간절하오니 제가 해드릴 수 있는 일이 있다면 곧 알려주십시오. 부디 용기를 잃지 마시고 힘내시기 바랍니다. 수일 내로 찾아뵙고 인사드리겠습니다.

P.S. 박용주님의 시 한 편을 보내드립니다.

"내일이 신기루이며 실망으로 끝나더라도
오늘 우리는 내일을 준비합니다.
내일이 없으면 오늘 고통을 견디지 못하고
어제의 슬픔을 잊을 수 없기 때문입니다.

오늘이 힘들어도 참아낼 수 있는 것은
희망과 꿈으로 오는 내일을 기다려서입니다.
이 밤 지나고 맑아오는 아침엔
덜 고통하고 덜 슬픈 날이기를
두 손 모아 빌어봅니다.”

○○○사장님!

귀점의 ○○○님께서 급환으로 작고하셨다는 소식을 듣고 오로지 슬픔만 느껴질 뿐입니다.

○○○님께서 생존해 계셨을 때 저희 회사를 전폭적으로 후원해주셔서 그 덕분에 저희 회사가 지금처럼 성장했습니다. 저희 회사로서는 미력하나마 도움이 되고자 하오니 필요한 일이 있으시면 연락해주십시오.

우선 저희 회사의 ○과장 외에 2명을 보내오니 어떤 일이라도 시켜주시길 바랍니다.

삼가 애도의 뜻을 보냅니다.

○○어머니 보셔요.

무어라고 위로해야 좋을지 모르겠군요.

이제 남편의 장례식과 뒤치다꺼리도 끝이 나서 일단락이 되었으리라 생각합니다.

저나 마찬가지로 아직 한창 젊으신 ○○어머니께 무슨 그런 불행이란 말입니까?

즉시 찾아가 뵈올까 했으나 슬픔만 더해드릴 것 같아 그저 가슴만 조이고 있을 뿐입니다.

　평소 두 분의 좋았던 금실을 잘 아는 저인지라 지금 ○○어머니의 쓸쓸하고 앞이 캄캄한 기분을 어느 정도나마 느낄 수 있을 것 같습니다.

　그러나 이제 남편과 멀어진 슬픔을 속히 잊으시고 정신을 가다듬도록 권하고 싶습니다.

　○○어머니께는 지금 자라나는 두 아이가 있지 않습니까?

　그럼, ○○어머니! 곧 찾아가 인사드리겠습니다.

　○○○선생님께 삼가 아룁니다.

　무어라고 위로의 말씀을 드려야 좋을지 모르겠습니다.

　그토록 상냥하시고 착하시던 부인께서 돌아가시다니….

　일생을 통해 수없이 많은 비극 중에서도 사랑하는 아내를 잃은 것만큼 괴로운 것은 없을 것입니다.

　생전에 부인께서는 우아함과 품위를 겸비하신, 그래서 모든 것에 모자람이 없으신 분이셨고 저에게도 많은 감화를 주셨습니다. 그런 아내를 잃은 ○선생님의 마음이야 얼마나 아프시겠습니까?

　하지만 아직 어린 자녀들을 생각하셔서라도 정신을 가다듬으시고 앞으로의 많은 일들을 생각하시길 부탁드립니다. 고인께서도 그렇게 하시길 바랄 것입니다.

　수일 내로 찾아뵙고 인사드리겠습니다.

　○○○여사님께 올립니다.

　오늘 이웃에 들렀다가 ○여사님의 시어머님 부고 소식을 들었습니다.

얼마 전 제가 뵈올 때만 해도 정정하셨는데…….

어떤 말로도 ○여사님께 위로가 될 수 없음을 알지만 조금이라고 슬픔을 같이 나누고자 몇 자 적습니다.

평소 시어머님과의 사이가 남달리 좋으셨던 ○여사님이시기에 비통한 마음이야 금할 길 없으시겠지만 누구든지 한 번은 가야 하는 길이므로 용기를 얻으시기 간절히 바랍니다.

즉시 찾아뵙는 것이 도리이겠지만 경황스러우실 터라 우선 몇 자 적어 올리오니 용서하시길 바랍니다.

06_ 정년퇴직하는 고객에게 격려

○○○이사님!

벌써 거리에서는 크리스마스 캐럴이 울려 퍼지고 있습니다.

오늘 ○○○이사님께서 퇴직하신다는 소식을 들었습니다. 제가 ○○기업의 담당이 되어 ○이사님을 처음 방문했을 때가 꼭 10년 전입니다.

엊그제의 일 같습니다만 제가 신입사원 시절 귀사에 납품하러 갔었을 때 실수해 ○이사님께 크게 혼이 난 적이 있었습니다.

그때를 시작으로 영업 방법, 영업사원으로서 마음 자세 등을 자상하게 지도해주시던 때가 그립습니다.

3년 전, 제가 지방으로 전근해 ○이사님과는 만날 기회가 없었지만 그래도 정년이라고는 생각하지 못했습니다.

퇴직 후에는 여러 가지 계획이 있으시리라 생각합니다만 제2의 인생도 뜻 깊게 이어 나가시길 바랍니다.

그럼 ○○○이사님, 가끔 연락을 드리겠습니다. 계속적인 지도 편달을 부탁드리며 몸 건강히 안녕히 계십시오.

병문안

01_ 고객 본인의 병문안

○○○과장님!

오늘 아침 귀사의 ○부장님으로부터 ○○○님의 교통 사고 소식을 듣고 무척 놀랐습니다.

그 후 용태는 어떠신지요? 걱정스런 마음에 몇 자 적습니다.

요즈음 교통 전쟁이라는 말을 자주 듣고 있습니다만, 평소 각별히 후원해 주시던 ○과장님께서 그런 일을 당하셨다는 말씀을 듣고 교통사고에 대한 공포가 새삼 몸으로 느껴집니다.

하루라도 빨리 쾌차하시길 빕니다.

며칠 후 찾아뵙겠습니다만 우선 서면으로나마 이렇게 문안 인사를 드립니다.

○○○님! 오늘 내점해주셔서 감사합니다.

○○○님께서 건강이 좋지 않으시다고 들었습니다만 병원의 검사 결과는 어떠셨는지요?

지금까지 건강하셨는데 믿어지지 않는군요.

이제부터라도 무리하지 마시고 충분한 휴식을 취하셔서 건강이 회복되시길 바랍니다.

하루라도 빨리 이전과 변함없이 명랑하고 웃음 가득한 얼굴로 내점하실 수 있으시길 기원합니다.

02_ 고객의 가족 병문안

○○○사장님!

지난주 ○과장님 댁에 전화드렸다가 사모님께서 입원하셨다는 소식을 전해 들었습니다. 진작 찾아뵈려 했지만 여러 가지 일들이 겹치는 바람에 아직도 찾아뵙지 못해 정말 죄송합니다.

○사장님께서도 심적인 고통이 심하시리라 생각듭니다만 요즈음 사모님의 용태는 어떠신지요?

2주 전에 두 분이 함께 즐겁게 나들이하시는 모습을 뵈었을 땐 이렇게 입원까지 하시리라곤 생각하지 못했습니다.

○사장님은 물론이고 평소부터 사모님께도 많은 후원을 받은 저로서는 하루라도 빨리 사모님이 완쾌하시길 진심으로 기원합니다. 우선 먼저 지면으로 문안드립니다. 이번 주 금요일에 병원으로 찾아뵙겠습니다.

○○○님!

오랜만에 저희 대리점을 찾아주셔서 감사합니다.

지난주에 구입하신 ○○는 작동이 잘 되는지요? 궁금한 점이나 문제가 있으시면 언제든지 연락해주십시오.

그런데 사모님께서 건강 상태가 나빠져 통원 치료 중이시라니 심려가 많으시겠습니다.

평소부터 건강에는 많은 주의를 하셨는데 갑자기 나빠지셨다니 믿을 수 없군요.

지난번 내점하셨을 때 안색이 좋아보였는데 조금만 고생하시면 금방 회복되실 것으로 생각합니다.

하루라도 빨리 회복하시길 바랍니다.

03_ 고객의 입원에 대한 문안

○○○님! 오늘 자택으로 전화를 드렸을 때 ○○병원에 입원하셨다는 이야기를 전해 듣고 깜짝 놀랐습니다.

평소 씨름선수처럼 건강하시던 ○○○님께서 입원하셨다니 믿기지 않습니다. 다행히 빨리 회복이 되어 곧 퇴원하신다는 말씀을 듣고 안심했습니다.

아무쪼록 조심하셔서 하루라도 빨리 완쾌하십시오.

병원 생활은 단조롭기 짝이 없겠습니다만 이번을 기회로 천천히 휴식을 취하시면 몸뿐 아니라 마음까지도 어느 정도 보탬이 되지 않을까 생각이 듭니다.

하루라도 빨리 찾아뵙는 것이 도리일 테지만 매일 여러 가지 일에 쫓기다 보니 우선 지면으로 문안드립니다.

그럼 ○○○님, 빠른 회복을 기원하며 퇴원하신 후 댁으로 병문안을 가도록 하겠습니다.

CHAPTER 6

계절 인사

첫인상이 좋아야 하듯이 편지에서도 첫 문구가 좋아야 마음에 들면 다음에 전개되는 내용도 쉽게 받아들인다. 철 따라 변하는 계절의 특징과 흐름을 압축하여 자기가 보고 느낀 계절인사로 부드럽게 편지를 시작하는 것이 좋다.

봄철 문안

....

밝은 햇살만큼 상큼한 첫 출발, 새로운 보금자리에서 멋있게 시작하는 새 출발의 달, 3월입니다.

겨우내 움츠렸던 일상의 단조로움을 깨고 새로운 희망의 기지개를 켜고 봄맞이 새 단장을 해봅니다. 굳게 닫혔던 창문을 활짝 열고 마음의 창문도 함께 열어봅니다. 지난 겨울 묵은 때를 벗겨내는 부지런한 손끝에서 행복을 느껴지는 것 같습니다.

○○○사장님! 안녕하세요?

한동안 뜸했던 제 소식을 봄소식과 함께 전합니다. 다음주 연락을 드리고 찾아뵙겠습니다.

대기에 가득한 봄기운을 마시며 마음도 하늘색으로 물들어가는 4월입니다.

○○○사장님! 그동안 안녕하세요?

부쩍 길어진 하루해를 따라 쑥쑥 자라는 나무들을 보노라면 그 눈부신 생명력과 대자연의 넉넉함에 가슴이 벅차오릅니다. 올봄에도 사장님의 사업이 쑥쑥 자라고 행복을 키워가는 기쁨의 가정이 되시기 바라며 문안인사 드립니다.

○○○사장님! 그동안 안녕하세요?

버들강아지에 물이 곱게 오르는 봄입니다. 버들피리 불며 눈 녹아 내리는 개울물을 따라서 걷던 어린 시절이 생각납니다. ○○○님도 시골에서 유년시절을 보내셨으니 버들피리를 잘 부시겠지요?

○○○사장님! 힘차게 솟아오르는 샘처럼 항상 열정적으로 활동하시는 모습에 저는 늘 배우고 있습니다. 사장님에게 가장 잘 어울리는 계절은 봄이지 않나 싶습니다. 오늘 외근을 나갔다가 따사로운 햇살을 보니 문득 사장님 생각이 나서 몇 자 적습니다. 다음 주 화요일쯤 약속드린 정비책자를 가지고 찾아뵙겠습니다.

그럼, 건강 유의하시고 늘 새로운 기운으로 충만하시기를 바라며…….

P.S. 입 안을 상큼하게 해줄 레몬씨 몇 포 동봉합니다.

자녀들이 새로운 학교에서 새로운 생활을 시작하는 희망의 달, 춘삼월입니다.

○○○님! 그동안 안녕하세요?

하늘에는 아지랑이 하늘거리고 새 생명들이 파릇파릇 움트는 모습이 경이롭습니다. 여기저기 흐드러지게 핀 매화와 개나리, 먼 산의 진달래를 보면 봄의 향취에 저절로 취해버립니다.

지난 묵은 때를 훌훌 털어버리시고 올 봄에는 즐겁고 행복한 나날을 수놓으시기 바라며 며칠 후 찾아뵙겠습니다.

○○○님!
　라일락 향기 속에 수줍게 핀 민들레, 춥지도 덥지도 않은 이 좋은 계절에 소홀했던 소식 늦게나마 올립니다.
　자연과 자기 한계에 대항해 힘차게 튀어 오르는 잉어처럼 일상의 먼지를 털고 이 봄에 꿈, 희망, 새로운 기회가 넘치시기 바라며…….

따뜻한 봄 햇살이 바람을 몰고
어제의 먼지를 밀어내며
신록에 부서지고 있습니다.

도회의 모퉁이
시멘트 블록 사이에 머문
민들레 풀씨는
모질고 척박한 땅에서도
어김없이 노란 꽃술을 열었습니다.

새로운 오늘 하루
호흡의 정밀도를 가늠하며
바람 샘의 근원을 찾아 심호흡합니다.
좋은 만남의 인연에 감사하며…….

○○○님!
행복과 건강 늘 함께하십시오.

행복이란 당신이 문을 열어두면
당신도 모르는 사이에 당신에게도 찾아온다. -존 베리모어-

○○○님! 그동안 안녕하세요?
어느 사이엔가 봄은 가고 여름이 오는지 출근길에 내려다 보이는 한강 주변에 울긋불긋 개나리 벚꽃, 진달래가 한창입니다. 때로는 강물 위로 금빛 찬란한 희망이 떠있기도 하고요……
5월은 가정의 달이라 그런지 행사도 많고 마음도 분주하기만 합니다. 그러고 보니 올해도 반이 벌써 지나가는데 연초에 목표로 하셨던 일들이 잘 진행되시기 바라며 무엇보다도 건강을 최우선으로 항상 젊고 활기찬 모습 뵙고싶습니다. 바쁘다는 핑계로 자주 찾아뵙지 못한 죄송함을 이 글에 실어보냅니다. 보름 내로 꼭 찾아뵙겠습니다.

○○○님! 그동안 안녕하세요?
5월은 온 가족의 사랑과 행복이 가득 뿜어 나오는 가정의 달입니다. 아직 움츠려있는 우리 마음을 따사로운 봄볕에 맡겨 환히 열리게 하고 싶은 가슴설레는 달입니다. 다시 한번 가족의 소중함을 되새기면서 가정의 행복을 위해 무엇이 최선인지 생각해보고 참 사랑을 실천할 때입니다. 가족 서비스에 도움이 되실까 해서 서울랜드 자유이용권을 보내드립니다. 휴일 온 가족 나들이로 점수 많이 따시고 밝고 행복한 웃음꽃이 피는 가정을 이루시기 바라며……

여름철 문안

버나드 쇼는 지옥만이 아니라 천국도 비를 사랑하는 사람, 자기 가족을 사랑하는 사람, 그리고 침착한 눈으로 인생을 쳐다보는 사람을 이기지 못한다고 말했답니다.

그런데 ○○○사장님은 세 가지 다 해당되시는 것 같습니다.

안녕하세요?

어느새 성큼 여름의 문턱에 들어섰는지 굉장히 덥게 느껴지는 날씨가 계속입니다. 올 여름에도 에어컨 파동이 있지 않을지 염려되는군요.

이 더위 속에서 반복되는 일상생활에 끊임없이 활기를 불어넣을 수 있는 것은 마음의 여유와 일에 대한 자신감이라고 생각합니다.

5월은 소득세 신고로 바쁘셨죠? 새로이 6월에는 여유와 자신감으로 힘차게 출발하시고 건강하세요.

주님의 은총이 함께하셔서 날로 번창하시기 바라며……

신록의 계절 6월입니다.

○○○님! 그동안 안녕하세요?

서서히 더워지면서 한낮의 길이가 가장 길고 월말부터는 장마가 시작된다고 하는군요.

6월은 또한 새삼 나라와 겨레의 의미를 되새겨 보게 하는 달입니다. 가족이 함께 다녀오실 수 있는 가까운 전적지나 사적지 소개된 신문기사가 있어 보내드립니다. 온 가족이 다녀오시면 자제분들에게 교육적으로 좋을 듯합니다.

그럼, 나중에 찾아뵙겠습니다.

어느 화창한 날,

아침에 일어나 창문을 열고 하늘을 보시면서

아! 이렇게 아름다운 색깔이 있구나! 하고 느낀 적이 있으신가요?

우리 모두가 살아가는 순간이 긴장의 연속이고 어려움의 연속이라면 이 무거운 시간을 잠시 잊어버릴 수 있는 여유를 드리고 싶습니다.

○○○님! 안녕하세요?

자주 찾아뵙고 인사드리고 싶지만 늘 바쁘신 분이라 부담을 드리는 것 같아 미안한 생각에 펜을 들었습니다. 만나뵐 때마다 항상 격려의 말씀을 해주셔서 감사드리며 제가 열심히 노력하는 성실한 모습으로 보답하겠다는 생각으로 삽니다. 오늘 아침 업무를 정리하다 문득 내다본 하늘이 푸르고 아름다워서 이 글을 쓰게 되었습니다.

○○○님! 지금 당장 하시던 모든 일을 멈추시고 딱 5분만 하늘을 즐겨보세요. 그럼, 다시 뵐 때까지 안녕히 계세요.

하늘이 높은 것은 겸손함을 가르쳐주기 위함이고 바다가 넓은 것은 넓은 마음을 가르쳐주기 위함이겠지요.

하루하루를 바빠 살아가다가도 한번쯤 하늘을 보면서 마음의 여유를 찾는 것도 삶에 작은 활력이 되지 않을까요?

○○○님! 안녕하세요?

더운 날씨에도 열심히 일하시는 가운데 작은 활력소를 드리려고 이 글을 씁니다.

하루하루를 성실로 채워나가는 가운데 삶의 그릇에 마음의 평안과 내일의 기쁨이라는 선물을 담아드리고 싶습니다. 동봉한 유머 뉴스 정보지 중 두 가지만 보시고 폭소를 터뜨려보세요. 15초 동안 손뼉 치며 크게 웃으면 이틀을 더 살 수 있다고 하더군요. 하…! 하…! 하…!

○○○님! 그럼, 만나뵐 때까지 안녕히 계세요.

7월부터 본격적으로 무더위가 시작되고 여름휴가와 방학이 이어집니다.

찌는 듯한 더위를 가르는 싱그러운 아이들의 웃음소리, 검게 탄 얼굴을 타고 흐르는 땀방울의 아름다움, 생명력이 왕성한 계절입니다.

온 가족이 둘러앉아 도란도란 웃음꽃 피우며 먹는 수박화채, 하루의 열기를 식혀주는 우리 가족의 모습입니다.

○○○님의 가정의 건강한 여름을 위해서도 저는 열심히 노력하겠습니다. 다음 주중에 시원한 수박 한 통 들고 찾아뵙겠습니다.

휴가 문안

01_ 휴가 전

○○○ 차장님! 안녕하세요?

자루하게 내리던 빗줄기를 보면서 장마가 끝나지 않을 것 같은 예감에 사로잡히곤 했습니다. 영업하는 저로서는 결코 달갑지 않은 날씨니까요. 그런데 제 걱정을 없애주려는 듯 오늘은 날씨가 맑게 개이고 일기예보에도 장마가 끝났다는 희소식을 전해주더군요.

○차장님! 무더위가 시작된다는데 휴가 계획은 세우셨는지요?

저는 작년 휴가 때 유홍준 교수님이 쓰신 문화유산답사기를 따라 여행했습니다. 아이들 교육에도 좋을 것 같은 꽤 알찬 여행이었습니다. 지방의 풍습과 그 지방만의 특색도 배울 수 있더군요. 한 곳에 머물면서 쉬는 것도 좋지만 여유를 갖고 명승지나 문화유산을 찾는 것도 좋습니다. 여러 음식을 맛본다는 것도 즐거운 일이구요. 그리고 아이들에게도 색다른 경험이 될 것입니다.

관심이 있으시면 전화 주세요. 제 경험을 더 자세히 말씀드리겠습니다.

그럼, ○○○ 차장님! 장마도 끝났으니 새로운 기분으로 즐겁게 보내시기 바라며…….

P.S. 바캉스를 떠나기 전 점검해야 할 사항, 소품 등에 관한 정보지를 보내 드립니다. 많이 활용하셔서 즐거운 휴가를 보내십시오.

그리고 휴가여행 떠나시기 전에 엔진오일, 냉각수, 타이어 등 차량점검을 꼭 하시기 바랍니다.

02_ 휴가 중

○○○님!

저는 지금 여름휴가를 얻어 샌프란시스코에 와 있습니다. 석양에 물든 골 든브리지의 모습은 대단히 훌륭합니다. 내일은 LA로 이동합니다.

점포를 비워 불편을 끼쳐 드려서 정말 죄송합니다만 일주일 간 즐겁게 미 국에서 보낼 수 있음은 ○○○님 덕분입니다.

재충전해서 다음주부터는 또 다시 열심히 일하겠습니다. 부디 변함없는 성 원을 부탁드립니다.

03_ 휴가 후

○○부장님! 안녕하세요?

휴가는 잘 다녀오셨습니까? 동해안 해수욕장으로 떠나신다는 소식을 들었 는데요?

망망하게 펼쳐진 바다를 앞에 두고 그동안의 삶을 반추하며 미래를 계획하 시는 ○부장님의 모습이 떠오릅니다. 동심의 세계로 돌아가 모래사장에서 아 이들과 뛰어 노는 모습도 떠오르구요.

충분한 재충전의 시간을 가지셨으니 그 어느 때보다도 더 맹렬히 일하시겠군요.

저는 휴가동안 고향집에서 보냈습니다. 항상 바쁘다는 핑계로 그동안 소홀했던 부모님도 찾아뵙고 친지분들께도 인사드렸습니다. 집에서 푹 쉬다가 올라오는 길에는 ○○산에도 올랐습니다. 정상에 올라 야호를 외치며 더 열심히 활동하겠다는 다짐도 했습니다. 다음주 찾아뵙고 더 자세한 말씀드리겠습니다.

그럼, ○○○부장님! 만나뵐 때까지 오아시스처럼 귀하고 달콤한 기쁨이 나날이 넘치시기 바라며…….

아스팔트도 녹이는 뜨거운 열기의 8월!

온 세상이 끓는 가마솥 같은 날씨가 계속되는 요즈음 ○○○님께서는 어떻게 지내십니까?

저는 ○○○님께서 항상 도와주시는 덕분에 잘 지내고 있습니다만 자주 찾아뵙지 못해 죄송합니다.

여름휴가는 잘 다녀오셨는지요?

저는 지난주 사흘간 가족과 함께 동해안을 다녀왔습니다. 다음 주 찾아뵙고 휴가 중 재미있었던 이야기들을 듣고 싶습니다.

그럼 ○○○님, 뜨거운 여름을 슬기롭게 보내셔서 건강하시기 바라며…….

가을철 문안

○○○님!

입추가 지나서인지 아침저녁 서늘한 날씨가 옷깃을 여미게 합니다. 불볕더위 속에서도 어느새 가을은 성큼 다가왔나 봅니다. 지금 사무실 창밖으로 가을을 재촉하는 비가 내리고 있습니다. 진한 커피향을 빗속에 묻으며 안부를 전합니다.

여름휴가는 잘 다녀오셨는지요?

땀을 흘린 후, 휴식의 값은 스스로 매기는 것일까요?

직업이 없는 사람에게 휴식의 의미는 없을 것입니다.

지난날 관심을 갖고 성원해주신 많은 분들의 애정으로 오늘의 휴식을 누릴 수 있음을 생각하니 가슴이 벅찼습니다.

가을 문턱에 서서 그동안 지켜봐주신 ○○○님의 안녕과 행복을 기원합니다.

새로운 기운으로 나날이 충만하시기 바라며 환절기에 건강 유의하십시오.

불볕더위가 아무리 기승을 부려도 시간은 어느새 입추로 접어들었습니다. 아침저녁 바람이 어느새 서늘해진 결실을 준비하는 계절 9월입니다. 성숙의 시간으로 접어들었으니 이제 가을맞이를 하며 조금씩 그 끝을 준비할 때입니다.

○○○사장님!

부족함투성이인 저이지만 시간의 흐름만큼 또한 두 분의 많은 도움만큼이나 계속 조금씩 성장해가고 있습니다.

추진하고 계신 사업은 모두 잘 진행되시지요?

항상 잘 되시길 기원하며 분명 좋은 결과가 있을 것으로 믿습니다.

언제나 이처럼 앞으로도 계속 건강과 행복이 함께하는 가정이시기 바라며….

가을 산이 색깔을 입었습니다. 온 산이 단풍이라 그냥 무심코 지나치기엔 너무 고운 색깔들입니다.

가을을 여유 없이 사는 우리에게 잠시 사색할 수 있는 공간을 마련해줍니다.

지나간 기억들이 아쉬움과 아름다움의 결정체로 가슴속에 쌓일 것만 같습니다.

풍요로운 이 가을 ○○○님께서는 어떻게 지내시는지요? 예쁜 아기와 시간가는 줄 모르시고 행복하시겠죠? 또한 2학기가 시작되어 큰애 뒷바라지에 수고 많으시죠?

소식 전한 지 오래된 것 같아 우선 몇 자 적습니다.

다음 주에 찾아뵙고 그동안 못한 이야기 나누고 싶습니다.

그럼, ○○○님! 계절만큼 풍족하시고 행복하세요.

맑고 푸른 하늘, 눈부신 황금들녘, 붉은 옷으로 갈아입은 산, 눈이 시리도록 맑은 물 등 어느 것 하나 모자람이 없는 천고마비의 계절인 10월입니다.

○○○부장님!
결실의 계절을 맞아 마음의 양식을 쌓도록 가족과 함께 문화 산책을 해보세요. 10월 한 달 동안 실시되는 문화행사를 수록한 신문기사를 동봉합니다. 바쁘시겠지만 하루만이라도 다녀오시고 제가 찾아뵐 때 이야기해주세요.
그럼, 가장 아름다운 계절에 소중한 추억을 많이 만드시기 바라며……

쌀쌀한 바람이 새삼 옷깃을 여미게 하는 겨울의 문턱인 11월! 다소 쌀쌀한 바람이 옷깃을 여미게 하며 따뜻한 아랫목이 그리워지는 계절입니다.
○○○ 사장님! 건강하시죠?
나뭇가지에 달랑 붙어 있는 나뭇잎처럼 달력도 이제 한 장 달랑 남았습니다. 이것저것 활동 준비를 하면서도 분주한 손길과는 달리 허전하고 따뜻한 마음이 더욱 그리워집니다. 오랜만에 사장님에게 편지를 쓰며 향기로운 차 한 잔으로 달래봅니다.
하시는 사업은 여전히 바쁘시겠죠? 다음 주에 찾아뵙고 그동안 밀린 이야기 나누고 싶습니다. 미리 연락을 드리겠습니다.

추석 문안

○○○님!
풍요로움의 대명사, 팔월 한가위
휘영청 밝은 달과 함께
늘 넉넉하고 복받으시기 바랍니다.

더도 덜도 말고 늘 한가위만 같아라' 는 옛 속담은 풍요의 계절 한 모퉁이에 있는 추석의 의미를 되새기게 하는군요. 늘 뿌리를 찾아서 나를 되돌아보게 하면서 조상의 은덕을 다시금 기리고 늘 어머니 품같이 넉넉한 고향으로 돌아가는 추석입니다.

○○○님!
온 가족이 오순도순 모여 앉아 정겨운 이야기 꽃 피우고 고향 친구들과 학창 시절의 추억을 소재로 화기애애한 대화를 나누는 넉넉하고 풍요로운 나날 보내시기 바라며 소식 전합니다.

이맘때면

개울가의 물잠자리와 고추잠자리떼 수를 높고

벼이삭도 누렇게 여물고

콩가지에는 힘이 들어가고

수수도 삐죽 큰 키를 숙일 테고

고구마 씨알마저 살이 올라

들과 산에선 온통 풍요를 자아내는 계절 속에서

○○○님!

그동안 여러 가지로 도와주신 점 일일이 찾아뵙고 감사드리지 못하고 이 종이 위에 제 마음을 담아봅니다.

즐거운 추석 명절과 더불어 담고 있던 스트레스 모두 날려보내시기 바랍니다.

알밤 터지는 소리, 누렇게 익어가는 황금 들녘!

한해의 풍요로운 추석입니다. 결실의 기쁨과 풍요로운 마음을 ○○○님과 함께 나누고 싶습니다.

항상 저를 아끼고 도와주시는 ○○○님!

멀리 떨어져 지내던 형제자매들이 그리운 부모님이 계신 고향 대구를 찾아 바쁜 걸음을 옮기실 텐데 풍요로운 한가위 즐겁게 보내시기 바랍니다. 고향 가시는 길 편안히 다녀오시도록 교통정보와 도로지도를 보내드립니다.

○○○사장님! 안녕하십니까?

항상 저희 ○○녹즙을 사랑해주셔서 진심으로 감사드립니다.

중추절을 맞이하여 풍요와 결실이 함께 깃드시길 바라오며 사장님께 감사의 마음으로 선물 세트를 보내드립니다. 건강이 더욱더 절실히 요구되는 계절입니다.

○○○님께 계속 신선하고 깨끗한 건강 녹즙을 공급하여 활력 넘치는 생활을 도와드리겠습니다.

먼 고향길…….

다소 교통 체증이 있겠지만 즐거운 연휴 보내시길 바랍니다. 감사합니다.

○○○님! 안녕하세요?

야자수 그늘 아래 수건 한 장 들고 떠나고 싶던 여름이 이제 가나 봅니다. 아침저녁으로 서늘하고 낯익은 가을을 느끼면서…….

작년 이맘때 열정 하나로 「생활설계사」라는 낯선 길로 들어선 저에게 늘 격려와 보살펴주신 ○○○님께 진심을 실어 이 편지를 올립니다.

사람 살아가는 동안에 혹 있을지 모르는 재난에 대비한다는 설계사로 명함 들고 다니면서도 온전히 제가 융화되지 못할 때마다 "○○씨는 잘할 수 있을 거야 언젠가 판매여왕이 될 거야"라고 격려해주시는 ○○○님 덕분에 다가서는 추석이 여느 때 못지않은 그득한 명절이 될 것 같습니다.

제 마음 담은 감사함처럼 ○○○님 주변의 모든 분들께서도 더불어 이번 한가위에 행복하시고 기쁨 넉넉하십시오.

앞으로 자주 찾아뵙겠습니다.

P.S. 넉넉한 한가위를 보내시는데 도움이 될까 해서 사과 한 상자 보냅니다.

○○○님! 안녕하세요?

요즘처럼 하늘이 높아질 때면 친한 친구들한테 갑자기 한 아름씩 선물하던 '소국'이 자연스레 생각이 나요.

늘 꽃과 함께 생활하시는 ○사장님께는 그 '소국' 대신에 제 마음이 담긴 싱그러운 편지로 선물해드리고 싶어서 이렇게 글로써 인사드립니다.

요즘 가게 안에는 소국이 가득하겠죠?

추석이 지난 후 소국도 한 다발 살 겸 찾아뵙겠습니다.

사모님께서 아이 가지신 후로 배가 얼마나 많이 불렀는지도 궁금하고요.

추석이 며칠 남지 않았는데 고향 다녀오실 준비는 다하셨어요?

꽃이 많이 팔려야 고향 가는 길이 한결 편안할 텐데요.

소국은 젊은 아가씨들이 좋아하니까 그 빌딩 여사원들에게 한 아름씩 권해보서요.

이 작전이 성공하시면 다음에 찾아뵐 때 한 송이 정도는 공짜(?)로 주시는 거예요.

그럼, ○○○님! 즐거운 추석이 보내시기 바라면서 제 싱그러운 선물을 함께 보내드립니다.

P.S. 고향 오고 가실 때 운전 조심하세요. 뱃속의 아기가 아빠 운전솜씨 지켜볼 테니까요.

○○○님! 그동안 안녕하셨습니까?

차창 밖으로 누런 곡식들이 여물어 가는 모습을 보면 그동안 바쁜 일상생활에 지쳐있던 우리 현대인들에게 풍요로움과 여유를 느끼게 하는 것 같습니다.

항상 저의 ○○투자신탁을 꾸준히 이용해주신 점에 머리 숙여 깊은 감사드리며 우리의 큰 명절인 한가위를 맞이하여 ○○○님의 가정에 항상 여유와 풍성함이 가득하시길 빕니다.

P.S. 요즘처럼 일교차가 심할 때 건강을 지키는 요령에 관한 정보지를 보내니 참고해보십시오.

○○○사장님! 안녕하세요?

찌는 듯한 더위가 어느새 물러가고 바람도 서늘하고 코스모스가 활짝 웃음을 띠며 가을을 맞이하고 있습니다.

△△△ 사장님의 소개로 ○○○사장님을 알게 된 지 벌써 3개월이란 시간이 지났는데도 아직까지 얼굴을 뵙지 못한 점 정말 죄송스럽습니다.

○○○사장님께서 하시는 일이 무척이나 바쁘신 것 같은데 요즈음 건강은 어떠신지요?

참, ○사장님의 고향이 대구라고 알고 있는데 이번 추석 길은 조금 서둘러서 가시는 게 좋을 것 같습니다.

이번 정보로 9일, 10일은 무척 혼잡하다고 하오니 참고하시고 도움이 되었으면 좋겠습니다. 저는 서울이라서 조금 한가해 여러 친척, 친지 분들께 안부 전화로라도 할 작정입니다.

그럼, ○○○님! 추석연휴 즐겁게 보내시고 건강한 모습으로 만나뵙기 바라며…….

○○○님! 그 동안 안녕하세요?

늦더위의 기승으로 다소 무덥게 느껴지던 여름도 어느새 물러가고, 거리엔 노랗고, 빨간 스웨터들로 포근함을 느끼는 따뜻하고 포근한 계절이 다가왔습니다.

잠실지점에서 인연이 되어 ○○○님을 만난 지도 벌써 5년이 되어 갑니다.

그동안 늘 어려운 상황에 처할 때마다 물심양면으로 도와주신 덕분에 오늘의 제가 있게 된 것이 아닌가 싶습니다. 정말 감사드립니다.

정직한 삶이 최선의 삶이라고 늘 제게 말씀해주셨듯이 지나온 날보다는 앞으로 제가 살아갈 날에 큰 가르침으로 삼겠습니다.

○○○님께서도 앞으로 더욱 건강하시고 하시는 일 두루 좋은 성과 거두시길 진심으로 기원합니다.

다가오는 추석명절 즐겁게 보내시고 다가오는 10월 15일 환한 웃음으로 뵙기를 바랍니다.

P.S. 고향 다녀오실 때 도움이 될까 해서 자세한 도로 지도를 보내드립니다.

귀 기울여보세요. 들리십니까?

지금은 예전과 달리 계절의 변화를 전달해주는 귀뚜라미 울음소리를 말이죠. 아쉬운 여름도 뒤로 한 채 이제는 풍요로운 결실의 계절인 가을을 맞이하고 있습니다.

○○○님! 안녕하세요?

우리의 명절인 추석이 이번 달에 들어 있어 더욱 풍요로운 것 같습니다.

저는 지난 주 고향을 찾아 벌초작업을 하고 왔습니다.

○○○님께서는 이번 추석 계획은 세우셨는지요?

이번 연휴도 귀경길이 무척이나 힘드시리라 생각되어 감히 대중교통을 이용하심이 어떨까 권하고 싶습니다.

아무튼 즐거운 추석명절이 보내시기 바라며 한 가지 희소식을 전해드리고자 합니다.

현재 방송매체를 접하셔서 잘 알고 계시리라 생각이 들며 단기금융(금리)의 급상승으로 인해 저희 상품이 상대적으로 타 금융기관에 비해 이율이 낮으므로 경쟁력을 잃었으나 이를 보완하여 한국 'MMF'라는 슬로건으로 단기 금리의 높은 이율을 고객에게 제공하고 있습니다.

　동봉하는 팜플렛을 참고로 해보시고 궁금하신 점이 있으시면 연락주세요. 쉽고 자세하고 설명해드리겠습니다.

　그럼, ○○○님! 환절기에 건강 유의하십시오. 다음 달에는 더욱 나은 소식을 보내드릴 것을 약속드리며 이만 줄입니다.

　P.S. 요즘처럼 일교차가 심할 때 건강을 지키는 요령에 관한 정보지를 보내니 참고해보십시오.

　○○○님! 그동안 안녕하셨습니까?

　하늘거리는 코스모스와 따사로운 햇살에서 가을을 느끼는 계절입니다.

　여름에 다녀오신 유럽여행은 참으로 많은 추억거리를 남기셨으리라 생각됩니다.

　늘 의미 있는 일상을 보내시고자 노력하시는 ○○○님의 모습에서 아름다움이 배어납니다.

　이번에 제가 이렇게 글을 올리게 된 것은 이제 추석이 얼마 남지 않았기에 이 글로 인사를 대신하고자 합니다.

　마땅히 찾아뵙고 인사드리는 것이 도리이겠사오나 창구에서 늘 자리를 지켜야 하는 입장을 너그럽게 이해해주시기 바라며 죄송함을 조금이나마 덜어보고자 조그마한 선물을 준비했습니다. 혹시 지나는 길에 잠시 내점해주십시오.

　그럼, ○○○님! 내내 건강하시고 하시는 일마다 뿌듯한 보람 늘 함께하시길 바라면서…….

기차 타고 여행하면서 바라본 바깥 들녘이 평온함을 느끼게 하는 계절, 가을입니다.

○○○님! 안녕하세요?

저희 회사에서는 고객의 규모가 확대됨에 따라 차원 높은 서비스를 해드리려고 이번 달부터 저희 회사에서는 전담 관리 고객제를 실시하게 됨을 알려드리고자 합니다.

저는 ○○투자신탁 ○○지점 ○○○로 ○○○님 담당입니다.

직접 찾아뵙고 인사드리는 것이 도리인 줄 아오나 우선 이렇게 지면으로 인사드립니다.

그동안 거래를 하시면서 불편하신 점이나 개선되어야 할 점 등이 있으시면 앞으로 저를 찾아주세요. 성심 성심껏 처리해드리겠습니다.

더 자세한 내용은 동봉한 안내문을 참고하시기 바랍니다.

그럼, ○○○님!

농부가 여름에 뿌린 피와 땀의 결실을 거두는 수확의 계절인 이 가을에 중추가절 즐겁게 보내시고 항상 풍요로운 생활을 누리시기 바라며…….

P.S. 일교차가 심할 때 건강을 지키는 요령에 관한 정보지를 보내니 참고해 보십시오.

들길의 활짝 핀 코스모스가 풍요로운 계절이 옴을 알립니다.

○○○님! 안녕하세요?

지난 주 내점시 추가로 입금해주신 데 대해 감사의 말씀을 먼저 드립니다.

이제 며칠만 지나면 풍요로움을 느끼며 온 가족이 모이는 한가위가 오겠
군요.

○○○님께서도 고향으로 가실 준비를 하시며 행복해하실 모습이 눈에 선
합니다.

작년 명절에는 비행기표를 구하지 못해 기차를 이용하시면서 불편하셨다
는 말씀을 하셨는데 올해는 준비가 되셨는지 궁금하군요.

항상 우리네 마음에는 고향이라는 넉넉함과 포근함이 떠날 줄 모르는데 바
쁜 생활 탓에 명절에만 한두 번 찾게 되는 것이 때로는 서운하지만 명절 전 설
렘을 느끼게 해주는 것이 나쁘지만은 않겠지요.

직접 찾아뵙고 잘 다녀오시라는 말씀을 드려야하겠지만 바쁘신 ○○○님
의 시간에 누를 끼칠 것 같아 이렇게 지면으로 인사드립니다.

안녕히 다녀오시고 행복한 시간 보내시기를 바랍니다. 그리고 다녀오신 후
즐겁고 재미있었던 이야기 들려주세요.

그럼, ○○○님! 안녕히 계세요.

겨울철 문안

벅찬 희망과 설렘을 안고 한 해를 설계했던 모든 일들을 마무리해야 하는 12월입니다.

열심히 달려온 지난 한 해를 돌이켜 차분히 뒤돌아보며 생각하면서 때론 침묵의 격려로 힘을 실어주시고 때론 따끔한 충고로 제가 이 자리에 있기까지 힘을 실어주었던 ○○○님께 감사의 마음을 전합니다.

한 해 동안 못다한 감사와 사랑을 용서해주시고 내년에도 변함없는 지도와 편달을 부탁드립니다.

○○○님과 함께 다가오는 새해에는 좀더 따뜻한 세상을 열어가고 싶습니다.

P.S. 겨울철에는 배터리 관리를 철저히 하셔야 합니다.
- 전해액 수준이 정상인지 주기적으로 점검하시고 필요시 증류수를 보충하십시오.
- 배터리 터미널(+,-)부위가 부식된 경우에는 와이어 브러시 등을 사용하여 이물질을 완전히 제거한 다음 그리스 등을 발라주십시오.
- 시동이 잘 걸리지 않을 때는 절대로 연속적으로 시동시키지 마시고 5초간 시동 후 약 1분간 쉬었다가 다시 5초간 시동을 거십시오.

새로운 계획과 희망으로 가슴 설레는 1월입니다. 새로운 의지로 새해를 구상하며 새로운 다짐으로 한해를 시작합니다.

올해 내내 온누리를 밝게 비추는 따스한 햇살처럼 기쁨을 ○○○님과 함께 나눌 수 있기를 간절히 소망합니다.

올 한 해가 ○○○님께서 계획하신 모든 일이 풍성한 결실을 맺고, 보람 있으시기 바라며 소식 전합니다.

겨울과 봄 사이를 살짝 왔다가는 나그네 같은 2월, 취업과, 졸업 시즌으로 기쁘고 행복한 축하가 넘치는 나날입니다.

○○○님! 대지가 새봄을 맞이하려고 용틀임을 하듯 매일의 생활이 활력이 넘쳐흘러 복되시기 바라며 저도 따뜻한 새봄을 기다리는 마음으로 따뜻한 세상을 준비하며 살겠습니다. 다음 주중에 찾아뵙겠습니다.

연말연시 문안

01_ 새해 문안 인사

○○○님! 안녕하십니까?

○○년 새해를 맞아 더욱 건강하시고 소망하는 일들이 이루어지길 빕니다.

싹이 틀 기미마저 보이지 않던 여린 씨앗이 많은 분들의 성원과 관심 덕분으로 그동안 실한 뿌리 내림을 하였습니다.

꽁꽁 언 속에서도 파릇한 생명을 잉태하고 있는 겨울 땅의 의미를 되새기며 '어제' 처럼 '내일' 도 주어진 일에 사명감을 가지고 늘 배우는 마음으로 최선을 다하리라 다짐합니다.

그럼, ○○○님.

아무쪼록 발전과 정진, 건강과 행복이 늘 함께하시길 거듭 기원하며 감사의 말씀을 전합니다.

○○○님! 새해 복 많이 받으십시오.

그 어느 한 해보다도 다사다난했던 2003년이 저물어가고 있습니다. 어려움이 많았던 시기임에도 오히려 제가 더 크게 성장할 수 있었던 것은 한 해 동안 ○○○님께서 저를 사랑해주시고 성원해주신 덕택입니다. 머리 숙여 감사드립니다.

다가오는 2004년에도 ○○○님의 기대에 어긋나지 않도록 더욱 열심히 노력하겠습니다. 올해도 최고의 고객이 되시도록 변함없는 성원을 바랍니다.

○○○님! 더욱 건강하시고 하시는 일마다 좋은 결과로 즐거운 나날이 보내시기 바라며……

2003년 한 해도 어느덧 저물어가고 희망찬 새해가 밝아오는군요. 저물어가는 한해 속에 ○○○님의 깊은 마음을 되새겨 봅니다.

그동안 저에게 따뜻한 관심과 성원을 보내주셔서 감사드립니다. ○○○님이 계시기에 지난 한 해의 힘들고 어려웠던 기억은 새해의 보약으로 삼고 기쁘고 행복한 순간들은 약진의 발판으로 삼을 수 있습니다.

○○○님과의 관계가 앞으로도 변함없이 이루어질 수 있도록 저도 열심히 노력하겠습니다. 계속적인 지도편달 부탁드립니다. 저는 항상 감사하는 마음으로 ○○○님을 최고의 고객으로 모시겠습니다.

새해 웃을 일이 많이 생기시고 복 많이 받으십시오.

2002년을 뒤로 하며
대망의 2003년 계미년의 문을 엽니다.
항상 저를 사랑해주시고 찾아주신 ○○○님께 감사의 인사 말씀을 드립니다.

앞으로 다가올 한 해도 ○○○님께 만족을 드릴 수 있는 최고의 세일즈맨이 되도록 노력할 것입니다. 변함없는 관심과 지도를 부탁드립니다.

새로운 2003년은 하나님의 뜻 안에서 발전하시고 꿈을 이루시고 감사가 넘치는 ○○○님의 한 해를 빕니다.

부족한 제가 오늘 이만큼 성장한 것은 고생한다며 시원한 물 한잔과 따뜻한 차를 주신 분들, 열심히 하라고 뒤에서 응원해주신 분들의 도움 덕분입니다.

○○○님도 그중 한 분이십니다. 머리 숙여 감사드립니다.

돌이켜보면 아쉬움도 많았지만 주위에 재해나 질병으로 인해 고통받는 분들이 많았고 제가 그분들의 아픔을 같이 할 수는 없었지만 금전적인 보장을 해주는 일을 할 수 있었다는 것에 보람을 느껴 열심히 활동했습니다. 다가오는 새해에도 열심히 성심 성의를 다해 봉사할 것을 약속드립니다.

고객이 있는 곳이라면 시집보낸 딸네 집을 찾는 어머니 마음처럼 아무리 멀어도 언제든지 찾아가겠습니다. 힘든 일이나 어려움이 생길 때마다 알려주시면 주저 없이 달려가겠습니다.

○○○님! 새해에도 날마다 좋은일만 있으시고 건강하십시오.

먼저 웃고 먼저 사랑하고 먼저 감사하자.
안팎으로 힘든 일이 많아 웃기 힘든 날들이지만
내가 먼저 웃을 수 있도록 웃는 연습부터 해야겠어요.
우울하고 시무룩한 표정을 한 이들에게도 환한 웃음꽃을
피울 수 있도록 아침부터 밝은 마음 지니도록 애쓰겠습니다.

간혹 성격과 견해 차이로 쉽게 친해지지 않는 이들에게
사소한 오해로 사이가 서먹해진 벗에게
내가 먼저 다가가 인사하렵니다.
사랑은 움직이는 것.
우두커니 앉아서 기다리기만 하는 것이 아니라
먼저 다가가는 노력의 열매가 사랑이니까요.
상대가 나에게 해주기 바라는 것을 내가 먼저 다가가서
해주는 겸손한 용기가 사랑임을 믿으니까요.
- 이해인, 새해 약속은 이렇게 -

　지난 한 해 동안 ○○○님이 베풀어주신 보살핌 속에 햇병아리였던 제가 꾸준히 성장해 이젠 어엿한 팀장이 되었습니다. 머리 숙여 감사드리며 새해에도 더욱 열심히 노력해 그동안의 성원에 조금이라도 보답해드리겠습니다. 항상 ○○○님 곁에서 더 나은 서비스로 모실 것을 약속합니다.
　○○○님께서도 새해를 맞이해 더욱 건강하시고 가정에 사랑과 행복이 충만하십시오. 다음 주중에 찾아뵙겠습니다.

　○○○님!
　한 해 동안 저희 ○○기업 ○○대리점을 계속 이용해주셔서 대단히 감사합니다.
　연말을 맞이하여 그동안 고객 여러분들께 작은 불편이라도 드리지 않았나 전 직원이 심사숙고하고 있으며, 새해부터는 고객들께 좀더 큰 만족을 드리기 위해 상품의 충실과 서비스 향상에 성의를 다하겠습니다.
　부디 앞으로도 변함없는 성원을 부탁드립니다.
　그리고 1월의 첫 주말에는 이틀간의 대매출로 봉사하겠습니다. 새로운 날들에 대한 기대가 가득한 2003년 맞이 하시기를 바랍니다.

○○○님!

한 해를 마감하고 새로운 날을 맞이하는 시점에서

돌아본 지난 시간들.

해마다 최선을 다하지 못했다는 자책으로 마음 아파하곤 했는데 올해는 만족할 만큼은 아니지만 열심히 살았다는 부끄러운 변명은 할 수 있으리란 생각을 했습니다.

많은 좋은 분들과의 뜻 깊은 만남으로 풍요롭게 곳간을 채울 수 있었습니다. 감사드립니다.

200○년 새해를 마감하는 날에도 오늘처럼 이런 글을 드릴 수 있도록 노력하겠습니다.

새해에는 소망하시는 일 성취하시고

매일이 감사와 행복으로 가득하시기 바라며……

숨가쁘게 달려왔던 2003년도 며칠 남지 않은 시점에서 지나온 시간을 회상하며 다가올 2004년 희망찬 새해를 설계해봅니다.

○○○님! 여러 가지 어려운 가운데에서도 변함없이 성원해주셔서 깊이 감사드립니다.

한 해 동안 어렵고 힘들고 괴롭고 속상한 일들이 많았지만 좋은 분들과의 뜻 깊은 만남 덕분에 좋은 한해가 되었습니다. 새해에는 기쁘고 좋고 보람있고 가슴 뿌듯하여 웃음이 넘쳐흐르는 일이 많도록 열심히 노력하겠습니다.

○○○님! 새해에는 더욱 건강하시고 소망하시는 일들이 순조롭게 이루어졌으면 좋겠습니다.

저만치 구름 한 줌 걸려 있는 하늘에 겨울햇살이 유난히 부십니다.

○○○님! 안녕하세요?

벌써 한 해가 저물고 있습니다. 저마다 사는 모양과 느낌들은 서로 다르지만 흘러가는 세월에 대한 아쉬움은 동일한 것 같습니다.

시간이 가고, 계절이 바뀌고 어느새 새로운 달력의 낯설은 사람이 되어 또다른 순간들을 엮어가야겠지요.

○○○님! 새해에는 감사하는 날들로, 건강과 사랑이 늘 함께하는 날들로 가득가득 채워지시기 바라며……

○○○님! 잘 지내시죠?

이맘때쯤 시골길을 밟으면…… 새근새근 봄을 준비하며 숨쉬는 땅의 신비를 느낄 거예요.

어찌 이런 어색한 인사를 드리냐구요? 시간이 많이 지났음을 느끼는 거예요.

어때요 요즘~ 예쁜 딸 ○○이는 잘 크고 있죠? 예쁜 ○○이 정말 보고 싶어요. 유난히 많은 사람을 끄는 아이였는데…….

지금쯤 아장아장 걷기도 할 텐데…….

다음 주중에 한번 만나요. 같은 도시에 살면서도 만나기가 힘드네요.

그냥 생각이 나서 펜을 들었는데 이말 저말 할 말이 많아지네요. 조금 남겨두었다가 우리 만나서 얘기하구요. 제가 드리고 싶은 말은 아래 시 한 편에 다들어 있어요.

새해 첫 글인데 새해 인사도 못했네요. 한마디로만 하겠습니다.

"늘 건강하시고 사랑과 축복이 넘쳐흐르는 ○○○님의 한 해이길 간절히 바랍니다."

'햇볕이 좋아서'
그대를 만나던 날 햇볕이 참 좋았습니다.
그래서인지 잠시 동안 함께 있었는데
오래 사귄 친구처럼 마음이 편안했습니다.

그대를 만나던 날 바람이 참 좋았습니다.
그래서인지 내가 하는 말들을 웃는 얼굴로
잘 들어주고 어떤 격식도 없는
솔직하고 담백함이 참으로 좋았습니다.

그대를 만나던 날 구름이 참 좋았습니다.
그래서인지 짧은 만남이지만 기쁘고 즐거웠습니다.
그대는 함께 있으면 있을수록 더 좋은 사람입니다.

02_ 연하장 문구

기도하겠습니다.
오래 만나지 못한 이름을 위하여
아쉬웠던 나눔을 위하여
땀의 결실로 움켜쥘 내일의 거둠을 위하여…….

○○○님!
새날의 기대보다
지난 시간들에 대한 아쉬움이
더 절실한 시기입니다.

그래도 웃으며
내일을 기약할 수 있음은
따뜻한 관심 아끼지 않는 분들의 염려 덕분이겠지요.

새해에는
기쁨 가득, 행복 한아름,
늘 웃음 짓는 날만 이루소서.

○○○님! ○○년 새해를 맞아 더욱 건강하시고
소망하시는 일들이 순조롭게 이루어지시기를 빕니다.
그리고 늦게나마 승진을 축하드립니다.
높은 위치에서 "내일"도 "어제"처럼 주어진 업무에 사명감을 가지고 늘 배우는 자세로 최선을 다하시리라 믿습니다.
그동안 지켜봐주시고 격려와 성원을 보내주신 점, 진정으로 감사드리오며 올해도 하시는 일마다 뜻대로 이루어지시기를 빕니다.

항상 도와주신 은혜에 감사드리며 신년에도 많은 지도 부탁드립니다.

막바지에 오른 황혼이 어둠에 짙게 깔리며 다사다난했던 금년 한 해도 미련이 없는듯 여울져만 갑니다.
우리의 소중한 인연으로 올해도 따뜻한 한 해였습니다.
한 해 동안의 은혜를 한 장의 카드로서 대신함을 널리 이해하시고 새해에는 계획했던 일 끝까지 이루시는 한 해이기를 기원합니다.

막바지에 오른 황혼이 어둠에 짙게 깔리며
다사다난했던 금년 한 해도 미련을 남기며 여울져만 갑니다.
우리의 소중한 인연으로 올해도 따뜻한 한 해였습니다.
한 해 동안의 은혜를 한 장의 카드로서 대신함을 널리 이해하시고
새해에는 계획했던 일 끝까지 이루시는 한 해, 기원합니다.

한줄기 선泉이라면 오아시스가
한 가닥 빛이라면 촛불이길 소원합니다.

지난 한 해 동안 가장 가까이에서 협조하여 주심에 깊이 감사드리며 희망찬 ○○년 한 해를 맞이하여 소원 성취하십시오.

새해에도 더욱 건강하시고 가정에도 다복함이 가득하시기를 기원합니다.

새해 벽두에 계획했던 일 끝까지 이루어지는 한 해를 기원합니다.

새해 복 많이 받으십시오.
○○년을 맞이하여 가정의 평화와 축복을 기원합니다.

언제나 변함없는 후원 감사할 뿐이고 새해 더욱 건투하십시오.

지난 한 해에도 많은 후의를 베풀어주시고 지도해주신 은혜에 깊이 감사드리며 새해에도 평안하시고 건강하시길 빌며 가정마다 하시는 일에 대성황이 이루어지기를 간절히 빌겠습니다.

찬미 받으소서. 언제나 예쁜 마음이소서.
그리하여 나날이 아름답고 평안하시기를……

○○년 새해를 맞아 ○○○님 가정에 건강과 행복이 항상 충만하시기를 기원합니다.

내가 먼저 열심을 더하겠다는 솔선수범의 자세로 빛과 소금이 되어 지난해 못 이루었던 소망들이 금년에는 모두 이루어지기를 기원합니다.

희망찬 새아침에 건강과 행운을 기원하오며 지금까지 보살펴주신 성원에 힘입어 금년 판매왕이 될 수 있었음을 깊이 감사드리며 영광을 함께하고 싶습니다. 더욱 분발하여 은혜에 보답하도록 노력하겠습니다.

우리들의 소중한 인연으로 올해도 따뜻한 한 해였습니다. 다가오는 날 모두가 행운이 함께하시기를.

한 해 동안의 은혜를 한 장의 카드로서 대신함을 널리 이해하시고 다가오는 새해에는 "하하" 웃는 ○○년을 기원합니다.

책장을 넘기면
들려오는 정(情)의 종소리
고정 관념 깨뜨리는 내일을 열고
새해에는 나날이 발전하소서.

빈 하늘 가득 일렁이는 아쉬움
한 점으로 묻어오는 파란 꿈조각 주워 담습니다.
언제나 감사하며 새해엔 소망 이루소서.

가슴마다 종소리 울리는 길목입니다.
지는 해 감사로 문을 닫고
솟는 해 소망으로 맞이하고자 합니다.

설날 인사

○○○님! 안녕하서요?

버들강아지에 물이 곱게 오르는 계절입니다. 녹아내린 개울물을 따라 걸을 때면 그런 고운 모습들이 우리를 반기고 있습니다.

이럴 때엔 정겹고 분주한 모습들이 생각나고 정다운 얼굴, 고마우신 분들께 감사드리고 싶은 마음이 절로 솟아오릅니다. 무척 아름다운 시간이지요.

여기에 고객들의 만족한 웃음과 함께 성장한 ○○출판사의 ○○○가 2003년 구정를 맞이하여 새해 인사를 드립니다.

이번 대학 수학 능력에서 입증됐듯이 다시 한번 독서의 중요성을 깨달으며 저희 ○○출판사는 더 좋은 독서문화 형성을 위해 노력하겠습니다.

아울러 교육자로서의 사명감으로 2세를 위한 교육 사업으로 한 해를 시작하겠습니다.

올해에도 좋은 말씀 많이 들을 수 있으리라 기대하며 변함없는 사랑과 많은 조언 부탁드립니다.

항상 가내에 건강과 행복이 가득하시고, 즐거운 설날 연휴가 보내시기 바랍니다. 언제나 기억하겠습니다.

할렐루야!

○○○집사님! 안녕하세요?

새해를 맞은 지 엊그제 같은데 벌써 2월이 눈앞에 성금 다가왔습니다. 민족 최대 명절인 설이 며칠 앞으로 다가왔군요.

저는 수원이 시댁이라 귀성전쟁을 겪지 않아도 됩니다만 집사님께서는 대구까지 가시려면 여러 가지로 힘드시겠지만 오랜만의 나들이로 생각하며 떨어졌던 식구들 만나는 기쁨으로 채워보세요.

고향! 언제 어디서 들어도 정감이 느껴지는 말입니다. 다음 주에 즐겁게 보내신 명절 이야기 들으러 가겠습니다.

그럼, ○○○집사님! 늘 행복한 가정을 이루시기 바라며……

P.S. 여행 중 피곤할수록 피부손질을 잊지 마시기 바랍니다. 여행 중 쓰시기 편하시도록 샘플을 보내드립니다.

○○○님!

설날은 어떻게 보내셨는지요?

풋풋한 고향 내음에 아직도 젖어 있지 않으신지요.

새해에는 하시는 모든 일, 두루 많은 성과 거두시고

늘 환한 웃음 머금을 수 있으시길 빕니다.

○○○과장님! 새해 복 많이 받으십시오!

민족 최대의 명절인 설이 며칠 앞으로 다가왔습니다.

정겨운 고향 냄새가 벌써 코끝에 스치는 듯합니다.

제 고향은 ○○○입니다. ○과장님의 고향인 ○○와는 바로 지척이지요.

고향! 언제 어디서 들어도 정감이 느껴지는 말입니다. 고향에 가느라 길에서 하루를 다 보내도 즐겁기만 합니다.

지루해할 아이들을 위해 차 속에서 할 수 있는 게임책을 보내드립니다.

○○○과장님! 즐거운 귀향길 다녀오시고 고향 다녀온 이야기 나중에 들려주십시오.

P.S. 출발 전에 차량을 점검하시고 떠나실 거죠? 단골 정비소가 없으시면 저에게 연락 주세요. 소개해드리겠습니다.

햇볕 가득한 겨울! 벌써 따뜻한 봄의 숨결이 멀지 않은 2월입니다.

○○○원장님! 새해 복 많이 받으세요!

바쁜 모든 사람의 일손을 일시에 놓게 만드는 것이 명절의 매력임을 새삼 느낍니다.

저는 무엇이 그리 바쁜지 지난주에도 머리할 시간을 찾지 못하고 말았습니다. 지금 명절의 한가운데 여유 있는 시간을 보내며 문득 원장님에 대한 고마움으로 이 글을 씁니다.

원장님과 저와의 만남은 여러 가지 면에서 참 깊다고 생각합니다.

① 같은 아파트 같은 라인 ② 같은 고향 ③ 아이들 교회학교 학부모 ④ 서로의 고객 등 찾아보면 더욱 많은 공통점이 있겠지요?

저는 ○○년 ○○화장품에 입사했고 어설픈 시절 미용실을 방문해 원장님께 샘플을 드렸을 때 흔쾌히 받아주시고 사용해보신 후 좋은 제품임을 단번에 알아주신 수준 높은 저의 첫 고객이셨습니다. 그때 제가 얼마나 용기를 얻었던지요! 늘 그 고마움을 잊지 않고 있습니다. 정말 감사드립니다.

원장님은 원래 아름답고 예쁘시지만 고기능성 화장품으로 남부럽지 않은 고운 피부와 건강으로 보답해드리고 싶습니다.

그럼, ○○○원장님! 올해도 온 가족이 건강하시고 하시는 사업도 번창하시기 바랍니다.

월별 계절인사 문구

01_ 3월(초봄)

· ○○○님께서 좋아하시는 진달래가 꽃봉오리를 활짝 터뜨렸습니다.
· 간간이 피부를 스치는 바람이 봄을 느끼게 합니다.
· 강변의 잔디밭이 초록으로 몸을 단장하고 봄기운을 느끼게 하는 계절입니다.
· 개나리의 노란 꽃망울이 더욱 강렬해 보입니다.
· 개울가에 버들강아지가 향수를 느끼게 하는 계절입니다.
· 거리에 화사한 진달래와 개나리만으로도 봄을 만끽할 수 있는 좋은 계절입니다.
· 거리를 걷다 보면 어디에서나 봄을 찾아볼 수 있습니다. 시장에는 벌써 싱싱한 봄나물이 나와 있습니다.
· 거리 어디서나 훈훈한 봄기운을 느낄 수 있습니다.
· 거리를 활보하는 사람들의 옷차림도 점점 가벼워지고 표정도 밝아지고 있습니다.
· 거리의 쇼윈도에서도 차창을 스치는 가로수에서도 봄을 느낄 수 있습니다.
· 겨우내 움츠렸던 일상의 단조로움을 깨고 새로운 희망의 기지개를 켜는 좋은 계절입니다.
· 겨우내 잠만 자던 개구리 기지개 켜고, 개나리도 화사한 웃음을 머금은 채 얼굴을 내미는 따뜻한 봄이 왔습니다.
· 겨울의 혹한을 이겨낸 버들강아지가 곱게 물이 오른 모습으로 새봄을 반기

고 있습니다.

· 겨울을 밀어내고 어느 새 다가선 봄 내음이 거리 곳곳을 향기롭게 해줍니다.

· 골목마다 봄 내음이 물씬 풍겨오는 향기로운 계절입니다.

· 기나긴 겨울을 지나 어느덧 봄의 문턱에 다다랐습니다.

· 긴 겨울을 이겨낸 꽃들이 만발한 봄입니다.

· 긴 겨울잠을 깨고 이제는 만물이 소생하는 활기찬 봄입니다.

· 긴 겨울을 이겨낸 꽃들이 만발할 봄, 그 계절을 맞이할 길목에서 겨울의 혹
  한을 이겨낸 버들강아지에 곱게 물이 올라 있습니다.

· 길게만 느껴졌던 겨울이 지나고 어디선가 새 숨결이 들려오는 듯한 계절을
  맞이했습니다. 갑자기 좋은 일만 일어날 것만 같아 가슴이 벅차고 마음이 설
  렙니다.

· 꽁꽁 얼어붙었던 대지 속에서 파란 새싹이 싱싱하게 고개를 내밀고 있군요.

· 꽃이 피고 새가 우는 봄은 윤삼월 이른 햇빛 속에서 훈풍과 더불어 우리 곁
  에 점점 가까이 다가오고 있습니다.

· 내 마음과 일과 집안을 새봄의 활기로 가득 채우는 기쁜 나날입니다.

· 노란 개나리를 보니 어느 사이 봄이 온 것 같습니다.

· 노란 폭포수처럼 울타리 밖으로 마구 쏟아지는 개나리를 보며 묻어나는 봄
  의 향취에 마음껏 취해본답니다.

· 대지를 촉촉하게 적시는 봄비는 겨우내 움츠렸던 우리들의 마음까지도 적
  셔주는 듯합니다.

· 따뜻한 햇살과 살랑이는 바람이 새 생명의 탄생과 시작을 축복하는 계절입
  니다.

· 따스한 봄 햇살에 개울가의 버들가지도 푸르름이 한층 더해지는 계절입니다.

· 만개한 진달래가 온 산을 분홍빛으로 물들이고 있습니다.

· 만물이 소생하는 봄! 겨울의 혹한을 이겨냈노라 저마다 자랑스러운 듯 희망
  에 찬 몸짓으로 기지개를 켜는 듯합니다.

· 만물이 소생한다는 희망의 계절에 ○○○님 가정에서는 무엇이 싹틀 예정
  이신지요? 저는 쑥국 한 그릇 앞에 두고 지그시 눈감아 어릴 적 추억여행이
  라도 떠나듯 잠시 숨고르기를 하고 있답니다.

· 먼 산에 핀 개나리와 진달래가 더없이 반가운 계절입니다.

· 무거웠던 겨울옷을 벗어버리고 마음껏 기분을 띄워보셔요. 갑자기 희망과

새로움이 느껴지지 않으셔요?

· 묵은 옷가지 훌훌 털어버리고 우리네 가슴에 마음의 봄밭을 가꾸고 싶은 희망찬 봄입니다.

· 바람이 아직은 차가운 듯이 느껴지는 날입니다.

· 밝은 햇살만큼 상큼한 첫 출발, 새로운 보금자리에서 멋있게 시작하는 새 출발의 달, 3월입니다.

· 버들가지가 물 오르기 시작하는 계절입니다.

· 봄만큼 기다려지는 계절도 없습니다. 여기저기에서 새 숨결이 들려오는 것 같습니다.

· 봄바람이 처녀들의 가슴을 살랑살랑 흔들어놓고 있는 요즈음 가녀린 꽃잎마저도 제 모습을 나타내는군요.

· 봄비가 내리고 나니 새싹들이 푸르름을 더해갑니다. 싱그런 새봄과 함께 가슴 가득한 행복을 느껴보세요.

· 봄비의 촉촉함이 아주 부드럽게 느껴지는 계절입니다.

· 봄빛이 뜰아래 소복하게 내려 쌓이는 춘삼월이 돌아왔습니다.

· 봄이 무르익고 있습니다. 햇나물과 아지랑이가 봄 향기를 싣고 오는 싱그러운 계절입니다.

· 봄이 한창이어서 따뜻한 나날이 계속입니다.

· 봄이 와서 그런지 거리는 한결 활기가 도는 것 같습니다.

· 빛나는 태양을 위로하고 싱그런 초록의 나무들을 바라보면 기분이 상쾌합니다.

· 사방에서 풍기는 봄내음에 코끝이 시릴 지경입니다.

· 사방에 봄을 알리는 꽃향기가 머물러 있습니다.

· 산과 들의 식물들이 초록으로 몸단장해 봄기운을 느끼게 하는 계절입니다.

· 새로운 생명들이 시작되는 계절! 지나가는 겨울이 안타까운 듯 오늘은 봄눈이 내리고 있습니다.

· 새봄이 와서 나뭇가지에 새싹이 움트는 것을 보면 정말 다시 한번 생명의 신비함을 느끼곤 합니다.

· 새 생명의 합창소리가 골짜기마다 메아리치는 듯합니다.

· 새싹이 파릇파릇 돋아나는 봄입니다. 아침에 출근하는데 개나리가 고개를 들고 저를 반갑게 맞이하더군요.

- 수줍어 달아오른 시골처녀의 발그스레한 얼굴처럼 진달래꽃이 고개 들어 미소 짓는 봄입니다.
- 싱싱한 생명력으로 파릇파릇 돋아나는 새싹이 봄기운을 풍성히 느끼게 해 줍니다.
- 약동하는 봄의 시작과 함께 신록의 푸르름이 희망을 안겨주는 듯합니다.
- 어느덧 추운 겨울도 지나고 거리엔 노란 개나리가 활짝 피었습니다.
- 어느새 성큼 다가 선 봄기운을 느낍니다. 거리의 쇼윈도에서, 차창을 스치는 가로수에서.
- 어제 시장에 갔더니 벌써 봄나물이 선을 보였더군요. 상큼한 봄나물로 계절 의 입맛을 느껴보세요.
- 얼어붙었던 대지위에 파아란 새싹이 고객을 내밀고 온갖 꽃들이 꽃망울을 터트리기 시작하는군요.
- 얼음장 한 쪽에서는 김이 모락모락 따스한 봄을 연신 실어오는 듯합니다.
- 여기저기서 진달래와 개나리가 한창입니다. ○○○님의 가정에도 항상 봄 날만이 계속되는 것이 저희의 꿈입니다.
- 여기저기에 꽃들이 난만한 봄입니다.
- 여기저기 개나리와 진달래가 만개했습니다. 풋풋한 싱그러움이 한껏 느껴 지는 짙은 봄날입니다.
- 오늘은 봄바람이 꽃향기를 실어오는군요.
- 온갖 꽃들이 환하게 기지개를 펴면서 손짓을 하는 아름다운 봄날입니다.
- 온갖 꽃향기가 대지에 가득한 봄! 봄의 따사로운 햇살이 마음속에 넉넉한 여 유를 주는 좋은 하루입니다.
- 온 산야를 붉게 물들이는 진달래가 절정에 달하는 계절입니다.
- 온통 꽃소식으로 흥청대는 봄입니다.
- 유난히 추웠던 겨울이 지나고 개나리, 진달래꽃이 만발한 봄이 왔습니다.
- 이슬방울처럼 영롱하고 청롱한 봄입니다. ○○○님 댁 구석구석에도 봄의 향취가 스며 있겠지요?
- 이제는 새 봄의 활기찬 기운이 우리들의 마음속에 희망을 주는 때입니다.
- 자녀들이 새로운 학교에서 새로운 생활을 시작하는 희망의 달, 춘삼월입 니다.
- 조금씩 아랫목이 귀찮아지는 계절입니다. 시장에는 벌써 싱싱한 봄나물들

이 나왔습니다.

· 조금씩 아랫목이 귀찮아질 때입니다. 거리를 걷다 보면 어디에서나 봄을 찾아볼 수 있습니다.

· 지나가는 겨울을 안타까워하는 것처럼 오늘은 봄눈이 내리는군요.

· 지난 겨울이 상당히 긴 듯싶었더니 계절의 변화는 어쩔 수 없는지 어느새 곳곳마다 파스텔 물감으로 물들인 듯 봄꽃들이 만발했군요.

· 진달래 움트는 소리가 들리는 듯합니다.

· 촉촉한 봄의 단비가 대지를 깨웁니다. 처음 세상을 맞는 봄 새싹처럼 제 자신도 새로움 속에서 피어나는 것 같습니다.

· 파란 새싹이 머리를 내미느라 들판과 나무들이 들썩거리는 활기찬 봄이 다가왔습니다.

· 하늘 창이 열리고 세상에 빛이 온 누리를 비춰 생명이 움트기 시작했던 그 벅차오른 원동력이 이 봄에 다시 튀어 오르듯 소생하는 듯합니다.

· 한바탕 비가 뿌릴 때마다 조금씩 봄이 다가서는 듯한 요즈음입니다.

· 한바탕 비가 뿌릴 때마다 조금씩 봄내음이 납니다. 봄을 재촉하는 비인가 봅니다.

· 향긋한 봄나물이 입맛을 돋우는 계절, 마음속에 해묵었던 감정들은 다 털어버리고 누구와도 웃으며 만나고 싶은 봄입니다.

· 햇볕이 따사로운 봄입니다. 무거웠던 겨울옷을 벗어버리고 희망과 새로움으로 채워봅니다.

· 혹한 추위를 견딘 고목 위에 살짝 고개 내민 새순이 꽃눈을 힘껏 감싸 안은 모습을 보면서 움츠렸던 마음이 절로 펴집니다.

· 활짝 핀 노란 개나리도 그 연한 꽃입술로 봄을 노래하고 있습니다.

· 프리지어 꽃향기가 가슴 진하게 퍼지는 계절이 와서 사람들의 옷차림이 한결 가벼워졌습니다.

02_ 4월(봄)

· 4월의 꽃향기가 실바람을 타고 옵니다.

· 가는 곳마다 벚꽃과 목련이 활짝 웃는 봄이 찾아왔습니다.

· 노란 개나리 향기가 폴폴 날리는 4월입니다. 유난히 겨울이 길어서 꽃눈 못

뜨고 기다리던 개나리가 이젠 너울너울 눈부시게 노랗게 열렸습니다.
- 거리마다 벚꽃이 흐드러지게 피어 오가는 사람들의 마음을 화사하게 감싸주는 듯 합니다.
- 겨우내 움츠렸던 기지개를 펴면서 꽃망울을 터뜨리며 벚꽃이 흐드러지게 피었습니다. 여의도 윤중로 벚꽃이라도 구경하셨는지요?
- 곳곳마다 꽃들의 축제로 아름다운 계절입니다.
- 꽃내음이 물씬 풍기는 향기로운 계절입니다.
- 꽃향기가 더욱 향기로운 계절입니다.
- 꿈결같이 아련하고 화사한 벚꽃과 함께 연록의 아름다움이 가득한 계절입니다.
- 대기에 가득한 봄기운을 마시며 마음도 하늘색으로 물들어가는 4월입니다.
- 대자연의 섭리 속에 만물이 소생하고 봄바람이 싱그럽게 느껴지는 4월입니다.
- 따사로운 햇살 속에 라일락 향기가 그윽히 배어나오는 향기로운 계절입니다.
- 라일락 향기 속에 수줍게 핀 민들레와 우유 빛 아름다운 목련이 하늘거리며 반기는 듯합니다.
- 라일락 향기가 코를 즐겁게 하는 기분 좋은 날입니다.
- 라일락 향기 속에 수줍게 핀 민들레, 춥지도 덥지도 않은 이 좋은 계절에 소홀했던 소식 늦게나마 올립니다.
- 만물이 소생하고 봄바람이 살갗을 스치는 싱그러운 4월입니다.
- 맑고 따사로운 햇살이 완연한 봄으로 무르익고 있습니다.
- 봄의 향취를 알리는 라일락 향기가 어디를 가도 그윽한 계절입니다.
- 사방이 라일락 향기로 그윽합니다.
- 살포시 내리는 봄비가 핑크빛 꽃소식을 전해줍니다.
- 색색이 흐드러진 꽃들이 서로 뽐내는 아름다운 계절입니다.
- 신록이 푸르러 생동감 넘치는 계절입니다.
- 싱그러운 초록 내음 속에 하얀 꽃송이마저 봄날을 반기는군요.
- 싱그럽고 푸르른 4월에 인사드립니다.
- 알록달록한 꽃들이 향기를 내뿜어대는 계절입니다.
- 앙징스럽고 샛노란 개나리꽃도 어느새 인사하며 여름을 맞을 준비를 하고

있는 듯합니다. 님도 못 알아본다는 봄볕이 다정하게만 느껴지는 계절입니다.

· 어느새 온누리에 봄기운이 가득합니다.
· 어디선가 불어오는 바람 한 자락에도 꽃내음이 뚝뚝 묻어나올 것 같은 화창한 계절이네요.
· 온갖 꽃들이 만발하여 곳곳마다 꽃들의 축제로 아름다운 계절입니다.
· 온누리가 새 생명을 잉태하듯 활기를 되찾는 싱그러운 초록의 계절입니다.
· 온통 개나리, 진달래, 벚꽃이 축제를 벌이는 아름다운 계절입니다.
· 우윳빛 뽀오얀 목련 꽃이 화사한 계절입니다.
· 유수지 잔디에 파릇파릇 쑥들이 참 향기롭게 노랗게 핀 민들레가 새삼 아름답게 느껴지는 봄날입니다.
· 이꽃 저꽃을 찾아 훨훨 날아다니며 꿀을 찾는 온갖 색깔의 나비들의 몸짓에서 희망의 기운을 느껴봅니다.
· 잎을 피우기도 전에 꽃을 먼저 피우는 목련…… 희고 붉은 목련꽃잎이 질 무렵에 진달래가 피어나는 봄…… 화사하게 피어나는 벚꽃을 바라보며 멋진 봄맞이를 하시면 어떨까요?
· 진달래가 만개하여 온 산을 분홍빛으로 물들이고 있습니다.
· 집 앞 화단에는 쾌청한 날씨에 자태를 뽐내기라도 하는 듯 목련꽃이 봉긋이 피어올라 봄의 정취가 한껏 느껴지는 계절입니다.
· 크림빛 감도는 목련의 4월입니다. 거리엔 개나릿빛 아이들이 나들이를 나오고 연초록 잎새들이 한껏 기지개를 펴고 있습니다.
· 풋풋한 싱그러움이 한껏 느껴지는 짙은 봄날입니다.
· 하늘의 별빛이 오늘따라 유난히 밝게 빛나 보입니다.
· 하얀빛의 목련이 뭔가 희망찬 가슴으로 설레게 합니다.
· 향기로운 꽃내음이 가득한 아름다운 계절입니다.
· 화창한 봄날에 댁내 두루 평안하신지요?

03_ 5월(늦봄)

· 5월의 푸르름이 한껏 멋을 내는 계절입니다.
· 5월의 햇살 아래 봄기운 펄펄 나는 라일락 향기를 맡노라면 진한 봄의 향기

가 온 사방에 퍼져 계절의 여왕임을 느끼게 합니다.

· 가족의 소중함을 다시 느끼게 만드는 가정의 달 5월입니다.

· 강렬한 태양빛에 푸르름을 두른 화창한 하늘, 계절의 여왕인 5월입니다.

· 강산은 진달래의 순수한 열정으로 붉게 타오르고 있습니다.

· 꽃내음의 향기가 코끝에서 짙게 느껴지는 5월

· 꿈과 희망이 가득한 계절 5월

· 매미 울음소리가 더위를 재촉하고 있습니다.

· 봄을 충분히 느끼기 전에 여름을 느껴야 하는 변화가 빠른 계절입니다.

· 봄이 무르익어 따뜻한 나날이 이어지는 좋은 계절입니다.

· 살포시 내리는 봄비가 핑크빛 꽃소식을 전해주는 것 같군요.

· 세상의 모든 만물이 즐겁게 노래하는 아름다운 계절입니다.

· 신록의 계절 5월이 왔습니다. 하늘에는 환희가 넘치고, 땅에는 푸르른 정기가 흘러 희망의 달이라고도 합니다.

· 싱그러움과 산뜻한 꽃들의 내음을 맡으면 어디론가 가고 싶은 계절의 여왕 5월입니다.

· 아름다운 신록의 계절이 다가왔습니다. 무성하게 자란 가로수 잎을 보면 벌써 여름인 듯합니다.

· 어느덧 하얀 목련잎이 하나 둘 떨어지고 튤립 봉오리가 탐스러운 계절입니다.

· 예쁜 봄꽃들이 연초록 신록과 잘 어우러진 향기로운 계절에 편지로 인사드립니다.

· 집집마다 담장마다 넝쿨 장미가 흐드러지게 피어 그 요염한 자태를 뽐내는 장미의 계절이며 푸르름의 나날입니다.

· 창밖을 보니 계절의 여왕처럼 5월은 역시 싱그럽습니다.

· 패션쇼를 열듯이 거리에는 꽃들과 나무들이 화려하게 옷을 입고 한껏 폼을 내는 계절의 여왕인 5월이 왔습니다.

· 푸르름이 둘러싼 화창한 하늘, 계절의 여왕 5월입니다.

· 흠뻑 물오른 버들가지 꺾어서 버들피리를 불며 들판을 거닐던 어린 시절의 모습이 눈에 선합니다.

04_ 6월(초여름)

- 6월은 신록의 계절, 사방에 우거진 녹음은 바라만 봐도 기분 좋은 계절입니다.
- 고개만 돌리면 사방 어디든 푸른 진녹색 싱그러움이 유혹하는 계절입니다.
- 꽃피는 봄을 느끼기도 전에 덥다고 시원한 수박이 먹고 싶은 무더운 여름이 왔어요! 이 무더운 여름 준비 잘하고 계신지 궁금하군요.
- 녹음방초가 우거지고 만물이 약동하는 힘 있는 계절입니다.
- 담장너머 붉은 장미꽃들이 앞다투어 여름을 재촉하고 있습니다.
- 곧이어 뜨거운 여름 햇살을 예고나 하듯 초여름의 상큼한 나날들이 계속 이어지고 있군요.
- 들판마다 모를 심는 농부의 손길이 바쁜 유월입니다.
- 등줄기로 흐르는 작은 물방울이 여름의 시작을 알려줍니다.
- 뜨거운 젊음과 넓은 바다, 까아만 하늘의 별들의 축제가 펼쳐질 여름밤……
- 뜨거운 태양 아래 더욱 더 짙어지는 신록의 계절입니다.
- 뜰에는 채송화와 봉선화 꽃이 곱게 피어 있습니다.
- 뜰에는 채송화며 붉은빛 칸나 꽃이 한창입니다.
- 매미 울음소리가 더위를 재촉하고 있습니다.
- 며칠 전에 흠뻑 뿌렸던 빗줄기 탓인지 한층 더 높푸른 하늘이 마음을 풍요롭게 만듭니다.
- 모든 초목들이 싱그럽게 짙어가는 계절입니다.
- 밝은 햇살이 그리워지는 장마철입니다.
- 벌써 초여름의 햇살이 따갑게 느껴지는 때입니다.
- 봄꽃에 들뜬 기분도 잠깐 벌써 푸른잎들만 무성한 여름이 다가왔습니다.
- 봄을 충분히 느끼기도 전에 여름을 느껴야 하는 변화가 빠른 계절 속에 있습니다.
- 산과 들이 초록색 옷을 입고 아카시아 향기가 코끝에 스며드는 아름다운 계절입니다.
- 샛노란 참외향기가 하늘을 살찌게 하고 한낮의 매미 울음소리가 더위를 잊게 하는 여름입니다.
- 신록의 푸르름을 한껏 자랑하는 6월입니다. ○○○님의 가정도 항상 풋풋하

기를 빕니다.
- 싱그러운 6월의 아침! 장미처럼 진한 향기를 전달하고 싶은 날입니다.
- 아카시아 꽃향기가 코끝을 속삭이며 마음속을 따사롭게 해주는 계절입니다.
- 아카시아 향이 그윽한 향기로운 계절입니다.
- 어느덧 하얀 목련잎이 하나 둘 떨어지고 튤립 봉오리가 탐스러운 계절입니다.
- 우물물에 채워두던 수박, 늦은 일 끝내고 멍석 위에 둘러 앉아 먹던 저녁밥, 쑥향이 가득하던 모깃불 옆에서 할머니 무릎 베고 잠들던 어린 시절이 생각나는 계절입니다.
- 울타리를 감싸고 있는 빨간 넝쿨장미와 찔레꽃이 여름을 알리는군요.
- 의욕이 넘쳐 오르는 싱그러운 계절입니다.
- 이 장마가 끝나면 본격적인 여름이 닥쳐오겠지요.
- 장마가 멈추는가 했더니 본격적인 여름이 시작되었군요. 태양 앞에 나서는 것조차 두려울 만큼 무더위가 연일 이어지고 있지만 바닷가를 거닐 휴가를 생각하니 마음이 시원해집니다.
- 초목들이 싱그럽게 짙어가는 계절입니다.
- 초여름 햇살이 너무 강해서 이제 그늘을 더 찾게 되는 계절입니다.
- 푸르름과 싱그러움이 물결치는 봄과 여름 사이입니다.
- 푸르름이 넘치는 6월! 신록의 향연을 마음껏 즐길 수 있는 계절입니다.
- 화창하던 봄은 어느덧 가고 여름이 성큼 다가왔습니다.

05_ 7월(한여름)

- '여름 휴가는 어디로'라는 말들이 들려오기 시작합니다. ○○○님께서는 올 여름 휴가를 어느 쪽으로 가십니까?
- 거리 가로수 잎새 사이로 새어드는 매미 울음소리에 한여름은 더욱 깊어갑니다.
- 겨우 장마가 멈춘다는 일기예보를 들었습니다. 이제부터 본격적인 여름입니다.
- 계속되는 무더위 속에서도 성공을 위해 애쓰시는 ○○○님의 모습이 눈에

선합니다.

· 계속되는 장마에 피해는 없으신지요?

· 넓고 맑은 머나먼 지평선 있는 신선한 바다로 갈 계절이 다가옵니다.

· 넓은 바닷가에서 바위와 모래를 벗 삼아 하얗게 부서지는 파도가 눈에 선합
  니다. 휴가 계획은 세우셨나요?

· 녹음 속에서 제짝을 찾는 매미의 노래 소리가 한여름의 무더위를 식혀주는
  것 같습니다.

· 녹음이 짙어지고 시원한 물소리가 그리워지는 계절이 가까워졌습니다.

· 눈두렁의 개구리 울음소리가 한여름을 알려주고 있습니다.

· 뜨거운 태양이 작열하는 젊음의 계절, 산과 바다가 손짓하는 정열의 여름입
  니다.

· 뜨거운 열기가 얼굴에 닿을 때 시원한 그늘과 바다를 생각나게 하는 그런 여
  름입니다. 올 여름엔 장마가 일찍 찾아와 좋은 여름휴가가 될 듯합니다.

· 무더운 날씨 속에서도 휴가를 떠나는 도심의 인파가 정겹게 보입니다.

· 비가 온 후 청명한 하늘이 계속되고 있습니다.

· 빛나는 태양을 위로하고 싱그런 초록의 나무들을 바라보면 기분이 상쾌해
  집니다.

· 산야가 온통 초록빛 합창으로 어우러지고 있습니다.

· 소나기가 그치면 일제히 들려오는 매미 울음소리, 이제 본격적인 여름입
  니다.

· 시원한 물줄기가 그리운 계절입니다.

· 시원한 산들바람이 그리워지는 계절입니다.

· 시원한 물 한잔과 부채가 필요한 계절입니다.

· 싱그러운 녹음이 우거지는 신록의 계절입니다.

· 여름 햇빛에 눈부신 날이 계속되는데 ○○○님께서는 어떻게 지내십니까?

· 연일 계속되는 무더위로 시원한 산과 바다가 더욱 그리워집니다.

· 오늘은 유난히 푸르른 하늘이 마치 가을인 양 착각하게 하는군요.

· 오랜만에 내리는 비가 요즘 갑자기 달아오른 여름 열기를 식히고 있습니다.

· 올 여름 길목은 유별나게 더위가 심한데 안녕하신지요?

· 일렁이는 바다가 온통 나를 부르는 것만 같은 그런 멋진 여름날입니다.

· 작렬하는 태양과 함께 신록이 아름다운 계절입니다.

- 장마가 끝난다는 일기예보를 들었습니다. 이제부터 본격적인 여름입니다.
- 장마가 심술을 부리는 요즈음 가끔은 보송이는 햇살이 어른거립니다.
- 주홍빛 샐비어 꽃이 가는 여름을 아쉬워하고 있습니다.
- 지금 창밖에는 장대 같은 빗줄기가 메마른 아스팔트 위를 식혀주고 있습니다.
- 지루한 장마에 가끔씩 내비치는 햇살이 여름 휴가를 기대하게 하는군요.
- 지루한 장마가 끝나가고 본격적인 더위에 지쳐가는 계절이지만 모든 것을 잊고 떠날 수 있는 휴가가 있어 마냥 들뜨는 계절이군요.
- 지루한 장마가 물러가고 푸른 하늘이 흐트러졌던 우리를 일깨우며 인사합니다.
- 지루했던 장마는 서서히 막을 내리고 하얀 포말을 일으키며 다가오는 물가가 그리워지는 뜨거운 태양의 계절이 우리 앞에 섰습니다.
- 지천으로 너울거리는 짙푸른 초목의 흔들림이 유난스러운 계절입니다.
- 찜통 같은 더위 속에 바다도 산도 혼잡합니다. 휴가는 다녀오셨는지요?
- 참새들이 들녘에서 곡식을 주워먹는 시원한 가을을 갈망하며 이 무더운 여름의 문턱에서 인사드립니다.
- 초록 물결에 반항이라도 하듯 태양은 더욱 뜨거워지는 것 같군요.
- 초록빛 커튼처럼 희망의 빛깔 신록이 눈부신 계절입니다.
- 초여름 햇살이 따갑습니다. 한낮 더위가 짜증도 나지만 충실한 열매를 맺기 위한 자양분이라 생각하니 따가운 햇살도 고마워지는군요.
- 초여름의 무더위를 식혀주듯 간간이 내리는 비 덕분에 비 온 뒤의 싱그러움을 맛볼 수 있는 감사함이 느껴지는 계절입니다.
- 칠월 칠석, 은하수를 찾아 하늘을 쳐다봅니다.
- 팥빙수와 바다가 생각나는 여름! 이 무더위 속에서도 ○○○님의 내일을 위해 뛰는 모습을 생각하며 이 글을 시작합니다.
- 푸른 바다가 생각나는 여름입니다.
- 하늘에서 내리쬐는 태양의 불꽃이 점점 거세지고 있습니다.
- 한낮의 뜨거운 태양이 여름 해변을 떠오르게 합니다.
- 햇볕이 따갑게 내리쬐는 무더운 7월이지만 아름다운 신록의 계절입니다.

06_ 8월(늦여름)

· 강렬한 태양 빛에 푸르름은 짙어만 갑니다.

· 고즈넉한 원두막에서 시원한 수박으로 한여름의 무더위를 씻어버리고 싶은 생각이 뭉클거리는 계절입니다.

· 드넓은 바다와 파도가 그리워지는 계절입니다.

· 밤잠을 설치게 하던 열대야도 지나고 아침저녁이면 시원한 바람이 피부에 스치는 걸 보면 이제 가을도 눈앞에 와 있는 듯합니다.

· 밤잠을 설치게 했던 유별난 더위도 말복이 지난 지금은 한풀 꺾여 뒷걸음쳐 달아나고 있습니다.

· 산과 바다의 유혹을 뿌리치기 힘든 계절입니다.

· 소나기가 내려 잠시 동안이지만 시원함을 느끼게 했습니다.

· 싱그러운 바람이 아침저녁으로 불어와 한낮의 열기를 잊게 합니다.

· 아스팔트도 녹이는 뜨거운 열기의 8월! 온 세상이 끓는 가마솥 같은 날씨가 계속되는 요즈음 ○○○님께서는 어떻게 지내십니까?

· 아침저녁으로는 제법 선선한 기운이 느껴지는 때입니다.

· 아침저녁으로 선선한 바람이 불고 파란 하늘을 볼 때마다 벌써 가을이 왔나 하는 생각이 듭니다.

· 어느덧 무더운 여름도 그 끝이 보이고 청명한 가을하늘을 볼 수 있는 날이 다가와 가슴이 설레입니다.

· 여름 햇빛이 눈부신 날이 계속되는데 ○○○님께서는 어떻게 지내십니까?

· 여름이라고는 해도 아침저녁으로 제법 쌀쌀해졌습니다.

· 온 세상이 끓는 가마솥 같습니다. 한줄기 소나기가 기다려집니다. 요즈음 어떻게 지내십니까?

· 올해 여름 길목은 유별나게 더위가 심합니다.

· 유난히 무덥던 더위가 한풀 꺾이어 시원함이 느껴집니다.

· 유별나게 심한 더위이지만 다가올 가을을 생각하면 기분이 상쾌해집니다.

· 이 찌는 듯한 삼복더위에 어떻게 지내고 계십니까? 주홍빛 샐비어 꽃이 가는 여름을 아쉬워합니다.

· 창밖에는 가을을 재촉하는 비가 내리고 있습니다.

· 탐스럽게 주렁주렁 열린 포도와 농익은 노란 참외, 빨간 속살을 맘껏 보여주

는 수박이 한여름의 끝자락을 열어놓고 있습니다.

· 태양이 이글거리는 뜨거운 계절입니다.

· 한여름의 더위를 식혀주려고 비가 시원스럽게 퍼붓고 있습니다.

· 함박눈이 생각나는 계절입니다. 무더위 속에 어떻게 지내시는지요?

07_ 9월(초가을)

· 가을 햇볕 아래 코스모스가 흔들리고 있습니다.

· 가을을 맞아 성찬을 즐기려는 풀벌레의 노래 소리가 점점 커져가고 달도 휘
  영청 밝아졌습니다.

· 가을의 하늘은 그 어느 누구도 흉내낼 수 없는 쪽빛으로 곱게 물들어갑니다.

· 국도변 코스모스가 벌써 하늘하늘, 매미 소리는 아득히 멀어지는 계절, 뜨거
  운 태양의 자태는 저 멀리 보내는 … 여유를 갖고 뒤를 돌아볼 계절입니다.

· 길가에 하늘거리는 코스모스가 그리움을 재촉하는 계절입니다.

· 날씨가 한결 선선해졌습니다. 하늘이 점점 높아지고 나뭇잎에도 곱게 물이
  들기 시작했습니다.

· 단풍놀이, 독서, 음악 등 무엇을 해도 좋은 계절이 찾아왔습니다.

· 더위에 지쳤던 몸도 활기를 찾아갈 가을의 문턱입니다.

· 더위에 지쳤던 몸도 활기를 찾아갑니다. 건강에 유의하셔서 즐거운 나날 보
  내시기 바랍니다.

· 독서의 계절인 가을입니다. 이때 펼쳐드는 책 속에는 그윽한 국화 향기라도
  있을 것 같습니다.

· 들길의 활짝 핀 코스모스가 풍요로운 계절이 옴을 알립니다.

· 들뜬 마음으로 술렁이던 여름 휴가철도 이젠 지나가고 검게 그을린 건강한
  모습으로 서로의 추억을 더듬는, 더위가 한풀 꺾여 시원함을 느끼게 하는 계
  절입니다.

· 들판에는 벼이삭이 고개를 내밀어 인사하는 풍요로운 계절입니다.

· 맑고 높은 가을 하늘에 한들거리는 붉은 코스모스가 더욱 가을의 정취를 물
  씬 풍기는군요.

· 불볕더위 속에서도 어느새 가을은 성큼 다가와 있습니다.

· 불볕더위가 아무리 기승을 부려도 시간은 어느새 입추로 접어들었습니다.

아침저녁 바람이 어느새 서늘해진 결실을 준비하는 계절 9월입니다.
· 선선한 바람이 가슴을 스치는 기분좋은 가을입니다.
· 성급한 여인들의 긴 소매, 아침저녁으로 불어오는 서늘한 바람, 어머니의 방
　문 여미는 소리에 이제는 완연한 가을임을 느낍니다.
· 성큼성큼 여름을 접어가면서 고즈넉이 가을을 열어 가는 계절입니다.
· 아침 출근길 하늘을 쳐다보니 오늘따라 하늘이 더 푸르고 맑아 보입니다.
· 야자수 그늘 아래 수건 한 장 들고 떠나고 싶던 여름이 이제 가나 봅니다. 아
　침저녁으로 서늘하고 낯익은 가을을 느끼면서……
· 어느덧 무더위가 가고 코스모스가 하늘거리는 가을이 되었습니다.
· 어느새 가을이 성큼 다가왔습니다.
· 여름의 뜨거움 뒤에 오는 소담스런 결실, 자연의 모습은 언제나 정직하기만
　합니다.
· 여름의 뜨거웠던 추억도 한편으로 밀치고 이젠 알찬 결실을 준비해야 할 계
　절에 와있습니다.
· 열매 맺는 풍성한 가을입니다. 우리들 자녀들 가슴에도 가을의 풍성함을 안
　겨주고 싶습니다.
· 온 산과 들이 풍요를 자아내는 계절입니다.
· 우리나라의 가을 하늘은 정말 아름답습니다.
· 유난히 무덥던 더위가 한풀 꺾이어 시원함이 느껴집니다.
· 유난히도 무더웠던 여름은 서서히 계절의 흐름 속에서 잊혀지고 생동하기
　좋은 가을이 서서히 다가오는군요.
· 입추가 지나서인지 아침저녁 서늘한 날씨가 옷깃을 여미게 합니다.
· 좀 선선해졌으나 때때로 더위도 느껴지는 요즈음입니다.
· 지금 창밖에서는 가을을 재촉하는 단비가 소록소록 내리고 있습니다.
· 찌는 듯한 더위가 어느새 물러가고 바람도 서늘하고 코스모스가 활짝 웃음
　을 띠며 가을을 맞이하고 있습니다.
· 창밖에 귀뚜라미 소리가 메아리치며 아침저녁으로 차가운 바람이 선뜩 다
　가온 가을을 느끼게 해줍니다.
· 코스모스가 길가에 수놓으며 한들한들 춤추는 모습이 아름답습니다.
· 티없이 맑은 파란 하늘에서 가을을 느끼고 있는 요즈음 어떻게 지내십니까?
· 풀벌레 소리가 높아지고 달빛이 밝아만 가는 계절입니다.

- 피부에 와닿는 바람만으로도 가을을 흠뻑 느낄 수 있습니다.
- 하늘이 무척이나 높아졌습니다.
- 한여름에 푸르고 싱그럽던 가로수 잎이 어느새 노랗게 물들어가고 있습니다.

08_ 10월(한가을)

- 가을도 제법 깊어가고 밤에는 한기마저 느껴지는 이때 ○○○님께서는 몸 건강히 지내고 계신지요?
- 가을 산이 색깔을 입었습니다. 온 산이 단풍이라 그냥 무심코 지나치기엔 너무 고운 색깔들입니다.
- 갈대와 밤송이들이 한층 가을의 풍요로움을 자아내는 계절! 머리 위에는 푸른 하늘, 대지엔 땀의 결실들이 바다를 이루고 있습니다.
- 개울가의 물잠자리와 고추잠자리 떼가 수를 놓고 있는 계절입니다.
- 고추잠자리가 창공을 휘저으며 노니는 모습이 마냥 즐거워 보입니다.
- 곧 나뭇잎들이 붉은 옷을 갈아입는 계절이 다가옵니다. 별고 없으시겠지요?
- 국화 향취 그윽한 계절! 국화 향기 가득한 꽃 한 다발 선물하고 싶습니다.
- 나무 끝에 한 해의 결실이 영글고 청아한 바람 뒤로 황금빛 추수 들녘이 가슴을 넉넉히 채우는 계절입니다.
- 나뭇잎들이 붉은 옷을 갈아입는 계절이 다가옵니다. 별고 없으신지요?
- 노란빛, 주홍빛, 가을빛이 풍요로운 계절입니다.
- 늦더위의 기승으로 다소 무덥게 느껴지던 여름도 어느새 물러가고, 거리엔 노랗고, 빨간 스웨터들로 포근함을 느끼는 따뜻하고 포근한 계절이 다가왔습니다.
- 들에는 온통 누런 결실이 넘실대고 있습니다.
- 들판은 황금빛 오곡백과로 흠뻑 적셔 있고 하늘이 무척이나 높아진 천고마비의 계절입니다.
- 만산이 홍엽으로 물든 완연한 가을입니다. 고향의 언덕엔 온통 들국화가 피어 있을거라고 상상해보니 지금이라도 고향으로 달려가고 싶은 심정이랍니다.
- 맑고 푸른 하는, 눈부신 황금들녘, 붉은 옷으로 갈아입은 산, 눈이 시리도록

맑은 물 등 어느 것 하나 모자람이 없는 천고마비의 계절인 10월입니다.
- 불쑥 높아진 하늘, 머뭇머뭇 옷을 갈아입는 나뭇잎들을 보며 풍요의 계절, 수확의 계절 속에 서있습니다.
- 붉고 누렇게 물든 나뭇잎들을 벗 삼아 곡식이 영그는 황금 들녘과 코스모스 만개한 고향하늘의 포근함이 온몸으로 느껴지는 가을입니다.
- 빼곡히 고개 떨군 누런 들판의 풍성함으로 가을 무게를 풍요롭게 합니다.
- 산과 들에서 풍요를 자아내는 계절입니다.
- 산과 들에서 잎새 사이로 새어드는 귀뚜라미의 울음소리에 가을밤은 더욱 깊어갑니다.
- 선선해졌습니다. 하늘은 점점 높아지고 나뭇잎에도 물이 들기 시작했습니다. 이제 한 해 동안 뿌리고 가꾼 보람을 거두어들일 때입니다.
- 신선한 바람이 가슴을 스치는 가을입니다. 넉넉한 마음으로 누런 들판을 바라보고 싶은 마음이 앞섭니다. 아침저녁에는 상당히 기온이 내려가는 것 같습니다.
- 어디에선지 낙엽을 태우는 냄새가 납니다.
- 열매의 빛깔 한층 살아나고 하늘은 어느 때보다 높고 맑습니다.
- 온통 누런 결실이 넘실대고 있습니다.
- 이 가을만큼이나 풍요롭고 여유 있는 마음을 서로 나눌 수 있는 날들을 꿈꾸며 소담스런 국화향기를 마음과 함께 가득 보내드립니다.
- 이때쯤이면 개울가의 물잠자리와 고추잠자리 떼가 수를 놓고 있습니다.
- 저만치 구름 한 줌 걸려 있는 하늘에 겨울햇살이 유난히 부십니다.
- 풀벌레 소리가 커지고 달도 밝아지는 풍요의 계절, 우리도 이제 결실을 맺어야 할 시기입니다.
- 하늘은 드높아지고 나뭇잎들은 형형색색의 물감으로 수놓기 시작하는 풍요로운 계절입니다.
- 황금빛 들판을 고추잠자리 떼가 아름답게 수놓고 있습니다.

09_ 11월(늦가을)

- 가로수들이 나뭇잎을 모두 떨어내고 겨울 준비를 끝냈습니다.
- 계절의 변화마저 무심케 하는 도시의 삭막함속에서도 낙엽과 단풍은 사색

과 애상의 여유를 잊지 않게 해주고 있습니다.

- 귀뚜라미 소리가 귓전을 간질이던 가을이 어느새 지나고 이른 새벽 찬 공기가 코끝을 시리게 합니다.
- 나뭇잎이 모두 떨어져서 완전히 겨울 준비를 해버렸습니다.
- 낙엽 지는 호젓한 산길에서 드문드문 피어 있는 들국화를 보면 마음이 어느덧 고향 따라 두둥실거립니다.
- 노란 은행잎이 거리를 예쁘게 수놓고 울긋불긋한 단풍과 조화를 이루어 무척 아름답습니다.
- 시리도록 푸른 하늘이 겨울을 예감하는 계절의 변화를 실감하게 합니다.
- 돌담 위로 예쁜 감나무가 황금색 열매를 탐스럽게 끌어안고 있는 모습이 풍요를 느끼게 해줍니다.
- 쌀쌀한 바람이 새삼 옷깃을 여미게 하는 겨울의 문턱인 11월! 다소 쌀쌀한 바람이 옷깃을 여미게 하며 따뜻한 아랫목이 그리워지는 계절입니다.
- 아침저녁으로는 쌀쌀한 느낌입니다. 어떻게 지내십니까? 교외의 들과 산이 물들고 있습니다.
- 아침저녁 서늘한 날씨가 옷깃을 여미게 합니다.
- 온 산을 붉게 물들인 오색단풍이 유혹하는 늦가을입니다.
- 우리 마음까지 곱게 물들이던 단풍이 다 물러가고 어느새 차가운 바람이 옷깃을 여미게 합니다.
- 은행나무의 싱싱한 잎들이 마음의 빛을 담아 노랑색으로 물들고 있는 상쾌한 아침입니다.
- 좀 지나면 김장철이 다가오네요. 무, 배추 값이 적당해야 할 텐데…….
- 참으로 여름다웠던 여름이 저만치 뒷모습 보이며 물러나고 아침저녁 이불깃을 끌어당기는 가을이 왔습니다.
- 추위가 점점 더 심해지는 요즈음 사장님의 건강은 어떠신지요?
- 휘적휘적 바람에 날리는 갈대가 손짓하며 오라 하고 홍시가 청잣빛 하늘에 선명한 가을입니다.

10_ 12월(초겨울)

· 가을단풍의 화려함을 하나 둘 벗어내는 가로수를 보며 계절의 변화를 또 한 번 감지해봅니다.

· 가을을 느끼기도 전에 어느새 겨울의 문턱에 섰습니다.

· 내린 첫서리를 바라보며 ○○○님께서는 월동 준비 마무리가 잘 끝나셨는지 궁금하군요.

· 방학을 맞은 어린이들이 골목에서 추위에 아랑곳없이 열심히 뛰어노는 모습을 보며 지난날 어린 시절 추억을 떠올렸습니다.

· 벅찬 희망과 설렘을 안고 한 해를 설계했던 모든 일들을 마무리해야 하는 12월입니다.

· 벌써 거리에서는 크리스마스 캐럴이 들리고 자선냄비가 이웃들의 따뜻한 온정을 기다리고 있습니다.

· 벌써 거리에는 크리스마스 캐럴이 울려 퍼지고 새하얀 눈이 꽃송이처럼 흩날리며 온 대지를 덮고 있습니다.

· 벌써 거리에서는 크리스마스 캐럴이 울려 퍼지고 있습니다.

· 비록 싸늘한 날씨이지만 티없이 맑고 깨끗한 저녁노을은 보는 이의 가슴을 푸근하게 해줍니다.

· 시간의 흐름은 계절의 변화 속에 한 해의 마지막에 서게 하고 지난날들을 돌아보게 합니다.

· 아이들이 손을 꼽으면서 기다리는 크리스마스가 다가오고 있습니다.

· 초겨울로 접어든 요즈음, 고르지 못한 날씨에 ○○○님께서는 안녕하신지요?

· 추운 날씨 속에서도 곱게 핀 매화의 은은한 향기에 취하다 보면 생명의 신비함에 숙연해집니다.

· 추위 속에서 뛰어다니는 아이들의 볼이 빨갛습니다.

· 풍요의 계절, 수확의 계절 속에서도 겨울이 성큼 다가오고 있습니다.

· 하늘이 점점 높아지고 나뭇잎에도 물이 들기 시작해 가을인가 했더니 지난 밤 내린 비로 곱게 단풍이 든 나뭇잎들을 떨어뜨려 겨울을 재촉하는군요.

11_ 1월(한겨울)

· 간밤에는 소리도 없이 눈이 내려 온통 은세계로 만들었습니다.

· 간밤에 소리 없이 내린 눈이 온 세상을 은빛으로 만들었습니다.

· 겨울입니다. 하지만 꽁꽁 언 땅속에서도 파릇한 생명은 잉태되고 있습니다.

· 눈이 이렇게 하얗게 내리는 날은 나이도 잊은 채 시인이 된 듯한 기분입니다. 이 세상 모든 일이 흰눈처럼 순수했으면 하는 바람입니다.

· 눈이 많이 내리면 그해 수확은 볼 것도 없이 풍년이라고 합니다. 예년과 달리 올해는 유난히 많은 눈이 내리는 것을 보니 풍년이 들려나 봅니다.

· 눈이 봄날 꽃송이처럼 흩날리고 있습니다.

· 눈발이 흩날리고 있습니다. 당장이라도 함박눈이 펑펑 내릴 것 같습니다.

· 밤 사이에 가득 내린 눈! 잎이 진 수목의 가지마다 겨울밤의 하얀 눈이 가득 쌓였습니다.

· 밤새 소복이 내린 새하얀 눈이 온 대지를 눈부시게 만들었습니다.

· 비록 춥지만 마음만은 상쾌한 아침입니다.

· 새해에는 파릇파릇 돋아나는 새싹과 같이 ○○○님의 모든 일들이 차곡차곡 영글면서 소망하시는 대로 이루어지시길 바라며 문안드립니다.

· 새로운 계획과 희망으로 가슴 설레는 1월입니다. 새로운 의지로 새해를 구상하며 새로운 다짐으로 한 해를 시작합니다.

· 새해 새날 아침이 붉은 햇살을 등에 이고 밝아 오고 있습니다.

· 앙상한 나뭇가지 사이로 파란 새순을 보았어요. 계절의 변화를 알리는가 봐요.

· 예년과 달리 올해는 유난히 많은 눈이 내리는 것을 보니 풍년이 들려나 봅니다.

· 오늘은 폭설이 내렸답니다. 사무실 창밖을 보며 꽃송이처럼 날리는 흰눈에 한동안 넋을 놓고 바라보았답니다. 누구도 흉내낼 수 없는 조물주의 작품이라 볼 때마다 신비하기만 합니다.

· 춥기에 오히려 따뜻함과 포근함이라는 매력을 느낄 수 있는 것이 겨울의 맛이 아닐까 생각해봅니다. 봄을 준비하는 마음으로 이 마지막 겨울을 보낸다면 조금은 포근함을 더 느끼지 않을까요?

· 파릇한 생명을 잉태하고 있는 겨울 땅을 생각하며 2003년의 첫 고객이 되어

주신 ○○○님께 깊은 감사를 드립니다.

· 하늘이 무겁게 내려앉았습니다. 금방이라도 함박눈이 흠뻑 내릴 것 같습니다.

· 흰 눈 속에서도 고고한 자태를 뽐내며 곱게 핀 동백꽃이 너무나 아름답게 보입니다.

12_ 2월(늦겨울)

· 겨울의 껍질을 벗기는 숨소리가 나지막이 들리고 봄사랑의 잉태를 위해 사르륵 허물을 벗는 2월입니다.

· 겨울의 언 땅속에서도 파릇한 생명은 잉태되고 있습니다.

· 겨울과 봄 사이를 살짝 왔다가는 나그네 같은 2월, 취업과 졸업 시즌으로 기쁘고 행복한 축하가 넘치는 나날입니다.

· 따뜻한 봄을 기다리는 마음으로 설레고 있습니다.

· 버들강아지에 물이 곱게 오르는 계절입니다.

· 언 땅을 뚫고 가녀린 몸짓으로 올라오는 새 생명이 움트는 소리가 귓전을 울리는 듯합니다.

· 엄동설한의 날씨 속에서도 파릇파릇 새 생명들이 얼음을 이불 삼아 잉태되고 있습니다.

· 우리를 웅크리게 했던 겨울 한파도 지나가고 거리의 살얼음을 녹이는 따뜻한 봄 햇살이 느껴지는 때입니다.

· 울타리에는 때 아닌 개나리가 꽃망울을 터뜨린 곳도 있어 겨울 속의 봄 날씨가 계속되고 있습니다.

· 이제는 새 봄의 활기찬 기운이 우리들의 마음속에 희망을 주는 때입니다.

· 졸업 시즌을 맞아 희끗희끗한 대지 사이로 어느새 봄기운이 보입니다.

· 지나가는 겨울이 아쉬운 듯 오늘은 봄눈이 내리고 있습니다.

· 화롯불에 떡이며 밤을 구워먹던 어린 시절의 추억이 있는 계절입니다.

· 흰 눈 속을 뚫고 새파랗게 돋아나는 보리 싹은 희망의 파란 봄이 가까이 왔다고 알려줍니다.

끝 인사말

- ○○○님! 하시는 사업 위에 좋은 성과 있으시기를 바라며 오늘도 안전운전을 기원하며…….
- ○○○님께서도 건강하고 즐거운 여름을 보내십시오.
- ○○○님께서도 저와 같은 봄 기분을 느끼시며 즐겁게 생활하시기 바라며…….
- ○○○님의 가정에 건강과 따뜻함이 늘 계속되기 바라며…….
- ○○○님의 가정에 기쁨과 행복이 항상 머무시기를 진심으로 기원하며 조만간 뵙기를 희망합니다.
- ○○○님의 가정에 평안과 행복이 가득하시길 진심으로 바라며 또 소식 전하겠습니다.
- ○○○님의 가정에 항상 웃음꽃이 만발하시길 진심으로 바라며…….
- ○○○님의 고견과 하명을 기다리며, 가정과 직장에 건강과 번영을 바라며…….
- ○○○님의 나날이 새로운 꿈과 샘솟는 희망으로 가득하시길 바라며 .
- ○○년 새해를 맞아 더욱 건강하시고 소망하는 모든 일들이 이루어지시기 바라며…….
- ○○년 새해를 맞이하여 하시는 일이 더욱 번창하시길 바라며…….
- 건강에 유의하시고 가정에 늘 기쁨과 행복이 넘치시기 바라며…….
- 건강에 유의하시고 가정에 행복과 희망이 넘치시기 바라며 다시 인사드릴 것을 기약합니다.

- 건강하고 알찬 가을을 맞이하시길 소망하며 좋은 소식을 기다립니다.
- 건강하시고 좋은 독서의 계절을 맞이하세요.
- 건강하시고 항상 나날이 즐겁고 희망 차시기를 바랍니다.
- 계절의 변화와 함께 ○○○님의 가정에도 새로운 변화가 함께하며 늘 건강하시기 바라며…….
- 계절이 바뀌는 시기이오니 건강에 유의하시고 하시는 일마다 좋은 성과 거두시길 바랍니다.
- 계획하시는 일들이 순조롭게 진행되시길 바라며…….
- 과로하지 마시고 늘 건강하세요.
- 그동안 도와주셔서 감사합니다. 즐거운 크리스마스 되시고 뜻 있는 새해 맞이하십시오.
- 그동안 지켜봐주시고 격려와 성원을 보내주신 점 진정으로 감사하면서, 새해에는 더욱 건강하시고 하시는 일마다 뜻대로 이루어지시기 바랍니다.
- 그럼, ○○○님! 가정의 화목과 건강이 내내 깃들기를 바라며 다음 주중으로 다시 한번 찾아뵙겠습니다.
- 그럼, ○○○님! 오늘도 가족과 함께 기쁜 마음으로 마무리하시기 바라며…….
- 그럼, ○○○님! 하시는 일이 항상 좋은 열매 거둘 수 있으시기 바라며…….
- 그럼, ○○○님의 가정에 화목으로 늘 훈훈한 향기가 넘치시기 바라며…….
- 그럼, ○○○님의 온 가족이 항상 기쁨으로 충만하시기 바라며…….
- 나날이 기쁨 가득하시고 행복 가득하시기 바라며…….
- 끝으로 저희 ○○○가족이 되신 것을 진심으로 감사드리며 아무쪼록 하시는 일 순조롭게 이루어지시길 바라며…….
- 나날이 기쁨이 늘 있고 하시는 사업 늘 번창하시기 바라며…….
- 나날이 새로운 꿈과 샘솟는 희망으로 가득하시길 바라며 기다리고 있겠습니다.
- 날마다 기쁨이 넘치시길 바랍니다.
- 날마다 기쁨과 행복이 넘치시기 바라며 감사하는 마음으로 몇 자 적어 보냅니다.
- 날마다 기쁨이 넘치시기 바라며 지나는 길에 한번 들러주시면 따뜻한 커피 한 잔 대접하겠습니다.

- 날마다 신나는 일이 많으시기 바라며…….
- 날씨가 점점 추워지는데 몸 건강하시기 바랍니다.
- 내내 건강하시고 소원하시는 한의사가 꼭 되시기를 늘 기원합니다.
- 내내 건강하시고 하시는 일마다 뿌듯한 보람 늘 함께하시길 바라며…….
- 내일의 보람을 위해 오늘 새로워지는 하루 보내시기 바라며…….
- 노곤해지기 쉬운 날씨에 안전운전하시고 일교차가 큰 요즈음, 감기 조심하세요.
- 늘 "안전운전"하시고 활기찬 하루하루 보내시기를 바랍니다.
- 늘 건강과 행복으로 가득하시기 바라며…….
- 늘 건강과 행복이 깊어 가는 가을 향기 속에 함께하시길 바라며…….
- 늘 건강하시고 가정에 행운이 함께하시기 바라며…….
- 늘 건강하시고 더욱 다복하시며 올해에는 떡두꺼비와 같은 손주를 꼭 보시기 바랍니다.
- 늘 기쁨 가득, 행복 가득하시기 바라며 이 글로 다시 한번 감사의 말씀을 전합니다.
- 늘 도전과 성취가 나날이 이어지시기 바라며…….
- 늘 새로운 기운으로 충만하시기 빕니다.
- 늘 웃음 짓는 나날로 보내시기 바라며…….
- 늘 처음처럼, 새로 시작하는 마음으로 올 한해를 마무리하시기 바라며…….
- 늘 평안하시고 넉넉한 여유와 충만함 속에서 값진 결실을 거두시기 바라며…….
- 늘 풍요로운 삶을 이끌어가시길 바랍니다.
- 늘 행복하시고 건강하시며 하시는 사업 또한 날로 번창하시기를 바랍니다.
- 늘 희망찬 나날로 가득하시기를 바랍니다.
- 다가온 가을 문턱에 서서 새로운 기운이 나날이 충만하시기 바라며…….
- 다시 만나뵐 때까지 늘 웃음 가득하시기를 바라며…….
- 다시 만나뵐 때까지 늘 웃음꽃 피우는 아름다운 가정 속에서 사랑과 기쁨이 충만하시기를 바랍니다.
- 다시 만나뵐 때까지 화창한 나날 보내세요.
- 다시 뵐 때까지 안녕히 계십시오.
- 다시 한번 감사드리며, ○○○님의 사업이 더욱 번창하시길 기원합니다.

- 다시 한번 진심으로 감사드리며 늘 웃음꽃 만발한 가정이 되시기 바랍니다.
- 당신이 하는 모든 일에 보람과 기쁨, 그리고 행복이 있으시길 바라며……
- 더욱 건강하시고 복된 나날을 이루시기를……
- 뜨거운 여름을 슬기롭게 보내셔서 건강하시기 바라며……
- 뜨거운 열정으로 하시는 일에 좋은 일들이 많이 있으시기 바라며……
- 마음껏 봄을 느끼시고 더욱더 건강하시고 아름다워지시기를 바라며……
- 막바지 더위 속에서 내내 건강하시고 언제나 인자하신 웃음 머금으시기를……
- 매일매일 기쁘고 즐거운 웃음 짓는 일만 있으시기 바라면서……
- 모쪼록 발전과 정진, 건강과 행복이 늘 함께하시길 기원합니다.
- 무더위 속에서 건강에 유의하시고 웃음 잃지 않는 이 여름 보내시기를 바라며 일간 찾아뵙겠습니다.
- 무더위 속에서도 늘 새로운 기운으로 정진하시기 바라며 바쁘신 중에서도 항상 명랑한 웃음이 넘치시기 바라며……
- 무더위 속에서도 늘 새로운 기운으로 정진하시기를 바라며 항상 쾌적한 드라이브로 꼭! 꼭! 꼭! 좋은 일만 생기세요!
- 무더위가 기승을 부리고 있습니다. 건강에 유의하시기 바라며……
- 무더위에 몸 건강하시고 하시는 사업 날로 번창하시기를 바랍니다.
- 미래의 꿈을 성취하는 밝은 빛으로 늘 생활하시기 바라며……
- 바쁘신 중에서도 항상 명랑한 웃음이 넘치시기 바라며……
- 봄내음이 그윽한 한 접시 봄나물로 온 가족의 애정 어린 눈길을 받아보십시오.
- 사랑이 넘치는 가정을 만드시기 바라며……
- 새로운 날들에 대한 기대가 가득 찬 2004년이 맞이하시기 바라며……
- 새로운 일에 대한 기대가 가득하시기 바라며……
- 생동하는 계절에 늘 기쁨과 평안이 함께하시기 바라며……
- 생활에 풍요로움을 주는 ○○대리점과 함께 행복한 출발하시기 바라며……
- 아름다운 꿈과 희망이 넘치시기 빌며……
- 아무쪼록 건강에 유의하시고 늘 ○○○사장님 곁에 제가 있기를 소망하면서 이 글을 통해 다시 한번 감사의 마음을 전합니다.

- 아무쪼록 발전과 정진, 건강과 행복이 늘 함께하시기 바라며…….
- 아울러, 하시는 일마다 성공하시고 행복과 사랑이 늘 충만하시길 기원하며 가을 편지를 접습니다.
- 앞으로도 계속적인 지원을 부탁드리오며 ○○○님의 하시는 일마다 번창하시기 바라며…….
- 앞으로도 많은 지도를 부탁하면서, 감사하는 마음으로 몇 자 적어 보냅니다.
- 어제를 돌아보고 내일을 설계하는 보람 있는 하루 보내시기 바라며…….
- 언제나 건강하시고 아름다운 나날 지내시기를 바랍니다.
- 언제든지 저희 店을 지나는 걸음 있으시면 발길 머물러주시기 바라며…….
- 여름을 타지 않도록 건강에 유의하시기 바라며 언제든지 저희 사무실을 지나는 걸음 있으시면 들러주세요. 시원한 냉커피를 대접해드리겠습니다.
- 여름을 타지 않도록 건강에 유의하시어 늘 웃음 짓고 사시기 바라며…….
- 오아시스처럼 귀하고 달콤한 기쁨이 넘치시기 바라며…….
- 올해에도 변함없는 관심과 성원을 부탁드립니다.
- 일상의 먼지를 털고 튀어 오르는 잉어처럼 꿈과 희망이 넘치시기 바라며…….
- 점점 추워지는 날씨에 ○○○님과 더불어 소중한 가족 모두 건강하시기 바라며…….
- 조금씩 다가서는 무더위에 건강 유의하시고 무료함을 재워드릴 사보를 함께 보냅니다.
- 직접 찾아뵙지 못하고 우선 지면을 통해 인사드립니다.
- 진심으로 감사드리며 ○○○님의 변함없는 건강과 무궁한 발전을 바라며…….
- 추진하시는 사업들이 나날이 발전하시고 늘 건강하시기를 바랍니다.
- 큰 열정으로 노력하시는 ○○○님의 앞날에 좋은 일들이 이어지시기 바라며…….
- 하시는 모든 일 두루 많은 성과 거두시고 늘 환한 웃음 지을 수 있으시기 바라며…….
- 하시는 사업 나날이 번창하시고 건강과 행복이 늘 함께하시기 바라며…….
- 하시는 사업이 날로 번창하고 항상 사랑과 행복이 충만하기를 진심으로 기원합니다.

· 하시는 사업이 늘 순풍을 만난 배처럼 끝없이 발전하시기를 두 손 모아 기원
  하며 ○○○가 감사하는 마음으로 몇 자 적어 보냅니다.
· 하시는 사업이 번창하시며 나날이 아름다워지시기를 바랍니다.
· 하시는 일 순조롭게 이루어지시기 바라며……
· 하시는 일마다 기쁨 속에서 만족과 성취를 느끼시기 바라며……
· 하시는 일마다 두루 좋은 성과 거두시기를 바라며 다시 한번 감사의 말씀을
  전합니다.
· 하시는 일마다 발전 있으시기 바라며……
· 하시는 일마다 성공하시고 여름을 타지 않도록 건강에 유의하시기를 바라
  며……
· 한바탕 웃음으로 하루의 상큼한 청량제를 삼아 활기 찬 나날을 보내시기 바
  라며……
· 항상 가내 두루 평안하고 행복이 가득하시기 바라며……
· 항상 건강하고 즐거운 생활이 이루시기를 바랍니다.
· 항상 건강하시고 늘 활기 차시기를 바라며……
· 항상 건강하시고 날마다 행복이라는 단어와 함께하시기 바라며….
· 화목한 웃음 가득하여 나날이 즐거우시기 바라며……
· 환절기에 건강 유의하시고 늘 새로운 기운으로 충만하시기를 바랍니다.
· 환절기에 건강에 유의하시고 나날이 복 있으시기 바라며……

독자를 먼저 생각하는 정직한 출판

시대의창이 '좋은 원고'와 '참신한 기획'을 찾습니다

쓰는 사람도 무엇을 쓰는지 모르고 쓰는,
그런 '차원 높은(?)' 원고 말고
여기저기서 한 줌씩 뜯어다가 오려 붙인,
그런 '누더기' 말고

마음의 창을 열고 읽으면
낡은 생각이 오래 묵은 껍질을 벗고 새롭게 열리는,
너와 나, 마침내 우리를 더불어 기쁘게 하는

땀으로 촉촉히 젖은 그런 정직한 원고,
그리고 그런 기획을 찾습니다.

시대의창은 모든 '정직한' 것들을 받들어 모십니다.

시대의창
WINDOW OF TIMES

분야   경제·경영 / 역사·문화 / 정치·사회

서울시 마포구 동교동 113-81 (4층) (우)121-816
Tel : 335-6125 Fax : 325-5607